De Sylvie et Peter

Le 21 Sept 94

INTERPRÉTEZ VOS RÊVES

La clé des songes et des rêves

ZOLAR

INTERPRÉTEZ VOS RÊVES

La clé des songes et des rêves

FRANCE LOISIRS
123, boulevard de Grenelle, Paris

PREFACE

Voici des milliers d'années qu'il existe des interprètes professionnels des rêves. Chez les anciens peuples de Babylone, de Chaldée, de Judée, l'interprétation des rêves était considérée comme une véritable science. La première trace que nous ayons d'une œuvre publiée sur ce sujet nous vient d'Artémédore Dalidarius, au deuxième siècle avant Jésus-Christ. Elle fut traduite en anglais et publiée à Londres dans le courant du dix-septième siècle. Depuis, elle a été traduite dans presque toutes les langues. Bien des interprétations qui se trouvent dans cette *Clé des songes* ont été reprises de ce document ancien. Depuis l'époque de Dalidarius, l'intérêt pour l'étude des rêves n'a jamais diminué. Certains des plus célèbres psychologues comme Freud, Jung, Rhine, McDougall et Zener, ont consacré leur vie entière à ce sujet.

En général, le public n'a ni le temps ni le désir de creuser ce sujet étonnant. Je suggère, en conséquence, que l'information contenue dans ce livre soit utilisée largement, en guise de distraction et d'amusement.

Le 10 janvier 1937, le journal *New York Sunday Mirror* publiait, dans sa partie magazine, un article intitulé : « Il a rêvé un drame et son rêve était vrai ». On y parlait d'un homme qui, à bord d'un bateau, en pleine mer, avait rêvé que son fils était tué dans un accident de voiture. Il avait vu l'accident en rêve. Le lendemain matin, un télégramme lui annonçait la mort de son fils dans des circonstances absolument conformes à ce qu'indiquait son rêve de la nuit précédente.

7

LE TERRIBLE RÊVE DEVIENT RÉALITÉ

Voici un article paru dans le *New York World Telegram & Sun* du lundi 3 mars 1958.

MIAMI BEACH, le 3 mars. Les amateurs de courses vont bientôt être obligés de faire intervenir leurs rêves dans leurs calculs. Vous souvenez-vous comment Willie Shoemaker a fait sauter le Derby en mai dernier lorsqu'il a subitement cessé de galoper et s'est dressé sur les étriers, persuadé d'avoir passé la ligne d'arrivée et gagné ? Tout cela, le propriétaire de *Gallant Man*, Ralph Lowe, l'avait vu se produire en rêve quelques nuits auparavant.

Le même mystérieux inconscient avertit Elizabeth Arden Graham qu'elle allait gagner le Flamingo, mais que la victoire de *Jewel's Reward* serait aussitôt annulée pour irrégularité par les commissaires. « Bien sûr, les rêves ne veulent pas dire grand'chose, nous déclarait hier la grande dame des cosmétiques, pourtant, ce rêve m'obsédait tandis que j'attendais dans le box du gagnant que les commissaires prennent leur décision. Ce terrible rêve s'est réalisé sous mes yeux : l'arrivée au plus juste, l'annonce d'une irrégularité, la longue attente tendue... J'avais beau essayer de ne pas y penser, je savais qu'il n'y avait plus qu'un seul résultat possible. Notre numéro perdrait. Cela a été un moment très troublant, je dirais même que cela m'a fait froid dans le dos ! »

Cela a dû être aussi une expérience très embarrassante. Cette course avait été particulièrement âpre. Sur les derniers mètres, les deux chevaux de tête, *Jewel's Reward* et *Tim Tam* avaient entamé une version équestre et tumultueuse du rock and roll. Ils s'étaient bousculés à six reprises. Pour toute personne qui avait bien regardé la course, il semblait évident que les commissaires examineraient le film de la course avant de se prononcer ; pourtant, un préposé aux courses quelque peu imprudent dirigea immédiatement Mrs Graham vers le box du gagnant. Il ne fallait pas perdre de temps, les caméras de télévision attendaient sans doute.

C'est bien inutilement que cette grande dame a été exposée à une telle humiliation. Il faut dire dire qu'elle l'a supportée avec le style magnifique des animaux de race qu'elle élève. Quoique visiblement secouée et peut-être étourdie par ce rêve de mauvais augure, elle ne s'est nullement plainte. « Comme le responsable, j'ai vraiment cru que nous avions gagné », dit-elle...

L'ÉTRANGE RÊVE DU PRÉSIDENT ABRAHAM LINCOLN

Abraham Lincoln a raconté un rêve bien étrange, le jour même où il fut assassiné. M. et Mme Lincoln recevaient quelques amis à la Maison Blanche. Le Président se mit à raconter comment ce rêve l'avait troublé.

« C'est étonnant, dit-il, de voir l'importance des rêves dans la Bible. Dans seize chapitres de l'Ancien Testament et quatre ou cinq du Nouveau Testament, on mentionne des rêves ; et beaucoup d'autres passages de la Bible se réfèrent à des visions. Si nous croyons ce que dit la Bible, nous devrions accepter que bien des choses viennent à notre connaissance par les rêves. L'autre nuit, j'en ai fait un qui depuis lors ne cesse de me hanter. J'entendais des sanglots, comme si un grand nombre de gens pleuraient doucement ; mais cette foule éplorée m'était invisible. Je suis passé dans une autre pièce ; il n'y avait personne, pourtant les mêmes bruits de pleurs me suivaient à mesure que j'avançais. Chaque objet m'était familier mais je ne pouvais voir nulle part ces gens qui se désolaient comme si leur cœur allait se briser. J'étais intrigué et inquiet. Quand je suis entré dans la *East Room,* une surprise m'a serré le cœur. Il y avait devant moi un catafalque sur lequel reposait un cadavre sous un suaire. Tout autour, des soldats semblaient monter la garde et une multitude de gens contemplaient tristement le corps, dont le visage était caché. '' Qui est mort à la Maison Blanche ? '', ai-je demandé à un soldat. '' Le Président '', m'a-t-il répondu. '' Il a été assassiné. '' Un long sanglot de douleur est alors monté de la foule et cela m'a réveillé. Ce n'est qu'un rêve, dit le Président, mais il m'a étrangement troublé ; allons ! n'en parlons plus. »

Un peu après dix heures ce soir du Vendredi saint 14 avril 1865; en dépit de toutes les précautions prises pour la sécurité du

9

président, Abraham Lincoln fut abattu d'un coup mortel. Le reste appartient à l'histoire, mais le rêve demeure une énigme posée au monde entier.

Le 17 mars 1937, la plupart des journaux new-yorkais tiraient à la une : « C'est une combinaison qui m'a été donnée dans un rêve, déclare G.P. en apprenant qu'elle venait de gagner 31 119 dollars au sweepstake irlandais. »

Une fois déjà, en 1930, cette dame avait gagné 2 300 dollars. Mrs. G.P. a déclaré que les numéros gagnants de son rêve étaient les mêmes que ceux qu'elle avait joués et gagnés à la course.

On a dit bien souvent que les événements à venir projettent leur ombre au-devant d'eux. De nombreuses années d'études et de recherches dans cette science passionnante me mettent en mesure de vous donner mon interprétation de vos rêves les plus importants.

Sigmund Freud, le père de l'interprétation moderne des rêves, a dit : « Il semble qu'une réminiscence du concept de rêve existant aux époques primitives sous-tend l'évaluation du rêve qui était courante dans l'Antiquité. C'était alors une évidence pour tous les Anciens que les rêves étaient liés au monde des êtres surnaturel auxquels ils croyaient, et qu'ils transmettaient l'inspiration des dieux et des démons. De plus, il était clair pour eux que les rêves avaient un but précis pour le rêveur — en général, ils lui annonçaient le futur. La conception pré-scientifique du rêve qui régnait chez les Anciens était, bien sûr, en accord avec leur conception générale de l'univers. »

Beaucoup de gens m'ont écrit pour me raconter comment ils avaient gagné de l'argent à diverses reprises grâce à des chiffres vus en rêve. Je crois personnellement que, dans la plupart de ces cas, il s'agit de coïncidences. D'après mon expérience, la Chance est une personne très imprévisible et, à long terme à part de très rares exceptions, les gens perdent beaucoup plus d'argent qu'ils n'en gagnent dans ces sortes de spéculations.

Mais il y a des exceptions à la règle et pour répondre à la demande qui m'en a été faite, je vais expliquer comment convertir les interprétations de rêves en vibrations numériques.

LA RÈGLE ASTRALE DE FRANKLIN

Benjamin Franklin était particulièrement versé dans les mathématiques magiques. Il nous a laissé une règle grâce à laquelle on peut trouver un nombre qui contiendra le mois, le jour de naissance et l'âge de n'importe quelle personne.

Posez le chiffre de votre mois de naissance ; posez à côté le jour de naissance ; multipliez le nombre ainsi trouvé par deux ; ajoutez 5 ; multipliez par 50 ; ajoutez l'âge ; soustrayez 365 et ajoutez 115. Le quotient indiquera visuellement le mois et le jour de naissance, ainsi que l'âge, en séparant les chiffres par une virgule.

Les nombres sont le langage de l'Infini. A travers tout le cosmos, la science des nombres doit être éternellement la même. Tout ce qui existe, chaque atome, dimension, mouvement, force ou manifestation peut être représenté par les nombres et a une correspondance parfaite avec les nombres. Le nombre individuel de tout être donné indiquera les changements de son existence, par son comportement en tant que nombre.

Prenez n'importe quel ensemble de trois nombres ou plus, retournez-le de façon à obtenir un second ensemble de nombres. Soustrayez un ensemble de l'autre ; les chiffres du restant se ramèneront toujours, par addition, à 9 et le restant lui-même sera toujours 9 ou un multiple de 9. Cette opération est un mouvement de spirale des nombres utilisés, et le 9 par conséquent représente un cercle. Un mouvement éternel en spirale peut être correctement représenté par une rangée infinie de 9, chaque 9 symbolisant une révolution complète du mouvement de spirale. La relation entre ce mouvement de spirale infini et tous les autres mouvements doit être déterminée par un nombre dit « d'échelle », tel qu'il mesurera pour toujours les cycles et révolutions complètes de tous les autres mouvements, y compris de lui-même. Cette « échelle » se trouve dans les rapports de la somme des nombres premiers au nombre représentant un 9 circulaire complet. Le nombre « d'échelle » ainsi trouvé mesurera la révolution complète de chaque facteur cosmique, et comme chaque révolution a une correspondance avec 9, la mesure aura donc également une correspondance ; quand les chiffres du nombre d'« échelle » auront donné 9 en profondeur, 9 en largeur, et 9 en longueur, alors ce cycle sera complet et un nouveau cycle commencera. L'évolution infinie est mesurée par ces nombres en périodes ou en ères, bien définies.

LA TABLE DES ALPHABETS

La science de la numéralogie est fondée essentiellement sur les chiffres de 1 à 9. Chaque lettre de l'alphabet entre en vibration avec un de ces nombres :

1	2	3	4	5	6	7	8	9
A	B	C	D	E	F	G	H	I
J	K	L	M	N	O	P	Q	R
S	T	U	V	W	X	Y	Z	

En étudiant le tableau ci-dessus, vous remarquerez que les lettres A,J et S vibrent au nombre 1 ; B,K et T vibrent au nombre 2, etc.

En utilisant le tableau ci-dessus, vous pourrez trouver le nombre favorable (vibrations) pour n'importe quel rêve ou mot. Si vous faites un rêve qui n'est pas interprété dans ce livre et que vous vouliez connaître le nombre de chance, traduisez simplement les lettres en nombres.

Par exemple le mot « lac ». En utilisant la table de l'alphabet ci-dessus, vous verrez que L vibre au nombre 3, A vibre au nombre 1, C au nombre 3. Ainsi « lac » vibre à 3, plus 1, plus 3. Additionnez-les, vous obtenez 7 qui est le nombre correspondant à « lac ». Si vous voulez deux nombres qui vibrent à « lac », prenez n'importe lequel des deux nombres qui donnent 7, par exemple 6 et 1, 3 et 4, 5 et 2, etc. Si vous voulez trois nombres qui vibrent à « lac », prenez 3-3-1, ou 2-3-2, ou 4-1-2, etc.

Au cas où votre mot se traduirait par un nombre à deux chiffres suivez la méthode que voici : prenons par exemple le mot « hiver ». Avec le tableau de l'alphabet, nous obtenons H-8, I-9, V-4, E-5, et R-9. En additionnant 8 plus 9 plus 4 plus 5 plus 9, nous obtenons 35. Nous additionnons alors 3 plus 5, soit 8 qui est le nombre de « hiver ».

Ce système peut s'appliquer aux mots qui apparaissent dans n'importe quel rêve.

Les vibrations des dates

Les mois de l'année vibrent aux chiffres suivants :

TABLE DES MOIS

Janvier	1	Juillet	7
Février	2	Août	8
Mars	3	Septembre	9
Avril	4	Octobre	1
Mai	5	Novembre	2
Juin	6	Décembre	3

Les jours de la semaine vibrent aux chiffres suivants :
TABLE DES JOURS

Lundi	1	Vendredi	5
Mardi	2	Samedi	6
Mercredi	3	Dimanche	7
Jeudi	4		

Les heures du jour vibrent aux chiffres suivants :
TABLE DES HEURES

1 heure du matin vibre à 1	1 heure de l'après-midi vibre à 4
2 heures du matin vibre à 2	2 heures de l'après-midi vibre à 5
3 heures du matin vibre à 3	3 heures de l'après-midi vibre à 6
4 heures du matin vibre à 4	4 heures de l'après-midi vibre à 7
5 heures du matin vibre à 5	5 heures de l'après-midi vibre à 8
6 heures du matin vibre à 6	6 heures du soir vibre à 9
7 heures du matin vibre à 7	7 heures du soir vibre à 1
8 heures du matin vibre à 8	8 heures du soir vibre à 2
9 heures du matin vibre à 9	9 heures du soir vibre à 3
10 heures du matin vibre à 1	10 heures du soir vibre à 4
11 heures du matin vibre à 2	11 heures du soir vibre à 5
12 heures du matin vibre à 3	12 heures du soir vibre à 6

Ptolémée, le grand mathématicien de l'Antiquité, disait : « Le *jugement* doit être réglé autant par toi-même que par la science — il est bon de faire le choix des jours et des heures en un temps qui correspond à la vibration numérique. »

Il y a beaucoup de systèmes et de méthodes pour faire des prédictions mais aucun n'est aussi intéressant que la numérologie car tout le monde peut, avec un peu de concentration et de travail, en tirer quelque chose. Les Egyptiens, les Grecs, les Romains et les Arabes avaient divers systèmes remarquablement précis. Leurs enseignements nous sont parvenus du fond de la plus lointaine Antiquité. Comme toutes les lettres ont leurs équivalents numériques, toutes les combinaisons de lettres correspondent à une certaine valeur numérique. L'univers fonctionne avec une précision mathématique exacte, calculée à la fraction de seconde près. Chaque action ou expression correspond à une mesure numérique du temps. Quand vous écoutez de la musique ou un discours, vous vibrez inconsciemment à certaines influences numériques des mots et de la musique. Chaque jour de la vie apporte une réaction bonne ou mauvaise à l'influence magnétique des équations numériques qui vous entourent. Elles se trouvent dans tout ce que vous voyez, sentez ou entendez. Il est impossible de leur échapper.

Il est faux de croire que la science occulte de la numérologie décide en dernier ressort des événements, ou que la chance ou la malchance sont prédéterminées. Ce n'est pas vrai. Cette science ne commande rien et elle n'indique pas davantage que lorsque les vibrations et les conditions ne sont pas favorables il ne soit pas possible d'avoir sa part de chance. Elle nous dit simplement quand nos chances sont plus ou moins accrues par des causes naturelles. N'oubliez pas que les rayonnements et vibrations contribuent à nous rendre pressés ou lents, brillants ou ennuyeux, calmes ou explosifs, selon les conditions dans lesquelles ils vibrent à un moment donné. Ces forces nous aident à donner forme à nos pensées et à nos actions.

LES 12 SIGNES DU ZODIAQUE

L'astrologie est la science du soleil, de la lune, des planètes et des étoiles. Elles indiquent les calculs mathématiques nécessaires pour déterminer la position exacte des planètes à la date de la naissance. Le zodiaque est cette partie du ciel à travers laquelle le soleil, la lune et les planètes se déplacent d'est en ouest. Le zodiaque est divisé en douze parties. Chacune porte le nom d'une constellation du zodiaque.

Aquarius	le Verseau	du 20 janvier au 18 février
Pisces	les Poissons	du 19 février au 20 mars
Aries	le Bélier	du 21 mars au 20 avril
Taurus	le Taureau	du 21 avril au 21 mai
Gemini	les Gémeaux	du 22 mai au 21 juin

Cancer	le Cancer	du 22 juin au 22 juillet
Leo	le Lion	du 23 juillet au 22 août
Virgo	la Vierge	du 23 août au 21 septembre
Libra	la Balance	du 22 septembre au 22 octobre
Scorpio	le Scorpion	du 23 octobre au 21 novembre
Arcitenens	le Sagittaire	du 22 novembre au 21 décembre
Capra	le Capricorne	du 22 décembre au 19 janvier

LES BONS ET LES MAUVAIS JOURS DE LA LUNE POUR LES RÊVES SE PRODUISANT ENTRE LE PREMIER ET LE TRENTE-ET-UNIÈME JOUR DE CHAQUE MOIS

1. Sera favorable
2. Ne se réalisera pas
3. N'aura pas de résultat
4. Sera très favorable
5. Ne profitera pas de choses agréables.
6. Ne révélez pas votre rêve aux autres.
7. Tout se réalisera comme vous le souhaitez.
8. Attention aux ennemis.
9. Vous obtiendrez ce que vous désirez ce jour-là.
10. Ce jour se déroulera dans le bonheur.
11. Vous en verrez l'effet quatre jours plus tard.
12. Apportera l'adversité.
13. Votre rêve se réalisera.
14. Il se passera longtemps avant que le bonheur arrive.
15. Le rêve se réalisera dans trente jours.
16. Votre vœu aura de bons résultats.
17. Gardez votre rêve secret durant trente jours.
18. Ne faites pas confiance à vos amis.
19. Vous serez très heureux en affaires.
20. Le rêve se réalisera quatre jours plus tard.
21. N'ayez confiance en personne.
22. Votre désir sera exaucé.
23. Le rêve recevra une explication trois jours plus tard.
24. Vous aurez beaucoup de bonheur.
25. Le rêve se réalisera dans 9 jours.
26. Vous recevrez une aide tout à fait inattendue.

27. Vous recevrez de bonnes nouvelles.
28. Votre vœu se réalisera.
29. Vous recevrez beaucoup d'argent.
30. Vous recevrez de bonnes nouvelles le matin.
31. Vous recevrez de tristes nouvelles.

TABLE DES RÊVES DE GROSSESSE

Pour qu'une femme enceinte puisse découvrir si elle donnera naissance à une fille ou à un garçon, utilisez la méthode suivante :
N'utilisez que les lettres du premier prénom de la mère et du père ; codez chaque lettre des deux noms avec le nombre correspondant dans le tableau suivant :

A	B	C	D	E	F	G	H	I	J	K	L	M
10	2	20	4	14	6	16	7	81	7	11	11	12

N	O	P	Q	R	S	T	U	V	W	X	Y	Z
4	14	0	16	8	18	10	0	2	2	2	4	14

Additionnez ensuite tous les nombres des deux noms trouvés pour chaque lettre de ce tableau. Puis ajoutez au total des nombres des deux noms le nombre du jour de la semaine où le rêve se produit, comme ceci :

lundi	ajoutez 51	jeudi	ajoutez 31
mardi	ajoutez 52	vendredi	ajoutez 68
mercredi	ajoutez 103	samedi	ajoutez 41

Dimanche ajoutez 106

Faites le total de tous les nombres, puis divisez ce total par 7. Si le nombre qui en résulte se termine par un nombre *pair*, une fille naîtra. Si le nombre se termine par un nombre *impair*, ce sera un garçon.

DATES DE RÊVES FAVORABLES ET DÉFAVORABLES
SE PRODUISANT CHAQUE MOIS

FAVORABLES	DÉFAVORABLES
Janvier 3 - 20 - 27 - 31	Janvier 13 - 23
Février 7 - 8 - 18	Février 2 - 10 - 17 - 22
Mars 3 - 14 - 22 - 26	Mars 1 - 7 - 9 - 17
Avril 5 - 27	Avril 4 - 30
Mai 1 - 2 - 4 - 6 - 9 - 24	Mai 3 - 12 - 19
Juin 3 - 17 - 19	Juin 14 - 29
Juillet 5 - 7 - 14 - 19 - 26	Juillet 1 - 7 - 20 - 21
Août 2 - 5 - 10 - 11 - 14 - 22	Août 7 - 27
Septembre 19 - 22 - 26 - 28	Septembre 2 - 14 - 16 - 29 - 30
Octobre 15 - 22 - 31	Octobre 19 - 27
Novembre 6 - 11 - 22	Novembre 8 - 16 - 26
Décembre 14 - 15 - 18 - 25 - 31	Décembre 13

Nota Bene : Le même rêve peut avoir deux significations différentes, l'une favorable et l'autre défavorable, selon le contexte.

A

La lettre A écrite ou imprimée : de bonnes affaires en perspective.
Imprimer ou écrire la lettre A : du bonheur dans la vie.
D'autres en train d'écrire ou d'imprimer la lettre A : votre vie sera longue.

ABANDON

Rêve d'abandon : longévité.
Abandon de votre femme : vous aurez des ennuis.
Abandon de votre mari : vous allez perdre des amis.
Abandon de votre père : vous retrouvez des objets de valeur perdus.
Abandon de votre mère : maladie.
Abandon de vos enfants : pertes d'argent.
Abandon de membres de la famille : des périodes fastes approchent.
Abandon de votre petite amie : vous allez vous trouver jusqu'au cou dans les dettes.
Abandon de votre amant : vous allez faire des bêtises.
Abandon de vos amis : il faut s'attendre à un échec dans vos affaires.
Abandon de votre foyer : bonheur.
Abandon de votre position sociale : les choses vont changer, en mieux.
Abandon de votre religion : pauvreté.
Abandon de vos affaires : disputes.
Abandon de relations influentes : vous allez profiter de la vie.
Abandon d'un bateau : échecs en affaires.
Abandon d'un bateau et arrivée sur la terre ferme : bons gains financiers.
Vous rêvez d'abandon et de soumission : ne croyez pas les flatteurs.
Vous vous abandonnez à des paroles persuasives : un faux ami rôde.
Des amants s'abandonnent à des histoires douces et persuasives : ils

courent des dangers dans leurs amours. *D'autres personnes s'abandonnent à vos paroles persuasives : vous êtes* trop orgueilleux.

ABBAYE

Entrée dans une abbaye : beaucoup d'honneurs.
Être dans une abbaye : vous serez délivré de l'angoisse.
Vous priez Dieu dans une abbaye : joie et bonheur.
Vous êtes assis dans une abbaye : des changements vont intervenir dans vos affaires du moment.
Une abbaye richement décorée : vous allez avoir un procès d'héritage.
Vous construisez une abbaye : vous allez devoir endurer de nombreuses souffrances.
Vous vous entretenez avec d'autres personnes dans une abbaye : vous allez commettre très bientôt un péché.

ABBÉ

Vous rêvez d'un abbé : vous devriez calmer vos passions.
Vous voulez devenir abbé : vous perdrez la confiance de vos amis.
Être un abbé : les déceptions vont être nombreuses.
Vous rencontrez un abbé : vous vous remettez d'une maladie.
Plusieurs abbés : il vous faut supporter la souffrance et le chagrin.
Un abbé se conduit mal : vous serez un objet de pitié pour vos amis.

ABBESSE

Rêve d'une supérieure de couvent : grande joie.
Rencontre d'une abbesse après une maladie : réconfort et consolation.
Être une abbesse : vous avez de grandes ambitions et un avenir intéressant.
Être l'abbesse d'un mauvais couvent : avenir agréable.

ABCÈS

Rêve d'abcès : débarrassez-vous de mauvais amis.
Vous avez un abcès : un mystère va être résolu.
D'autres personnes ont un abcès : des chagrins affectifs et émotionnels.
Un abcès au cou : maladie.

ABDIQUER

Un roi ou un président abdique : désordre dans les affaires.
Vous renoncez à une situation de premier plan : vous récupérerez de l'argent.
Des membres de votre famille renoncent à leur situation : joie.
Des amis renoncent à leur situation : l'échéance de succès futurs est repoussée.

ABDOMEN

Rêve d'abdomen : grandes espérances.
Des douleurs dans l'abdomen : des affaires qui s'annoncent bien.
Vous sentez que votre abdomen est nu : vous récupérez de l'argent.
Une personne mariée rêve d'abdomen : infidélité d'un des membres du couple.
L'abdomen d'un amant : traîtrise de la part de l'un des amants.
Un homme voit son abdomen grossir : il va bénéficier de grands honneurs.
Une femme voit son abdomen grossir : elle va être enceinte.

ABEILLES

Beaucoup d'abeilles : bonheur toute votre vie.
Vous êtes piqué par des abeilles : prenez garde à des amis qui veulent vous tromper.
Vous n'êtes pas piqué par des abeilles : succès amoureux.
Des gens riches rêvent d'abeilles :

vos affaires vont subir des bouleversements.

Des gens pauvres rêvent d'abeilles : de bons gains.

Des abeilles se déplaçant en essaim : un incendie chez vous.

Des abeilles se déplaçant le matin : réussite professionnelle.

Des abeilles se déplaçant à midi : de bons gains.

Des abeilles se déplaçant le soir : vous ferez un bénéfice remarquable.

Des abeilles qui se déplacent avec leur miel : vous aurez beaucoup d'argent.

Des abeilles qui font leur miel sous votre toit : vous triompherez de vos ennemis.

Des abeilles qui font leur miel au sommet de votre toit : la malchance vous suivra.

Des abeilles entrent chez vous : vos ennemis vont vous causer torts et dommages.

Des abeilles font du miel dans un arbre : gros gains financiers.

Des abeilles volent autour de leur ruche : vos affaires seront productives.

Vous tuez des abeilles : vous allez faire une grosse perte et serez ruiné.

Vous faites du miel chez vous : succès total dans vos affaires.

ABHORRER

Avoir quelque chose en horreur : des difficultés surgissent sur votre route.

Avoir quelqu'un en horreur : héritage.

Abhorrer un objet et s'en débarrasser : les soucis sont finis.

Être un objet d'horreur pour les autres : ils ont tendance a l'égoïsme.

ABÎME

Vous rêvez d'un abîme : des difficultés vous attendent.

Vous tombez dans un gouffre : atten-

tion dans toutes vos transactions d'affaires.

Vous évitez un gouffre : vous allez surmonter les difficultés.

Vous tombez dans un abîme mais sans être blessé : ne prêtez pas d'argent, il ne vous sera pas rendu.

D'autres tombent dans un abîme : soyez très circonspect dans toutes vos actions.

ABJECT

Être abject : une période difficile vous attend pour un court moment.

Des membres de la famille sont abjects : humiliation et chagrin.

D'autres personnes sont abjectes : évitez vos rivaux.

Vous êtes dans une situation abjecte : de bonne nouvelles inattendues.

ABOIEMENT

Vous entendez aboyer un chien : prenez conseil de vos amis.

Vous voyez un chien aboyer : ce n'est pas le moment d'entamer des affaires.

Un chien aboie après des amis : un mystère va trouver sa solution.

Vous entendez beaucoup de chiens aboyer : un événement important et favorable va se produire.

ABONDANCE

Vous jouissez d'une abondance excessive : calmez un peu votre mauvais caractère.

Être dans l'abondance : de grands succès vont couronner vos projets.

Abondance d'argent : un mystère va trouver sa solution.

Des proches jouissent d'une abondance dans tous les domaines : de l'argent va arriver.

D'autres sont dans l'abondance : vos affaires sentimentales marcheront bien.

ABRICOT

Vous mangez un abricot : malheur et calamités vous viennent d'une personne hypocrite.
Vous mangez des abricots durant leur saison : bonne santé et bonheur.
Vous mangez des abricots en dehors de leur saison : tous vos espoirs sont anéantis.
Des abricots sur l'arbre : plaisir et satisfaction à venir.
Vous cueillez des abricots : bonheur en amour.
Vous tenez dans vos mains des abricots abîmés : ennuis et perte d'un proche.
Abricots en boîte de conserve : des amis risquent de vous jouer des tours.
Des abricots secs : ennuis graves en perspective.

ABSENT

Un être aimé est absent : danger dans le domaine sentimental.
D'autres gens sont absents : vous allez prendre le contrôle d'un certain nombre de choses.
Vous vous réjouissez de l'absence d'un proche : vous êtes frivole.
Vous vous réjouissez de l'absence d'un ami : vous allez perdre un ennemi.
La mort d'un ami absent : un mariage se prépare.

ABSINTHE

Vous buvez de cette liqueur verte : il y a des disputes dans la famille.
D'autres boivent de l'absinthe : vous êtes destiné à être la proie de sérieux mécomptes.
Des amis boivent de l'absinthe : vous allez retrouver de l'argent.
Des ennemis boivent de l'absinthe : vous allez avoir de l'avancement.
Il y a de l'absinthe dans la maison : il va falloir passer par des moments douloureux.
Se soûler à l'absinthe : un petit malheur se terminera dans la joie.

S'ABSTENIR

Vous refusez une boisson : évitez vos rivaux.
Vous vous abstenez totalement de boire : des événements importants à venir, qui vous seront très bénéfiques.
Des proches s'abstiennent de boire : une longue vie en perspective.
Des amis s'abstiennent de boire : méfiez-vous des amis jaloux.

ACACIA

Vous rêvez de cette fleur alors que c'en est la saison : de grandes déceptions vous attendent.
Vous rêvez de cette fleur alors qu'elle ne fleurit plus : vos vœux vont se réaliser.
Vous recevez des fleurs d'acacia : vous avez un ami loyal.
Vous offrez des fleurs d'acacia : vous devez vous efforcer de contrôler vos passions.
Vous respirez le parfum de la fleur d'acacia : des moments heureux se préparent.

ACADÉMIE

Vous vous trouvez seul, sans partenaire, dans une académie : le mariage souhaité sera marqué par l'adversité.
Vous êtes marié dans une académie : vous surmonterez les ennuis causés par vos ennemis grâce à votre persévérance.
Vous êtes professeur d'académie : malheur.
Un officier d'académie : vos affaires ne vous apportent que découragement.
Vous êtes un cadet d'académie : il vous faut supporter des humiliations.

ACCENT

Vous avez un accent : vous allez faire un long voyage.
Vous parlez avec un accent étranger : prenez soin de votre santé.
Vous entendez d'autres personnes parler avec un accent étranger : de bonnes nouvelles vont vous parvenir.
Vous accentuez les mots : des changements vont survenir dans votre entourage.

ACCEPTER

Vous êtes accepté : vous allez vous assurer la maîtrise de nombreux domaines.
Un amoureux est accepté : vos affaires ne vont pas marcher fort.
Vous refusez une admission : il y a des querelles dans la famille.
Accepter une invitation : vous espérez un héritage.

ACCIDENT

Un rêve d'accident : avertissement de ne pas faire d'inutiles voyages.
Être pris dans un accident : votre vie est en danger.
Un accident en pleine campagne : de bonnes perspectives pour vos affaires personnelles et de travail.
Un accident en mer : une déception dans vos relations sentimentales.
Un accident aérien : votre esprit va se développer en vigueur.
Un accident de voiture : de l'argent va venir.

ACCLAMER

Vous acclamez les autres : des suites douloureuses.
Vous êtes acclamé : vous perdez votre simplicité naturelle.
D'autres montrent qu'ils vous acclament : des amis vont vous tromper.
Vous acclamez un personnage important : des ennuis en perspective.

ACCOMPAGNER

Vous accompagnez quelqu'un : vos ennemis manquent leur but.
Vous êtes accompagné : des événements très importants et bénéfiques vont se produire.
Vous êtes accompagné par des amis : il va y avoir du changement dans votre entourage.
Vous avez un accompagnement musical : un mystère va se résoudre.
Vous accompagnez un enterrement : pauvreté.
Vous accompagnez un ami proche au cimetière : richesse et fortune.
Vous accompagnez une personne inconnue au cimetière : vous allez vous trouver à court d'argent.

ACCOSTER

Vous êtes accosté(e) par un homme : les autres vont vous mépriser.
Vous êtes accosté(e) par une femme : des honneurs.
Vous êtes accosté(e) par un homme d'affaires : des profits.
Vous êtes accosté(e) par un pauvre : vous allez recevoir de l'argent.
Vous êtes accosté(e) par un ami : un héritage en perspective.

ACCROÎTRE

Rêver d'accroître son standing : attention aux dépenses.
Rêver d'accroître sa propre affaire : satisfaction.
Rêver d'accroître son compte en banque : vanité.
Rêver d'accroître la famille : bonheur.

ACCUSER

Être accusé : méfiez-vous du scandale.
Accuser les autres : danger et malchance.
Étant accusé, prouver son innocence : vous surmonterez les difficultés.
Une accusation exacte : de sérieux ennuis à venir.

Être accusé d'avoir commis un crime : vous allez être assailli par des doutes.

Vous vous accusez vous-même d'avoir mal agi : beaucoup d'argent va vous arriver.

Vous êtes accusé par un membre d'un service secret : vous allez avoir des ennuis.

Vous êtes accusé par une femme : un désastre professionnel approche.

Vous êtes accusé par un homme : un grand succès vous attend.

ACHETER

Vous achetez divers objets : des problèmes financiers pour bientôt.

Vous achetez de la nourriture : un certain succès.

Vous achetez des légumes : disputes familiales.

Vous achetez des fruits : complications sentimentales.

Vous achetez des vêtements : très grand succès pour bientôt.

Vous achetez de la poudre de riz : vous allez dépenser votre argent de façon extravagante.

Vous achetez des choses pour les enfants : une chance favorable et exceptionnelle.

ACIDE

Rêve d'acides : vous tiendrez vos promesses.

Vous manipulez des acides : le danger vous guette à cause d'une promesse que vous avez faite.

Vous utilisez des acides : vous sortirez sain et sauf du péril où vous êtes.

D'autres manipulent des acides : mort d'un ennemi.

ACQUITTER

Être acquitté par un tribunal : vos ennemis ont manqué leur but.

Vous n'êtes pas acquitté : votre prospérité sera grande.

Des coupables sont acquittés : il va y avoir des hauts et des bas.

D'autres sont acquittés : les affaires vont être prospères.

D'autres ne sont pas acquittés : malchance et problèmes.

ACROBATE

Un acrobate a un accident : vous échapperez de justesse au danger.

Vous regardez des acrobates évoluer : ne faites surtout pas de voyage avant neuf jours.

Vous êtes un acrobate : vous allez réduire à néant ceux qui vous veulent du mal.

Un de vos proches est acrobate : vous allez connaître des déceptions.

ACROSTICHE

Vous rêvez de cette forme de versification : ne prenez aucune décision à la hâte.

Vous complétez un acrostiche : vos spéculations se réalisent.

Vous ne complétez pas l'acrostiche : vos affaires ne vont pas très bien.

D'autres complètent un acrostiche : votre amoureux (reuse) va vous planter là.

ACTE

Vous signez un acte : vous courez un danger.
Vous avez déjà signé un acte : vous perdez de l'argent.
D'autres signent un acte avec vous : vous perdrez une affection précieuse.
Vous êtes payé pour un acte dû : votre santé sera excellente jusqu'au jour de votre mort.

ACTEUR OU ACTRICE

On vous présente à une actrice : vous allez avoir des ennuis chez vous.
On vous présente à un acteur : attention aux bavardages.
Vous voyez beaucoup d'acteurs et d'actrices : vous aurez de grandes satisfactions dans la vie.
Un comédien ou une comédienne : succès dans vos affaires actuelles.
Un tragédien ou une tragédienne : malheur et malchance.
Vous êtes un acteur : vous perdez des amis.
Vous êtes une actrice : vous allez avoir beaucoup de causes de gêne et d'inquiétude.

ADAM ET ÈVE

Rêve d'Adam et Ève : prospérité.
Vous parlez à Adam : vos vœux vont se réaliser.
Vous parlez à Ève : vous serez malheureux en amour.
Une femme rêve d'Adam : elle va avoir un enfant.
Un homme rêve d'Ève : il va faire un grand dîner de famille.
Une jeune fille rêve d'Adam : ses amours seront heureuses.
Un jeune homme rêve d'Ève : il va trouver un nouveau travail.

ADIEU

Dire adieu à des gens : votre santé va devenir mauvaise.

D'autres vous disent adieu : vous allez faire un voyage très ennuyeux.
Vous dites adieu à votre compagne ou compagnon : une bonne période s'annonce.
Vous dites adieu à des enfants : de l'argent va rentrer.

ADMINISTRER :

Rêver d'un administrateur : des déceptions en affaires.
Être convoqué par un administrateur : vos affaires vont aller mieux.
Vous administrez vos propres affaires : un héritage est à prévoir.
Vous administrez les affaires des autres : vos activités professionnelles se déroulent au mieux.

ADMIRER

Être admiré : un changement va bientôt intervenir dans votre vie.
Vous admirez d'autres gens : malheur.
Vous êtes admiré par quelqu'un que vous aimez : amitié.
Vous êtes admiré par des enfants : votre vie sera longue.

ADOPTER

Vous adoptez quelqu'un : des proches vont vous réclamer de l'aide.
Vous êtes adopté : prenez garde à ceux qui vous veulent du mal.
Vous avez adopté des enfants : vous avez des problèmes d'amour.
Vous êtes vous-même adopté : vos affaires financières battent de l'aile.

ADORER

Vous adorez des enfants : de grands succès dans tous les domaines.
Vous adorez votre mari : bonheur et longue vie.
Vous adorez votre femme : fortune.
Vous adorez votre petit ami : vos affaires professionnelles vont mal tourner.
Vous adorez et rendez un culte à

une idole : vos affaires tournent mal.
Vous adorez Dieu et le priez : joie et satisfaction.
Vous rêvez d'adoration : grands honneurs et richesse.
Vous adorez Dieu dans une église : vos désirs seront réalisés.
Vous adorez le Seigneur : une grande joie.
Vous adorez Dieu chez vous : malheur.
Votre famille célèbre un culte : joie.
Vous enseignez à vos enfants à adorer Dieu : vous serez persécuté.

ADRESSE

Vous écrivez une adresse : faites attention de ne pas entamer des spéculations hasardeuses.
D'autres personnes écrivent une adresse : affaires malchanceuses.
Vous écrivez une adresse d'affaires : chance et prospérité.
Vous écrivez une adresse sur une lettre d'amour : vous allez avoir de bonnes nouvelles.

ADULTÈRE

Vous commettez un adultère : vos mœurs sont irréprochables.
D'autres personnes commettent un adultère : perte d'argent.
Votre femme commet un adultère : des disputes avec des voisins sont à craindre.
Votre mari commet un adultère : vous allez faire un héritage.

ADVERSAIRE

Vous rêvez d'un adversaire : vous allez avoir le dessus sur vos rivaux.
Vous luttez avec un adversaire : vous êtes voué aux déceptions.
Votre partenaire en affaires est un adversaire : des pertes financières à prévoir.
Votre adversaire est un magistrat : les soucis vont bientôt disparaître.
Vous êtes vous-même un magistrat de la partie adverse : vous avez un ami dans votre entourage prêt à vous jouer de mauvais tours.

ADVERSITÉ

Vous rencontrez l'adversité : prospérité.
L'adversité vous persécute : vous allez découvrir de l'argent.
Vous rencontrez l'adversité en affaires : vos plus grandes ambitions vont se réaliser.
Vous rencontrez l'adversité en amour : soyez sur vos gardes, les bavardages causés par le dépit vont bon train.

AFFAIRES

Vous êtes en affaires : des bavardages et médisances courent.
Vous entreprenez une bonne affaire : il vous faudra vous battre pour gagner.
Vous gagnez de l'argent en affaires : un ami va vous en donner.
Vous perdez de l'argent dans une affaire : vous allez vous mettre en colère et perdre le contrôle de vous-même.

AFFECTION

Rêve d'affection : des ennuis pour vos proches.
Vous ressentez de l'affection : distinctions et honneurs.
Vous ne ressentez pas d'affection · votre vie sera longue.
Une affection entre deux êtres aimés : héritage.
Vous avez l'affection de vos enfants : vous allez recevoir de l'argent d'une source inattendue.

AFFILIATION-FILIATION

Votre âme est fille de Dieu : une très grande joie.
Vous êtes affilié à un parti ou un groupe : méfiez-vous des ennemis.
Vous obtenez l'affiliation d'un nouveau membre : de grands honneurs vous attendent.

Vous vous liez à quelqu'un : un changement va se produire qui ne peut apporter qu'une amélioration.

AFFLICTION

Vous êtes affligé : succès certain.
Un mari ou une femme est affligé(e) : rapides succès dans vos affaires.
Vous vous trouvez dans un état d'affliction : une heureuse destinée vous est promise.
D'autres vous causent de l'affliction : un changement va se produire qui n'apportera que de bonnes choses.

AFFLUENCE

Rêve d'affluence : grands succès pour vos projets.
L'argent afflue : vous allez faire des affaires malheureuses et perdre de l'argent.
Les biens et propriétés affluent : vous allez perdre des biens immobiliers.
D'autres voient affluer richesse et possessions : évitez les rivaux.

AFFRONT

On vous fait un affront : vous allez perdre un héritage.
Des membres de la famille vous font un affront : une mort dans la famille.
Des amis vous font un affront : ennuis en perspective avant une grande joie.
Vous faites un affront à d'autres : contrôlez un peu votre caractère passionné.

AFRIQUE

Rêve d'Afrique : gains financiers.
Vous voyez l'Afrique sur une carte : votre fortune va se développer sérieusement.
Vous faites un voyage en Afrique seul : vous allez vous faire de nouveaux amis.
Vous faites un voyage en Afrique

avec d'autres : vous allez vous livrer à des actes peu raisonnables et même répréhensibles...
Vous allez en Afrique : une grande joie.
Vous rentrez d'Afrique : une grave déception vous attend.
Vous êtes déporté en Afrique : vous allez connaître la prospérité et la chance.

ÂGE

Vous vous faites du souci à propos de votre âge : vous couvez une maladie.
Vous rêvez de l'âge des autres : vous aurez beaucoup d'amis très proches.
Vous rêvez de l'âge de votre partenaire : vous serez trompé.
Vous rêvez de l'âge d'un proche : une mort dans la famille.

S'AGENOUILLER

Vous vous agenouillez et priez : bonheur et honneurs.
Des enfants s'agenouillent pour prier : joie et prospérité.
Vos proches s'agenouillent : des bénéfices financiers.
Des ennemis s'agenouillent : un mystère sera résolu.
Des amis s'agenouillent : des amis vous tromperont.
Vous vous agenouillez dans une église et devant le tabernacle : vos désirs s'accompliront.

AGNEAU

Des agneaux dans un pré : une grande tranquillité.
Vous achetez des agneaux : vous allez être très surpris.
Vous mangez des agneaux : des larmes.
Vous possédez des agneaux : de l'argent et des consolations.
Vous vendez des agneaux : bonheur.

Vous retrouvez un agneau perdu : vous allez gagner un procès.

Vous tuez des agneaux : vous allez traverser de vifs tourments.

Vous offrez un agneau en cadeau : votre vie sera longue.

Vous portez un agneau : votre avenir sera prospère et vous jouirez du dévouement des autres.

Vous mangez de l'agneau le jour de Pâques : une amitié qui durera.

Un troupeau de jeunes moutons paît dans un pré : vous allez vivre une grande peur.

AGRESSION

Vous êtes agressé : on parle en bien de vous.

Vous agressez d'autres gens : gains d'argent.

Vos enfants sont victimes d'une agression : disputes au sein de la famille.

D'autres gens sont victimes d'une agression : malheur en amour.

AGRICULTEURS

Vous gagnez de l'argent dans l'agriculture : grâce à un rude labeur, vous allez au succès.

Vous avez des difficultés en agriculture : la vanité vous entraîne dans des discussions inutiles.

Vous perdez de l'argent dans l'agriculture : un mariage va être annoncé.

Un agriculteur mesure un terrain : vous devriez être très attentif.

Vous débutez dans l'exploitation agricole : ce sera la sécurité.

AIDE

Vous réclamez de l'aide : essayez de comprendre profondément le cœur de vos amis.

Vous prenez une aide : un dur travail vous attend.

Vous mettez votre aide à la porte : vous attendez des autres trop de services.

Vous avez une aide de toute confiance : vous serez dans la misère.

Vous demandez une aide financière : joie.

Vous recevez de l'aide d'un chien : une femme vous cherchera noise.

AIGLE

Un aigle qui vole : perspective de chance.

Vous tuez un aigle : la richesse et aucun obstacle entre vous et vos buts.

Un aigle mort : vous perdrez de l'argent.

Un aigle blessé : vous perdrez au jeu de l'amour.

Un aigle vous attaque : attendez-vous à bien des difficultés.

Un aigle sur une statue : vous réaliserez vos ambitions les plus hautes.

Un aigle perché sur une montagne : gloire et argent.

Vous portez un aigle : honte et chagrin.

Une femme rêve de plusieurs aigles : son fils sera célèbre.

Vous possédez un aigle : honneurs et bénéfices.

Un aigle se dresse : beaucoup de soldats vont mourir.

Un aigle tombe sur vous : attention au danger.

Un aigle déplumé : vous atteindrez à une position politique de premier plan.

AIGUE-MARINE

Vous avez une aigue-marine : un ami jeune et fougueux vous porte toute son affection.

Vous achetez une aigue-marine : bonheur certain.

Vous vendez une aigue-marine : vous allez connaître une déception amoureuse.

Vous perdez une aigue-marine : vos amours sont en danger.

AIGUILLE

Vous rêvez d'aiguilles : vous serez persécuté dans vos amours.
Vous avez des aiguilles : une intrigue se noue.
Une aiguille à coudre : vous tomberez trop follement amoureux.
Une aiguille à repriser : vous tomberez amoureux.
Des aiguilles à tricoter : vous êtes trop égoïste.
Vous passez du fil dans une aiguille : votre famille vous est un poids.
Vous cherchez une aiguille : vous vous faites du souci inutilement.
Vous trouvez une aiguille : vos amis vous apprécient.
Vous perdez une aiguille : déception amoureuse.
Des aiguilles d'acier : longue vie.
Vous vous piquez avec une aiguille : vous êtes trop tendre et affectueux.

AIL

Vous rêvez d'ail : un secret va être découvert.
Vous mangez de l'ail : une grande dispute.
Vous achetez de l'ail : d'autres gens vous mettront en colère.
Vous cuisinez avec de l'ail : vos inférieurs au travail ne vous aiment guère.
Vous faites pousser de l'ail dans votre jardin : les gens vous détestent.
Vous donnez de l'ail aux enfants : ils obtiendront des postes élevés.
Des gens qui n'aiment pas l'ail : ils ne peuvent pas occuper votre place.

AILE

Vous rêvez d'ailes : vous perdrez de l'argent.
Un ange avec des ailes : bonheur.
Des ailes d'oiseaux : honneurs et distinctions.
Un ange vous caresse de ses ailes : joie, consolations.
Les ailes d'un avion : vous recevrez de bonnes nouvelles tout à fait inattendues.
Les ailes de vos oiseaux domestiques : un amour très heureux.
Vous avez vous-même des ailes : les personnes malades guériront.
Des enfants ont des ailes : vous ferez un héritage.
Des ailes brisées : une perte d'argent.

AIR

L'air est pur et le ciel bleu : succès.
L'air est froid : les relations familiales sont froides et malheureuses.
L'air est chaud : l'oppression règne et cause des souffrances.
L'air est brumeux : des traîtrises sont à craindre.
L'air est plein de brouillard : il vous faut reconsidérer vos projets avant d'agir.
L'air est humide : la malchance va mettre un terme à votre optimisme.
L'air est calme : c'est le bonheur.
Il y a de l'orage dans l'air : vous allez tomber malade et être en danger.

AIR COMPRIMÉ

Vous rêvez d'une carabine à air comprimé : vous devriez remettre vos décisions à un peu plus tard.
Vous possédez une carabine à air comprimé : un changement va se produire dans votre vie.
Vous achetez une carabine à air comprimé : vous allez être trompé.
Vous recevez une carabine à air comprimé : vous êtes trompé dans votre vie amoureuse.
D'autres personnes utilisent une carabine à air comprimé : des ennemis cherchent à vous supprimer.

AJONC

Vous rêvez d'ajoncs verdoyants : la chance s'avance vers vous.
Vous cueillez des fleurs d'ajonc : chance et prospérité.

D'autres gens ont des fleurs d'ajonc :
le malheur plane.

ALARME

Vous donnez l'alarme : accélérez vos
projets et poussez-les jusqu'à leur
réalisation.
*Vous entendez donner l'alarme d'un
incendie tandis que vous dormez :*
de mauvaises nouvelles vont surgir
d'une source inattendue.
*Vous entendez donner l'alarme alors
que vous êtes réveillé :* un changement
va intervenir dans votre vie.
*Vous êtes effrayé par un signal
d'alarme alors que vous dormez :*
des ennuis arrivent.

ALBATROS

Un rêve d'albatros : un étranger va
donner de bonnes nouvelles.
Plusieurs albatros sur la mer : des
proches réclament votre aide.
*Un albatros au sommet d'un mât
de bateau :* ne prêtez pas d'argent.
Vous tirez sur un albatros : vous allez
échapper à un danger qui vous
menace

ALIÉNÉ

Vous rêvez d'un aliéné : de surpre-
nantes nouvelles vont vous parvenir.
Vous êtes aliéné : attention aux soucis.
Des amis sont fous : la mort d'un
ennemi.
Vous êtes en compagnie d'aliénés :
vous commettrez des actes irresponsables.
Vous êtes dans un asile d'aliénés :
un danger grave pour vos amours.

ALLER

*Vous allez quelque part en grande
hâte :* vous pratiquez le « au petit
bonheur la chance… ».
*Vous allez quelque part en voiture à
cheval :* vous garderez d'agréables
souvenirs.

*Vous allez quelque part en automo-
bile :* une mort prochaine.
Vous sortez avec des hommes : de
bonnes nouvelles.
Vous allez dans les champs : vos
affaires marcheront très bien.
Vous allez en forêt : vous recevrez
de tristes nouvelles.
Vous marchez en vous cachant :
vous vous sentez persécuté.
Vous marchez en boitant : vous êtes
paresseux.
Vous allez très lentement : vous ne
profitez pas de votre chance.
Vous allez à votre perte : vous recevrez un cadeau de prix tout à fait
inattendu.

ALLERGIE

Vous avez une allergie : vous allez
recevoir de bonnes nouvelles.
Vous êtes allergique aux fruits : vous
allez être persécuté.
*Vos enfants sont allergiques aux
fleurs :* vous allez vous faire de nouveaux amis.
D'autres gens ont des allergies : vous
avez la chance avec vous dans vos
entreprises.

ALLIANCE

Vous rêvez d'une alliance : distinctions et fortune.
Vous perdez une alliance : vexations.
Vous recevez une alliance : bonheur
en famille.
Une alliance couverte de diamants :
une bonne santé.

ALMANACH

Rêve d'almanach : des changements
vont intervenir dans votre destinée.
Vous possédez un almanach : vous
allez causer un grand scandale par
vos actions présentes.
Vous achetez un almanach : vous allez
vous quereller avec une personne qui
vous est très chère.

Vous consultez un almanach : vous allez faire des dettes et être poursuivi pour non-paiement.

ALOÈS

Rêve d'arbres d'aloès : vous allez tomber gravement malade.
Vous ramassez des feuilles d'aloès : une grande joie.
Vous faites bouillir des feuilles d'aloès : un changement favorable va se produire.
Vous prenez du jus d'aloès comme médicament : vous êtes en bonne santé.

ALOUETTE

Vous rêvez d'une alouette : votre vie sera longue.
Une alouette chante gaiement : vous aurez un ami loyal.
Une alouette en cage : échec de vos projets.
Une alouette morte : quelqu'un cherche à vous détruire.

ALPACA - ALPAGA

Vous rêvez d'un alpaca (animal) : vous allez recevoir un cadeau de valeur.
Vous avez du tissu d'alpaga : vous aurez la chance de recevoir de l'argent.
Vous portez un costume d'alpaga : vous allez avoir de l'avancement.
D'autres personnes portent des costumes d'alpaga : vous allez rencontrer des obstacles insurmontables.

ALPHABET

Rêve d'alphabet : un ami absent va revenir.
Vous écrivez tout l'alphabet : des nouvelles inattendues vont vous arriver.
Vous imprimez tout l'alphabet : les soucis vont s'envoler.
Vous déchiffrez un alphabet étranger : un mystère va s'éclaircir.

ALPINISTE

Rêve d'un alpiniste : soyez sur vos gardes, on bavarde méchamment sur vous, par dépit.
Un alpiniste fait l'ascension d'une montagne : bonne santé et longévité.
Un alpiniste descend d'une montagne : vos affaires connaîtront le succès.
Vous voyez une montagne dans le lointain : vous allez recevoir de bonnes nouvelles.

ALTERCATION

Vous avez une violente dispute : évitez vos rivaux.
Vous avez une altercation avec des proches : faites très attention à vos voisins.
Vous avez une altercation avec un être aimé : bonheur en amour.
Vous avez une altercation avec un ami : votre orgueil va prendre du plomb dans l'aile.
D'autres personnes ont une altercation : c'est l'échec de vos ennemis.

ALUN

Rêve d'alun : chance et prospérité.
Vous avez de l'alun à la maison : succès en matières financières.
Vous utilisez de l'alun : il y a de la grogne et de la hargne chez un de vos inférieurs.
D'autres personnes utilisent de l'alun : vous allez subir un mauvais tour de la part d'un ami.

AMANDES

Rêve d'amandes : du chagrin, mais pour une courte période.
Vous achetez des amandes : vous allez triompher de vos ennemis.
Vous mangez des amandes : vous vivrez longtemps.
Les amandes sont amères : vos tentatives actuelles vont tourner court.

AMANDIER

Rêve d'amandier : richesse.
Un amandier en fleurs : joie et contentement.
Un amandier dont les fruits sont encore verts : ennuis en perspective.
Un amandier chargé de fruits mûrs : le bonheur à la maison.

AMBASSADEUR

Rêve d'un ambassadeur : des amis fidèles sont tout proches.
Vous êtes un ambassadeur : vous allez perdre votre position actuelle.
Vous rappelez un ambassadeur de son poste actuel : vos activités sociales sont excellentes.
Vous êtes en conférence avec un ambassadeur : vous réaliserez vos hautes ambitions.

AMBRE

La couleur de l'ambre : méfiez-vous de l'orgueil.
Vous avez un objet d'ambre : il y a des obstacles entre vous et la personne que vous aimez.
Vous recevez en cadeau un objet d'ambre : de l'argent va vous arriver.
Vous offrez en cadeau un objet d'ambre : vous avez de gros moyens.

AMBULANCE

Une ambulance occupée : réalisation de tous vos désirs.
Une ambulance vide : perte d'un ami.
Vous appelez une ambulance pour un proche : vous aurez des soucis financiers.
Vous appelez une ambulance pour vous-même : vous allez bientôt vous remettre d'une maladie.

AMER

Vous goûtez quelque chose d'amer : vous allez avoir une éruption sur tout le corps.
Vous prenez un médicament amer : vous allez vous disputer mais vous recevrez de l'aide.
Des enfants mangent des choses amères : des disputes en famille.
Vous ressentez de l'amertume : des voleurs vous attaqueront.
D'autres personnes ressentent de l'amertume à votre égard : vous allez vous disputer avec d'autres gens.

AMÉRIQUE

Rêve d'Amérique : beaucoup de gens vous envient.
Vous êtes un Américain : vous aurez une heureuse vieillesse.
Vous voyez l'Amérique sur la carte : grande joie.
Vous êtes en Amérique : vous parviendrez au bonheur grâce à vos propres efforts.
Vous faites un voyage en Amérique en solitaire : vous vous marierez bientôt.
Vous faites un voyage en Amérique avec d'autres : richesse et prospérité.
Vous vous rendez à l'étranger à

partir de l'Amérique : les aventures sont lointaines.
Vous êtes déporté en Amérique depuis l'étranger : on vous accusera à tort.
Vous êtes exclu d'Amérique : vous allez commettre des actes irréfléchis.

AMÉRIQUE DU NORD

Vous vous trouvez en Amérique du Nord : vous serez pris dans un scandale.
Vous vous rendez en Amérique du Nord : de maigres résultats dans vos affaires.
Vous quittez l'Amérique du Nord : des événements dans votre cercle social.
On vous déporte en Amérique du Nord : vous aurez de l'avancement.

AMÉTHYSTE

Rêve d'améthyste : joie dans la vie.
Vous avez une améthyste : de bonnes nouvelles que vous n'attendiez pas.
Vous achetez une améthyste : votre petite amie va vous planter-là.
Vous perdez une améthyste : un ennemi cherche votre perte.

AMI

Vos amis sont heureux : de bonnes nouvelles.
Vos amis sont dans l'embarras : une maladie est proche.
Vous dites au revoir à un ami : l'avenir vous réserve de douloureuses expériences.
Vous vous disputez avec un ami : joie.
Vous êtes séparé d'un ami : des amis cherchent votre perte.
Des amis dans l'embarras : vous recevrez de bonnes nouvelles tout à fait inattendues.

Un ami, tout nu : vous serez pris dans une grande bagarre.
Vous embrassez un ami : vous serez trahi.
Vous parlez avec un ami dans une pièce : joie et consolations.
Vous riez avec des amis : votre association va se dissoudre.
Vous vous faites de nouveaux amis : vous allez être plongé dans le deuil.
Des amis se comportent de façon singulière : vous montrerez votre penchant pour une très belle femme.

AMIRAL

Vous rêvez d'un amiral commandant sa flotte : le futur s'annonce bien.
Vous vous trouvez en compagnie d'un amiral : des événements marquants vont se produire.
Vous êtes un amiral : vous courez des dangers dans votre vie sentimentale.
Vous êtes l'épouse d'un amiral : vous vous heurterez à des obstacles insurmontables.

AMMONIAQUE

Vous rêvez d'ammoniaque : vos affaires sentimentales sont au plus mal.
Vous possédez de l'ammoniaque : vous courez un danger - un accident.
Vous achetez de l'ammoniaque : vous allez subir des humiliations.
Vous utilisez de l'ammoniaque : vous vous disputerez avec un ami.

AMOUR

Vous êtes amoureux : vous vivrez heureux toute votre vie.
Votre amour n'est pas accepté : vous aurez des problèmes avec votre cœur.
Vous êtes aimé : prospérité.
Vous vous aimez vous-même : vanité.
Vous aimez beaucoup quelqu'un : joie et fortune.
Vous aimez votre travail : la prospérité s'annonce.

Vous essayez de faire l'amour avec quelqu'un : malheur.

Votre amour ne rencontre pas de succès : vous vous marierez et vivrez fort heureux.

Vous êtes en compagnie d'un amant (d'une maîtresse) : vous ne réussirez pas une vie maritale.

Vous êtes amoureux de deux personnes à la fois : la bonne foi et la confiance seront trompées.

Des amoureux : méfiez-vous des amis jaloux.

Vous aimez vos enfants : bonheur.

Vos enfants vous aiment : des disputes pour savoir quel est l'enfant préféré.

Vous aimez votre mari : évitez les rivaux.

D'autres aiment votre mari : vous vivrez ensemble heureux toute votre vie.

Vous aimez votre femme : chance et prospérité.

Vous aimez vos proches : une perte d'argent.

Vous êtes aimé de vos proches : des pertes financières.

Vous aimez vos amis : vous allez apprendre la mort d'un ami.

Vos amis vous aiment : on vous fera de fausses promesses.

AMOUREUX

Vous êtes de tempérament amoureux : vous allez être la victime d'un scandale.

D'autres personnes ont envers vous un comportement amoureux : faites très attention dans vos affaires sentimentales.

Un homme aux manières amoureuses : surveillez vos relations avec les autres.

Une femme aux manières amoureuses : vous en demandez trop.

Des jeunes filles aux manières amoureuses : vous allez faire un mauvais mariage.

AMPUTER

Vous assistez à une amputation : votre vie sera saine.

On vous ampute d'une jambe : vous perdrez un ami.

On vous ampute d'une main : vous perdrez un ennemi.

On vous ampute d'un bras : vous perdrez un parent.

On vous ampute d'un pied : mort d'un ami.

AMULETTE

Vous rêvez d'une amulette : prenez garde à la jalousie de certains amis.

Vous portez une amulette : une décision importante doit être prise d'ici peu.

Vous achetez une amulette pour vous protéger du mauvais œil : vous allez bientôt vous marier.

Vous vendez une amulette : du malheur.

Vous recevez en cadeau une amulette : vous allez vivre la perte d'un amour.

AMUSEMENT

Rêve d'un lieu d'amusement : faites meilleur usage de votre temps.

Vous vous amusez : du malheur.

Vous vous amusez en compagnie de votre famille : vous allez avoir des discussions pénibles.

Vous vous amusez en compagnie d'amis : perte d'argent.

Vous vous amusez en compagnie d'un petit ami ou d'une petite amie : vous allez avoir de grandes espérances.

D'autres personnes s'amusent : vous épouserez un danseur (ou une danseuse).

ANARCHISTE

Rêve d'anarchiste : vous allez éprouver un nouvel intérêt et faire de nouvelles connaissances.

Rêve de plusieurs anarchistes : soyez d'une grande prudence dans vos affaires d'argent.
Un anarchiste est tué : vous aurez une vie longue et honnête.
Vous êtes un anarchiste : vous perdrez votre liberté.

ANCÊTRE

Rêve d'ancêtres : ne faites pas confiance aux gens qui disent qu'ils sont amoureux.
Des ancêtres qui sont morts : du bonheur.
Rêve d'arrière-grands-parents : une petite maladie en perspective.
Des grands-parents : vous allez vous remettre rapidement d'une maladie.
Des ancêtres d'autres gens : la fortune vous attend.

ANCHOIS

Vous rêvez d'anchois : vous aurez votre lot de souffrances.
Vous achetez des anchois : chance.
Vous utilisez des anchois en salade : vous allez recevoir un héritage.

ANCRE

Une ancre à la proue d'un navire : chance.
Une ancre qui pend sur le flanc d'un navire : chance et prospérité.
Une ancre plongée dans l'eau : déceptions.
Vous levez l'ancre hors de l'eau : vous allez faire des gains substantiels.
Vous perdez une ancre : vous allez gagner de l'argent.

ÂNE

Rêve d'un âne : vous ne tirerez aucun profit des disputes.
Vous êtes monté sur un âne : vous allez tomber en disgrâce.
Vous avez un âne : une dispute avec votre meilleur ami.

Un âne vous résiste obstinément : chance dans votre vie sentimentale.
Un âne qui court : vous allez recevoir de mauvaises nouvelles.
Un âne qui avance très lentement : une grande sécurité en perspective.
Vous achetez un âne : la joie dans le foyer familial.
Vous vendez un âne : une grosse perte dans vos affaires.
Vous chargez un âne : de bonnes affaires en perspective.
Vous êtes assis sur un âne : vous allez avoir beaucoup de travail et la fortune vous sourira.
Un âne chargé : vous allez gagner de l'argent.
Des enfants assis sur un âne : bonheur.
Vous sortez un âne de l'étable : votre affaire va sombrer.
Vous frappez un âne : vous allez recevoir de mauvaises nouvelles.
Un âne vous donne un coup de pied : malheurs amoureux.
Vous mettez vos chaussures sur un âne : vous allez avoir à travailler dur.
Vous voyez un âne mort : vous vivrez longtemps.
Vous tuez un âne : vous allez perdre toute votre fortune.

Les oreilles d'un âne : vous allez avoir à faire face à un immense scandale.
Vous entendez un âne braire : vous tombez en disgrâce dans la famille.
Un âne sauvage : vous ne dirigez pas vos affaires correctement.
Beaucoup d'ânes : vous allez être abandonné par votre amoureux (amoureuse).
Des ânes qui appartiennent à d'autres gens : vous aurez de nombreux amis très loyaux.

ANECDOTE

Vous entendez raconter une anecdote : un événement social de grande importance va se produire.
Vous racontez une anecdote : un événement important et très favorable va survenir.
Vous entendez raconter une anecdote par quelqu'un qui est monté sur une scène : vous êtes destiné à subir des déceptions.
Vous entendez raconter une anecdote par un ami : un mystère va être éclairci.

ANGE

Rêve d'ange : réussite en amour.
Plusieurs anges : vous allez faire un héritage.
Une personne qui n'est pas en état de péché rêve d'un ange : elle recevra des honneurs.
Une personne en état de péché rêve d'un ange : elles devra se repentir.
Une personne en parfaite santé rêve d'un ange : c'est le bonheur.
Une personne malade rêve d'un ange : la mort.
Un ange entre chez vous : signe de prospérité.
Un ange est tout proche de vous : vous allez jouir de la paix.

ANGLAIS

Vous rêvez d'un Anglais ou d'une Anglaise : un bon ami a des arrière-pensées en tête.
Beaucoup d'Anglais ensemble : des faux amis sont proches.
Vous allez en Angleterre : les fournisseurs vous réclameront de l'argent.
Vous vivez en Angleterre : vos désirs ne seront pas satisfaits.
Vous avez une liaison avec un Anglais ou une Anglaise : vous souffrirez d'une maladie inconnue.

ANGOISSE

Vous avez une angoisse : vous triompherez de vos ennemis.
Votre esprit est occupé par une angoisse douloureuse : des jours heureux vont venir.
Vous avez des angoisses à propos de vos enfants : votre santé sera bonne.
Vous avez des angoisses à propos de votre compagnon (compagne) : des soucis vous attendent.

ANGUILLE

Vous rêvez d'une anguille : vous vous remettrez immédiatement d'une maladie.
Vous tenez une anguille : une grande chance vous arrivera.
Une anguille morte : vous saurez vous défendre.
Vous attrapez une anguille morte : vous souffrirez.
Vous attrapez une anguille vivante : vous êtes très malin.
Beaucoup d'anguilles dans l'eau : vous travaillez beaucoup trop.
Plusieurs anguilles mortes : quelqu'un sortira de prison.

ANIMAUX

Vous caressez des animaux : une très grande chance vous attend.

Vous nourrissez des animaux : vous pouvez vous attendre à de la joie.
Vous battez à mort des animaux : vos affaires donneront de bons résultats.
Vous repoussez et chassez des animaux : votre divorce est pour bientôt.
Des animaux au repos dans une étable : vous serez malheureux en amour.
Des animaux au repos dans un champ : des bénéfices financiers.
Des animaux sur une montagne : vous perdrez de l'argent.
Un animal sauvage et dangereux : vous allez rencontrer l'adversité.
Vous êtes poursuivi par des animaux dangereux : un ami va vous offenser.
Un taureau ou une vache : vos investissements vont être excellents.
Un chien : prospérité.
Un cheval : un événement important et heureux se prépare.
Un singe : activités sociales réussies.
Un crocodile : pauvreté.
Un animal gras : abondance pour cette année.
Un animal efflanqué : famine.
Un animal domestique : vos ennemis vous entourent.
Vous parlez aux animaux : vous tirerez bénéfice de votre commerce avec les autres.
Vous parlez à un chien : un travail plaisant et de bonnes nouvelles.
Vous parlez à un perroquet : vous attendez trop de faveurs des autres.
Un perroquet vous parle : les paroles du perroquet se réaliseront.
Vous achetez des animaux : ennuis en perspective.
Vous vendez des animaux : le succès attendu se produira ultérieurement.
Les animaux d'autres personnes : un mystère va trouver sa clé.

ANNÉE

Vous rêvez des ans qui passent : vous deviendrez faible avec l'âge.

Une année qui se termine par un nombre pair : vous aurez très peu d'argent.
Une année qui se termine par un nombre impair : vous hériterez de beaucoup d'argent.

ANNÉE BISSEXTILE

Vous rêvez d'une année bissextile : vous ferez de petits profits.
C'est une année bissextile et vous n'êtes pas marié : vous le serez dans l'année.
Vous vous êtes marié durant une année bissextile : le mariage ne durera pas.
Vous êtes né durant une année bissextile : votre vie sera longue.
Un proche meurt durant une année bissextile : vous hériterez de l'argent d'un proche.
Des enfants se fiancent durant une année bissextile : ils n'épouseront jamais cette personne.

ANNIVERSAIRE

Rêve de son propre anniversaire : de bons résultats financiers.
Anniversaires de proches : de bonnes affaires.
Anniversaire d'un ami : il vous sera utile prochainement.
Anniversaire d'une amie : abondance d'argent très prochaine.
Anniversaire de l'épouse : une bonne période s'annonce.
Anniversaire du mari : d'importants moyens financiers.
Anniversaire des enfants : de l'argent en perspective.

ANNONCE

Vous publiez une annonce : des difficultés et des ennuis vous guettent.
Vous lisez une annonce : vos plans vont se réaliser.
Vous publiez une annonce concer-

nant une vente : vous allez perdre de l'argent.
Vous recevez une annonce publicitaire alléchante : vos activités sociales vont être une réussite.

ANNONCER

Faire une annonce publique : chance et prospérité.
Vous annoncez votre propre mariage : vos ennemis ont raté leur but.
Vous annoncez le mariage d'un proche : vous allez vous remettre immédiatement de maladie.
D'autres personnes annoncent leur mariage : vous découvrez des objets de valeur que vous croyiez perdus.
Vous annoncez des affaires de famille : un divorce est proche.
Vous annoncez une mort : un secret renferme un danger.
Vous annoncez une naissance : vous allez être déçu.
Vous annoncez l'arrivée d'amis : des ennuis vont affluer.
D'autres personnes vous annoncent des nouvelles : un changement va très bientôt intervenir dans votre vie.
Une annonce heureuse : maladie et mort.

ANTILOPE

Rêve d'antilope : quelqu'un de cher a mis toute sa confiance en vous.
Vous avez du cuir d'antilope : la chance est favorable dans le domaine de vos finances.
Vous avez des chaussures d'antilope : votre santé sera excellente.
Vous avez un sac d'antilope : vous allez connaître des déceptions.

ANTIQUITÉS

Vous rêvez d'antiquités : votre vie sera longue.
Vous achetez des antiquités : un héritage en perspective.
Vous vendez des antiquités : vous allez perdre beaucoup d'argent.
Vous roulez un antiquaire dans une affaire : votre prospérité va encore s'accroître.

AOÛT

Vous rêvez du mois d'août durant le mois d'août : des parents vont vous donner de la fortune.
Vous rêvez du mois d'août durant d'autres mois : de grands succès.
Vous êtes né en août : tout ira bien dans votre vie.
Des enfants sont nés en août : une grosse fortune.
Vous rêvez d'août au printemps : vous aurez de mauvaises nouvelles.
Vous rêvez d'août en été : bonnes nouvelles inespérées.
Vous rêvez d'août à l'automne : attention aux ennuis.
Vous rêvez d'août en hiver : vous allez faire un long voyage.

APPARITION

Vous rêvez d'une apparition : vous allez recevoir de très bonnes nouvelles.
L'apparition d'un voleur : un ami loyal est près de vous.
Une apparition vous effraie : votre santé va devenir mauvaise.
Un parent mort vous apparaît : chance et prospérité.

APPARTEMENT

Vous êtes dans un appartement : évitez vos rivaux.
Vous êtes propriétaire d'un appartement : des querelles de famille.
Vous êtes seul dans un appartement : solitude et déceptions.
Vous êtes dans un appartement avec quelqu'un d'autre : vos affaires sentimentales vont bien.
Vous vous cachez dans un appartement : vous allez recevoir des cadeaux de prix.

Vous rêvez de l'appartement d'une autre personne : des ennuis vont vous arriver.

APPÂT

Vous mettez un appât sur un hameçon : grande joie à venir.
Vous mettez de l'appât pour les rats : l'avenir dépend de votre intelligence.
D'autres placent des appâts : déceptions.
D'autres tentent de vous appâter : ne leur faites pas aveuglément confiance.

APPÉTIT

Vous avez un gros appétit : vous allez perdre des proches.
Vous avez un petit appétit : votre santé va se détériorer.
Vous avez de l'appétit pour un vrai festin : une perte d'argent.
Vous perdez l'appétit : un secret dangereux.

APPLAUDISSEMENTS

Vous recevez des applaudissements : vous êtes porté à être vaniteux.
Vous applaudissez d'autres gens : vous êtes généreux et peu envieux.
Vous applaudissez une personne importante : les ennuis vont pleuvoir.
D'autres personnes applaudissent : des amis vont vous trahir.

APPLICATION

Vous êtes appliqué : chance.
Des enfants sont appliqués en classe : des gens vous offenseront.
Vos employés sont appliqués : vous aurez un accident en pleine rue.
Vous êtes appliqué dans vos affaires personnelles : vous recevrez de bonnes nouvelles.

APPRÉHENSION

Vous avez de l'appréhension : faites les choses à votre idée, comme vous faisiez auparavant.
Vous avez de l'appréhension à propos de vos enfants : vous allez échapper à un danger que vous courez.
Vous avez de l'appréhension pour vos finances : des querelles de famille.
Vous avez de l'appréhension à propos de vos amis : vous en demandez trop.

APPRENDRE

Vous apprenez quelque chose par expérience : une chance favorable à quelqu'un que vous aimez.
Vous apprenez quelque chose mentalement : malheur.
Des enfants apprennent leur leçon : vous aurez quelques difficultés dans la vie.
La vie vous donne une leçon : vous entreprenez plus que vous ne pouvez en faire.
Vous apprenez à écrire : bonheur.
Vous apprenez une langue étrangère : des amours malheureuses.
Vous apprenez un nouveau métier : lentement mais sûrement, la chance tournera bien pour vous.
Vous apprenez qu'on vous a trompé : vous recevrez un héritage.
Vous apprenez l'arrivée de membres de la famille : des gains que vous n'attendiez pas.

APPUYER (S')

Vous vous appuyez contre un mur : aidez, parmi ceux qui vous entourent, celui ou celle qui a besoin d'argent.
Vous vous appuyez sur une autre personne : vous recevrez une aide matérielle importante.
Des enfants s'appuient contre vous : bonheur.
Des gens qui s'appuient l'un sur l'autre : vous recevrez une lettre de l'étranger.

APRÈS-MIDI

Un bel après-midi : la vie va devenir rose.

Un après-midi nuageux : il ne faut pas vous attendre à de gros profits.

Un après-midi de brouillard : ayez confiance en vous-même.

Un après-midi pluvieux : vos affaires vont vous rapporter de l'argent.

AQUEDUC

Rêve d'un aqueduc : vous recevrez de la fortune de vos parents.

Un aqueduc est en construction : votre réussite est pour plus tard.

Un aqueduc est en réparation : vous réaliserez vos ambitions les plus hautes.

Une eau abondante coule sous un aqueduc : fortune et puissance.

ARABE

Rêve d'un Arabe : vous allez être molesté au cours d'un voyage.

Vous êtes un Arabe : un changement favorable de votre fortune.

Beaucoup d'Arabes : vous allez avoir une aventure amoureuse.

Vous partez avec un Arabe : vous ferez une transaction excellente et d'importance.

ARBITRAGE

Rêve d'arbitrage : une perte d'argent consécutive à une injustice.

Vous gagnez dans un arbitrage : vos projets n'aboutiront pas.

Vous perdez dans un arbitrage : vous ferez des bénéfices financiers.

Vous êtes arbitre : des événements favorables et importants vont se produire.

ARBRE

Vous rêvez d'un arbre : vous allez apprendre les secrets d'autres personnes.

Vous êtes dans un arbre : des secrets personnels vont être révélés.

Vous marchez près d'un arbre : vous allez recevoir de bonnes nouvelles.

Un arbre en feu : tristesse et chagrin dans le domaine sentimental.

Vous rêvez d'arbres : des amis pleins de bonnes intentions vous rendront des services.

Des arbres en mauvaise santé : des disputes familiales.

Des feuilles virent au jaune : vous couvez une maladie.

De petits baliveaux : pauvreté.

Vous coupez des arbres : vous subirez des pertes.

Des arbres brûlent : vous serez malheureux et ennuyé.

Vous montez à un arbre : vous aurez un nouvel emploi.

Vous montez à un arbre fruitier : de bonnes nouvelles.

Des enfants grimpent à un arbre : une maladie.

Vous grimpez à un arbre avec une échelle : vous atteindrez à une situation élevée.

Vous vous reposez sous un arbre : des amis influents vous aideront.

Vous dormez sous un arbre : vous serez abandonné.

Vous tombez d'un arbre : vous perdrez votre emploi.

Un arbre vert : une joie débordante vous fera oublier toute tristesse.

Un arbre dénudé : quelqu'un vous trompe.

Vous coupez un arbre mort : malchance.

Un arbre sans fleurs : vos affaires vont se développer.

Un arbre tordu : vous avez de nombreux ennemis.

Vous coupez des arbres dans le jardin de quelqu'un : vous triompherez de vos ennemis.

Vous trouvez un arbre tombé en travers de la route : malchance.

Des arbres en fleurs : joie et douces satisfactions.

Des arbres fruitiers sans fruits : une vie heureuse.

De petits arbres fruitiers : une grande satisfaction.

De grands arbres sans fruits : des honheurs.

Vous mettez de l'engrais aux arbres fruitiers : vous vous maintiendrez en forme.

Vous cueillez des fruits sur un arbre : vous hériterez de gens âgés.

Des pins très droits : vous recevrez de bonnes nouvelles.

Un arbre de Noël : joie et gaieté.

Le mât d'un navire est fait d'un arbre : vous trouverez de l'aide en période de besoin.

Vous échappez à un incendie de forêt : vous aurez un accident tout à fait inhabituel.

Des pommiers : vous apprendrez des nouvelles peu agréables.

Un citronnier : vous recevrez des cadeaux étonnants.

Un figuier : vous ferez un voyage.

Des noyers : richesse.

Un olivier : tous vos désirs seront réalisés dans la paix et le bonheur.

Des pêchers : vous aurez des discussions d'ordre intellectuel.

Un oranger : un mécontement passager.

Des pruniers : vous serez heureusement surpris par une visite.

Des cerisiers : une maladie.

Des grenadiers : vous jouirez d'un avenir tranquille.

Des poiriers : vous rencontrerez une opposition dans vos affaires sentimentales.

Des peupliers : vous ferez une bonne récolte qui vous rendra riche.

ARCHE

Rêve d'une arche : des événements importants et favorables vont se produire.

Vous possédez une arche : vous êtes protégé et en sécurité.

Une arche dans un lieu sacré : une longue vie agréable et facile.

L'arche des dix commandements : de grands moyens.

ARCHER

Vous rêvez d'un archer : échec et malheur en amour.

Vous rêvez que vous êtes un archer : vous n'êtes pas en mesure d'assurer votre propre position sociale.

Vous êtes un archer marié : le danger vous guette.

Vous êtes un archer non marié : des fiançailles sont proches.

ARCHET

L'archet d'un violon : d'autres personnes vont intervenir dans vos affaires sentimentales.

ARCHITECTE

Rêve d'un architecte : la vie vous donnera beaucoup de plaisir.

Vous êtes un architecte : le temps est venu de pousser plus loin votre cour amoureuse.

Vous êtes avec un architecte : chance et prospérité.

Vous parlez avec un architecte d'une construction : disputes familiales.

ARÈNE

Rêve d'une arène : faites très attention dans vos affaires.

Vous êtes dans une arène : un mauvais ami est proche de vous.

Vous combattez dans une arène : vous réaliserez vos ambitions les plus hautes.

Des spectateurs sont dans une arène : misère.

ARMÉE

Rêve d'une armée : la guerre dans la famille.

Plusieurs armées de pays différents : fortune et joie.

L'armée de votre propre pays : vous allez faire de petits bénéfices en affaires.

Une armée en train de combattre : trahisons et persécutions.

ARMÉNIEN

Vous rêvez d'un Arménien : vous êtes destiné à connaître des déceptions.
Vous êtes en Arménie : un événement important et très favorable va se produire.
Vous êtes avec un Arménien : retour d'un ancien ami.
Beaucoup d'Arméniens : vous allez recevoir une lettre que vous attendiez depuis fort longtemps.

ARMES

Vous rêvez d'armes à feu : un succès rapide de vos espérances.
Vous rêvez d'armes à feu : des querelles se préparent.
Vous avez un revolver : vous découvrirez des objets de valeur qui avaient été perdus.
Vous avez un fusil : une autre personne profite de ce que vous espériez gagner.
Vous êtes armé de revolvers : une bonne occasion va se présenter.
Vous avez plusieurs revolvers : une réussite est repoussée à plus tard.
D'autres gens sont armés de revolvers : les soucis vont s'envoler.
Vous possédez des armes à feu : vous gagnerez beaucoup d'argent.
Vous portez des armes à feu : vous aurez un procès.
Vous vendez des armes à feu : vous êtes en compagnie de truands.

ARMISTICE

Vous rêvez du jour de l'Armistice : vos affaires progressent.
Un armistice met fin aux hostilités : vous perdez un ami.
Vous faites un armistice : bonheur.
Un armistice se fait en votre faveur : vous allez recevoir de grands honneurs.

ARRANGER

Vous arrangez les choses dans la maison : vos désirs ne seront pas réalisés.
Vous arrangez les affaires de la famille : un travail acharné vous apportera la fortune.
Vous arrangez vos affaires : des mécomptes.
Vous arrangez des vêtements : vous allez recevoir une visite inattendue.
Vous faites des arrangements en vue d'un voyage : méfiez-vous des bavardages des amis.
D'autres gens arrangent des choses : profits.

ARRESTATION

Vous êtes arrêté : la joie fera suite à la misère et aux chagrins.
Vous êtes arrêté : des mécomptes en perspective.
Vous êtes relâché après une arrestation : un succès inattendu et soudain.
D'autres sont arrêtés : vous allez recevoir un cadeau inattendu.

ARRIVÉE

L'arrivée d'hommes d'affaires : de bons gains.
L'arrivée d'un proche : une perte d'argent.
L'arrivée de plusieurs proches : une perte dans vos affaires.
L'arrivée d'un ami : vous allez avoir une surprise agréable.
L'arrivée de votre compagnon (compagne) : une réunion de famille.
L'arrivée d'enfants : bonheur.

ART

Des œuvres d'art : des honneurs.
Vous achetez des œuvres d'art : il vous faudra travailler dur.
Vous vendez des œuvres d'art : vous perdrez de l'argent.
Vous faites commerce d'œuvres d'art :

votre diligence et votre travail seront récompensés.

ARTÈRE

Vous avez des artères solides : vous allez recevoir de bonnes nouvelles.
Vous avez de mauvaises artères : vous vous remettrez lentement d'une maladie.
Vos artères sont coupées : vous vivrez longtemps.
Vous rêvez de l'affluent d'une rivière : vos soucis vont s'effacer.

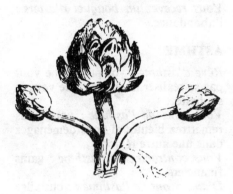

ARTICHAUTS

Rêve d'artichauts : vous allez surmonter les ennuis actuels.
Vous avez des artichauts : vous serez heureux et satisfait.
Vous mangez des artichauts : des dissensions dans la famille.
Vous faites pousser des artichauts : chance et prospérité.

ARTICULATION

Vous rêvez que vos articulations vous font souffrir : un changement favorable.
Les articulations des genoux vous font souffrir : bonheur.
Une jeune fille souffre de ses articulations : elle finira par gagner l'amour de celui qu'elle aime.
Des enfants souffrent de leurs articulations : de l'argent en abondance.

Vos proches souffrent des articulations : un vrai bonheur familial.

ARTISTE

Rêve d'un artiste : vous aurez du succès.
Vous êtes un artiste : vous recevrez beaucoup d'honneurs.
Un artiste fait votre portrait : un ami vous trahit.
Vous posez pour un sculpteur : vous attendez trop de faveurs des autres.
Un artiste fait le portrait d'un autre : vous risquez un échec.

AS

As de carreau : disputes.
As de trèfle : argent.
As de cœur : malchance.
As de pique : bonnes nouvelles.
Être un as du volant : vous allez avoir des déceptions amoureuses.

ASCENSEUR

Vous descendez en ascenseur : la malchance vous submergera.
Vous montez en ascenseur : votre fortune augmentera et vous aurez une situation meilleure.
Vous êtes dans un ascenseur avec d'autres gens : évitez les rivaux.
Vous êtes dans un ascenseur avec votre famille : gains d'argent.
Un ascenseur en panne : attention aux ennuis.
Vous êtes coincé entre deux étages : chocs émotifs.

ASIE

Rêve d'Asie : vous allez bientôt récolter de l'argent.
Vous regardez l'Asie sur une carte : avancement de votre position.
Vous faites un voyage en Asie, seul : vous allez rencontrer un nouvel ami.
Vous faites un voyage en Asie avec d'autres gens : vous allez subir une souffrance émotionnelle.

Vous revenez d'Asie : vous allez avoir une aventure amoureuse.
Vous êtes déporté en Asie : le malheur dans votre vie sentimentale.
Vous êtes déporté d'Asie (vers un autre lieu) : un arrêt dans vos activités professionnelles.

ASILE

Rêve d'un asile : longue vie saine.
Vous êtes dans un asile : sérieux ennuis en perspective.
Vous évitez d'être mis dans un asile : prenez soin de votre santé.
Une jeune fille rêve d'avoir été mise dans un asile : un mariage prochain.
Vous rêvez d'un asile pour les pauvres : un gros héritage va bientôt vous arriver.
Vous êtes dans un asile pour les pauvres : chance et prospérité.
Votre famille est dans un asile : l'argent viendra sans problèmes.
D'autres personnes sont dans un asile : vous allez trouver des biens de valeur que vous croyiez perdus.

ASPERGE

Vous avez une asperge : de grands succès vont venir.
Une asperge crue : succès dans vos entreprises.
Vous tenez une asperge dans votre main : une santé de fer.
Vous faites cuire des asperges : vos plans vont réussir.

ASSISTER

Vous assistez à un mariage : guérison immédiate.
Vous assistez à un enterrement : changement favorable.
Vous assistez à une soirée : des temps heureux s'annoncent.
Vous assistez à un dîner : l'harmonie règne chez vos amis.
D'autres personnes assistent à un dîner : méfiez-vous de vos rivaux.

Vous assistez d'autres personnes dans leurs affaires : les tentations vont venir.
D'autres vous assistent dans vos affaires : perte d'un ami.

ASTER

Un rêve d'asters : bonheur.
Vous cueillez des asters : vous recevrez une lettre avec de bonnes nouvelles.
Vous faites un bouquet d'asters : un mystère va trouver sa solution.
Vous recevez un bouquet d'asters : l'abondance.

ASTHME

Rêve d'asthme : vos projets ne vont pas se réaliser aussi bien que vous le souhaitez.
Vous avez de l'asthme : vous vous remettrez bientôt si vous déménagez dans une autre région.
Vous contractez de l'asthme : gains financiers.
D'autres ont de l'asthme : vous allez de déception en déception.

ASTROLOGIE

Rêve d'astrologie : bonheur.
Une personne riche étudie l'astrologie : une perte d'argent.
Une personne pauvre étudie l'astrologie : la mort.
Vous étudiez l'astrologie la nuit : un événement important et favorable s'annonce.

ASTRONOME

Rêve d'un astronome : vous allez réaliser vos plus hautes ambitions.
Vous êtes un astronome : un malade dans la famille.
Vous êtes en compagnie d'un astronome : l'échec pour vos ennemis.
D'autres sont en compagnie d'un astronome : vous allez faire de bons gains.

ATELIER

Vous rêvez d'un atelier : honneurs et distinctions.
Vous êtes dans un atelier : vous ferez un petit voyage hors du pays.
D'autres personnes sont dans un atelier : vous devrez combattre vos ennemis.
Vous achetez un atelier : vous risquez des dommages importants.
Vous possédez un atelier : des embarras.

ATHLÈTE

Rêve d'un athlète : des querelles familiales.
Vous êtes un athlète : problèmes financiers.
Vous devenez un athlète : n'en faites pas trop.
Vous êtes en compagnie d'un athlète : évitez vos rivaux.

ATLAS

Rêve d'un atlas : changement de résidence.
Vous avez un atlas : d'excellentes activités sociales.
Vous consultez un atlas : vous aurez beaucoup d'argent.

Vous achetez un atlas : vous allez faire un long voyage à l'étranger.

ATMOSPHÈRE

Rêve d'atmosphère : la prospérité dans vos affaires d'argent.
Une atmosphère claire : bonheur dans la famille.
Une atmosphère nuageuse : vous n'avez pas d'amis fidèles.
Une atmosphère pluvieuse : moyens abondants.
Une atmosphère très orageuse : vous allez avoir des ennuis financiers.

ATTAQUE

Rêve d'une attaque : un mystère va être résolu.
Vous êtes attaqué et blessé : vous allez être insulté et en souffrir.
Vous êtes attaqué mais sans être blessé : vous allez bientôt connaître la chance et la fortune.
Vous attaquez des gens : danger très proche.

ATTENDRE

Vous rêvez que vous attendez quelqu'un qui va arriver : un mauvais ami est proche.

Vous attendez, prêt à l'action : un ami essaie secrètement de vous aider.
Vous attendez l'arrivée de quelqu'un qui a été retardé : des obstacles insurmontables se préparent.
Vous attendez l'arrivée d'un être cher : une bonne période commence.

ATTERRISSAGE

Vous atterrissez en avion : soyez sur vos gardes, on cherche à vous trahir.
Vous abordez une terre en bateau : la chance tourne mal.
D'autres personnes atterrissent ou abordent : un faux ami est tout proche.
Des proches atterrissent : ayez beaucoup de prudence dans vos affaires.
Une personnalité importante atterrit : vous réaliserez vos plus grandes ambitions.

ATTIRAIL

Vous rêvez d'un attirail quelconque : des gains financiers.
Un attirail de pêche : vous découvrez des objets de valeur qui étaient perdus.
Vous achetez un attirail de pêche : le bonheur est assuré.
Les agrès d'un bateau : vous gagnerez bien votre vie.
D'autres personnes relèvent les lignes de pêche : un événement important et bénéfique va se produire.
Vous coincez quelque chose avec un attirail de sécurité : vous obtenez de l'avancement.

AUBE

L'aube est très claire : une aide inattendue va se produire.
Le ciel est nuageux à l'aube : la mort d'un ennemi.
Il pleut à l'aube : une bonne période commence.

AUBÉPINE

Vous rêvez d'aubépine printanière : l'harmonie existe entre les amis.

Une aubépine blanche : vous aurez beaucoup d'argent.
Une aubépine rose : le bonheur est assuré.
Vous sentez la douce odeur de l'aubépine : une grande joie.

AUBERGE

Vous êtes dans une auberge : vous souffrirez d'un grand chagrin.
Vous vous reposez dans une auberge : votre courage est très grand.
Une belle auberge : vous souffrirez le martyre.
Vous êtes régulièrement client d'une auberge : une perte d'argent.
Vous êtes dans une auberge avec votre compagne ou compagnon : malheur.
Vous êtes dans une auberge avec votre petite amie (ou petit ami) : vous entrez dans une période d'insécurité.
Vous rencontrez un ami à l'auberge : satisfaction.
Vous assistez à une fête célébrée à l'auberge : vous connaîtrez la misère dans votre vieillesse.
Vous êtes dans une auberge avec des enfants : vous aurez de l'avancement.
Vous êtes dans une auberge avec des proches : un changement favorable.
Vous êtes à l'auberge avec des amis . le triomphe sur vos ennemis.

AU-DESSUS

Quelque chose pend au-dessus de vous : vous allez recevoir de bonnes nouvelles.
Quelque chose tombe d'en haut à côté de vous : vous allez éviter de justesse des pertes d'argent.
Vous êtes blessé par quelque chose qui tombe d'en haut : mort soudaine.
Quelque chose tombe d'en haut sur d'autres personnes : méfiez-vous des amis jaloux.

AUDIENCE

Vous rêvez d'une audience : vous allez recevoir de hautes distinctions.
Une personne importante vous accorde une audience : vous allez faire de gros gains.
Un personnage politique vous accorde une audience : une bonne période s'annonce.
Vous avez une audience en compagnie de personnes très mondaines : plaisirs et distinctions.

AUMÔNE

Rêve d'aumône : du chagrin causé par l'affection que vous portez à un autre.
Vous recevez l'aumône : vous allez perdre votre foyer.
Vous distribuez largement l'aumône : grand bonheur.
Quelqu'un vous demande l'aumône : vous risquez la malchance si vous refusez de donner.

AUSTRALIE

Vous êtes en Australie : des amis vous font de mauvais tours.
Vous vous rendez en Australie : des événements vont se produire dans le cercle de vos relations.
Vous quittez l'Australie pour vous rendre à l'étranger : vous aurez des chagrins.
Vous êtes déporté en Australie : vos affaires sentimentales vont mal.
Vous êtes exilé de l'Australie : mettez donc de l'ordre dans vos affaires.

AUTEL

Rêve d'un autel : vous trouvez de l'argent qui était perdu.
Vous vous agenouillez devant un autel : un désir secret va être exaucé.
Vous êtes marié et vous rêvez d'un autel : vous allez subir de nombreuses petites vexations.

Vous êtes en dehors de l'édifice où se trouve l'autel : une grande fortune.
Un autel décoré : vous allez entreprendre un long voyage.
Un autel en désordre : vos ennemis vont vous faire des ennuis.
Un autel détruit : la mort d'un enfant.
Un autel en construction : vous serez riche.

AUTEUR

Rêve d'un auteur : bonheur.
Vous avez affaire à un auteur : une bonne période s'annonce.
Des gens mariés rêvent d'un auteur : fortune pour la famille.
Des célibataires rêvent d'un auteur : des bonnes nouvelles tout à fait inattendues.
Un promoteur rêve d'un auteur : il devrait mieux tenir en main ses affaires.

AUTOMATIQUE

Des distributeurs automatiques : un changement favorable.
Vous agissez avec automatisme : on va découvrir vos faiblesses.
Vous jouissez d'un pouvoir automatique inconscient : des événements heureux vont vous arriver, mais par surprise.
Vous manipulez des distributeurs automatiques : de l'argent en perspective.

AUTOMNE

Rêve d'automne : un changement va se produire dans votre environnement.
Rêve d'automne au printemps : des influences peu amicales vous entourent.
Rêve d'automne en été : vous allez passer par des hauts et des bas.
Rêve d'automne en hiver : une bonne période approche.

AUTOMOBILE

Rêve d'une automobile : on va vous envoyer des nouvelles en toute hâte.
Vous possédez une voiture : vous allez recevoir un important cadeau.
Vous conduisez seul une automobile : il est à prévoir que vous allez changer d'environnement.
Vous conduisez une automobile en famille : vous allez devoir vous défendre des bavardages.
Vous êtes en auto avec votre amoureux : vous devez avoir plus de contrôle sur vos passions.
Vous êtes en auto avec votre petit ami : vos points faibles vont apparaître au grand jour.
Vous êtes en auto avec d'autres gens : méfiez-vous des fausses nouvelles.
Vous avez un accident d'automobile : arrivée d'argent.
Une automobile se retourne et vous l'évitez de justesse : évitez vos rivaux.
Vous êtes avec des amis dans une automobile : vous allez bientôt découvrir un secret.
Vous êtes en auto avec une femme : votre nom va être éclaboussé par le scandale.

AUTORITÉS (administratives ou gouvernementales)

Rêve d'autorités : ennuis en perspective.
Vous êtes convoqué devant des autorités gouvernementales : vous allez être insulté.
Vous recherchez l'aide d'autorités gouvernementales : vous allez contracter des dettes.
Vous êtes l'objet de persécutions de la part d'autorités gouvernementales : vous allez avoir une position plus importante.
D'autres personnes passent devant des autorités gouvernementales : un secret vous met en danger.

AUTRUCHE

Vous rêvez d'une autruche : vous avez pris des habitudes de misère.
Vous portez un chapeau avec des plumes d'autruche : une petite maladie qui vous causera du souci.
D'autres gens portent des chapeaux à plumes d'autruche : surveillez votre régime.
Vous achetez des plumes d'autruche : vos amis vous savent coupable.

AVALANCHE

Rêve d'une avalanche : des obstacles insurmontables vous barrent la route.
Vous voyez une avalanche : vous allez bientôt avoir de la chance.
Vous êtes enseveli sous une avalanche de neige : gains importants.
D'autres personnes sont ensevelies sous une avalanche : un changement dans votre environnement.

AVANCES

Une femme distinguée vous fait des avances : vous allez être humilié.
Un homme d'affaires vous fait des avances : de bons résultats à venir.
Une personne importante vous fait des avances : honneurs et profits.
Des parents vous font des avances : discussions familiales.
Des amis vous font des avances : déshonneur.
Des étrangers vous font des avances : vous rencontrez l'adversité.

AVANTAGE

Vous profitez d'un avantage : l'avenir apportera une amélioration à vos affaires.
Vous profitez des autres : vos affaires vont s'établir plus solidement.
Vous tirez avantage de pauvres gens : les nouvelles vont être bonnes.
D'autres profitent de vous et en tirent avantage : vous allez traverser une période de courtes querelles.

Des amis profitent de vous et en tirent avantage : votre vie sera facile. Des gens tirent de vous des avantages financiers : la famille vivra dans la prospérité.

AVENIR

Vous rêvez de votre avenir : vous aurez l'occasion d'effacer une vieille brouille.
Votre avenir n'est pas bon : une grande joie.
L'avenir de vos enfants : le bonheur est certain.

AVENTURE

Vous êtes un aventurier : vous allez vivre de grands tourments.
Vous rêvez d'aventures extraordinaires : votre avenir va changer du tout au tout.
Vous avez une aventure avec un homme : vous allez avoir de nouvelles sources d'intérêt et votre environnement va changer.
Vous avez une aventure avec une femme : quelqu'un vous surveille.
Vous prenez part à des aventures : des femmes vont vous faire des scènes bruyantes.

BONNE AVENTURE

On vous dit votre avenir : vous devrez beaucoup vous battre dans la réalité.
Vous êtes diseuse de bonne aventure : une bonne période commence.
Vous dites à quelqu'un d'autre son avenir : vous aurez des activités très joyeuses.
Vous entendez dire la bonne aventure à d'autres gens : vous avez un ami loyal.
Vous êtes heureux en amour : vous perdrez beaucoup d'argent au jeu.
Vous êtes heureux en affaires : vous allez mener une vie très gaie.
Vous êtes heureux en politique : votre position sera stable.

AVEUGLE

Vous êtes aveugle : une personne proche va vous laisser tomber.
Vous devenez aveugle : la pauvreté.
Quelqu'un est né aveugle : vous commettrez une erreur grave.
Une personne jeune devient aveugle : de mauvais amis sont proches de vous.
Un bébé naît aveugle : jalousie et chagrin.
Vous conduisez un aveugle : d'étranges aventures vont se produire.
Une femme devient aveugle : quelqu'un va faire appel à vous et réclamer de l'aide.
Un homme devient aveugle : faites très attention dans vos entreprises.
Plusieurs personnes perdent la vue : vous triompherez de vos ennemis.
Des amis perdent la vue : soucis et désolation.
Des proches de la famille perdent la vue : des disputes familiales.
Vous perdez la vue momentanément : une relation sentimentale malheureuse.

AVION

Un avion décolle : réussite dans vos affaires.
Un avion atterrit : prenez garde à la jalousie de certains amis.
Vous faites un voyage en avion : vous allez passer par des hauts et des bas.
Vous êtes en avion avec un ami : un changement va bientôt intervenir dans votre vie.
Vous êtes en avion avec quelqu'un que vous aimez : vous allez vous livrer à des actions irréfléchies.
Vous êtes en avion avec votre famille : faites des projets très précis et vous gagnerez de l'argent.
Vous êtes pris dans une catastrophe aérienne mais vous ne mourez pas : des bénéfices financiers vont venir.
Vous êtes tué dans un accident

d'avion : votre esprit se développe et gagne en vigueur.

AVOCAT

Vous devenez avocat : prospérité.
Vos enfants deviennent avocats : le bonheur est assuré.
Vous prenez un avocat pour vous défendre : les résultats ne seront pas très bons.
On vous présente à un avocat : des nouvelles fraîches pourraient bien vous parvenir.

AVOCAT (fruit)

Vous avez des avocats : on va vous demander en mariage.
Vous achetez des avocats : beaucoup de gens vous aimeront.
Vous mangez des avocats : un être aimé viendra vous rendre visite.
Vous faites une salade d'avocats : une bonne période s'annonce.

AVOINE

Vous rêvez d'avoine : la pauvreté vous attend.
Vous regardez pousser l'avoine : vous réussirez en affaires.
De l'avoine encore verte : veillez au grain... dans vos affaires.
Vous récoltez de l'avoine : vous gagnerez de l'argent.
Vous vendez de l'avoine : une bonne période commence.
Vous faites cuire des flocons d'avoine : votre chance passera par des hauts et des bas.
Vous mangez des flocons d'avoine : vous aurez bien gagné ce que vous posséderez.
Des enfants mangent des flocons d'avoine : votre vie sera aisée.

AVORTEMENT

Rêve d'avortement : fin d'une histoire d'amour.
Subir un avortement : bonheur pour la famille.

Procéder à un avortement : des ennuis en perspective.
Un avortement réussi : longue vie.
D'autres subissent un avortement : solitude et problèmes.

AVRIL

On vous fait un poisson d'avril : vous allez avoir du pouvoir sur quelqu'un.
Vous faites des blagues à d'autres, le jour du premier avril : perte d'un de vos amis.
Vous faites des blagues à des proches : du bon temps s'annonce.
Vous faites des blagues à des enfants : bonheur pour la famille.
Vous faites des blagues à une personne chère : problèmes sentimentaux.
Vous rêvez du mois d'avril pendant le mois d'avril : la réussite promise viendra, mais un peu plus tard.
Vous rêvez du mois d'avril pendant d'autres mois : vous devriez revoir un peu votre façon de vivre.
Vous rêvez être né en avril : le succès en amour.
Vous rêvez d'enfants qui naissent en avril : vous atteindrez à une situation importante.

AZALÉE

Vous recevez un bouquet d'azalées : de l'argent en perspective.
Vous achetez des azalées : une lettre longtemps attendue va enfin arriver.
Vous portez des vêtements couleur d'azalée : gains financiers.

AZUR

Vous rêvez de la couleur bleu azur : promotion dans votre emploi.
Vous rêvez d'un ciel bleu azur : des relations amoureuses qui vous satisfont.
Des tissus de couleur azur : bonheur.
Vous portez des robes couleur d'azur : changement favorable.

BACCHUS

Un homme qui rêve de ce dieu grec : l'abondance financière.
Une femme qui rêve de Bacchus : un travail difficile en perspective.
Un agriculteur rêve de Bacchus : il fera une bonne récolte.
Un marin rêve de Bacchus : sa position va s'élever.
Une femme célibataire rêve de Bacchus : elle va recevoir une proposition de mariage.

BAGAGES

Des bagages dans la maison : un voyage est remis.
Des bagages dans la rue : on va vous voler vos affaires personnelles.
Vous êtes incapable de trouver vos bagages : d'autres cherchent à vous provoquer.
Les bagages d'autres personnes : un changement dans votre vie sentimentale.
Vous avez des bagages très lourds : une perte d'argent.
Vous avez un bagage léger : vous recevrez bientôt de l'argent.
Vous avez un bagage facile à manier : vous surmonterez les difficultés.
Vous perdez vos bagages : un héritage très prochainement.
Vous perdez vos bagages : des disputes de famille.
Des amants perdent leurs bagages : des fiançailles rompues.
Des proches perdent leurs bagages : attention aux spéculations.
Vous trouvez vos bagages : votre route sera semée de difficultés.

BAGARRE

Vous êtes pris dans une bagarre : vous n'aurez pas de chance en amour.
D'autres sont pris dans une bagarre :

vous guérirez.

Vous êtes battu : les choses n'iront pas toutes seules dans vos amours.
Vous gagnez un combat : vous surmonterez vos difficultés.

BAIE

Vous rêvez de baies : votre vie sociale sera heureuse et active.
Vous cueillez des baies : des bénéfices financiers.
Vous mangez des baies : des moyens importants.
Vous achetez des baies : des événements importants et favorables vont se produire.

BAIGNER (SE)

Se baigner en plein air : succès et bonne santé.
Se baigner dans l'eau claire : succès en affaires.
Se baigner dans l'eau sale : des difficultés que vous n'escomptiez pas.
Se baigner dans de l'eau trouble : la mort d'un proche.
Se baigner en pleine mer : une grande chance va se présenter.
Se baigner dans une eau pleine d'algues : la mort d'un animal.
Se baigner en rivière : vos affaires vont aller exceptionnellement bien.
Se baigner dans un canal : vous serez très riche.
Se baigner dans un lac : vous serez très malheureux.
Se baigner en piscine : une maladie.
Se baigner dans un marais : vous n'aurez vraiment pas de chance.
Se baigner dans un établissement de bains : vous aurez des ulcères.
Se baigner dans une cascade : vous faites des projets qui iront à l'échec.
Se baigner dans une maison : angoisse.
Vous allez vous baigner au bord de la mer avec votre compagnon : vous réaliserez vos espérances.
Vous allez vous baigner à la mer avec des enfants : bonheur en famille.

Vous allez vous baigner à la mer avec un être aimé : vous mènerez une vie de luxe.
Vous vous baignez au bord de la mer avec un ami : c'est la fin de cette relation.
Vous vous baignez nu : vous allez faire un héritage.
Vous vous baignez avec des vêtements : vous allez avoir une dispute.

BAIGNOIRE

Vous rêvez d'une baignoire : prospérité.
Une baignoire pleine d'eau : bonheur dans la vie conjugale si vous use de modération.
Une jeune fille rêve d'une baignoire pleine d'eau : elle sera bientôt demandée en mariage.
Une baignoire vide : des temps difficiles s'annoncent.
Vous êtes dans une baignoire : prospérité mais dans le malheur.
D'autres gens sont dans une baignoire : vous couvez une maladie.
Une baignoire pleine de vin : prospérité.
On apporte une baignoire dans une maison : vous recevrez de mystérieuses nouvelles.
Des enfants sont dans un bain : vous allez faire des choses extravagantes.
Votre mari est dans un bain : bonheur durable.

BÂILLER

Vous rêvez de bâillements : de petits ennuis mais sans gravité.
Vous bâillez à une réunion mondaine : vous n'êtes pas en mesure de satisfaire aux exigences de votre situation.
Vous bâillez le matin : votre amant vous laissera tomber ...
Vous bâillez à l'église : vous serez humilié.

BÂILLON

Vous avez un bâillon sur la bouche : une jolie femme va bientôt vous embrasser.

Vous ne parvenez pas à vous libérer d'un bâillon : attendez-vous à de sérieux ennuis.

Une jeune fille rêve d'un bâillon : elle rencontrera un homme à qui elle plaira.

Une femme rêve d'un bâillon : elle va tomber amoureuse.

BAIN

Rêve d'une baignoire : vous entrerez dans une grande colère.

Vous êtes dans une baignoire : angoisse.

Vous prenez un bain dans de l'eau glacée : disgrâce.

Vous prenez un bain froid : grand chagrin.

Vous prenez un bain chaud : vous allez être séparé d'un être aimé.

Vous prenez un bain tiède : richesse.

Vous prenez un bain tôt le matin : vous vous marierez bientôt.

Vous prenez un bain à midi : une bonne santé et des plaisirs.

Vous prenez un bain le soir : un ami traître est proche.

Vous prenez un bain avant de vous coucher : vous cèderez à votre ami.

Vous faites couler un bain : vous allez être en opposition avec quelqu'un.

Vous préparez un bain pour vous-même : maladie grave.

Vous préparez un bain pour votre compagnon (compagne) : vous réaliserez vos grandes ambitions.

Vous préparez un bain pour un être cher : votre vie sera luxueuse.

Vous préparez un bain pour des enfants : bonheur.

Vous préparez un bain pour votre ami : cette liaison va se terminer.

Vous prenez un bain tout habillé : vous vous disputerez avec votre amoureux.

Vous êtes dans un bain avec l'être que vous aimez : vous allez faire un héritage.

Vous vous déshabillez mais n'entrez pas dans la baignoire : vous allez avoir des problèmes sentimentaux.

Une baignoire se vide : soucis professionnels.

BAÏONNETTE

Rêve d'une baïonnette : vous allez vous quereller avec des amis.

Vous avez une baïonnette : votre réussite est retardée.

Vous tenez une baïonnette entre vos mains : succès dans vos entreprises.

D'autres personnes tiennent une baïonnette : vous allez subir le pouvoir de vos ennemis.

Un soldat tient une baïonnette : les soucis s'effaceront.

BAISER

Vous rêvez d'un baiser : une grande tristesse.

Vous embrassez votre amoureux (se) au cours de la journée : la chance est contre vous.

Vous embrassez votre amoureux (se) la nuit : danger.

Vous embrassez votre mère : succès.

Vous embrassez votre père : joie.

Vous embrassez un frère ou une sœur : beaucoup de plaisirs.

Vous embrassez votre mari ou votre femme : bonheur conjugal.

Vous embrassez quelqu'un au visage : la réussite se précise.

Vous embrassez quelqu'un sur les mains : la chance vous sourit.

Vous embrassez une femme mariée : le malheur vous menace.

Vous embrassez une femme seule : vous serez trompé.

Vous embrassez une personne qui est morte : votre vie sera longue.
Vous embrassez un ami : l'échec de vos entreprises.
Vous baisez le sol : des humiliations.
Vous embrassez quelqu'un dans le dos : une femme vous trompera.

BAL

Rêve d'un grand bal : vous héritez de beaucoup d'argent.
Des jeunes filles à un bal : vous perdrez beaucoup d'argent.
Vous dansez dans un bal avec une jeune fille : vous aurez beaucoup de très bons amis.
Vous dansez dans un bal avec un jeune homme : découverte d'un secret.
Une femme danse dans un bal avec son mari : elle connaîtra le succès.
Une femme mariée danse avec un autre homme : bavardages parmi vos amis.
Une femme non mariée danse avec un homme marié : des amis vont vous jouer de mauvais tours.
Une femme non mariée danse avec un homme célibataire : évitez les rivales.
Une femme danse avec son ami : maladie.
Une veuve danse dans un bal avec un homme marié : il divorcera bientôt avec sa femme.
Des jeunes filles dansent dans un bal : beaucoup d'argent.
Un danseur professionnel dans un bal : vous allez rencontrer une personne charmante.
Un homme de profession libérale danse dans un bal : des obstacles sur la route.
Vous assistez à un bal costumé méfiez-vous des pièges.
Vous assistez à un bal de mariage malchance dans vos affaires.
Vous assistez à un petit bal : bonheur
Vous êtes dans un bal parmi les danseurs : vous recevrez de bonnes nouvelles.
Vous êtes dans un bal parmi des femmes très élégantes : de la chance.
Un bal, mais vous n'y êtes pas : vous allez bientôt vous fiancer.
Vous regardez un bal mais sans danser : vous allez bientôt faire un héritage.

BALCON

Vous êtes debout sur un balcon · vous allez perdre votre situation.
Vous êtes assis sur un balcon : vous serez incapable de conserver ce que vous tenez actuellement.
Vous êtes seul sur un balcon : des gains financiers.
Vous êtes sur un balcon avec une personne du sexe opposé : un grand amour.
Des amants se disent adieu sur un balcon : une longue séparation va se produire.
Vous partez d'un balcon en compagnie d'un être aimé : de grandes déceptions.

BALEINE

Vous rêvez d'une baleine : une bonne période commence.
Vous regardez une baleine : quelqu'un nourrit une inimitié secrète à votre égard.
Vous partez à la pêche à la baleine : vous récupérerez de l'argent perdu.
Vous attrapez une baleine : un ennemi cherche votre perte.
Vous tuez une baleine : chance.

BALLADE

Vous êtes en train de jouer une ballade : une période heureuse commence.
Vous chantez une ballade : quelqu'un que vous aimez beaucoup pense à vous avec une certaine méchanceté.
Vous écoutez une ballade : prenez garde aux faux jugements.

Vous composez une ballade : vous connaîtrez honneurs et distinctions.

BALLE

Vous jouez à des jeux de balle : vous aurez de nombreux amis fidèles.
Différentes balles : vous n'aurez pas d'amis.
Vous jouez avec une boule de billard : bonnes nouvelles.
Des balles de fusil : grand chagrin.
Un ballon de foot-ball : gêne.
Balles de tennis ou de caoutchouc : un enfant va naître.

BALLET

Une femme qui rêve de ballet : attention aux ennuis.
Une jeune femme rêve de ballet : elle sera infidèle à son amant.
Un homme rêve de ballet : échec professionnel.
Une veuve rêve de ballet : elle épousera bientôt un riche banquier.
Un ballet monté sur scène et dansé par des professionnels : votre santé va se détériorer.

BALLON (aéronef)

Rêve d'un ballon : votre esprit inventif va vous causer des déceptions.
Vous êtes dans un ballon : bonheur certain.
Vous montez en ballon dans les airs : vous allez faire un voyage et essuyer des mécomptes.
Vous êtes en ballon et descendez vers la terre : vous allez tenter des entreprises financières peu favorables.

BALLOT

Des ballots de coton : la fortune.
Vous possédez des ballots de laine : vous aurez beaucoup d'ennuis.
Vous achetez des ballots de coton : vous déjouerez les manœuvres de vos ennemis.

Vous vendez des ballots de coton : de l'argent va vous arriver.

BALUSTRADE

Rêve d'une balustrade : vous allez être pris dans un accident.
Une balustrade cassée : vous êtes confronté à d'insurmontables obstacles.
Vous mettez les mains sur une balustrade : vous allez avoir beaucoup de succès amoureux.
D'autres placent leurs mains sur une balustrade : un ennemi va mourir.

BANANE

Vous achetez des bananes : prospérité.
Vous mangez des bananes : on va faire pression sur vous pour vous forcer à remplir un devoir.
Vous vendez des bananes : vous allez vous lancer dans une affaire qui ne vous sera d'aucun profit.
Des bananes qui se pourrissent : vous allez entreprendre une affaire très déplaisante.
Des bananes qui mûrissent : vous allez tenter une petite affaire.

BANC

Vous rêvez d'un banc : prêtez beaucoup d'attention à votre travail, sinon vous risquez de le perdre.

Vous êtes assis sur un banc : votre vie sera très confortable.

Des enfants sont assis sur un banc dans un parc : une période heureuse s'annonce.

D'autres personnes sont assises sur un banc : mort d'un ennemi.

BANDAGES

Vous portez des bandages : attendez-vous à de bonnes nouvelles.

Des enfants qui portent des bandages : une période heureuse va commencer.

Vous mettez des bandages à d'autres personnes : d'abondants moyens financiers.

D'autres personnes portent des bandages : vous aurez de mauvaises nouvelles.

BANDIT

Rêve d'un bandit : prospérité dans vos affaires.

Vous rêvez de plusieurs bandits : vous courez un grand danger.

Vous êtes attaqué par un bandit : attention aux accidents.

Vous attaquez un bandit : faites confiance à votre propre force et à votre jugement personnel.

BANDIT DE GRAND CHEMIN

Vous êtes un bandit de grand chemin : vos moyens financiers sont aisés.

Vous êtes détroussé par un bandit de grand chemin : une grande joie.

D'autres gens sont détroussés par un bandit de grand chemin : vous n'avez pas de chance en amour.

Un bandit vous effraie : vous serez kidnappé.

Un bandit vous bat : vous perdrez des proches, des enfants ou des biens.

Un bandit vous blesse : vous n'aurez plus d'argent.

Un bandit vous tue : vous perdrez tout héritage.

BANJO

Vous possédez un banjo : chagrin.

Vous jouez du banjo : pauvreté.

Vous montez sur scène pour jouer du banjo : vous serez largement consolé.

D'autres personnes jouent du banjo : joie.

BANNIÈRE

Rêve d'une bannière : votre propre position n'est pas excellente.

Une bannière rouge : des amis de l'étranger vont vous prêter main-forte.

Un drapeau sur un navire : vous allez entreprendre un voyage sur l'océan.

Une bannière flotte sur une maison : vos ennemis manquent leur but.

On vous offre une bannière : un cadeau promis n'est pas donné.

BANNISSEMENT

On vous force à accepter le bannissement : vous serez heureux en amour.

Vous êtes banni (interdit de séjour) : les conditions vont s'améliorer.

Vous êtes en exil : vos ennuis ne vont pas durer longtemps.

D'autres personnes sont bannies : vous recevrez bientôt beaucoup d'argent.

Vous êtes banni pour toujours. prospérité.

Vous êtes banni, chassé de chez vous : votre situation financière va devenir désastreuse.

BANQUE

Vous vous trouvez dans une banque : on vous fera de fausses promesses.

Vous avez affaire à une banque : perte soudaine d'argent.

Vous possédez une banque : des amis se moquent de vous.

Vous empruntez de l'argent à une banque : pertes financières en perspective.

Vous recevez de l'argent d'une banque : la faillite est proche.

Vous vous trouvez à la banque d'un agent de change : nouvelles fort désagréables.

BANQUET

Vous assistez à un banquet : vos plaisirs vous coûteront cher.

Des jeunes gens qui rêvent de banquet : amour et bonheur.

Des gens âgés qui rêvent de banquet : une grande fortune.

Vous assistez à un banquet de mariage : les amis qui vous entourent sont de vrais amis.

Vous assistez à un banquet de Noël : bonheur en famille.

Vous assistez à un banquet politique : déceptions.

BAPTISER

Vous rêvez de votre baptême : vie prospère.

Des proches sont baptisés : vos meilleurs amis vous causeront des déceptions.

Des enfants sont baptisés : joie.

Les enfants d'autres personnes sont baptisés : l'accord règne entre amis.

BAR

Rêve d'un bar : vous allez vous rendre coupable d'actions bien étourdies.

Vous prenez un verre seul dans un bar : un ami trompeur est proche de vous.

Vous buvez un verre dans un bar avec d'autres personnes : vous devriez avoir plus de contrôle sur vos passions personnelles.

D'autres personnes boivent dans un bar : vos amis vous tiennent en plus haute estime que vous ne le pensez.

Des femmes seules boivent dans un bar : gains financiers.

BARBE

Vous avez une barbe : détresse financière.

Une très courte barbe : richesse.

Un homme porte une barbe fournie : un succès inattendu va survenir.

Une très longue barbe : vous recevrez beaucoup d'argent.

Une femme mariée rêve d'un homme à barbe : elle quittera bientôt son mari.

Une femme enceinte rêve d'un homme à barbe : elle aura un fils.

Une jeune fille rêve d'un homme à barbe : elle épousera bientôt celui qu'elle aime.

Vous arrachez votre propre barbe : ruine et pauvreté.

D'autres s'arrachent la barbe : il faudra payer des créanciers.

Vous vous rasez la barbe : perte d'argent.

Vous coupez la barbe d'un proche : sécurité.

Quelqu'un d'autre vous lave la barbe : souffrance.

Vous lavez votre propre barbe : angoisse.

Vous avez une belle barbe : succès total de vos projets.

Votre barbe est bouclée : vous ferez l'impression désirée.

Vous n'avez pas de barbe : gros gains financiers.

Vous raccourcissez votre barbe : vous risquez de perdre de l'argent.

Vous perdez des poils de votre barbe : perte d'un proche.

Une barbe noire : succès prometteurs en affaires.

Une barbe rousse : provocation.

Une barbe blanche : très grande prospérité.

Une barbe brune : misère.

Une barbe grise : perte d'argent.

Une barbe qui grisonne : vous souffrirez des bavardages et des ragots.

Une barbe très clairsemée : mort d'un membre de la famille.

Une femme mariée rêve d'avoir une petite barbe : divorce.

Une femme non mariée rêve d'avoir une petite barbe : pertes au jeu.

Une femme enceinte rêve d'avoir une petite barbe : avortement.

Une veuve rêve d'avoir une petite barbe : perte d'une propriété.

Une jeune fille rêve d'avoir une petite barbe : mariage.

BAROMÈTRE

Vous possédez un baromètre : maladie.

Un baromètre indique le beau temps : bonheur.

Un baromètre indique du mauvais temps : malheur.

Un baromètre annonce un temps superbe : plaisir.

Un baromètre annonce un temps pluvieux : déceptions.

BARON INDUSTRIEL

Vous rêvez d'un baron : vous serez trompé.

Vous êtes un baron : vous avez tendance à l'orgueil.

Vous êtes en compagnie d'un baron : distinctions et honneurs.

Des gens mariés qui rêvent d'un baron : grand bonheur.

Des gens non mariés qui rêvent d'un baron : vous vous marierez bientôt.

BARRIÈRE

Vous montez sur une barrière : vos efforts seront couronnés de succès.

Vous tombez d'une barrière : vous voulez en faire plus que vous ne pouvez.

Vous passez par-dessus une barrière : vous vous procurerez de l'argent d'une façon douteuse.

D'autres gens passent par-dessus une barrière : un de vos ennemis est mort.

BASSINE

Une bassine pleine d'eau : joie dans la famille.

Vous vous servez d'une bassine d'eau : vous aurez beaucoup d'argent.

Une bassine vide : vous allez faire de grosses dettes.

Vous buvez dans une bassine : difficultés amoureuses.

Vous mangez dans une bassine : vous n'épouserez pas la personne que vous aimez.

BATAILLE

Rêve d'une bataille : vous vous aventurerez dans des entreprises risquées.

Vous observez une bataille : vous serez persécuté.

Une bataille navale : vous triompherez.

Une bataille sur la terre ferme : votre vie sera longue.

Une bataille à coups de poings : la personne que vous aimez vous trompe.

Vous êtes battu : les affaires imprudentes d'autres personnes vous causent du tort.

Vous êtes seul contre tous : les choses finiront bien.

Vous gagnez une bataille : votre avenir sera bon.

BÂTARD

Rêve d'un bâtard : révélation d'un secret.

Vous avez un bâtard : déceptions et regrets.

Vous êtes un bâtard : vous surmonterez les difficultés.

BATEAU

Vous êtes à bord d'un bateau : vous atteindrez les buts que vous vous

êtes fixés dans la vie.
Vous voguez en bateau en eau calme : réussite en affaires.
Vous voguez en bateau sur une eau agitée : vous devrez faire face à beaucoup de difficultés.
Vous tombez d'un bateau : des ennuis qu'il vous sera impossible de contrôler.
Un bateau qui chavire : la fin de la liaison que vous avez actuellement.
Un bateau sur une rivière claire : bonheur.
Un bateau sur un cours d'eau boueuse : une disgrâce.
Un bateau sur un fleuve : la sécurité dans vos affaires.
Un bateau qui avance très lentement : il vous faudra de la patience dans la vie.

BÂTON

Un morceau de bois dont les branches sont coupées : vous découvrirez un voleur.
Vous utilisez un bâton : vous récolterez de l'argent.
Un bâton pour mélanger quelque chose : tristesse.
D'autres utilisent un bâton : méfiez-vous des voleurs.

BATTRE

Battre son mari ou sa femme : tous deux seront très heureux.

Des gens mariés rêvent qu'ils battent quelqu'un : ils auront une vie paisible.
Des célibataires rêvent qu'ils battent quelqu'un : de la chance dans le domaine sentimental.
Des jeunes filles rêvent qu'elles battent un homme : succès amoureux.
Un amant rêve qu'il bat sa maîtresse : la liaison va se terminer.
Une femme rêve qu'elle bat un admirateur : un grand triomphe amoureux.
Un mari rêve qu'il bat sa femme : le bonheur et un foyer agréable.
Une femme rêve qu'elle bat son mari : un mariage qui durera.
Un homme rêve qu'il bat une femme qui n'est pas la sienne : des affaires en bonne voie.
Des parents rêvent qu'ils battent leurs enfants : de bonnes affaires que vous n'attendiez pas.
Vous rêvez que vous battez les enfants d'étrangers : longue maladie.
Un homme frappe son amie : futures fiançailles.
Une femme frappe son ami : bonheur en amour.
Vous rêvez que vous frappez un ami : satisfaction.
Vous êtes frappé par un ami : du malheur en amour.
Un célibataire gifle quelqu'un : il ne va pas tarder à tomber amoureux.
Un homme marié gifle quelqu'un : son mariage durera toujours.
Une femme mariée gifle quelqu'un : elle est fidèle à son mari.
Vous battez un porc ou tout autre animal : vos affaires vont subir des dommages.
Vous éteignez un feu en tapant dessus : vous allez traverser de durs moments.
Vous battez du cuivre ou du plomb : une bonne période s'annonce.

BATTRE DES AILES

Des oiseaux battent des ailes : une infidélité.
Beaucoup d'oiseaux battent des ailes : évitez les rivaux.

Des oiseaux s'ébrouent sur une branche d'arbre : prenez garde aux actions d'un membre de la famille.
Des canards s'ébrouent dans l'eau : votre petite amie a des arrière-pensées.

BATTU

Vous êtes battu : malheur dans les relations au sein de la famille.
D'autres sont battus : perte d'argent.
Un chien est battu : fidélité.
On bat un chat : traîtrise.
On bat un cheval : bonheur.
Un serpent est battu : triomphe.

BAUDET

Vous rêvez d'un baudet : un gros travail vous attend.
Vous possédez un baudet : vous vous disputerez avec votre meilleur ami.
Vous chassez un baudet : le scandale vous entoure de tous côtés.
Vous allez chercher un baudet à l'écurie : une histoire d'amour va se terminer.
Vous entendez braire un baudet : c'est la disgrâce et la honte.

BAUME

Vous rêvez d'un baume : d'autres gens vous haïssent.
Vous achetez un baume : un changement va se produire dans votre entourage.
Vous utilisez un baume calmant : une amitié vraie est toute proche.
D'autres personnes utilisent un baume : vous allez connaître un violent chagrin.

BAVARDAGE

Vous êtes l'objet de bavardages : une surprise très agréable vous attend.
Vous bavardez sur le compte des autres : vous réaliserez vos plus hautes ambitions.
Les membres de votre famille bavardent sur votre compte : disputes au sein de la famille.

Des amis bavardent sur votre compte : vous serez trompé.
Des ennemis bavardent sur votre compte : vos propres folies vous causeront bien des souffrances.

BAZAR

Rêve d'un bazar : chance et prospérité.
Vous êtes dans un bazar : bonheur en amour.
Vous achetez des choses dans une vente de charité : vous réaliserez vos grandes ambitions.
Des gens vendent des objets dans une vente de charité : on va vous faire une proposition.

BEAU-FRÈRE

Rêve de beau-frère : des proches cherchent à tirer avantage de vous à votre insu.
Vous rêvez que vous épousez un beau-frère : vous vous remettrez d'une maladie.
Vous flirtez avec un beau-frère : c'est l'échec pour vos ennemis.
Vous avez plusieurs beaux-frères : des gains financiers.

BEAU-PÈRE

Vous rêvez de votre beau-père : un événement important et favorable va se produire.
Votre beau-père est mort : certaines personnes vous menaceront.
Votre beau-père est vivant : malchance.
Le beau-père d'autres personnes : vous aurez du mal à éviter les ennuis qui approchent.

BEAUTÉ

Rêve que vous êtes beau : maladie.
Vous rêvez que d'autres gens sont beaux : ils deviendront invalides.
Un homme rêve d'une belle femme : trahison.

Il rêve d'une belle jeune fille : joie et bonheur.
Une femme rêve d'un bel homme : son amour ne durera pas.

BÉBÉ

Un beau bébé : grand bonheur.
Une femme rêve d'un bébé : grossesse.
Une femme enceinte et mariée rêve d'un bébé : un amour heureux.
Une femme mariée rêve d'avoir un bébé quoiqu'elle ne soit pas enceinte : bonheur.
Une femme célibataire rêve d'avoir un bébé : chagrin.
Une veuve rêve d'avoir un bébé : évitez vos rivales.
Une veuve rêve qu'elle attend un bébé : une réussite dans tous les domaines.
Un bébé qui tète le sein de sa mère : plaisir dans votre vie.
Un bébé qui tète une nourrice : une maladie douloureuse.
Un bébé très éveillé : de très bons amis vous entoureront.
Un vilain bébé : la malchance en perspective.
Vous tenez un bébé contre vous : vous aurez bientôt un autre bébé.
Un bébé emmailloté : de l'espoir pour vos amours.
Un bébé qui fait ses premiers pas : des difficultés dans vos affaires.
Une femme soignant un bébé : vous serez trompé par une personne en qui vous aviez toute confiance.
Un bébé malade : une maladie grave dans la famille.
Vous entendez un bébé pleurer : des disputes dans la famille.
Un bébé abandonné : déceptions amoureuses.
Un bébé dans un berceau : quelqu'un vous surveille, ses intentions ne sont pas bonnes.
Les bébés d'autres personnes : un échec pour vos ennemis.
Beaucoup de bébés : l'abondance pour votre vie.

BÊLEMENT

Vous entendez bêler un agneau : la prospérité dans vos affaires.
Vous entendez bêler plusieurs agneaux : bonheur dans la maison.
Vous voyez bêler des agneaux : vous aurez des moyens abondants.
Vous entendez bêler un grand nombre d'agneaux : bientôt les fiançailles.

BELETTE

Vous rêvez d'une belette : attention à tous ceux qui se prétendent vos amis.
Votre manteau de fourrure est en belette : chance et prospérité.
Vous achetez un manteau de belette : essayez d'économiser un peu.
Vous vendez un manteau de belette : vous serez roulé.

BELLADONE

Vous rêvez de belladone, une plante au pouvoir narcotique : vous subirez un choc émotionnel.
Vous mangez le fruit empoisonné de la belladone : vous aurez de nouveaux champs d'intérêt et de nouvelles relations.
Vous faites une pommade à la belladone : de l'argent sous peu.

BÉNÉDICTION

Vous recevez une bénédiction : vous allez être forcé de vous marier.
Des enfants reçoivent une bénédiction : bonheur.
La famille reçoit une bénédiction : une grande joie désintéressée.
Un prêtre vous bénit : vous aurez beaucoup de chance.
D'autres personnes reçoivent une bénédiction : votre famille sera très heureuse.

BÉRET

Vous possédez un béret : quelqu'un va tenter un sale tour et échouera.
Vous avez un béret de coton : un ami profite honteusement de votre amitié.
Vous avez un béret de soie : du succès dans la vie.
Vous avez un béret pour les voyages : des amis vous tromperont.
Des bérets d'enfants : la richesse.
Vous portez un bonnet de nuit : une pleine réussite professionnelle.

BESOIN

Vous êtes dans le besoin : pauvreté.
Vous avez besoin d'un docteur : richesse.
Vous avez besoin d'une infirmière : de bonnes affaires.
Vous avez besoin d'une bonne : vous rencontrerez de l'opposition.
Vous avez besoin d'amour : une association va se dissoudre.
Vous avez besoin d'un ami : bonheur.
D'autres gens ont besoin de vous : de bonnes affaires.

BÊTE

Vous parlez aux bêtes : des temps durs et de la malchance.
Des bêtes font des bruits doux : vous souffrirez.
Des bêtes se battent : maladie.
Des bêtes traînent la patte : une cruelle souffrance.

Vous êtes poursuivi par des bêtes : une humiliation créée par des ennemis.
Des bêtes commencent une bagarre : vous serez frappé par des amis.
Des bêtes qui courent : maladie grave.

BÊTE SAUVAGE

Vous rêvez d'une bête sauvage : vous jouirez de la protection et de la faveur de personnes importantes.
Vous entendez les rugissements d'une bête sauvage : de l'avancement que vous n'attendiez pas.
Vous êtes pourchassé par une bête sauvage : disgrâce.
Une bête sauvage en cage : vos ennemis ne réussiront pas à vous faire du mal.
Vous êtes attaqué par une bête sauvage : votre vie sera longue.
Une bête sauvage qui court : une maladie grave.
Vous tuez une bête sauvage : beaucoup de choses se produiront pour une victoire finale.
Une bête sauvage qui est morte : mort d'une personnalité importante.

BETTERAVES

Des betteraves poussent dans un champ : prospérité dans vos affaires.
Des tas de betteraves : négociations positives dans des affaires importantes.
Vous mangez des betteraves : vos affaires sentimentales vont pour le mieux.
Vous achetez des betteraves : on vous fera un cadeau de prix.

BEURRE

Vous mangez du beurre : bonheur.
Vous avez beaucoup de beurre : chance, sous quelque forme que ce soit.
Vous achetez du beurre : changement favorable.
Vous faites la cuisine au beurre : vos affaires marcheront très bien.

Vous vendez du beurre : évitez de vous lancer dans des spéculations financières.

Vous faites du beurre chez vous : vous allez recevoir un cadeau très apprécié.

Vous faites frire quelque chose avec du beurre : un nouvel admirateur dans votre entourage.

BIBELOT

Vous rêvez de bibelots : celui ou celle que aimez est volage et vaniteux (euse).

Vous avez des bibelots : vous commettrez des actes bien légers.

Vous achetez un bibelot : ne soyez pas trop expansif.

D'autres ont des bibelots : des amis vous tromperont.

BIBLE

Vous rêvez que vous lisez la Bible : les problèmes familiaux ne vont pas tarder.

Vous prenez une bible à l'église : bonheur.

Vous croyez ce que dit la Bible : la persévérance vous permettra de vaincre vos ennemis.

Des enfants lisent la Bible : joie mais sans bénéfices.

BIBLIOTHÈQUE (le lieu)

Vous rêvez d'une bibliothèque : vous ferez de rapides progrès.

Vous possédez une bibliothèque : vous allez avoir besoin de consulter un juge.

Vous empruntez un livre à une bibliothèque : pauvreté.

Vous consultez des livres dans une bibliothèque : vous êtes enclin à la paresse.

BIBLIOTHÈQUE (le meuble)

Un rayonnage vide : la fortune

vous viendra grâce à vos efforts soutenus.

Un rayon plein de livres : vous souffrirez de votre travail négligent et peu soigné.

Un rayon de livres à moitié plein : votre personnalité n'est pas bonne.

Vous achetez une bibliothèque : perte de votre emploi.

Vous vendez une bibliothèque : ennuis financiers dans vos affaires.

BICYCLETTE

Vous possédez une bicyclette : bonheur.

Vous êtes à bicyclette : vous allez devoir prendre une importante décision.

Vous vendez une bicyclette : espoirs réalisés.

Vous achetez une bicyclette pour des enfants : vos affaires avanceront.

BIEN

Vous faites du bien aux autres : joie et plaisir.

Vous dites du bien des autres : vous serez bien embarrassé.

Les autres vous font du bien : vous gagnerez de l'argent.

Les enfants agissent bien : vous aurez un bébé sur le tard.

Les gens disent du bien de vous : vos amis vous tromperont.

Vous rêvez que vous faites du bien à quelqu'un : bonheur.

Que d'autres vous font du bien : vous aurez du bien en titres.

Vous recevez un bienfait de votre famille : une grande joie.

Des amis vous font du bien : un mystère va s'éclaircir.

BIÈRE

Vous buvez de la bière : des spéculations vont vous causer des pertes d'argent.

Vous êtes dans un établissement qui

vend de la bière : perte d'un être cher.

Vous êtes à une soirée où l'on boit de la bière : prudence dans vos paris.

D'autres personnes boivent de la bière mais pas vous : vous aurez un peu d'argent.

Des gens fabriquent de la bière : votre vie sera exempte de soucis.

Des bouteilles de bière : une petite perte dans vos affaires.

Des amis se saoulent à la bière : vous allez recevoir une lettre donnant de mauvaises nouvelles.

BIGAMIE

Vous rêvez que vous pratiquez la bigamie : une assurance que votre vie sera heureuse.

Vous êtes bigame : votre mariage sera prospère.

Un bigame est puni : votre intelligence sera puissante. '

Vous n'êtes pas bigame : de l'argent en perspective.

Vous ne croyez pas dans les bienfaits de la bigamie : vous serez très heureux avec votre compagne (compagnon).

BIJOUX

Vous avez des bijoux : votre vie amoureuse est malheureuse.

Vous achetez des bijoux : vous aurez un accident.

Vous portez des bijoux : vous souffrirez de l'envie.

Vous volez des bijoux : vous risquez fort de commettre un geste très regrettable.

On vous offre un bijou : quelqu'un vous déteste.

Vous admirez des bijoux : vous allez commettre une extravagance.

Vous offrez des bijoux : vous allez connaître la ruine.

Vous vendez des bijoux : vous perdrez de l'argent.

Vous êtes bijoutier : vous tromperez vos amis.

BILLARD

Vous jouez au billard régulièrement tous les jours : de grandes difficultés en perspective.

Des fiancés jouent au billard : ils vont rencontrer des obstacles chez leurs futurs beaux-parents.

Des gens mariés jouent au billard : l'amour de votre compagnon (compagne) est sincère.

Des célibataires jouent au billard : ils se marieront bientôt.

BILLET

Vous rêvez de billet : une bonne période commence.

Vous avez un billet de la loterie nationale : d'excellents résultats en perspective.

Des billets portant des numéros : vous aurez beaucoup de succès.

Vous avez un billet qui n'a pas gagné : vous recevrez des nouvelles attendues depuis longtemps.

BISCUITS

Vous fabriquez des biscuits : vous ferez un voyage excellent.

Vous achetez des biscuits : vous aurez toujours un excellent appétit.

Vous distribuez des biscuits : vous êtes trop enclin à jouir des plaisirs de la vie.

Vous mangez des biscuits de mer : signe de bonne santé.

Vous donnez des biscuits de mer à des marins : votre vie conjugale sera heureuse.

BLAGUE

Vous racontez une blague : vous serez d'excellente humeur.

Vous entendez raconter de bonnes blagues : une détresse extrême.

Vous racontez des blagues grossières : vous ferez de gros bénéfices.

Vous racontez des blagues très drôles : vous vivrez une période de tristesse.

Vous écoutez des enfants raconter des blagues : votre malheur trouvera une consolation.

BLAIREAU (animal)

Rêve d'un blaireau : un important travail en perspective.
Vous tuez un blaireau : vous allez tomber amoureux.
Vous attrapez un blaireau : la chance vous suit.
D'autres personnes attrapent un blaireau : méfiez-vous des ennemis.

BLÂME

On vous blâme pour quelque chose : soyez un peu humble envers vos supérieurs.
Vous blâmez les autres : joie.
D'autres personnes vous blâment : maladie.
Vous blâmez votre femme ou votre mari pour une raison quelconque : la joie suivra une dispute.
Vous blâmez vos enfants : vous recevrez un cadeau d'un pays étranger.
Vous blâmez vos amis : vous allez connaître une déception cruelle.

BLANC

Vous rêvez de la couleur blanche : réussite de vos projets.
Vous achetez du linge blanc : l'argent viendra toujours facilement pendant votre vie.
Différents tissus blancs : grande joie.
Vous achetez des vêtements blancs : vos amours sont heureuses.

BLANCHIR

Vous rêvez de blanchiment : vous entrerez dans une joyeuse compagnie.
Vous blanchissez des murs à la chaux : attention aux tromperies.
Vous blanchissez une réputation après enquête : vous êtes victime de désillusions.

Vous couvrez le vice et le crime : attention à vos entreprises professionnelles.

BLASPHÈME

Vous jurez en utilisant le nom de Dieu : vous connaîtrez la malchance.
D'autres vous maudissent en utilisant le nom de Dieu : vos ambitions se réaliseront.
D'autres personnes blasphèment le nom de Dieu : les difficultés seront surmontées.
Des amis blasphèment contre vous : ce sera la chute de vos ennemis.

BLÉ

Vous rêvez de blé mûr : votre fortune sera grande.
Vous vendez du blé : arrivée d'argent et de bonheur.
Vous vendez du blé : vous ferez de gros bénéfices.
Vous achetez du blé : une bonne période commence.
Une grosse quantité de blé en grains : des bénéfices importants.
Une petite quantité de blé en grains : des ennuis en perspective.
Vous moissonnez le blé : échec de vos ennemis.
Vous moissonnez le blé : beaucoup d'argent.
Le blé sur pied dans un champ : vous recevrez beaucoup d'argent.
Vous engrangez du blé : chance et prospérité.
Le blé prend feu : un grave désastre en perspective.
Un très grand champ de blé : un excellent mariage et de bonnes affaires.

BLESSER

On vous blesse : vous serez riche.
Des enfants sont blessés : vous gagnerez de l'argent.

Vos proches sont blessés : quelqu'un de malintentionné vous surveille.

Vos ennemis sont blessés : des disputes dans la famille.

Des proches sont blessés : vous êtes libéré des soucis.

Des ennemis sont blessés : vous allez avoir de l'avancement.

Vous êtes blessé par quelqu'un : vous avez un rival en amour ou dans vos affaires.

Vous blessez quelqu'un : le danger vous guette.

Vous vous blessez vous-même : abondance dans tous les domaines.

Des enfants se blessent : une joie mais sans bénéfice matériel.

Vous rêvez d'une blessure : un faux ami rôde près de vous.

Vous avez reçu une blessure : évitez les rivaux.

Des amants sont blessés : de graves disputes les opposeront.

Des enfants sont blessés : une période heureuse commence.

Votre compagnon (compagne) est blessé (e) : attention aux ennuis qui se préparent.

D'autres personnes sont blessées : vous ne serez pas fidèle aux vœux du mariage.

BLEU

Vous achetez des vêtements de couleur bleue : vous êtes plein d'énergie.

La couleur bleu clair : un grand amour pour vos enfants.

La couleur bleu marine : la prospérité grâce à d'autres personnes.

La couleur bleu azur : de la promotion dans votre situation.

Une autre teinte de bleu : une vie conjugale confortable et heureuse.

BLEU DE COBALT

Vous rêvez de cet oxyde : ingratitude.

Vous travaillez avec du bleu de cobalt : des événements bien malheureux vont se produire.

Vous manipulez du bleu de cobalt : vous serez rudoyé.

Vous achetez du bleu de cobalt : vous ferez beaucoup d'argent.

BOEUF

Vous rêvez d'un bœuf : vos entreprises professionnelles vont bien rapporter.

Un troupeau de bœufs : la prospérité dans vos affaires.

Un bœuf au pré : vous vous élèverez bientôt dans votre situation.

Des bœufs paissent paisiblement : surveillez bien vos spéculations.

Des bœufs au labour : vous gagnerez beaucoup d'argent.

Un bœuf tire une charrette : chance en amour.

Des bœufs mangent de l'herbe : une grande joie.

Des bœufs courent : vos ennemis vous causeront des tracas.

Des bœufs montent une colline : malheur en amour.

Un bœuf gras : votre chance va augmenter.

Un bœuf maigre : votre chance va diminuer.

Des bœufs se battent : vous avez des ennemis.

Vous tuez des bœufs : des richesses.

Des bœufs endormis : vous perdrez des amis.

Vous achetez des bœufs : vous serez riche.

Vous vendez des bœufs : soyez prudent quand vous achetez et vendez des actions.

Des bœufs sans cornes : vos affaires se développeront bien.

Vous rêvez que vous mangez du bœuf : vous aurez une vie aisée et confortable.

Vous mangez du rôti de bœuf : vous aurez une vie très agréable.

Vous mangez du bœuf bouilli : vous allez sombrer dans une mélancolie profonde.

Vous plongez du bœuf dans de l'eau

bouillante : vous saurez tirer de la vie tous ses plaisirs.

Vous avez plus de bœuf que vous ne pouvez en manger : vous ne serez jamais riche.

Vous achetez du bœuf pour le faire cuire : vous allez gagner au jeu.

Vous mangez du bœuf cru : la mort rôde tout près.

Vous mangez du pot-au-feu : un bonheur qui durera.

Vous jetez du bœuf : un danger imminent.

Un bœuf est tué dans un incendie : infirmité.

Vous montrez un bœuf dans un concours agricole : vos actions seront récompensées.

Un bœuf qui combat : bonheur en famille.

Un bœuf qui court : un secret sera dévoilé.

Un troupeau de bœufs buvant : la perte de quelque chose.

Un seul bœuf buvant : chance.

BOIRE

Vous voulez boire et ne trouvez pas d'eau : malchance.

De l'eau boueuse, sale : des amis vous tromperont.

De l'eau chaude : vous avez des amis loyaux.

Vous buvez de l'eau de source claire : une grande joie.

Vous buvez de l'eau très froide : vous triompherez de vos ennemis.

Vous buvez du lait : de l'argent en abondance.

Vous buvez du sang : succès dans tous les domaines.

Vous buvez dans une tasse propre : un emploi immédiat.

Vos proches boivent : de très prochaines fiançailles.

Vous buvez à une source : vous vous remettrez tout à fait après une maladie.

Vous buvez de l'eau pure dans un verre : vous vous marierez bientôt.

Vous buvez une liqueur : attention, vous risquez un accident.

Vous buvez de l'eau d'un broc : vous aurez d'agréables compagnons.

Vous buvez du vin blanc : bonheur.

Vous buvez dans un verre à demi plein de vin : vous couvez une maladie.

Vous avez soif et buvez un verre d'eau fraîche : vous serez très riche.

Vous buvez jusqu'à plus soif : vos désirs seront satisfaits.

Vous buvez en compagnie d'amis : un changement dans votre entourage.

D'autres gens boivent : un grand chagrin.

Vous buvez quelque chose de sucré : on vous aimera violemment.

Vous êtes saoul de boissons sucrées : quelqu'un vous rendra riche.

Vous buvez un vin presque noir : chance et satisfaction totale.

Vous buvez du vin trouble : des bénéfices.

Vous buvez du vin muscat : de grands honneurs.

Vous buvez du marsala : vos conditions de travail vont nettement s'améliorer.

Vous buvez du cherry : vos ennemis iront droit à l'échec.

Vous répandez du vin : quelqu'un sera blessé et perdra beaucoup de sang.

Vous répandez du vin rouge sur une nappe : un désastre se prépare.

Vous achetez du vin : vous trouverez un nouvel emploi.

Vous vendez du vin : faites attention aux tricheurs.

On vous offre du vin en cadeau : toutes les déceptions sont pour vous.

Vous faites votre vin : d'excellents résultats professionnels.

Vous vous saoulez au vin : une grande réussite.

BOIS

Vous possédez une coupe de bois : ne vous laissez pas guider par les autres.

Vous rêvez de morceaux de bois : une grave déception.

Vous avez beaucoup de bois : vous aurez besoin d'argent.

Vous brûlez du bois : vous recevrez de l'argent que vous n'attendiez pas.

Des piles de bois : vous allez devoir accomplir une tâche ennuyeuse.

Vous rêvez d'une coupe de bois : vous ferez d'inévitables erreurs.

Du bois d'ébène : vous réaliserez vos projets grâce à un travail attentif.

Du bois de santal : vous avez trop d'hésitations dans vos affaires.

Du bois de cèdre : vous avez de faux amis.

Vous rêvez de bois : un scandale se prépare.

Vous achetez du bois : vous allez vous trouver dans un besoin urgent de certaines choses.

Vous vendez du bois : vous disposerez de moyens abondants.

Une pièce de bois lisse : de l'argent en perspective.

Une pièce de bois tordue : vous tomberez en disgrâce.

Du bois vert : un changement favorable va se produire.

Du bois sec : grâce à votre travail acharné, le succès vous viendra. faites très attention à vos engagements professionnels.

Des troncs d'arbres brisés dans les bois : votre vie sociale est très agréable.

Un bois en flammes : tristesse et chagrin.

BOIS DE CHARPENTE

Vous rêvez de bois de charpente : vous serez malheureux.

De grosses piles de bois de charpente : vous serez le domestique de quelqu'un.

Des piles de bois s'écroulent : vous aurez de longues fiançailles.

Vous coupez du bois de charpente : vous recevrez des nouvelles désagréables.

Une jeune fille rêve de bois de charpente : de courtes fiançailles se concluront par un heureux mariage.

Une femme non mariée rêve de vieux bois de charpente : elle ne se fiancera pas et ne se mariera pas.

BOISERIES

Des plaques de boiseries de chêne : soyez prudent dans vos affaires.

Des boiseries sur un mur : des amis vous rouleront.

BOIS (DANS LES BOIS)

Un grand nombre d'arbres, dans les bois : vos affaires seront très encourageantes.

Vous vous promenez dans les bois : un travail difficile vous attend.

Des gens riches rêvent qu'ils sont dans les bois : ils perdront de l'argent.

Des gens pauvres rêvent qu'ils sont dans les bois : honneurs et argent.

Une foule de gens dans les bois : Vous placez des panneaux de boiseries sur un mur : échec de vos affaires.

BOÎTE

Vous avez une boîte : vous quitterez les affaires.
Vous fermez une boîte : pertes financières.
Vous ouvrez une boîte : vous ferez un long voyage.
Vous ouvrez une boîte pleine : on vous demandera en mariage.
Vous ouvrez une boîte vide : vos plans seront bouleversés.
Un tronc d'église : vous serez dans la misère.
Un coffre-fort : vous serez trompé.
Vous volez dans un coffre-fort : vous perdrez toute votre fortune.

BOÎTE À CHAPEAUX

Une boîte à chapeaux vide : les soucis s'envoleront.
Une boîte à chapeaux pleine : une soirée vous cause une déception.
Vous ouvrez une boîte à chapeaux : vous aurez une occasion de vous amuser.
Vous fermez une boîte à chapeaux : un changement favorable.

BOITEUX

Vous rêvez d'un boiteux : une grande déception.

Vous êtes boiteux · vos affaires vont être problématiques.
D'autres personnes sont boiteuses . vous allez tomber malade mais sans gravité.
Vos enfants sont boiteux : vous ferez d'excellents bénéfices.

BOMBARDEMENT

Vous rêvez d'un bombardement : vous aurez des malheurs.
Vous avez été bombardé : vous ferez un mariage malheureux.
D'autres personnes ont été bombardées : des déceptions dans le domaine amoureux.

BONDIR

Vous rêvez d'un grand bond : vous êtes très inconstant dans vos histoires d'amour.
Vous bondissez en l'air : vous allez perdre votre situation actuelle.
Vous bondissez dans l'eau : vous serez victime de persécutions.
Vous bondissez en présence d'autres personnes : vous perdrez un procès.
Vous faites un très grand bond : vous vous sortirez bien d'un danger qui vous menace.
Vous tentez un bond et retombez : la vie va vous devenir presque intolérable.
Vous bondissez par-dessus un fossé : un ennemi cherche votre perte.
D'autres bondissent : votre persévérance viendra à bout de vos ennemis.

BONNET

Un bonnet noir : vous avez de mauvais amis dans le sexe opposé.
Une jeune femme rêve d'un bonnet neuf : elle a tendance à flirter.
Un homme rêve d'une femme qui essaie un bonnet : bonne chance.
Vous perdez un nouveau bonnet : vous perdez votre liberté.

BOSSU

Vous êtes bossu : vous subirez des humiliations.

Vous parlez à un bossu : vos affaires sentimentales marchent le mieux du monde.

Un bossu : des changements vont se produire.

Une bossue : vous allez traverser une période de procès.

BOTTES

Vous portez des bottes : vous n'aurez que peu de bonnes affaires.

Vous achetez des bottes neuves : vos affaires seront excellentes.

Vous avez des bottes neuves : vous pouvez vous reposer pleinement sur vos assistants et leur donner votre confiance.

De vieilles bottes : vous rencontrerez des difficultés.

Vous avez des bottes brunes : une chance favorable pour l'avenir.

De vieilles bottes qui font mal aux pieds : perte d'argent due à votre négligence.

D'autres personnes qui portent des bottes neuves : un danger pour vos affaires sentimentales.

BOUCHER

Rêve de boucher : vous allez rencontrer quelqu'un de très cher.

Un boucher tue un animal : la mort d'un ami proche.

Un boucher vous sert de la viande : vous vivrez longtemps.

Vous êtes ami avec un boucher : de mauvais amis vous entourent.

Vous avez une discussion avec un boucher : vous êtes exposé à de mauvaises influences.

BOUCLE

Une femme a sa ceinture dégrafée : ennuis et difficultés en perspective.

Un homme défait la boucle de ceinture d'une femme : un mariage aura bientôt lieu.

Vous avez une boucle fantaisie : changement favorable.

Vous achetez une boucle : évitez les rivaux.

Une boucle brisée : un ennemi cherche votre perte.

BOUCLES D'OREILLES

Vous rêvez de vos propres boucles d'oreilles : un travail passionnant et de bonnes nouvelles.

Vous perdez vos propres boucles d'oreilles : une période de chagrin commence.

Les boucles d'oreilles d'autres femmes : une grande amitié.

Vous portez des boucles d'oreilles : des amis vous rouleront.

Vous donnez à quelqu'un vos propres boucles d'oreilles : une grande dispute.

Vous recevez des boucles d'oreilles en cadeau : évitez les rivaux.

BOUDOIR

Vous vous trouvez dans un boudoir : un dur travail vous attend.

Vous êtes dans le boudoir d'une belle dame : vous allez vous séparer de votre compagne.

Vous êtes dans le boudoir d'une horrible femme : vous allez affronter des disputes.

Vous faites l'amour dans un boudoir : vous serez bientôt arrêté.

Vous préparez et arrangez un boudoir : des résultats heureux dans le domaine sentimental.

Un boudoir plein d'objets rares : malheur et désespoir.

BOUILLIR

Vous faites bouillir de l'eau : il vous faut tempérer vos passions.

Vous faites bouillir de la nourriture : vous serez très heureux.

Vous faites bouillir du café : des chagrins.
Vous faites bouillir de la soupe : des gains financiers.

BOUILLOIRE

Vous rêvez d'une bouilloire : un dur travail vous attend.
Une bouilloire pleine d'eau bouillante : les ennuis vont se terminer.
Une bouilloire vide : un changement se prépare.
Une bouilloire étincelante de propreté : de grosses pertes dans vos affaires.

BOULANGERIE

Rêve d'une boulangerie : vous serez riche.
Vous êtes dans une boulangerie : l'année sera propère.
Un boulanger au travail dans une boulangerie : vous allez recevoir de bonnes nouvelles.
Vous êtes un boulanger dans une boulangerie : des profits dans vos entreprises professionnelles.

BOULES

Vous jouez aux boules et faites tomber toutes les quilles : vous réaliserez vos plus grandes ambitions.
Vous jouez aux boules et faites tomber la plupart des quilles : chance et réussite en tout.
Vous jouez et ne faites tomber aucune quille : une défaite dans vos affaires.
D'autres personnes jouent aux boules : malheur.
D'autres gagnent une partie de boules : vous serez cambriolé ou volé.

BOULEDOGUE

Vous possédez un bouledogue : des possibilités de promotion.
Il y a un bouledogue dans la rue : quelqu'un va vous donner un solide coup de main.

Vous avez un bouledogue à la maison : de bonnes nouvelles d'un ami lointain.
Vous vendez les chiots d'un bouledogue : méfiance, quelqu'un de mal intentionné dans l'entourage.

BOUQUET

Un beau bouquet : un héritage s'annonce pour l'avenir.
Un bouquet fané : maladie et, pour finir, la mort.
Vous recevez un bouquet : beaucoup de plaisir dans la vie.
Vous offrez un bouquet : votre amant est fidèle.
Vous conservez un bouquet de fleurs : on vous fera une demande en mariage.
Vous jetez un bouquet : la séparation d'avec un ami.
Vous préparez un bouquet de fleurs : vous vous marierez bientôt.
Vous recevez plusieurs bouquets : vous connaîtrez un amour fidèle.
Vous recevez un petit bouquet : une joie, mais qui ne durera pas longtemps.

BOURREAU

Vous rêvez d'un bourreau : une catastrophe et la ruine.
Vous êtes un bourreau : un petit enfant va mourir dans la famille.
Un bourreau se prépare à tuer quelqu'un : la fortune.
Le bourreau manque à ses devoirs : vous aurez une petite maladie.

BOUTEILLE

Une bouteille pleine : prospérité.
— *Une bouteille vide :* malchance.
Vous répandez le contenu d'une bouteille : attendez-vous à des soucis domestiques.
Une bouteille de vin : vous serez de mauvaise humeur.
Un flacon vide : vous aurez des déceptions amoureuses.
Une bouteille de liqueur pleine : vous divorcerez.
Une bouteille de liqueur vide : tout ira bien pour vous.
Une bouteille de parfum pleine : vous connaîtrez un grand bonheur.
Une bouteille de parfum vide : votre vie amoureuse se ralentit.

BOUTON

Un homme non marié rêve qu'il recoud des boutons : ses affaires sentimentales ne vont pas fort.
Une femme rêve qu'elle recoud des boutons : elle va recevoir une somme d'argent qu'elle n'attendait pas.
Vous perdez un bouton : quelqu'un nourrit contre vous une inimitié secrète.
Vous achetez des boutons : votre esprit fonctionne à merveille.

BOXE (MATCH DE)

Vous assistez à un match de boxe : vous allez recevoir une information étonnante.
Vous prenez part à un match de boxe : vous perdez des amis.

Vous gagnez un pari dans un match de boxe : harmonie entre vos amis.
Vous perdez un pari dans un match de boxe : vous avez un ami loyal.

BRACELET

Rêve d'un bracelet d'or : vous connaîtrez une grande joie.
Un ami vous offre un bracelet : un mariage prochain et heureux.
Une jeune femme rêve qu'elle perd un bracelet : soucis et humiliations.
Vous trouvez un bracelet : vous acquerrez des propriétés.
Vous portez un bracelet d'or : vous aurez de la chance dans des affaires financières imprévues.
Vous laissez tomber un bracelet : votre liaison amoureuse va se rompre.

BRAIRE

Vous entendez braire un âne : attendez-vous à apprendre la mort d'un ami.
Vous entendez braire plusieurs ânes : plusieurs amis vont vous rendre visite.

BRANCHE

Vous coupez les branches d'un arbre : vous rencontrerez de petits désagréments.
Vous êtes blessé par une branche . vous aurez un accident.
Vous rassemblez des branches : ce sera une opération.
Vous faites brûler des branches : vous recevrez un héritage.
Vous coupez les branches d'un palmier : de grands honneurs.
Vous coupez les branches d'un olivier : paix et sérénité.
Un arbre aux nombreuses branches chargées de fruits : vous allez faire un héritage inespéré.
Un arbre aux branches brisées : malchance.
Un arbre aux branches mortes : un ami cherche à vous aider en secret.

Un arbre aux branches fanées : vous vous remettrez de votre maladie.

BRAS

Vous rêvez de vos propres bras : vous allez remporter une victoire sur vos ennemis.

Vous avez de jolis bras : vous allez vous faire des amitiés de grande qualité.

Vous avez des bras couverts de poils : vous serez très riche.

Vous avez de grands bras : une grande joie vous attend.

Vous avez de petits bras : vous aurez beaucoup d'argent.

Des bras très minces : vous serez bientôt riche.

Vous avez des bras anormalement grands : joie et satisfactions.

Vous êtes amputé d'un bras : vous perdrez un proche.

Vous avez mal aux bras : de mauvais résultats dans vos affaires.

Vous avez les bras sales : de grands chagrins vont vous arriver.

Un homme avec un bras cassé : disputes familiales.

Une femme qui a un bras cassé : la perte de son mari.

Vous subissez un accident aux bras : une santé faible pour un membre de la famille.

Votre bras droit est amputé : la mort d'un homme de la famille.

Votre bras gauche est amputé : la mort d'une femme dans la famille.

Vous vous cassez un bras : de grands dangers en perspective.

Vous avez une maladie de peau sur les bras : vous travaillerez dur sans aucun bénéfice.

Vous avez des taches de rousseur sur les bras : il vous faut corriger votre mode de vie.

BRAVOURE

Agir avec bravoure : vous souffrirez d'une maladie nerveuse.

Vous n'avez aucune bravoure : vous avez tendance à vous sous-estimer.

Vous montrez du courage et de la bravoure : un ami nourrit envers vous une secrète inimitié.

D'autres personnes agissent avec bravoure : des ennuis en perspective.

BREBIS

Vous rêvez d'une brebis : famille nombreuse et prospérité.

Beaucoup de brebis ensemble : richesse et abondance.

Des brebis combattent entre elles : un dur travail et des souffrances.

Des gens riches rêvent de brebis : ils seront déshonorés.

Des gens pauvres rêvent de brebis : joie et richesse.

BRISE

Vous êtes dehors ; le vent souffle avec force : des spéculations heureuses.

Vous profitez d'une brise légère : un bonheur qui durera toujours.

Vous profitez d'une douce brise, la nuit : vous allez recevoir un cadeau d'un étranger.

BRODERIE

Vous rêvez de broderie : vous tirez le meilleur parti de tout.

Vous avez une robe brodée : honneurs et richesses.

Vous avez du linge brodé : joie et profits financiers.

Vous brodez quelque chose pour quelqu'un que vous aimez : la bonne société vous acceptera.

BROSSE

Rêve de brosse : des problèmes s'accumulent.

Vous avez une vieille brosse : déceptions.

Vous utilisez une brosse : votre vœu le plus cher va se réaliser.

Vous achetez une brosse neuve : une période excellente commence.
Une boutique qui vend des brosses : une maladie.
Un fabricant de brosses : vous vous saoulerez.

BROUILLARD

Un brouillard dense : vos affaires iront mal.
Un brouillard au sol s'élève peu à peu : vous connaîtrez une grosse déception.
Le brouillard se dissipe : bonheur en amour.
Le brouillard se dissipe au soleil : vous ferez un mariage heureux et durable.
Vous voyagez à travers le brouillard : soucis financiers.
Vous émergez du brouillard : vous ferez un voyage éprouvant.

BRUGNON

Des brugnons sur un arbre : une bonne santé.
Vous mangez des brugnons : une femme hypocrite sera pour vous cause de désastre.
Vous cueillez des brugnons : vos amours seront prospères.
D'autres personnes mangent des brugnons : un rude travail vous attend.

BRUIT

Vous entendez du bruit : les gens bavardent à votre sujet.
Vous entendez un bruit très fort : disputes entre amis.
Vous entendez un grand bruit dans la rue : vos plans sont complètement déjoués.
Vous entendez des enfants faire du bruit : vous recevrez une lettre et de bonnes nouvelles.
Des visiteurs font du bruit : réussite dans vos affaires.

BRÛLER

Une maison brûle : votre fortune grossit à vue d'œil.
Un immeuble brûle : pertes et soucis.
Votre propre maison brûle : bonheur.
La maison d'un ami brûle : triomphe sur vos ennemis.
Une maison brûle dans un grand incendie : un héritage s'annonce.
Une maison brûle dans un petit incendie : disputes entre membres de la famille.
Un grand magasin brûle : perte financière.
Vous brûlez dans une maison en flammes : vos ambitions sont vraiment exagérées.
Un lit en flammes : prospérité.
Votre propre lit brûle mais vous n'êtes pas blessé : c'est la mort du mari ou de la femme qui s'annonce.

BRÛLURE

Vous avez des brûlures sur le corps : vous connaîtrez des amitiés de grande valeur au cours de votre vie.
D'autres personnes ont des brûlures sur le corps : prospérité dans vos affaires.
Vous êtes brûlé par la faute d'autres gens : des complications approchent à grands pas.
Vous vous brûlez pendant que vous faites la cuisine : votre amoureux (amoureuse) vous abandonnera.

BRUN

Vous rêvez de la couleur brune : une grande amitié.
De tissu brun : vos employés vous rouleront.
Une chevelure brune : un changement très prochain dans votre existence.
Vous achetez des vêtements bruns : une joie désintéressée.

BRUTAL

Vous vous trouvez avec des gens

brutaux : vous allez faire une conquête amoureuse.

Un homme se comporte de façon brutale : des soucis en perspective.

Une femme se comporte de façon brutale : évitez les rivales.

Des gens brutaux combattent : échec pour vos ennemis.

Des gens brutaux se font tuer : danger causé par un secret.

BÛCHE

Vous rêvez de bûches : des moyens abondants et faciles.

Des troncs d'arbres tombés : le bonheur est assuré.

Vous coupez des bûches de bois : vous ne gagnerez rien.

Vous coupez des troncs d'arbres : misère et chagrin.

Vous transportez des bûches : un ami vous offensera.

BÛCHERON

Vous êtes bûcheron : la vie vous offrira bien des plaisirs.

Vous travaillez comme bûcheron : vos efforts ne vous apporteront guère de profit.

Vous embauchez un bûcheron : vous triompherez de vos ennemis.

Vous êtes un bûcheron inefficace : des ennuis en perspective.

BUISSONS

Vous traversez des buissons : un changement favorable.

Vous vous cachez derrière des buissons : danger imminent.

D'autres se cachent derrière des buissons : vos amours sont contrariées.

Vous coupez des buissons : un danger couve, à cause d'un secret.

BULLES

Vous rêvez de bulles : vous échapperez à un danger qui vous guette.

Vous faites des bulles : évitez les gaspillages sinon vous perdrez votre ami (ou amie).

Des bulles dans une baignoire : vous trouverez un protecteur.

Des bulles qui montent de l'eau bouillante : honneurs et distinctions.

BUREAU

Vous avez un bureau : votre honnêteté vous rapportera la prospérité.

Vous perdez votre travail de bureau : une joie désintéressée.

Un propriétaire résilie le bail de votre bureau : des ennuis dans vos amours.

Vous trouvez un nouveau travail de bureau : votre vie mariée n'est pas heureuse.

Vous travaillez dans un bureau : veillez sur votre santé.

Vous ouvrez un bureau : on vous insultera.

Vous travaillez dans un bureau de presse : des nouvelles peu plaisantes.

Vous travaillez dans une trésorerie publique : un désastre financier.

Vous êtes à un poste de fonctionnaire : vous serez humilié.

Vous travaillez à un bureau : la chance est mauvaise.

Vous travaillez à un bureau ouvert (relevé) : de bonnes nouvelles.

Vous travaillez à un bureau fermé (abaissé) : un chagrin violent.
D'autres travaillent à des bureaux : un mystère trouvera sa solution.
Vous travaillez à votre bureau chez vous : le bonheur est certain.
Vous travaillez sur le bureau d'un avocat : de l'avancement dans votre position.
Vous travaillez sur le bureau d'un comptable : vous êtes débordé de travail sur des sujets scientifiques.

BUT

Vous atteignez le but que vous vous étiez fixé dans la vie : vous gagnerez beaucoup d'argent.
Vous n'atteignez pas ce but : chance !
D'autres atteignent le but de leur vie : un événement important et favorable.
Vous marquez un but : vos ennemis manqueront leur but.
D'autres gens marquent un but : votre vie sera longue.

CACHER (se)

Vous vous cachez : vous recevrez bientôt de mauvaises nouvelles.
Des proches se cachent : on vous trompera.
D'autres gens se cachent : évitez les rivaux.

CACHET

Vous rêvez d'un cachet de cire : vous recevrez une chose que vous désiriez.
Vous mettez un cachet sur une lettre pour la sceller : les démarches juridiques tourneront à votre avantage.

CADEAU

Vous recevez un don : vous recevrez des richesses et une proposition de mariage.
Vous recevez un cadeau d'un être cher : succès et chance.

Vous offrez un cadeau : malchance.
Vous recevez plusieurs cadeaux : méfiez-vous de la personne qui vous les offre.
Vous recevez un cadeau d'une personnalité importante : beaucoup d'honneurs.
Vous recevez des cadeaux de membres de la famille : le succès est pour plus tard.
Vous recevez un cadeau de Noël d'amis : une trahison.
Un cadeau de Noël de proches : vous aurez de nombreux admirateurs.
Vous recevez un cadeau d'un de vos fils : vous subirez bien des tribulations.
Vous recevez un cadeau d'une fille : un conflit.
Un cadeau d'une femme : une grande amitié.
Un cadeau d'un homme : un changement de votre destinée.

On vous offre une bague : vous épouserez une personne riche.

CAFARDS — CANCRELATS

Vous rêvez de cafards : vous gagnerez de l'argent.
Beaucoup de cafards : vous allez vous disputer avec des amis.
Vous tuez des cancrelats : vous allez remettre rapidement de l'ordre dans vos affaires.

CAILLE

Vous rêvez de cailles : vous recevrez des nouvelles désagréables.
Des cailles en vol : une bonne période va commencer pour vous.
Des cailles mortes : contrariétés.
Des cailles pourries : dispute.
Des cailles arrivent d'un étang ou de la mer : quelqu'un vous volera quelque chose.
Beaucoup de cailles : vos entreprises professionnelles vont mal tourner.

CALOMNIE

Vous calomniez d'autres personnes : vous triompherez de vos ennemis.
D'autres gens sont calomniés : malchance en affaires.
Un mari et une femme se calomnient mutuellement : un divorce ne tardera pas à se produire.

CAMBRIOLER

Il y a un cambrioleur chez vous : attention aux trahisons.
Un cambrioleur entre la nuit : des ennuis sous peu.
Vous prenez un cambrioleur en flagrant délit : le destin se montrera bienveillant.
Des cambrioleurs ont emporté des objets de valeur : vos capitaux vont faire des petits.

CAMELOT

Vous rêvez d'un camelot : votre vie va subir une nouvelle influence.
Vous parlez à un camelot : soyez très réservé avec vos associés actuels.
Vous achetez à un camelot : vous aurez des démêlés avec une femme.

CAMION

Vous rêvez d'un camion sur des rails : il est temps de pousser plus loin votre cour.
Vous êtes en camion : vous devriez mettre de l'ordre dans votre vie sentimentale.
D'autres personnes sont en camion : un sucès rapide de vos espérances.
Des enfants sont en camion : des bénéfices financiers.
Vos ennemis sont en camion : un mystère trouvera sa solution.
Des amis sont en camion : un événement important et favorable va se produire.

CAMPANULE

Vous faites un bouquet de campanules : vous trouverez le véritable amour.
Vous cueillez des campanules : des amis chercheront à vous rouler.
On vous donne des campanules : de la joie et des honneurs.

CANARD

Vous rêvez de canards : échec de vos ennemis.
Vous êtes attaqué par des canards sauvages : ennuis dans vos affaires.
Des canards en vol : mariage et heureuse vie de famille.
Vous chassez le canard : grands succès.
Vous tuez un canard : vous rencontrerez en voyageant un grand désastre.
Vous mangez du canard : honneur et fortune.
Vous attrapez un canard : de malicieux bruits circulent parmi vos amis.
Un canard sauvage mort : n'oubliez pas vos amis.

Des canards qui nagent : méfiez-vous d'un grand danger.
D'autres gens mangent du canard : une grande joie.

CANIVEAU

X *Vous êtes dans un caniveau :* une dure période commence.
Vos amis sont dans le caniveau : vous ferez prochainement un voyage.
Vos ennemis sont dans le caniveau : vous en triompherez.
Vous trouvez un objet de valeur dans le caniveau : vous allez recevoir une récompense en argent.

CANNE

Vous rêvez d'une canne : quelqu'un va vous gifler.
Vous utilisez une canne : on vous apportera de l'aide.
D'autres personnes utilisent une canne : vous allez être pris dans une dispute.
Vous vous appuyez sur une canne : prospérité.
Vous achetez une canne : votre vie sera confortable et facile.

CANOT DE SAUVETAGE

Un canot de sauvetage sur un navire : vous allez rencontrer de fortes oppositions dans votre vie sentimentale.
Un canot de sauvetage sur le rivage : des difficultés sont à prévoir.
Un canot de sauvetage flotte sur la mer : le triomphe sur vos ennemis.
Plusieurs canots de sauvetage sur la mer : la chance va tourner.
Un canot de sauvetage sur une rivière : attention aux ennuis.
Un canot de sauvetage sur un lac : un mystère trouvera sa solution.
Un canot de sauvetage est fracassé : un changement en mieux.
On construit un canot de sauvetage : une promotion dans votre situation.
Un canot de sauvetage sauve des vies

humaines : votre vie sera paisible et douce.
Vous achetez un canot de sauvetage : honneurs et distinctions.

CAPITAINE

Vous rêvez d'un capitaine : mort d'un ennemi.
Vous êtes un capitaine : les ennuis vous guettent.
Vous vous trouvez en compagnie d'un officier : vous allez vous faire de nouveaux amis.
Vous êtes en compagnie d'un officier de haut rang : vos amis vont vous être utiles.

CARRIÈRE

Vous tombez dans une carrière : vos amis ne sont pas fiables.
Vous tombez dans une carrière et en sortez : vous découvrirez un secret.
Vous tombez dans une carrière et ne parvenez pas à en sortir : attendez-vous à de sérieux ennuis.
D'autres gens tombent dans une carrière : chance et bonheur.
Vous rêvez d'une carrière de pierre : de mauvais jours se préparent.
Vous creusez dans une carrière : vous ne serez pas heureux en amour.
Vous vendez la pierre d'une carrière : vous êtes esclave de préjugés.
Vos ennemis possèdent une carrière de pierre : vos affaires seront un succès total.

CASCADE

Vous rêvez d'une cascade : vous serez invité dans un lieu où l'on s'amuse.
Une cascade d'eau claire : bonheur.
Vous regardez une cascade avec d'autres gens : on vous surveille et on bavarde beaucoup sur vous.
Vous prenez de l'eau à une cascade : les ennuis seront peu nombreux.

CASERNE

Rêve de caserne : un rude travail vous attend.
Vous êtes soldat et vivez dans une caserne : vos difficultés vont prendre fin.
Beaucoup de soldats dans une caserne : attention à des ennuis qui arrivent.

CASQUE

Vous rêvez d'un casque : vous aurez d'agréables visiteurs.
Vous portez un casque : évitez les extravagances.
Vous achetez un casque : vous aurez besoin de toutes vos économies.
D'autres gens portent un casque : évitez les rivaux.

CASSE-NOIX

Vous rêvez d'un casse-noix : disputes familiales.
Vous utilisez un casse-noix : vous connaîtrez des jours difficiles.
Vous tenez un casse-noix dans vos mains : réfléchissez bien à ce que vous faites.
Vous vous pincez avec un casse-noix : bonheur en amour.

CASSER

Vous cassez un carreau de fenêtre : vous recevez des nouvelles tristes.
Vous cassez des meubles : disputes dans la famille.
Vous cassez un verre : vous vous casserez la jambe.
Vous cassez des lunettes : une chance inattendue.
Vous cassez des plats : un échec dans vos affaires.
Vous cassez des bouteilles : votre santé sera mauvaise.
Vous cassez des objets de bois : vous allez apprendre la mort d'un proche.
Vous cassez un os de viande : vous allez subir toutes sortes de pertes.

Vous vous cassez un os : vous ferez un héritage.
Vous cassez des bâtons de bois : un grand travail vous attend.

CAUCHEMAR

Vous faites un cauchemar : une trahison de quelqu'un en qui vous avez confiance.
Vous faites un cauchemar concernant des étrangers : vie facile.
Vous faites un cauchemar concernant vos enfants : richesse.

CAUTION

Vous demandez qu'on vous accorde une caution : vos conditions de vie actuelles vont s'améliorer.
Vous accordez une caution : vous allez avoir des problèmes avec un très ancien ami.
Vous n'accordez pas de caution : vos affaires vont bientôt changer.
On vous retire une caution : une bonne période commence pour vous.

CAVEAU

Vous rêvez d'un caveau voûté : soyez prudent quand vous entamez de nouvelles entreprises.
Vous ouvrez un caveau : vous trouverez des obstacles sur votre route.
Un caveau plein : vous échapperez au danger.
Un caveau vide : vous recevrez une propriété que vous n'espériez pas.

CÉDRAT

Vous rêvez de ce citron doux : un événement favorable se prépare.
Vous buvez du jus de cédrat : de l'argent en perspective.

CEINTURE

Vous rêvez de plusieurs ceintures : vous aurez bientôt une aventure amoureuse.

Vous mettez une ceinture : avenir heureux.
D'autres personnes mettent une ceinture : vous passerez devant le tribunal.
Une ceinture cassée : on va vous causer des dommages.
Une vieille ceinture : vous devez travailler davantage et plus dur.
Une ceinture neuve : honneurs.
Une ceinture bleue : bonheur.
Une ceinture noire : mort.
Une ceinture marron : maladie.
Une ceinture verte : espérance et souhaits favorables.
Une ceinture dorée : gros bénéfices.
Une ceinture d'argent : profits.
Une ceinture jaune : trahison.

CÉLÈBRE

Vous êtes célèbre : vous perdrez de l'argent et votre situation ira en s'aggravant.
Vos enfants deviennent célèbres : un rapide succès de vos projets.
Votre mari devient célèbre : il est amoureux d'une autre femme.
D'autres gens sont célèbres : le chagrin ne manquera pas de vous assaillir.

CÉLÉBRITÉ

Vous jouissez d'une certaine célébrité: les autorités vont avoir affaire à vous.
Quelqu'un d'autre parvient à la célébrité : vous deviendrez riche grâce à votre travail.
Des enfants parviennent à la célébrité : votre vie sera longue.
Votre compagnon (compagne) parvient à la célébrité : l'échec pour vos ennemis.

CÉLIBATAIRE

Rêve de célibataire : attention aux menteurs et aux intriguants.
Vous êtes célibataire : un changement va bientôt intervenir dans votre vie.
Un jeune célibataire : vous allez rencontrer une riche veuve à épouser.
Un vieux garçon : la malchance dans vos affaires sentimentales.
Vous vous trouvez célibataire après un mariage brisé : des gains d'argent.
Un homme d'âge mûr est célibataire : grande joie dans votre vie.
Un vieil homme est célibataire : la perte d'un ami.
Un jeune homme est célibataire : prochain mariage.
Un célibataire se marie : vous rencontrerez une femme riche à épouser.
Des gens mariés rêvent qu'ils sont célibataires : une grave jalousie.
Un célibataire rêve qu'il le reste : ses affaires marcheront sûrement.
Une personne célibataire désire se marier : vous recevrez de bonnes nouvelles.
Une jeune fille désire se marier : elle est fidèle et de toute confiance.
Un vieux garçon désire se marier : il épousera une femme en excellente santé.
Une vieille fille désire se marier : elle épousera un jeune homme.

CENDRES

Rêve de cendres : vous avez perdu quelque chose par étourderie.
Il y a des cendres dans le foyer de votre cheminée : une perte d'argent.
Les cendres d'un proche : vous vivrez longtemps.
Les cendres d'un proche sont placées dans une urne : de l'argent va vous arriver.

CERCEAU

Vous rêvez d'un cerceau : une grande joie.
Vous utilisez un cerceau : c'est un gage de bonheur.
Vous cerclez quelque chose avec des cerceaux : l'harmonie règne entre les amis.

CERCUEIL

Vous rêvez d'un cercueil et de son catafalque : la mort d'un ami est à prévoir.

Vous êtes étendu dans un cercueil : vos espérances se réaliseront pleinement.

Des proches sont couchés dans un cercueil : vous ferez un héritage.

Un ami est couché dans un cercueil : votre situation professionnelle progresse.

CERF

Vous rêvez d'un cerf : vous recevrez de bonnes nouvelles.

Plusieurs cerfs : vous aurez beaucoup d'argent.

Un troupeau de cerfs : une grande amitié.

Un troupeau de cerfs s'échappe : grande détresse financière.

Vous tuez un cerf : vous ferez un héritage.

D'autres gens tuent un cerf : vous gagnerez beaucoup d'argent.

Chasse à courre d'un cerf et d'un lièvre : évitez les rivaux.

Un cerf qui bondit : des ennuis en perspective.

Vous avez les bois d'un cerf : vos amis vous tromperont.

Vous avez la dépouille d'un cerf : vous ferez un héritage d'une personne âgée.

Vous criez car vous avez manqué un cerf : vous ferez faillite.

Vous mangez de la viande de cerf : des temps difficiles commencent.

CERF-VOLANT

Vous fabriquez un cerf-volant : vous allez risquer le tout pour le tout dans une spéculation.

Un cerf-volant vole dans la brise avec légèreté : vous pouvez escompter des succès.

Un cerf-volant qui vole très bas : l'avenir vous apportera des temps heureux.

Un cerf-volant qui vole très haut : une grande joie.

CERVEAU

Vous rêvez de cerveau : vous aurez un accident.

Vous avez un cerveau sain : vos grandes connaissances vous apporteront de bons résultats professionnels.

Vous avez un cerveau malade : une perte d'argent.

Vous avez une tumeur du cerveau : votre réputation n'est pas bonne.

Des proches n'ont pas un bon cerveau : des dangers dans les temps à venir.

D'autres personnes ont un cerveau en parfaite condition : elles seront très intelligentes.

Vous subissez une opération du cerveau : vous êtes quelqu'un de très passionné.

Des gens rêvent qu'ils mangent de la cervelle : ils tomberont amoureux.

Des personnes âgées font le même rêve : leur santé sera excellente.

Vous pratiquez une opération du cerveau : tout ira bien dans l'avenir.

Des amis subissent une opération du cerveau : vous découvrirez un objet de valeur qui était caché.

Des ennemis subissent une opération du cerveau : vous ferez de bons gains.

CHACAL

Vous rêvez d'un chacal : quelqu'un qui vous veut du bien vous observe.

Vous possédez un chacal jaune : des gains d'argent.

D'autres personnes possèdent un chacal : la réussite de vos affaires est pour plus tard.

Des enfants jouent avec un chacal : vous avez au moins un ami sûr.

CHAÎNES

Vous êtes libéré de vos chaînes : vous échapperez à une difficulté.
Vous n'êtes pas libéré de vos chaînes : de mauvaises nouvelles vont venir.
D'autres sont pris dans des chaînes : vous allez être allégé de votre fardeau.
Vos proches sont pris dans des chaînes : vous avez plusieurs amis loyaux.
Vos ennemis sont pris dans des chaînes : on vous trompe.
Vous coupez vos chaînes : vous aurez une courte période de soucis.
Vous rêvez de chaînes de fer : vous échapperez à une difficulté.
Une chaîne d'or autour du cou d'une femme : vous aurez de la chance avec votre ami ou votre amant.
Une personne porte des chaînes dans une prison : vos affaires seront mauvaises.
Vous réussissez à briser vos chaînes : vous vous libérerez de vos engagements sociaux.

CHALEUR

Vous sentez de la chaleur sur votre visage : vos amis bavardent beaucoup sur vous.
Vous souffrez de la chaleur : vous n'avez aucune raison de vous tracasser.
Vous vous trouvez en un lieu très chaud : un ami vous trahit.
Vous avez très chaud : votre bonheur est certain.

CHAMBRE À COUCHER

Vous rêvez de votre propre chambre à coucher : changements dans vos affaires de cœur.
La luxueuse chambre à coucher de quelqu'un : retard dans vos affaires présentes.
Une chambre à coucher dans un appartement : on fait silence sur les secrets de la famille.

Vous dormez dans une chambre d'hôtel : de stupides bavardages vont circuler.
Vous dormez dans la chambre d'un ami : vous allez vous saouler.

CHAMP

Vous rêvez d'un champ : vous ferez un bon mariage.
Vous êtes dans un champ : bonheur.
Vous travaillez dans un champ : un dur travail en perspective.
Vous achetez un champ : vous êtes très hospitalier.
Un champ de blé : vos amis sont charmants.
Un champ d'avoine : prospérité.
Un champ de maïs : vous gagnerez beaucoup d'argent.

CHAMP DE BLÉ

Vous rêvez d'un champ de blé : des échanges prospères.
Vous regardez un champ de blé : soyez prudent dans vos affaires.
Vous travaillez dans un champ de blé : votre famille sera heureuse.
D'autres personnes travaillent dans un champ de blé : méfiez-vous des amis jaloux.

CHANCE

Vous avez de la chance en affaires : des obstacles insurmontables se dressent devant vous.
Vous avez de la chance en amour : soyez prudent sur vos capacités mentales.
Un homme et sa femme rêvent qu'ils sont heureux en amour : ne faites pas trop confiance à ceux qui déclarent leur affection.
Un petit ami, (une petit amie) rêve qu'il est heureux en amour : un ennemi cherche votre perte.

CHANTIER NAVAL

Vous êtes sur un chantier naval :

vous ferez de grosses économies.
Vous rêvez d'un chantier naval :
vous vous disputerez avec votre
meilleur ami.
Un chantier de construction navale :
fortune.
Un chantier de coupe de bois :
richesse.
*Des travailleurs sur un chantier
naval :* vous gagnerez bien votre vie.
Des marins sur un chantier naval :
le bonheur est pour bientôt.

CHANVRE INDIEN

*Vous fumez du chanvre ou de la
marijuana :* de rapides fiançailles.
Vous vous droguez au chanvre :
la réussite n'est pas pour maintenant.
Vous achetez du chanvre : attention
aux ennuis.

CHAPEAU

Le chapeau d'une femme : vous
vous remettrez de maladie.
Le chapeau d'un homme : vous aurez
un grand choc émotif.
Vous perdez votre chapeau : méfiez-
vous des faux amis.

Vous trouvez votre chapeau : vos
soucis s'envoleront.
*Une femme porte un chapeau peu
commun :* une grande admiration.
Vous portez un chapeau neuf :
richesse.
Vous portez un vieux chapeau :
pauvreté et danger.
Vous portez un chapeau de paille :
vous avez tendance à la vanité.
Vous portez un grand chapeau :
joie et prospérité.
Quelqu'un porte un chapeau : joie
et totale satisfaction.
*Vous enlevez votre chapeau devant
quelqu'un :* des humiliations.
*Le vent emporte le chapeau d'une
femme :* elle perdra sa liberté.
Un homme fabrique des chapeaux :
son travail sera inutile.
Une femme fabrique des chapeaux :
chance et bonheur.

CHAR/CHARIOT

Vous rêvez d'un chariot : la richesse
vous viendra vite.
Vous conduisez un chariot : une
perte financière.
Un chariot lourdement chargé : une
chance inattendue.
Un chariot arrive à votre porte :
richesse.
*Vous êtes dans un chariot avec un
être que vous aimez :* votre chance
sera extraordinairement bonne.
*Vous êtes dans un chariot avec votre
famille :* vous hériterez d'un parent
lointain.

CHARDONS

Vous rêvez de chardons : de bonnes
nouvelles à venir.
Vous arrachez des chardons : un
ami vous rendra visite.
La famille arrache des chardons :
vous gagnerez un petit peu d'argent.
Des proches arrachent des chardons :
avec un peu de tact, on peut éviter
les disputes.

CHARGEMENT

Vous portez une charge : vous serez très charitable.
Des enfants portent une charge : bonheur.
Des ennemis portent un chargement : on va vous laisser tomber.
Des proches portent une charge : un secret recèle un danger.

CHARLATAN

Vous rêvez d'un charlatan : votre entourage va changer.
Vous êtes sous la coupe d'un charlatan : vous êtes une plaie pour les autres gens.
Vous êtes charlatan : vous triompherez de vos ennemis.
D'autres vont voir un charlatan : vous êtes très entêté dans ce que vous entreprenez.

CHARPIE

Vous rêvez d'une grosse quantité de charpie : soyez prudent.
Vous enveloppez une blessure dans de la charpie : soyez miséricordieux sinon vous le regretterez.
Des blessures d'autres personnes sont enveloppées de charpie : la prospérité va venir.
Vous achetez de la charpie pour panser des plaies : votre vie est bien protégée.

CHARRETTE DE FOIN

Vous rêvez d'une charrette de foin : un changement de résidence.
Une charrette chargée de foin : une maladie.
Vous êtes sur une charrette de foin : le déshonneur pour votre vie.
Vous descendez d'une charrette de foin : vous perdrez l'honneur.

CHASSER

Vous rêvez de chasse : vous ne faites pas de réels efforts.
Vous partez à la chasse : vos amis vous accuseront.
Vous êtes à une chasse : vous gagnerez pas mal d'argent.
Vous êtes en train de chasser : votre vie sera heureuse.
Votre mari chasse : vous êtes économe et débrouillarde.
Vos enfants chassent : vous gagnerez de l'argent.
Vous chassez de petits animaux : une déception.
Vous chassez de grosses bêtes : la prospérité arrive.
Vous chassez le renard : vous rencontrerez toutes sortes de difficultés.
Vous revenez d'un safari : vous gagnerez de l'argent de façon certaine.
Vous ratez un animal à la chasse : vos désirs avorteront.
Vous changez de lieu de chasse : vous arriverez.
Beaucoup de gens chassent : vous aurez une grosse fortune.

CHATON

Des chatons nouveaux-nés : vous vous remettrez d'une maladie.
Des chatons avec leur mère : vous aurez un grand chagrin affectif.
Un chaton est blessé : la mort d'un de vos ennemis.
Un chaton n'est pas blessé : vous vous en sortirez très bien.

CHATOUILLER

Vous rêvez de chatouilles : il faudra mettre au clair un malentendu.
Votre nez vous chatouille : on vous demandera de prêter de l'argent.
Votre gorge vous chatouille : une bonne période commence.
Quelqu'un vous chatouille : vous gagnerez beaucoup d'argent.
Vous chatouillez les autres : vous serez malade très longtemps.

CHAUD

Vous rêvez d'un temps chaud : vous recevrez une réprimande.

Vous jouissez du temps chaud : une petite maladie en perspective.

Vous vivez sous un climat chaud : jalousie.

Vous n'aimez pas les climats chauds : vos désirs n'apporteront que dommages et complications.

Vous chauffez de l'eau : de mauvaises pensées tourneront dans votre tête.

Vous faites réchauffer de la nourriture : votre timidité vous cause du tort.

Vous vous tenez au chaud : malheur.

Vous tenez des enfants au chaud : arrivée d'un ami.

CHAUDIÈRE

Vous rêvez d'une chaudière : vos espoirs sont sans raison.

Vous rêvez d'une chaudière à vapeur : attention dans vos entreprises professionnelles.

Vous possédez une chaudière : vous allez faire de nouvelles rencontres.

Vous êtes fabricant de chaudières : le malheur à la maison.

Vous faites fonctionner une chaudière : n'écoutez pas les flatteurs.

CHAUDRONNIER

Vous rêvez d'un chaudronnier : ne vous mêlez pas des affaires de vos amis.

Un chaudronnier répare des bouilloires et des casseroles : une grande joie.

Vous travaillez comme chaudronnier : malchance en amour.

Un chaudronnier ne parvient pas à réparer quelque chose : votre esprit fonctionnera vigoureusement.

CHAUFFAGE

Vous rêvez d'un chauffage quel-conque : des événements importants et favorables se produiront.

Vous allumez un chauffage : vous aurez de l'avancement.

Vous éteignez un chauffage : du changement dans votre situation.

Vous vous achetez un nouveau chauffage : vous êtes bien frivole.

CHAUVE

Vous devenez chauve : une grave maladie se prépare.

Vous êtes totalement chauve : on vous aimera très profondément.

Vous êtes chauve sur le haut du front : vous allez avoir de gros ennuis.

Vous êtes chauve derrière la tête : vous vivrez dans le dénuement.

Vous êtes chauve du côté droit : mort d'un ami.

Vous êtes chauve du côté gauche : mort d'un proche.

Une femme qui devient chauve : difficultés sentimentales.

Un bébé chauve : il sera aimé.

CHAUVE-SOURIS

Une chauve-souris grise : votre vie sera aisée.

Une chauve-souris noire : vous connaîtrez des disputes et le désastre s'ensuivra.

Une chauve-souris blanche : une personne malade guérira.

Beaucoup de chauves-souris : une mort au sein de la famille.

CHAUX

Un gros tas de chaux : quelques petits biens vous seront prochainement concédés.

Vous achetez de la chaux : vous obtenez de l'avancement.

Vous travaillez avec de la chaux en poudre : on va mettre vos sentiments à l'épreuve.

Vous utilisez de la chaux dans votre travail : prenez garde à vos ennemis.

CHÊNE

Vous rêvez d'un chêne : de l'argent et une longue vie.

Vous grimpez à un chêne : un de vos proches n'aura vraiment pas de chance.

Vous vous reposez sous les larges branches d'un chêne : votre vie sera longue et vous serez très riche.

Un chêne mort : un ami proche va mourir.

Plusieurs chênes magnifiques : des projets immédiats.

De jeunes chênes pleins de vigueur : vous gagnerez beaucoup d'argent ces prochaines années.

Un chêne aux feuilles flétries : vous perdrez de l'argent dans vos affaires.

Des feuilles mortes autour d'un chêne : un amour perdu.

Un chêne est abattu : on vous trompe.

Un chêne tombé en travers de votre chemin : un de vos ennemis va mourir.

CHENIL

Vous rêvez d'un chenil : vous subirez des humiliations.

Un chenil vide : quelqu'un va vous inviter chez lui.

Un chenil plein de chiens : entourez-vous de façon à éviter de déclencher des disputes.

La boutique d'un chenil : vous aurez de l'avancement professionnel.

CHEVAL

Vous montez un cheval : un riche mariage.

Vous êtes à cheval et en tombez : soyez prudent dans vos affaires.

Quelqu'un vient vous rendre visite à cheval : de bonnes nouvelles.

On ferre un cheval : des bénéfices financiers.

Vous ferrez votre propre cheval : vous gagnerez de l'argent.

Un cheval s'échappe : déceptions et malchance.

Une jument : vous épouserez bientôt une belle dame.

Un cheval est attelé à une voiture : vous pouvez vous attendre à faire sous peu de bonnes affaires.

Des chevaux sauvages : vous saurez parler affaires.

Des chevaux blancs : une joie.

Des chevaux noirs : on vous molestera.

Des chevaux feu : une grande prospérité.

Des chevaux bais : une immense joie.

Des chevaux alezans : vous réaliserez vos ambitions.

Des chevaux gris : l'argent ne manquera pas pendant toute votre vie.

Des chevaux d'autres couleurs : vos affaires vont être excellentes.

Vous achetez un cheval gris : de la chance.

Un cheval monté par une femme : vous vous réconcilierez avec vos amis.

Un cheval monté par un homme : vous gagnerez beaucoup d'argent.
Un cheval de course : vous vous disputerez avec vos amis.
Un cheval castré : bonheur.
Un cheval de cavalerie militaire : des événements agréables vont se produire.
Un cheval portant une queue courte : vos amis vous laisseront tomber quand vous serez dans la misère.
Un cheval à la longue queue flottante : vos amis vous aideront à trouver la femme idéale.
Un cheval mort : vous aurez de bonnes rentrées annuelles.
Un cheval blessé : vous aurez de mauvais résultats dans vos affaires.
Vous présentez un cheval dans un concours : une énorme chance.
Vous montez un cheval : vous rencontrerez une riche étrangère.
Vous montez un cheval qui n'est pas à vous : vous ferez de gros bénéfices.
Vous perdez un cheval : vous perdrez des amis.
Vous montez un cheval dangereux : vous travaillerez dur et gagnerez beaucoup d'argent.
Vous frappez un cheval pour le faire obéir : honneurs et distinctions.
Vos amis montent un cheval : un de vos amis séduira votre femme.
Un cheval est dans l'eau d'un ruisseau : vous serez plongé dans la misère.
Un cheval boite : vous rencontrerez des oppositions.

CHEVALET

Vous avez un chevalet : une bonne période commence.
Vous travaillez à un chevalet : votre esprit se concentre dans de profondes méditations.
D'autres gens travaillent au chevalet : vous serez heureux.

CHEVEUX/CHEVELURE

Vous avez les cheveux roux : des difficultés se préparent.
Vous avez les cheveux châtains : vous serez quelqu'un de très voluptueux.
Vous avez des cheveux blancs : de la dignité.
Vous avez les cheveux blonds : une douce amitié.
Vous avez les cheveux noirs : un accident de voiture.
Vos cheveux grisonnent : vous devrez endurer des souffrances.
Vous portez une queue de cheval : vous désirerez des choses bien futiles.
Vous avez les cheveux taillés en brosse : on vous trompe.
Vous êtes content de vos cheveux : vous aurez un nouveau petit ami (petite amie).
Vous rêvez de vos propres cheveux : votre prospérité continuera.
Vous rêvez que vos cheveux tombent : vous aurez un choc émotif.
Vous vous tourmentez parce que vos cheveux grisonnent : vous serez séparé de votre famille.
Les cheveux d'autres gens : vos affaires ont besoin de votre attention.
Des cheveux frisés : vous serez très agressif.
Des cheveux noirs courts et frisés : une période de malheur.
La coupe rasée des prisonniers : vous remporterez la victoire.
Les longs cheveux d'un chef d'orchestre : des jours très heureux en perspective.
Un homme qui porte ses cheveux très longs : vous aurez beaucoup de dignité dans la vie.
Un homme avec très peu de cheveux : chance.
Des cheveux qui tombent : vous perdrez une amitié.
Des cheveux qui brûlent : mort d'une personne de votre connaissance.
Des cheveux courts : pauvreté.

Des cheveux longs : vous recevrez quelque chose d'important.
Vous vous faites couper les cheveux : des bénéfices.
Vous coupez vos cheveux avec des ciseaux : richesse.
Vous teignez vos cheveux : vous êtes vaniteux.
Quelqu'un vous tire par les cheveux : vos ennemis cherchent à vous faire du mal.
Vous avez du mal à aplatir vos cheveux : vous travaillez dur et long-temps.
Vous vous brossez les cheveux : vous vous trouverez à court d'argent.
Vous relevez vos cheveux : vous avez beaucoup de choses en tête, vous êtes préoccupé.
Vous vous lavez les cheveux : un chagrin.
Vous vous faites couper les cheveux au niveau des oreilles : une période de malheur.
Vos cheveux sont bien peignés : vous jouirez d'une amitié. Vos mauvaises affaires s'arrangeront.
Vos cheveux sont emmêlés : une longue action judiciaire.
Vous mangez vos cheveux : joie.
Une femme devient chauve : des pertes financières.
Vous avez une permanente : vos amours vont mal.
Vous vous ébouriffez les cheveux : des disputes dans la famille.
Vous avez de très longs cheveux blancs : de grandes espérances.
Vous avez une chevelure longue et magnifique : vous triompherez de vos ennemis.
Vous avez des cheveux longs jusqu'au sol : votre compagnon ou amant vous trompera.
Un homme a les cheveux blancs et courts : bonheur.

CHEVILLE

Vous rêvez de vos propres chevilles :
un ami tente en secret de vous aider.
Des chevilles sont blessées : d'abord des difficultés, puis des succès.
Vous vous brisez une cheville : c'est la mort de quelqu'un en pays étranger.
Vous rêvez des chevilles d'autres personnes : un mystère va être résolu.
Une femme montre ses chevilles : réalisation de ses désirs.
Un homme rêve de belles chevilles : santé et bonheur.
Vous avez de grosses chevilles : la fortune et les honneurs.
Vous avez de très fines chevilles : la séparation d'avec votre compagnon est proche.
Vous avez des chevilles extraordi-nairement fortes : le bonheur vous viendra de gens vivant à l'étranger.
Vous avez de belles chevilles : quand vous serez vieux, vous aurez beau-coup d'argent.
Vous avez de longues chevilles : perte d'un fils.
La cheville brisée d'un homme saigne : il mourra loin des siens.
Une femme rêve des chevilles d'un homme : elle perdra son mari et ses enfants.
De pauvres gens ont de jolies che-villes : la fortune.

CHÈVRE

Vous rêvez d'une chèvre : vous serez riche.
Plusieurs chèvres : abondance.
Des chèvres se battent entre elles : vous souffrirez beaucoup.
Vous possédez un grand troupeau : abondance et richesse.
Vous tenez vos chèvres dans un enclos : un faux ami rôde.
Vous gardez les chèvres : on vous abandonnera.
Une chèvre vous donne des coups de cornes : vos rivaux seront heureux.
Des chèvres blanches : la chance

vous favorisera mais de façon très capricieuse.

Des chèvres noires : vos amis ne sont pas de confiance.

Des chèvres tachetées de noir et blanc : ayez beaucoup de prudence dans vos affaires.

Vous tuez une chèvre : bonheur.

Les cornes d'une chèvre : pauvreté.

Un chevreau : vous gagnerez au jeu.

Des gens rêvent qu'ils gardent des chèvres : déshonneur.

Des gens pauvres rêvent qu'ils gardent des chèvres : ils auront beaucoup d'argent.

Vous devenez chèvre : c'est bien le cas !

CHÈVREFEUILLE

Vous rêvez de chèvrefeuille : vous aurez un mariage heureux.

Du chèvrefeuille en fleurs : vous changerez de résidence, pour un lieu plus agréable.

Vous faites un bouquet de chèvrefeuille : la plus complète prospérité.

CHEWING-GUM

Vous avez du chewing-gum : quelqu'un ne vous quitte pas d'un pouce.

D'autres gens mâchent du chewing-gum : vous aurez peut-être des raisons de regretter certains actes.

CHIEN

Vous rêvez de chiens : bonheur.

Vous rêvez de votre propre chien : un ami vous rendra service.

Un chien qui appartient à d'autres gens : attention aux ennuis.

Un chien blanc : la fortune est à portée de la main.

Un chien marron : quelqu'un se méfie de vous.

Un chien noir : attention aux amis qui trahissent.

Un chien gris : un ami fidèle est tout proche.

Un grand chien : vous avez beaucoup d'amis.

Un petit chien : attention aux ennemis.

Un chien de chasse : un étranger vous fera des cadeaux.

Un chien de course : vous perdrez un procès.

Un chien de garde : dispute entre époux.

Un chien policier : vous vous disputerez avec un associé d'affaires.

Un chien d'aveugle : il vous faudra jeûner.

Un joli petit chien : un visiteur non désiré viendra vous voir.

Un chien amical : tout ira bien.

Un chien peu aimable : un bon ami vous aidera.

Un berger allemand : vous tomberez profondément amoureux.

Un lévrier : vous serez séduit.

Un bouledogue : vous vous disputerez avec votre amie.

Un chien qui garde un blessé : toutes vos démarches seront inutiles.

Un saint-bernard : vous aurez des amis dignes de confiance.

Un chien de berger : vous serez déçu.

Un chien bâtard : fidélité en amour.

Un chien au pelage ébouriffé : votre amant est fidèle.

Un chien heureux : vous perdrez un amant.

Un chien triste : vous craignez des persécutions.

Un chien qui dort : vous ne devez pas avoir peur.

Un chien qui jappe : danger imminent.

Un chien dont la bouche écume : changement favorable.

Un chien courageux : votre assistant vous est fidèle.

Un chien perdu : vous recevrez de mauvaises nouvelles.

Un chien qui aboie : prenez garde aux querelles.

Un chien qui se bat : attention aux voleurs.

Des chiens qui causent des destructions : un mystère trouvera sa solution.

Un chien qui déchire des vêtements : des bavardages dans votre famille.

Un chien qui en mord d'autres : vos amis bavardent.

Vous êtes mordu par un chien : quelqu'un en qui vous avez mis votre confiance n'en est pas digne.

Des chiens qui jouent ensemble : vous êtes en danger.

Un chien joue avec une chienne : des amants ne se disent pas la vérité.

Un chien aime une chienne : tous vos désirs se réaliseront.

Un chien et un chat jouent ensemble : de grandes disputes d'amoureux.

Un chien et un chat se battent : vous avez une discussion avec des proches.

Un chien court après vous : votre réputation est salie par les autres.

Des célibataires rêvent d'un chien : ils ou elles seront séduits.

Des gens mariés rêvent d'un chien : ils se disputeront à propos d'amour.

Un fox-terrier : vous êtes un être très sociable.

Un fox-terrier mord un de vos amis : vous êtes trompé par quelqu'un que vous aimez.

Un fox-terrier joue avec des enfants : vous gagnerez bien votre vie dans l'avenir.

CHIFFRE

Vous rêvez de chiffres : de la dignité.

Vous rêvez de chiffres et ne vous souvenez plus du nombre formé : votre vie sociale est agréable.

Vous voyez beaucoup de gens et les dénombrez : vos ambitions seront satisfaites.

CHOUCA

Vous rêvez de cet oiseau fort commun en Europe : un amour heureux.

Vous attrapez un chouca : un mariage immédiat.

Vous avez un chouca dans une cage : votre moisson sera maigre.

Une jeune fille rêve qu'elle a un chouca : elle sera bientôt fiancée.

CHOUETTE

Vous rêvez d'une chouette : le malheur plane.

Vous attrapez une chouette : bonheur.

Vous tuez une chouette : un grand bonheur.

Vous entendez hululer une chouette : une personne très trompeuse est proche de vous.

Vous entendez crier des chouettes : quelqu'un va mourir.

CHUCHOTEMENTS

Vous rêvez de chuchotements : une rumeur va se confirmer.

Vous chuchotez quelque chose à votre compagnon (compagne) : des bénéfices financiers sont à portée de la main.

Vous chuchotez quelque chose aux enfants : un changement favorable.

Vous entendez chuchoter les autres : ils cherchent à vous détruire.

Vous entendez chuchoter vos amis : vous serez trompé.

Vous entendez chuchoter des membres de la famille : promotion sur le plan financier.

CIBLE

Vous rêvez d'une cible : vous réussirez complètement à obtenir ce que vous cherchez.

Vous tirez sur une cible : des plans d'architecture ont besoin de votre attention.

Vous faites mouche sur une cible : le bonheur est assuré.

Vous ratez complètement votre cible : un ennemi va mourir.

Vous mettez dans le mille : des nouvelles importantes vont arriver.

Vous ratez la cible : en amour, attention aux rivaux et aux ennemis.
D'autres personnes mettent dans le mille : il n'est pas bon de faire des confidences à n'importe qui.
Des amis touchent la cible : des changements en perspective dans votre entourage.

CIEUX

Vous rêvez des cieux qui enveloppent la terre : un grand bonheur.
Les cieux sont clairs : une joie.
Les cieux sont assombris : vous récupérerez de l'argent.
Les cieux sont sans soleil : vous guérirez d'une maladie.
Les cieux sont sans étoiles : vous recevrez de mauvaises nouvelles.
Vous allez aux cieux : prospérité.

CIGALE

Vous rêvez d'une cigale : vous avez une tendance à la paresse.
Vous attrapez une cigale : vous souffrirez de la faim.
Vous n'attrapez pas de cigale : vous ferez une mauvaise récolte.
Vous tuez des cigales : vous apprendrez l'opération de quelqu'un.
Vous entendez chanter les cigales : un invité peu apprécié va débarquer.
Vous entendez chanter les cigales à midi : des musiciens arrivent.
Un malade entend chanter les cigales : des voleurs vous détrousseront.
Des cigales sautent : vous êtes entouré de gens bruyants.

CIRCULATION

Vous rêvez de la circulation : vous aurez beaucoup d'amis et vous serez publiquement honoré.
Vous êtes pris dans la circulation : des jours heureux dans l'avenir.
Vous êtes bloqué par la circulation : infidélité.
Un accident de circulation : vous perdrez de l'argent.

D'autres personnes sont blessées dans un accident de la circulation : vous serez persécuté.
Un agent de la circulation vous arrête : vous jouissez d'une vie active.

CIRE

Vous rêvez de cire : évitez de prêter de l'argent.
Vous utilisez de la cire : refusez d'aider les amis qui ont des problèmes d'argent.
Vous achetez de la cire : vous gaspillez votre argent.
Vous cirez le sol de votre maison : vous serez obligé d'emprunter.
D'autres personnes cirent le sol : vous ne réussirez pas dans vos entreprises.

CITERNE

Citerne pleine de vin : beaucoup d'argent.
Une citerne d'huile : vos péchés seront effacés.

CITRON

Vous rêvez d'un citronnier : vous devriez modifier votre mode de vie.
Un citron vert : vous êtes frivole.
Une fleur de citronnier : vous partirez en voyage à l'étranger.
Des citrons mûrs : vous tomberez amoureux.
Vous mangez des citrons : malheur.
Vous buvez du jus de citron : une bonne santé.
Vous mangez des citrons doux : prospérité.
Vous pressez des citrons : vous vous débarrasserez de vos ennemis.
Vous buvez un jus de citron chaud : votre santé s'améliore.
Vous faites un médicament à base de citrons doux : vous prendrez soin de votre santé.

CLÉ

Vous avez une clé : vous allez entrer dans une grande rage.

Vous avez les clés de votre amant (de votre maîtresse) : vous vous sortirez bien du danger qui vous guette.

Votre clé est cassée : une maladie.

Vous trouvez plusieurs clés : paix et sérénité dans votre foyer.

Vous perdez vos clés : votre liaison est malheureuse.

Vous donnez vos clés à quelqu'un : la chance pour votre foyer.

CLOCHARD

Vous rêvez d'un clochard : une bonne période commence.

Vous êtes un clochard : un ami absent pense à vous.

Un clochard mendie : une lettre d'un ami va vous parvenir.

CLOCHE

Vous entendez sonner une cloche : des dissensions au sein de la famille.

Vous entendez sonner plusieurs cloches : vous recevrez de bonnes nouvelles.

Vous entendez sonner les cloches de l'église : prenez garde à vos ennemis.

Une cloche d'église sans battant : vous êtes impuissant.

Vous entendez la sonnette d'une porte : des querelles et le jeu de la séduction.

CLOCHER

Des cloches sonnent au clocher : on vous accordera un crédit financier.

Un clocher à moitié détruit : la perte de votre emploi.

Un très haut clocher : votre vie sera très longue.

Le clocher d'une église : une disgrâce inattendue va vous surprendre.

Le donjon d'une forteresse : vous résisterez aux efforts de vos ennemis.

La tour d'un immeuble élevé : vous serez libéré de vos tracas.

Le beffroi d'une cathédrale : une grosse fortune.

CLÔTURE

Vous rêvez de clôture : on vous accusera injustement.

Vous placez des clôtures : vous devez laver des soupçons non fondés.

D'autres gens placent des clôtures : vous entendrez parler d'une vieille connaissance.

CLOUS

Des clous de charpentier : de grosses pertes.

Des clous d'acier : une maladie.

Des clous de cuivre : du chagrin.

Des clous pour ferrer les chevaux : de mauvaises nouvelles vont venir vous tourmenter.

Vous enfoncez des clous : un divorce.

Vous vendez des clous : vous gagnerez de l'argent.

Vous achetez des clous : votre réputation se discute.

Des petits clous de tapissier : prenez bien soin de votre réputation.

Vous tapez sur des petits clous : vous n'êtes pas heureux.

Un charpentier enfonce des clous : des disputes dans votre entreprise.

Un homme marié enfonce des petits clous : votre parole rapide et votre esprit caustique vous font craindre.

Une femme enfonce des petits clous : ses rivales ne tiennent pas longtemps devant elle.

Vous achetez des petits clous : vous vivrez solitaire.

COCCINELLE

Vous rêvez d'une coccinelle : vous ne serez pas heureux en amour ces temps-ci.

D'autres ont une coccinelle : la réussite de vos affaires sera remise à plus tard.

Vous tuez une coccinelle : faites très attention dans vos entreprises professionnelles.

CŒUR

Vous avez le cœur joyeux : vous ferez de bonnes affaires.
Votre cœur est blessé : mari et femme se sépareront.
Vous avez un gros cœur : une maladie.
Vous n'avez pas de cœur : le triomphe dans vos affaires.
Vous perdez votre cœur : la mort est proche.
Vous souffrez du cœur : une longue maladie.
Le sang passe lentement dans votre cœur : vous avez insulté votre meilleur ami.
Le cœur d'une femme : elle abandonnera son mari.
Le cœur d'un homme : il tombera amoureux d'une autre femme.
Le cœur d'une personne non mariée : un enlèvement et un mariage.
Vous mangez du cœur : vos affaires sentimentales sont au beau fixe.
Vous faites cuire du cœur : votre avenir sera florissant.
Vous êtes hors d'haleine à cause d'ennuis cardiaques : vous serez supérieur à vos amis.
Vous avez une maladie de cœur : une grave maladie.

COGNAC

Vous rêvez que vous êtes en train de boire du cognac : une histoire d'amour très agréable.
Vous possédez une bouteille de cognac : méfiez-vous des faux amis.
Vous achetez une bouteille de cognac : vous allez recevoir de bonnes nouvelles que vous n'attendiez pas.
Vous offrez un verre de cognac à d'autres personnes : vous devez surveiller votre tempérament passionné.

COGNER (SE)

Vous vous cognez : la jalousie est un vrai tourment.
Vous vous cognez dans des choses : médisances de la part de faux amis.
Vous vous cognez dans les gens : un bon mariage peut se produire.
Vous vous cognez dans un véhicule quelconque : vous ferez des bénéfices, mais peut-être pas honnêtement.
Vous vous cognez dans une porte : vous allez prêter de l'argent à quelqu'un.

COIFFEUR

Vous allez chez le coiffeur : la réussite n'est pas pour aujourd'hui.
Vous allez avec un ami (ou une amie) chez le coiffeur : vos amis vous envieront.
Vous vous faites seulement coiffer : vous partirez en voyage.
Vous vous faites teindre en blond : vous vous repentirez de vos actes.
Vous vous faites teindre en noir : un mystère sera résolu.
Vous vous faites teindre en roux : vous perdrez un ami.
Vous vous faites teindre en châtain : la réussite est pour plus tard.
Vous vous faites décolorer : bons moyens matériels.
Vos ennemis sont chez le coiffeur : vous êtes voué aux déceptions.
Vous allez chez le coiffeur avec votre petit ami : une joie désintéressée.
Vous emmenez votre fille chez le coiffeur : de bonnes nouvelles de bien loin.
Vous vous faites faire une perruque chez le coiffeur : un danger est proche.
Vous discutez avec le coiffeur : un ami va mourir.
Vous êtes coiffeur : vous assisterez à un grand bal.
Vous vous trouvez dans un salon de coiffure : des difficultés professionnelles.

Vous allez chez le coiffeur : votre travail acharné apporte le succès.
Vous êtes coiffeur : vous connaîtrez de grands succès.
Vous appelez un coiffeur à la maison : vous serez malade.
Vous vous faites couper les cheveux par un coiffeur : de gros bénéfices.
Vous vous faites raser par le coiffeur : perte d'argent.
Une coiffeuse vous coupe les cheveux et vous fait la barbe : vous aurez de très beaux vêtements.

COIN DU FEU

Vous êtes au coin du feu avec votre amant ou fiancé : vous vous marierez bientôt.
Vous êtes assis seul au coin du feu : vous serez heureux en amour.
Vous êtes au coin du feu avec d'autres amis : vos amis vous décevront.
Vous êtes au coin du feu avec votre famille : votre vie sera longue.

COING

Vos rêvez de ce fruit : vous deviendrez l'héritier d'une grosse fortune.
Vous rêvez d'un cognassier : de bonnes nouvelles vont arriver.
Un cognassier en fleurs : prospérité.
Un cognassier couvert de fruits : la joie et le plaisir vous attendent.
Vous mangez des coings : bonheur et santé.
Vous cueillez des coings : vos ennemis vous chercheront des noises.
Vous faites cuire des coings : une femme de mauvaise réputation vous tourmentera.
Vous faites de la gelée de coings . vos créanciers vous pourchasseront.
Des coings abîmés : des ennuis vous attendent.

COLÈRE

Vous vous mettez en colère : des menteurs vous environnent.

Vous vous mettez en colère devant votre famille : bonheur familial.
Vous faites une colère devant votre petite amie : votre confiance sera trompée.
Vous vous mettez en colère contre les enfants : vous avez quelque chose sur la conscience.
D'autres personnes se mettent en colère contre vous : réussite dans vos affaires.
Vous êtes en colère : évitez vos rivaux.
Vous êtes dans une très grande colère : vous allez être si bouleversé que vous en perdrez le souffle.
Votre colère est dirigée contre un être aimé : des événements importants vont se produire.
Votre colère est dirigée contre un parent : cette personne va vous apporter des avantages.
Votre colère est dirigée contre des étrangers : vous allez recevoir des nouvelles excellentes mais inattendues.
Vous êtes en colère et vous vous battez : vous connaîtrez d'excellentes amitiés.
Vous êtes en colère contre des enfants : vous allez être invité par une personne importante.

COLIFICHET

Vous rêvez de ces petits ornements : vos activités sociales sont d'une nature gaie et heureuse.
Vous maniez des colifichets : malheur.
D'autres manient des colifichets : des ennuis domestiques.
Vous achetez des colifichets : vous triompherez de vos ennemis.

COLLE

Vous utilisez de la colle : vous avez un ami fidèle à qui vous pouvez vous confier.
D'autres personnes utilisent de la colle : vos meilleurs amis vous décevront.

Vous achetez de la colle : vous réaliserez vos ambitions.

COLLIER

Vous rêvez d'un beau collier : vous vivrez l'amour désiré.

Vous portez un collier autour du cou : bons revenus.

Quelqu'un vous passe un collier au cou : une vie de couple longue et heureuse.

Vous perdez votre collier : vous recevrez une visite.

On vous fait cadeau d'un collier : vous posséderez l'être que vous aimez.

Un mari offre un collier à sa femme : votre foyer sera luxueux.

Vous offrez un collier à votre petite amie : vous en ferez votre esclave.

Un collier pour vos enfants : vous êtes quelqu'un de très vertueux.

COLLINE

Vous grimpez une colline : de la chance dans l'avenir.

Vous atteignez la crête d'une colline : vous devrez combattre l'envie.

Vous grimpez facilement une colline : l'avenir vous sera favorable.

Vous avez du mal à grimper une colline : un chagrin.

D'autres gens grimpent une colline : vous aurez un ami loyal.

Vous grimpez une colline en compagnie de proches : vous gagnerez de l'argent.

Plusieurs collines : vous gagnerez très facilement votre argent.

COLOMBE

Des colombes blanches : des récoltes abondantes et des amis fidèles.

Vous entendez roucouler une colombe : mort probable du père.

Une femme rêve de colombes : un foyer où habite la chance.

Une colombe représentant l'Esprit Saint : bonheur

COMPRENDRE

Vous comprenez beaucoup de choses : de mauvaises nouvelles.

Vous comprenez les langues étrangères : on vous trompera.

Vous comprenez les enfants : un cadeau de valeur.

Vous comprenez les autres : honneurs et distinctions.

COMPTABLE

Un comptable travaille sur les livres d'autres personnes : richesse et pouvoir.

Un comptable travaille sur vos propres livres : attendez-vous à une occasion favorable.

Vous êtes comptable : votre vie sera aisée.

Vous prenez un comptable : une bonne période commence.

COMPTES

Additionner des comptes : vous perdez de l'argent en accordant trop de crédit.

Faire des comptes et des factures : un rude travail vous attend.

Faire les comptes de quelqu'un d'autre : dignité et distinctions.

Faire des comptes pour un employeur : méfiez-vous des ennemis.

CONDUIRE

Vous rêvez que vous conduisez : vous découvrirez un trésor.
D'autres gens conduisent : attendez-vous à des pertes financières.
Des proches conduisent : écoutez les suggestions de vos amis.
Un être cher conduit : évitez les rivaux.

CONFÉRENCE

Vous donnez une conférence : vous allez subir une grave déception si vous ne savez pas tenir votre langue.
Vous faites une longue conférence en public : vous allez vous retrouver lancé dans un procès.
Vous écoutez une conférence dans un jardin public : vos amis risquent de vous décevoir.
Vous faites une conférence politique : évitez les rivaux.
Vous suivez la conférence d'un supérieur : des problèmes se préparent.
Vous faites la leçon aux enfants : une grande joie.

CONFITURE

Vous faites de la confiture : vous aurez une quantité d'amis charmants.
Vous achetez de la confiture : votre foyer sera très gai.
Vous donnez de la confiture aux enfants : un grand bonheur familial.
On vous fait cadeau de confiture : votre succès sera pour plus tard.

CONSEIL

On vous donne un conseil : prenez garde aux mauvais amis.
Vous recevez un conseil d'un prêtre : la solitude et les soucis vous attendent.
Vous recevez un conseil d'un magistrat : vous allez être humilié.
Vous donnez à d'autres des conseils : de nombreuses amitiés vous entourent.
Vous donnez des conseils à des enfants : c'est un rude travail qui vous attend.
Vous donnez des conseils professionnels : veillez à ce que les affaires se déroulent bien.
Vous donnez un avis financier : vous en serez largement payé.

CONTUSIONS

Vous êtes couvert de contusions : attention aux ennemis.
D'autres personnes ont des marques de contusions sur le visage : une perte d'argent.
Des proches ont des marques de contusions : des ennuis vont arriver.

COQUILLE DE NOIX

Vous rêvez de coquilles de noix : vous aurez de l'argent en abondance.
Vous cassez des coquilles de noix : un mariage heureux.
Vous marchez sur des coquilles de noix : vous ferez un gros héritage.
Vous jetez des coquilles de noix : chance et prospérité.

COR

Vous entendez le son du cor : des nouvelles heureuses et que vous n'attendiez pas.
Vous soufflez dans un cor : vous avez des activités sociales très agréables.
D'autres personnes soufflent dans un cor : on vous trompe.
Vous soufflez dans un cor de chasse : les bavardages vous rendront malheureux.
Vous entendez l'appel d'un cor : tous vos efforts seront couronnés de succès.
Vous jouez du cor : de la malchance dans vos affaires amoureuses.
Vous entendez des enfants jouer du cor : une joie, mais désintéressée.
Des soldats jouent du cor : un danger dans le domaine sentimental.

COR AU PIED

Vous rêvez que vous souffrez d'un cor au pied : le retour prochain d'un voyageur.

Un cor enflammé : vous pourrez bientôt compter un nouvel admirateur.

Des proches souffrent d'un cor : tout ne va pas être rose dans la famille.

Des amis souffrent d'un cor au pied : ils sont sans doute dans une situation très difficile.

CORBEILLE

Rêve d'une corbeille pleine : vos entreprises professionnelles seront heureuses.

Vous avez une corbeille pleine : vous aurez beaucoup d'argent.

Vous avez une corbeille vide : vous perdrez de l'argent.

Des corbeilles appartenant à d'autres personnes : la famille va s'accroître en nombre.

CORNES

Des animaux à grandes cornes : des chagrins vous attendent.

Des animaux à petites cornes : de la joie et du bonheur.

Les cornes d'un taureau ou d'une vache : des disputes.

Les cornes d'animaux sauvages : une vie de magnificence.

On vous offre une paire de cornes : de tristes nouvelles.

Vous achetez des cornes : vous ferez de bonnes transactions.

Vous portez des cornes sur votre tête : vous aurez le pouvoir et des distinctions.

Un homme a des cornes sur le front : danger de maladie mortelle.

D'autres gens ont des cornes : vous serez désespérément amoureux.

CORNEMUSE

D'autres jouent de la cornemuse : on va vous demander en mariage.

Rêve d'une cornemuse : une perte d'argent.

Vous possédez une cornemuse : du plaisir en perspective.

Vous jouez de la cornemuse : vous êtes très profondément aimé.

D'autres ont une cornemuse : soucis conjugaux.

CORPS

Vous rêvez de votre propre corps : bonheur.

Le corps d'une femme : des gens s'amusent avec cette femme.

Le corps d'un homme : des entreprises professionnelles qui réussiront.

Le corps d'enfants : vous entreprendrez un voyage.

Le corps déformé d'une autre personne : de la chance en perspective.

COU

Vous rêvez de votre propre cou : de faux amis vous environnent.

Le cou d'autres gens : vous êtes trop profondément amoureux.

Le cou de vos enfants : vous serez fier de leur intelligence.

Un cou étonnamment gros : honneurs.

Un cou étonnamment long : richesse.

Un cou court : vous rencontrez des oppositions.

Un cou gras : vous recevrez beaucoup d'argent.

Un cou très flasque : vous serez pris dans un accident.

Un cou avec un double menton : vous occuperez une position sociale très honorable.

Vous voyez trois têtes sur un seul cou : de l'argent en abondance.

On vous étrangle : vous êtes un peu « béni-oui-oui ».

Vous avez une tumeur dans le cou : une maladie se prépare.

Votre cou s'infecte : vous apprendrez la mort d'un ami.

Vous vous blessez au cou : vos

histoires sentimentales seront agréables.

Votre cou porte des bandages : vous vous ferez de nouveaux amis.

Votre cou vous fait souffrir : de l'argent vous viendra bientôt.

COUDE

Vous avez de jolis coudes : une bonne période s'annonce.

Vous avez un coude sale : vous serez dans la détresse.

Un de vos coudes vous fait souffrir : des difficultés en perspective.

Vos enfants souffrent d'une douleur dans le coude : soyez très prudent dans vos entreprises.

COULOIR

Vous rêvez d'un couloir : joie.

Vous êtes dans un couloir : méfiez-vous des faux amis.

Le couloir de votre maison : vous resterez dans l'environnement actuel.

Vous rencontrez des gens dans un couloir : déshonneur.

Des amis se trouvent dans un couloir : vous n'avez aucun ami loyal.

L'allée latérale d'une église : vous allez être assailli par la malchance et les difficultés.

Un couloir d'immeuble : vous allez faire un long voyage.

Couloir de théâtre : mort d'un ami.

Vous longez le couloir d'un théâtre : vous allez commettre de vilaines actions.

COUPABLE

Vous êtes coupable : vous subirez des tribulations.

D'autres gens sont coupables : une trahison.

Votre amant ou votre compagne sont coupables : une vieille dame fera de vous son héritier.

Vos ennemis sont coupables : un membre de la famille va mourir.

COUP DE PIED

On vous donne un coup de pied : vos ennemis seront très puissants.

Vous donnez un coup de pied à quelqu'un : vous serez l'objet d'honneurs et de distinctions.

Vous donnez un coup de pied à vos ennemis : des bénéfices financiers.

Vous donnez un coup de pied à vos amis : un ami cherche à vous venir en aide.

COUPS

Vous recevez des coups : une réconciliation suivra les querelles.

Vous donnez des coups à d'autres personnes : une occasion favorable vous viendra grâce à un ami.

Des amis se donnent mutuellement des coups : attention aux ennuis.

Des ennemis se donnent des coups : un changement dans votre entourage.

Des enfants se donnent des coups : de l'avancement dans votre situation.

COUR

Vous rêvez d'une cour : vous allez recevoir l'annonce des fiançailles d'un ami.

Vous êtes dans une cour : un ami que vous ne désirez pas voir particulièrement viendra chez vous.

Vous travaillez dans une cour : un de vos admirateurs va se marier prochainement.

Votre cour est mal tenue : vous aurez du chagrin et pleurerez amèrement.

Votre cour est très bien tenue : des disputes dans la famille.

Votre cour sert de dépotoir : gloire et fortune.

La cour de vos voisins : ne vous fiez qu'à vos propres forces.

La cour d'un ami : des persécutions vous guettent.

Vous plantez des fleurs ou des plantes dans la cour : joie.

Vous cueillez des fleurs dans une cour : une mort.

COURGETTE

Vous rêvez de courgette : vous recevrez de mauvaises nouvelles.
Vous faites pousser des courgettes : vous recevrez une visite inattendue qui vous remplira de joie.
Vous achetez des courgettes : vous connaîtrez un très grand amour.
Vous faites cuire des courgettes : il vous arrivera des choses heureuses.
Vous mangez des courgettes : vous avez l'habitude d'aller régulièrement à l'église.
Des enfants mangent des courgettes : le bonheur règne dans la famille.

COURONNE

Vous rêvez d'une couronne : bonheur.
Une couronne de très belles fleurs : de grands espoirs couronnés de succès.
Une couronne de métal : vous subirez bien des tourments.
Une couronne de fleurs en zinc : perte d'une propriété.
Une couronne de fleurs de papier crêpon : vous serez assez gravement malade.
Une couronne de fleurs en or : des personnes influentes vous prendront sous leur protection.
Vous placez une couronne de fleurs sur la tête de quelqu'un : vous aurez droit au respect général.
On vous couronne : vous jouirez d'amitiés de grande qualité.
Vous placez une couronne mortuaire sur une tombe : vous obtiendrez des distinctions.
Vous rêvez d'une couronne royale : un très grand bonheur.
Vous placez une couronne sur la tête de quelqu'un : vous méritez de l'avancement.
Vous portez une couronne d'or : des gens importants vous protègent.
Vous portez une couronne de fer : méfiez-vous de certaines transactions d'affaires.
Une couronne de zinc : perte matérielle.
Vous portez une couronne marquée d'une croix : une mort vous sera profitable.

COUSSIN

Vous rembourrez un coussin : une déception amoureuse.
Vous priez à genoux sur un coussin : attention aux rivaux.
Vous posez les pieds sur un coussin : vous triompherez de vos rivaux.

COUTEAU

Vous rêvez d'un couteau : vous allez être invité à un grand dîner.
Un couteau pointu : de gros tracas.
Un couteau rouillé : vous souffrez de vexations et de contrariétés chez vous.
Un couteau cassé : échec amoureux.
Un couteau de cuisine : des disputes avec vos amis.
Un couteau de boucher : des temps heureux commencent.
Vous avez beaucoup de couteaux : des disputes.
Un couteau de table : vous allez prendre part à une grande dispute.
Un couteau de poche : les amants seront séparés.
Vous trouvez un couteau : échec de vos affaires.
Vous coupez avec un couteau : mettez un frein à vos émotions.
Vous êtes blessé dans le cou d'un coup de couteau : des amis vous insulteront.
Deux couteaux croisés : quelqu'un va être tué.

COUVERTURE

Des gens riches rêvent d'acheter de nouvelles couvertures : attendez-vous à une perte d'argent.
Des gens de fortune moyenne achètent de nouvelles couvertures : c'est l'amélioration de votre situation.

Des gens pauvres rêvent qu'ils achètent de nouvelles couverture : succès.
Vous avez de vieilles couvertures : de bonnes nouvelles.

COUVRE-PIED

Vous rêvez d'un couvre-pied : vous gagnerez de l'argent.
Un couvre-pied sali : un mystère trouvera sa solution.
Un très beau couvre-pied : vous réaliserez vos ambitions.
Un couvre-pied bien tiré sur un lit : votre vie sera longue.
Un couvre-pied tombe du lit : vos activités sociales sont très agréables.

CRAINTE

Vous craignez quelque chose : quelqu'un veillera sur vous.
Vous surmontez vos peurs : tout ira bien.
Vous avez des peurs constantes : vous aurez à faire face à la trahison et aux tromperies.
Vous avez de grandes craintes : vous avez un courage extraordinaire.

CRAPAUD

Vous rêvez de crapauds : des pertes matérielles et des difficultés.

Vous attrapez des crapauds : vous allez vous blesser vous-même.
Vous tuez des crapauds : un faux ami est proche.
Des crapauds s'échappent en sautant : en travaillant dur, vous pourrez résoudre vos problèmes.
Vous marchez sur un crapaud : vos amis vous laisseront tomber au moment où vous aurez le plus besoin d'eux.
Vous entendez croasser des crapauds : un plaisir vous attend.

CRAVATE

Vous avez des cravates : vous souffrirez d'un mal de gorge.
Vous vendez des cravates : il va falloir que quelqu'un s'occupe de vos affaires.
Vous portez une cravate : vous vivrez dans le luxe et la magnificence.
Vous nouez une cravate : vous guérirez d'une crise de rhumatismes.
Vous retirez une cravate : perte de votre emploi.
Vous avez beaucoup de cravates : une chance inattendue.

CRÈCHE

Vous rêvez d'une crèche : vous aurez beaucoup d'enfants.
Vous vous trouvez dans une crèche : les choses n'iront pas toutes seules.
Des bébés dans une crèche : un amour bien perturbé.
Vous ramenez un bébé de la crèche chez vous : votre vie sera longue.

CRÈME GLACÉE

Vous mangez une crème glacée : la réussite pour chaque chose entreprise.
Vous achetez des glaces : un danger contenu dans un secret.
Vous faites de la glace : bénéfices financiers.
Vos enfants mangent de la glace : vous vivrez longtemps.

Vos ennemis mangent de la glace : ils vont subir une période de misère et de famine.

CRÉPUSCULE

Vous vous trouvez dans le crépuscule : il va falloir vous battre contre des circonstances adverses.

D'autres gens se trouvent dans la lumière du crépuscule : légère difficulté en perspective.

Des membres de la famille se trouvent dans le crépuscule : vous recevrez de l'argent.

CRESSON

Vous rêvez de cresson : bonheur.

Vous faites pousser du cresson : votre vie sentimentale court un danger.

Vous achetez du cresson : vous serez insulté par vos voisins.

Vous mangez du cresson : vous aurez plus d'argent.

Vous faites du cresson en salade : vous vous disputez avec des amis.

Vous ramassez du cresson sur l'eau : des malentendus en amour.

CREUSER

Vous rêvez que vous creusez : votre vie aura des hauts et des bas.

Vous creusez une bonne terre : beaucoup d'argent.

Vous creusez dans un sol meuble : vos plans réussiront.

D'autres gens creusent : avancement professionnel.

Un terrassier professionnel : un changement dans votre entourage.

Vous creusez des tombes : mort d'un ennemi.

Vous creusez des trous pour planter des arbres : l'harmonie règne entre les amis.

Vous creusez pour sortir un mort de sa tombe : une infidélité.

Vous creusez pour sortir de la tombe

un enterré vivant : un malheur terrible.

CROCHET

Vous rêvez de crochet : on vous fera un cadeau.

Vous possédez des crochets : vous découvrirez un objet précieux.

Vous attrapez des choses grâce à un crochet : vous contrôlerez bien des choses.

Vous utilisez un crochet : de faux amis vous entourent.

Vous faites du crochet : cela ne rapporte rien de se mêler de ce qui ne vous regarde pas.

Votre petite amie fait du crochet : vous avez beaucoup d'ambition.

D'autres personnes font du crochet : un changement dans votre entourage.

CROCODILE

Rêve de crocodile : vous êtes entouré d'ennemis.

Plusieurs crocodiles : faites très attention avant d'engager de nouvelles spéculations.

Vos chaussures sont en cuir de crocodile : un changement favorable s'annonce.

Vous avez un sac à main en crocodile. vous allez gagner beaucoup d'argent.

CRUCHE

Vous rêvez d'une cruche vide : une lettre va arriver de l'étranger.

Une cruche pleine : Vous connaîtrez la fortune sur la fin de votre vie.

Une cruche pleine de sucreries : les soucis seront effacés.

Vous cassez une cruche : vos espérances vont bientôt prendre forme.

CUIR

Une boutique d'objets en cuir : échec pour vos ennemis.

Vous achetez du cuir : bonheur au sein de la famille.

Vous travaillez le cuir : des gains d'argent.

Vous vendez des objets de cuir : chance et prospérité.

Vous offrez un objet en cuir : des disputes familiales.

On vous offre un porte-monnaie en cuir : déception sur déception.

Vous avez un bijou, un sac à main ou une ceinture en cuir : des bénéfices financiers.

CUIRE (au four)

Une femme mariée rêve qu'elle fait cuire des choses au four : des événements tristes se préparent.

CUISINE

Vous rêvez d'une cuisine : vous serez au centre de bavardages malveillants.

Une cuisine nue et vide : de l'argent va vous arriver.

Une cuisine en désordre : vous recevrez des nouvelles de bien loin.

Une cuisine très bien rangée : un ami va arriver.

Un feu est allumé dans la cuisine : votre femme de ménage va changer.

Il y a un réchaud à gaz dans la cuisine : une profonde détresse.

Un poêle à charbon se trouve dans

Une femme non mariée fait ce rêve : elle va perdre des amis à cause de son mauvais caractère.

Une veuve rêve qu'elle cuit des choses au four : elle attend trop des autres.

Un homme rêve qu'il fait cuire des choses au four : il aura beaucoup d'argent.

la cuisine : de la malchance dans vos affaires.

Vous préparez un repas dans la cuisine : vous divorcerez bientôt.

D'autres personnes préparent un repas dans la cuisine : des bavardages qui vont bon train.

Un chef cuisinier prépare des repas : vous allez être invité à dîner.

CUIVRE

Rêve de cuivre : surveillez de très près vos associés.

Vous avez un objet en cuivre : un ami vous causera du malheur.

Vous achetez du cuivre : de l'avancement dans votre situation.

Vous vendez du cuivre : vous allez être trompé.

Vous travaillez dans le cuivre : vous aurez bien des ennuis.

CURE-DENTS

Vous rêvez de cure-dents : des actions irréfléchies causeront bien des dégâts.

Vous vous curez les dents avec un cure-dents : vous subirez des dommages financiers.

Vous achetez des cure-dents : un ennemi surveille vos actes.

Vous jetez des cure-dents : votre vie sera saine.

D'autres personnes utilisent des cure-dents : des gens tout à fait indécents sont proches de vous.

CURE THERMALE

Vous rêvez de sources thermales chaudes : vous partirez au-delà de la mer vers un nouveau foyer.

Vous allez en cure : vous recevrez des nouvelles d'un ami lointain.

Une foule de gens dans une station thermale : votre amant vous quittera.

Vos proches sont dans une station thermale : une période heureuse arrive.

CURIEUX

Vous êtes curieux : ne portez pas le désespoir au fond de votre cœur.

Des proches sont curieux : ne vous mêlez pas des affaires des autres.

Les autres manifestent de la curiosité à votre égard : pauvreté.

Les autorités ont beaucoup de curiosité pour vos affaires : vous ne pouvez pas connaître le futur.

CUVE

Vous rêvez d'une cuve : vous êtes trop extravagant.

Une cuve pleine : vous serez d'une grande sagesse.

Une cuve vide : richesse.

Plusieurs cuves vides : faites des projets d'avenir.

CYTISE

Vous rêvez de cet arbuste vénéneux : votre esprit sera vif et vigoureux.

Vous avez la belle fleur jaune éclatant du cytise : vous triompherez de vos ennemis.

D'autres personnes ont des fleurs de cytise : on vous trompera.

DAHLIA

Vous rêvez d'un dahlia : vous serez très heureux avec votre amant ou votre maîtresse.

Il y a beaucoup de dahlias dans un jardin : évitez les rivaux.

Vous mettez des dahlias dans un vase chez vous : vos affaires financières s'amélioreront.

DAMAS

Vous allez à Damas : vous ferez un héritage.

Vous revenez de Damas : vous recevrez de l'argent que vous n'attendiez pas.

Vous achetez de la soie damassée : vous aurez de nombreux amis.

Vous avez de la soie damassée à fleurs : richesse.

Vous avez des roses de Damas rose foncé : vos affaires marcheront très bien.

Vous avez chez vous des petites prunes de Damas violet foncé : angoisses.

Des prunes de Damas dans un arbre : un événement important et bénéfique va se produire.

Vous cueillez des prunes de Damas sur un arbre : évitez les rivalités.

Vous mangez des prunes de Damas : vos compagnons vous créeront des problèmes.

DAME

Vous rêvez d'une dame : on bavarde chez vous.

Plusieurs dames : un scandale.

Une très belle dame : vous avez des faiblesses.

Un groupe de belles dames : des accusations fausses.

Une belle dame aux longs cheveux blonds : de fort plaisants événements se produiront.

Une très belle dame aux longs cheveux noirs : une maladie.
Vous entendez la voix d'une dame sans la voir : vous partirez.
Une réunion de dames : vous réaliserez vos ambitions.
Une soirée où les dames sont nombreuses : vous vivrez longtemps.
Une dame de la cour : vanité des vanités...
Vous êtes dame d'honneur : vous aurez un grand nombre d'amis.
Une dame joue au jeu : vous vous trouverez sans argent.
Une dame de haut rang joue aux cartes : vous vous êtes trompé dans les chiffres.
Vous êtes en compagnie d'une dame : on bavarde.
Une dame est brûlée vive dans un incendie : malheur.
Vous sauvez une dame des flammes : une maladie.

SE DANDINER

Vous rêvez d'une démarche dandinante : vous serez persécuté par un ennemi.
Des oiseaux se dandinent : vous conclurez des négociations de manière satisfaisante.
Des oiseaux se dandinent dans la campagne : des affaires qui semblent incertaines se termineront bien.
Un oiseau blessé marche en se dandinant : de tristes nouvelles.

DANGER

Vous êtes en danger : solitude et soucis.
Vous êtes en danger : réussite et honneurs.
Les enfants sont en danger : des bénéfices financiers.
Des amis sont en danger : un désastre se prépare.
Des ennemis sont en danger : une grande catastrophe les attend.

Votre petite amie est en danger : vos affaires sentimentales vont progresser immédiatement.
Vous faites face au danger : vous pouvez vous attendre au succès.
Vous évitez le danger : les ennuis ne vous lâcheront pas.
Un amant en danger : échec.
Une personne mariée en danger : un désastre se prépare.

DANSER

Vous rêvez que vous dansez : des succès amoureux.
D'autres personnes dansent : de grands succès professionnels.
De petits enfants dansent : joie et un foyer heureux.
Vous regardez danser vos amis : de bonnes nouvelles concernant un ami.
Vous regardez danser d'autres personnes : de bonnes nouvelles.
Vous dansez des danses gaies : une grande prospérité.
Vous dansez avec beaucoup de grâce : réussite de vos projets.
Vous dansez devant des gens malades : un changement favorable.
Vous dansez sur un fil : vous aurez des enfants affectueux et serez heureux.

DATTE

Vous mangez des dattes : vous vous trouverez dans le besoin.
Vous achetez des dattes : une personne du sexe opposé vous admirera beaucoup.
On vous offre des dattes : des problèmes sont créés par des compagnons peu honnêtes.
On vous offre des dattes : vous allez être obligé de faire un voyage désagréable.

DÉ À COUDRE

Vous rêvez d'un dé à coudre : un grand bonheur se prépare.

Vous achetez un dé : vous serez incapable de vous trouver un emploi.
Une femme rêve d'un dé à coudre : elle gagnera sa propre vie.
Vous perdez un dé : vous aurez beaucoup d'ennuis.
Vous mettez un dé pour coudre : chance et fortune proches.
Vous empruntez un dé : de nombreux amis vous rendent la vie agréable.

DÉBORDER

De l'eau déborde : on vous fera une proposition inattendue.
Une rivière déborde : un changement dans votre environnement.
Une baignoire déborde : vous avez des désirs insatiables.
Un tonneau déborde : bonheur.
Un réservoir déborde : la mort d'un ami.

DÉCAPITATION

Vous êtes décapité : vos entreprises professionnelles s'accomplissent parfaitement.
Vous êtes guillotiné : votre vie sera très facile.
Vous êtes décapité par des assassins : perte de propriétés foncières.
Des hommes d'affaires rêvent qu'ils sont décapités : bonheur.
Des assassins sont décapités : vous allez être blessé et mourir.
Des ennemis sont décapités : réalisation de vos désirs.

DÉCEMBRE

Vous rêvez de décembre durant le mois de décembre : vous serez heureux dans votre vie.
Vous rêvez de décembre durant d'autres mois : vos revenus seront excellents.
Vous êtes né en décembre : votre vie sera longue.

Vous êtes né le 25 décembre : Dieu vous bénira.
Des enfants sont nés en décembre : un succès rapide dans votre vie.

DÉCEVOIR

Vous êtes déçu : réussite dans les domaines où vous l'aviez rêvé.
Vous décevez les autres : malchance en amour.
D'autres gens sont déçus par vous : vous êtes sous la coupe de gens malhonnêtes.
Des amants sont déçus : un secret cache un danger.

DÉCHIRER

Vous rêvez que vous déchirez quelque chose : vous serez de mauvaise foi.
Vous déchirez une robe : vos amis bavarderont.
Vous déchirez un drap : d'excellents résultats professionnels.
Vous déchirez des papiers : vous n'avez pas de chance en amour.
Vous déchirez des billets de banque : lentement mais sûrement, vous parviendrez à votre but.
Vous déchirez des lettres d'amour : vous tomberez amoureux d'une nouvelle personne.
Vous déchirez des documents de valeur : vous changerez bientôt d'avis.

DÉCORER

On vous pare et on vous décore : des difficultés et des ennuis se préparent.
Vous décorez la chambre de vos enfants : une période heureuse commence.
Vous décorez votre maison : votre situation va bientôt connaître des changements.
On décore et on pare d'autres personnes : la mort d'un proche.

Vous décorez votre chambre : vous perdrez de l'argent dans vos affaires.
Vous décorez une maison : vous perdrez un ami.
Vous décorez une fenêtre : sautez sur les occasions qui se présentent.
Vous décorez une vitrine : un changement favorable.
Vous décorez une tombe : vous aurez peu de vraie joie.

DÉCOUVRIR

Vous vous découvrez : richesse et abondance.
Vos enfants se découvrent : la malchance dans l'harmonie familiale.
Des amis se découvrent : vous abandonnerez votre foyer.
Des conjoints se voient découverts : prospérité dans vos affaires.
Vous découvrez des aliments emballés : vous récolterez de l'argent.
Vous découvrez des vêtements emballés : malheur.

DÉDUIRE

Vous déduisez de l'argent de factures que vous devez : il y aura bientôt une dispute dans la famille.
D'autres personnes déduisent de l'argent de notes qu'ils vous doivent : aidez ceux qui sont dans le besoin.
Vous faites des déductions illégales : votre fortune sera grande.

DÉFENDRE

Vous vous défendez : vous avez un ami loyal.
D'autres se défendent : vous subirez des offenses.
Vous êtes incapable de vous défendre : votre vie sera longue.
Vous défendez des proches : des événements importants et favorables se produiront.
Vous défendez des enfants : chance et prospérité

DÉFIGURER

Vous êtes défiguré : honte et chagrin.
D'autres sont défigurés : ne vous fiez pas aux apparences.
Des enfants sont défigurés : petits désaccords familiaux.
Des proches sont défigurés : prenez garde aux bavardages.
Une jeune femme rêve qu'elle est défigurée : elle rompra ses fiançailles.

DÉGELER

Vous rêvez de quelque chose qui se dégèle : vous allez rencontrer des ennuis imprévus.
Vous êtes avec d'autres gens, c'est le dégel : un ancien adversaire deviendra votre ami.
De la nourriture surgelée dégèle lentement : un secret comporte un danger.
De la glace qui fond : des amis vous joueront un sale tour.

DÉGOÛT

Vous êtes dégoûté : vous aurez des amis en pays étrangers.
L'attitude des autres vous dégoûte : une infidélité.
Vos proches vous dégoûtent : vous ne réaliserez pas vos projets.
D'autres sont dégoûtés par vous : vous serez dans une profonde détresse.

DÉGUISEMENT

Vous vous déguisez : vous aurez des ennuis mais sans gravité.
Vous vous êtes déguisé : évitez les rivaux.
D'autres se déguisent : vous triompherez de vos ennemis.
Des proches se déguisent : des événements importants et favorables se préparent.

DÉJEUNER (PETIT)

Vous rêvez que vous préparez le petit déjeuner : misère et maladie.

Vous mangez votre petit déjeuner seul : vous allez commettre une folie.
Vous mangez votre petit déjeuner avec d'autres gens : vous recevrez bientôt de l'argent.
Vous prenez votre petit déjeuner dans un café : vous allez rencontrer votre nouvel ami (ou amie).
Vous prenez le petit déjeuner chez d'autres personnes : vous allez faire un voyage sous peu.

DÉLICAT

Vous êtes de santé délicate : un changement favorable.
D'autres sont de santé délicate : vous déploierez une grande activité dans vos affaires.
Les enfants sont de santé délicate : évitez les rivaux.
Vos proches sont de santé délicate : attention aux ennuis.

DÉLIRE

Vous délirez : un secret cache un danger.
D'autres délirent : un .ami tente secrètement de vous aider.
Vos proches délirent : vous devez avoir plus de maîtrise de vos passions.
Des enfants délirent : de l'argent en perspective.

DÉLUGE

Un déluge de pluie : vos affaires sentimentales vont mal.
D'autres gens sont sous le déluge : vous aurez bientôt un accident.
Votre maison disparaît sous un déluge : chance et prospérité.
Vos récoltes sont détruites par un déluge : un désastre financier se prépare.

DÉMANGEAISON

Vous souffrez d'un accès de déman-

geaison : vos peurs et vos angoisses sont sans fondement.
Vous avez une éruption très violente : arrivée inattendue d'amis.
Des enfants se grattent : départ attristant d'un ami.
Vous avez une plaie causée par des démangeaisons : des ennuis vous viendront causés par plusieurs femmes.
Des amis souffrent de démangeaisons : vous êtes heureux dans la situation présente.

DÉMASQUER

Vous vous démasquez : vous triompherez de vos ennemis.
Vous démasquez quelqu'un : vous rougirez de honte.
Vous démasquez un ennemi dans la rue : vous perdrez votre temps sans résultat.

DÉMENT

Vous rêvez que vous êtes dément : de gros gains financiers.
Des proches sont déments : une longue vie.
Des amis sont déments : malheur.
D'autres personnes sont démentes : vos projets vont réussir.
Vous commettez un acte dément : de graves disputes.
Une femme rêve qu'elle est démente : elle sera veuve.
Un homme se voit dément : il divorcera de sa femme.
Une jeune fille rêve qu'elle est atteinte de démence : elle fera un mariage heureux.
Une femme divorcée rêve qu'elle est démente : elle donnera naissance à un enfant.
Une jeune femme célibataire rêve qu'elle est prise de démence : son enfant sera un personnage important.

DEMEURE

Rêve de sa propre demeure : on dit

des mensonges à votre sujet.

Se rendre dans une demeure étrangère : vous allez vous lancer dans de nouvelles entreprises.

Se trouver dans une demeure étrangère : vos affaires sont dans un grand désordre.

On vous refuse l'entrée d'une demeure : faites attention, soyez prudent dans vos projets.

Une demeure vous est fermée : faites très attention à ne pas prendre de risques inutiles.

DÉMOCRATIE

Vous rêvez de démocratie : un risque d'incendie.

Vous vivez dans une démocratie : de faux amis sont proches de vous.

Vous formez une démocratie : votre vie sera longue.

Vous appartenez à un parti démocratique : vous gagnerez un procès.

DÉMODÉ

Vous êtes démodé : un ami va mourir.

Vos idées sont démodées : un court moment de bonheur.

Vous portez des vêtements démodés : la dissension règne dans votre foyer.

Vous avez affaire à des gens tout à fait démodés : vos affaires prospèreront.

DEMOISELLE D'HONNEUR

Vous rêvez que vous êtes demoiselle d'honneur : une grande déception.

Plusieurs demoiselles d'honneur : bonheur et vie fort longue.

Vous n'êtes pas demoiselle d'honneur : un secret comporte un danger.

Des petites amies qui sont demoiselles d'honneur : des problèmes sentimentaux compliqués.

DÉMOLIR

Vous rêvez de démolitions : les gens parlent mal de vous.

Une maison est démolie : vos entreprises seront couronnées de succès.

On démolit un immeuble : on vous accusera de mauvaises actions.

Des gens démolissent des machines : vous recevrez bientôt de l'argent.

DÉMON

Vous rêvez d'un démon : vous voyagerez et serez prospère.

Une jeune fille rêve d'un démon : un heureux mariage se fera bientôt.

Des gens mariés rêvent d'un démon : bonheur et longue vie conjugale.

Un démon vous emporte : un désastre se prépare.

Un jeune homme rêve d'un démon : vous vous fiancerez bientôt.

DENT

Vous rêvez de dents : faites attention à votre santé.

Des dents blanches : un souhait qui sera réalisé.

Une dent en or : de la corruption et du chagrin.

Une dent dans un autre métal : des humiliations.

Des dents cariées : il vous faudra donner beaucoup d'explications aux gens.

Vous avez des dents noires : un proche est malade.

Vous avez des dents sales : prospérité.

Vous ne vous brossez pas les dents . des amis fidèles vous entourent.

Vous brossez les dents de vos enfants : vous emprunterez de l'argent à des proches.

Des dents remuent : des amis vous jettent dans l'affliction.

On vous arrache des dents : des pertes d'argent.

On vous arrache une dent de sagesse : votre père va mourir.

On arrache des dents de lait à des enfants : une joie tout à fait désintéressée.

Vous êtes dentiste et arrachez des dents : vous gagnerez pas mal d'argent.

Des dents qui tombent : signe de mort.

Vous perdez des dents dans une bagarre : un proche membre de la famille va disparaître.

Vous perdez des dents de lait : la mort de votre mère.

Vous perdez vos dents de devant : vos enfants seront malades.

On vous fait sauter des dents d'un coup de poing : une soudaine malchance.

Une dent qui pousse vers l'intérieur de la bouche : on va vous informer d'une mort.

Une dent qui est plus longue que les autres : vos proches vous causent du chagrin.

Des dents blanches et parfaites : le bonheur pour tout le reste de votre vie.

Vous vous brossez les dents : vous êtes bien malheureux.

Un dentiste vous nettoie les dents : vous prêterez de l'argent à des voisins.

Vous avez de grandes dents : vous allez vous trouver à court d'argent.

Les dents de vos enfants : des disputes familiales.

Des dents d'un être aimé : une action en justice à propos d'un héritage.

Les dents d'un ami : vous recevrez de bonnes nouvelles de parents qui habitent fort loin.

DENTELLE

Vous rêvez de dentelle : chacun de vos désirs sera exaucé et vous aurez beaucoup d'amants (de maîtresses).

Une jeune fille rêve qu'elle fait

de la dentelle : son mari sera beau et riche.

Vous faites de la dentelle : des bénéfices financiers.

Vous achetez de la dentelle : un secret recouvre un danger.

Vous achetez une robe de dentelle : votre esprit sera développé et alerte.

Vous offrez de la dentelle : de la malchance dans le domaine des sentiments.

Vous achetez une écharpe de dentelle : vous êtes frivole.

Vous recevez de la dentelle de votre petit ami : vous vivrez fort longtemps.

DENTISTE

Vous êtes dans le fauteuil d'un dentiste : vous aurez de bonnes raisons de mettre en doute la sincérité d'un ami.

D'autres gens sont sur un fauteuil de dentiste : vos associés ne sont pas sincères.

Des enfants sont sur le fauteuil du dentiste : on vous rapportera des bruits inexacts sur le compte de vos amis.

Des amis sont sur un fauteuil de dentiste : vos amours iront mal.

DÉPASSER

Vous dépassez quelqu'un : un bonheur personnel.

D'autres gens vous dépassent : vous aimez trop manger.

Des ennemis vous dépassent : vous aurez de l'avancement et une bonne influence.

DÉRANGER

Vous êtes dérangé : vous recevrez des nouvelles de très loin.

D'autres gens sont dérangés : le bonheur est certain.

D'autres gens vous dérangent : un ennemi vous persécute.

DÉRIVER

Vous dérivez sur un bateau : des difficultés se préparent.

D'autres dérivent : des changements s'annoncent dans votre entourage.

Vous dérivez et atteignez la rive sain et sauf : bonheur et richesse.

Vous dérivez et le bateau chavire : attendez-vous à de sérieux ennuis.

DÉS

Vous jouez aux dés : la chance tournera.

Vous gagnez en jouant aux dés : vous ferez un héritage.

Vous perdez en jouant aux dés : des spéculations causeront des pertes.

D'autres jouent aux dés et gagnent : vous récupérerez de l'argent perdu.

D'autres personnes trichent aux dés : une vie aisée.

DÉSAPPROUVER

Vous rêvez que vous désapprouvez : la discorde dans la famille créera des tensions malheureuses.

Les autres désapprouvent : vous serez pris dans un accident de voiture.

Vous désapprouvez les opinions des autres : honneur et considération.

La famille vous désapprouve : vos affaires vous procureront des satisfactions.

DÉSARMER

Vous êtes désarmé : de la dignité !

Vous désarmez des voleurs : on vous volera de nouveau prochainement.

Vous désarmez un membre de la famille : réussite de vos entreprises.

Vous désarmez des amis : la famille va bientôt s'augmenter.

Vous désarmez des ennemis : vous aurez des difficultés d'argent pendant une longue période.

DÉSASTRE

Vous êtes pris dans un désastre : vous gagnerez bien votre vie.

D'autres sont pris dans un désastre : évitez les rivaux.

Une femme rêve d'un désastre : c'est le moment de poursuivre vos efforts.

Un homme rêve de désastre : une bonne période s'annonce.

DESCENDANT

Vous rêvez de vos descendants : des jours sans bonheur s'annoncent.

Vous parlez avec un descendant : votre réussite sera pour plus tard.

Vous êtes le premier d'une lignée de descendants : des disputes de famille.

Les descendants d'autres gens : votre vie sera longue.

DÉSERT

Vous voyagez à travers le désert : honte et chagrin vous accompagnent.

Vous traversez un désert dans une tempête de sable : vous aurez du mal avec un de vos projets préférés.

Vous traversez un désert par mauvais temps : des amis vous tromperont.

Vous traversez un désert avec d'autres gens : l'accord règne entre amis.
D'autres gens traversent un désert : attention aux ennuis.
Vous rêvez de lieux déserts et inhabités : il va y avoir une fête chez vous.
Une étendue déserte et inculte : vous attendez trop de services des autres.
Une étendue sauvage et inhabitée : conservez vos vieux amis.
Un désert peuplé seulement de bêtes sauvages : un dur travail vous attend.

DÉSERTER

Vous désertez votre foyer : vous perdrez beaucoup d'argent.
Vous abandonnez votre femme : vous serez malheureux.
Vous abandonnez vos enfants : vous aurez des nouvelles d'un ami absent.
Vous désertez votre bureau : vous découvrirez le fin mot d'un secret.
Vous désertez de l'armée : vous serez malheureux en amour.

DÉSESPOIR

Vous rêvez de désespoir : chance et prospérité.
Vous êtes plongé dans le désespoir : bonheur domestique.
Vous n'êtes pas désespéré : des revenus faciles.
D'autres sont plongés dans le désespoir : vous connaîtrez des changements bénéfiques.

DÉSHABILLER

Vous vous déshabillez : de méchants bavardages font des ravages.
Vous vous déshabillez devant les autres : on dit du mal de vous derrière votre dos.
D'autres gens se déshabillent : quelqu'un que vous aimez vous rendra visite.
Vous vous déshabillez chez d'autres gens : vous recevrez beaucoup d'argent.
Vous vous déshabillez dans une chambre d'hôtel : vous serez heureux et satisfait dans votre vie sentimentale.
Vous déshabillez vos enfants : des événements agréables vont se produire.
Mari et femme se déshabillent dans la même pièce : vos affaires iront très mal.
Vous vous déshabillez en public : vous serez plongé dans une profonde détresse.

DÉSHÉRITER

On vous déshérite : vous aurez à subir une lourde perte.
Vous déshéritez un membre de la famille : vous gagnerez beaucoup d'argent.
D'autres personnes sont déshéritées : un changement dans votre entourage.

DÉSHONNEUR

Vous êtes déshonoré : l'avenir comportera chagrins et événements malheureux.
Vous avez été déshonoré : un grand scandale va éclater.
D'autres gens sont déshonorés : de promptes fiançailles.
Un proche de la famille est déshonoré : discorde dans la famille.

DÉSIRS

Vous avez un désir : vous recevrez de mauvaises nouvelles.
Vous désirez quelque chose d'inaccessible : abondance.
Vous obtenez quelque chose que vous désiriez : déshonneur.
Vous désirez la femme de quelqu'un : faites attention à n'être pas blessé par les événements qui vont se produire.
Vous désirez le mari de quelqu'un : vos nouvelles amours seront heureuses.

Une femme désire avoir des enfants : les autres personnes ne sont pas gentilles pour elle.

Vous désirez de l'argent : vous perdrez dans vos affaires.

DÉSOBÉISSANCE

Vous avez désobéi : vous avez devant vous un choix difficile à faire.

Vos enfants sont désobéissants : de promptes fiançailles.

Un mari et une femme désobéissent aux lois du mariage : solitude et tracas en perspective.

D'autres gens désobéissent : on vous accusera, au cours d'une grande dispute.

Des membres de la famille désobéissent : un changement favorable.

DESSERT

Vous mangez un dessert tout seul : évitez les rivaux.

Vous mangez un dessert avec d'autres gens : l'accord règne entre amis.

D'autres mangent du dessert sans vous : mort d'un ennemi.

Vous n'aimez pas votre dessert : attendez-vous à des pertes en affaires.

DESSINER

Vous rêvez que vous dessinez : on vous fera une proposition que vous repousserez.

Vous dessinez une robe : vous découvrirez un secret.

Vous faites un croquis : un ennemi cherche à vous faire du mal.

Vous dessinez un plan : vous serez partie prenante dans une dispute.

Des enfants font des dessins : vous gagnerez un procès.

DESTRUCTION

Vous rêvez de destruction : malchance en affaires.

Vous êtes la cause de destruction de diverses choses : vous lutterez contre vos propres amis.

L'armée cause des destructions : de petits conflits dans l'avenir.

D'autres personnes sont cause de destructions : vous aurez des désirs bien irraisonnables ...

Un accident d'automobile cause une destruction : déshonneur.

Vous êtes tué dans un accident d'automobile : malheur pour votre famille.

Vous êtes blessé dans un accident d'automobile : vous aurez recours à l'aide sociale.

Des amis sont pris dans une destruction causée par un accident de la route : vous souffrirez bien des humiliations.

Des ennemis sont tués par une destruction : bonheur.

DÉTACHER

Vous détachez des objets : un rude travail en perspective.

Vous détachez un prisonnier : des événements inattendus vont se produire.

Vous dénouez les nœuds d'une corde : un secret sera révélé.

Vous détachez un chien : un mariage pour bientôt.

Vous détachez un cheval : des amis fidèles sont proches.

DÉTENU

Vous êtes détenu dans une prison : le bonheur dans la famille.

Vous rêvez d'un détenu : l'harmonie parmi vos amis.

Un détenu est libéré : une petite fortune.

Un détenu a une longue peine : vous recevrez une grosse fortune.

Un détenu s'évade de prison : des moyens abondants et faciles.

Des détenus travaillent en prison : des événements favorables.

Un détenu se suicide en prison :
une amitié inaltérable.
Un détenu en tue un autre en prison :
de graves disputes.
Un détenu est exécuté : la maladie
guette.

DÉTECTIVE

Un détective vous pose des questions :
vous avez un ami loyal.
D'autres gens sont avec un détective :
solitude et soucis.
*D'autres gens sont emmenés par un
détective :* la mort prochaine d'un
ennemi.
Un détective vous critique : gains
financiers.

DÉTESTER

Vous détestez quelque chose : votre
vie sera aisée.
Vous détestez d'autres gens : vous
subirez des chocs émotifs.
Vous êtes détesté : la chance sourit
à celui (ou celle) que vous aimez.
*Vous détestez particulièrement une
personne :* vous vous disputerez avec
un vieil ami.
Vous détestez un proche : des disputes
familiales.

DÉTRESSE

Vous êtes en détresse : disputes
familiales.
Vos enfants sont dans la détresse :
attention aux ennuis.
Des époux sont dans la détresse :
vous aurez un grand chagrin.
D'autres gens sont dans la détresse :
vous gagnerez beaucoup d'argent.
Vous jetez des gens dans la détresse :
attention aux ennuis.

DÉTRUIRE

*Vous rêvez que vous détruisez quelque
chose :* honte et chagrin.
D'autres détruisent des choses : une
grande catastrophe se prépare.

Vous avez détruit quelque chose : attention aux ennuis.
*Quelqu'un a détruit des choses qui
vous appartiennent :* vous triompherez
de vos ennemis.

DETTE

Vous payez vos dettes : un événement
important et bénéfique.
*Vous avez des dettes à l'égard de
certaines personnes :* vous avez bon
cœur.
*D'autres gens vous remboursent leurs
dettes :* attendez-vous à une perte.
*Vous n'avez pas l'intention de payer
des dettes :* une catastrophe se prépare.

DEUIL

Vous êtes en deuil : vous allez bientôt
apprendre le mariage d'un ami.
Vous souffrez d'un deuil : quelqu'un
d'autre tirera bénéfice de vos actes.
*D'autres personnes souffrent d'un
deuil :* un ami loyal est tout proche.

DÉVERROUILLER

*Vous rêvez que vous déverrouillez
quelque chose :* vous ferez une découverte chez vous.
*Vous êtes incapables de déverrouiller
une porte :* attention aux ennuis en
perspective.
*Vous ne parvenez pas à déverrouiller
un tiroir :* ne faites pas de cachot-
teries à ceux qui vous aiment.
*Vous ne trouvez pas la clé de quel-
que chose :* soyez prudent dans les
problèmes d'argent.

DEVISE ÉTRANGÈRE

Vous rêvez de devises étrangères :
vous aurez de l'avancement.
Vous êtes en possession de devises :
des ennuis dans la famille.
Vous achetez des devises : vous perdrez de l'argent.
Vous vendez des devises : un changement favorable.

Vous payez en devises : vous gagnerez de l'argent.

Vous recevez des devises : vous serez roulé.

DÉVOTION

Vous priez avec dévotion : vous connaîtrez la joie et le bonheur.

D'autres prient avec dévotion : un changement favorable.

Un mari et une femme sont à la dévotion l'un de l'autre : le bonheur est certain.

Des enfants ont pour leurs parents une vraie dévotion : des événements favorables et importants se produiront.

DIABLE

Vous rêvez du diable : vous voyagerez et serez prospère.

Une jeune fille rêve du diable : un mariage heureux aura lieu bientôt.

Une personne âgée et malade rêve du diable : attendez-vous à des problèmes.

Des gens pauvres rêvent du diable : une grande catastrophe approche.

Des enfants rêvent du diable : une maladie.

Le diable avec de grandes cornes et une longue queue : de la malchance en amour.

Vous frappez le diable et vous le vainquez : vous triompherez de vos ennemis.

Vous avez une conversation avec le diable : des amis vous trompent.

Vous vous battez contre le diable : vous êtes en grand danger.

Le diable vous emporte : un véritable désastre va se produire.

Vous blessez le diable : des moyens faciles.

Le diable vous court après et vous lui échappez : des poursuites judiciaires.

Vous voyez le diable tandis que vous priez : vous résisterez à la tentation.

DIAMANTS

Vous rêvez de diamants : c'est l'échec de votre vie personnelle.

Vous avez des diamants : vos spéculations et vos affaires marchent bien.

Vous perdez des diamants : pauvreté et mauvaise santé.

Vous trouvez des diamants : vous avez un bon amant.

Vous possédez beaucoup de diamants : vous obtenez succès et honneurs.

D'autres personnes portent des diamants : vous ferez un gros bénéfice.

Vous achetez des diamants : vous aurez du chagrin.

Vous vendez des diamants : un désastre en perspective.

Vous volez des diamants : des pertes professionnelles graves.

De faux diamants : mort d'un ennemi.

DICTIONNAIRE

Vous consultez un dictionnaire : vous triompherez de vos ennemis.

D'autres consultent un dictionnaire : disputes et perte d'un ami.

Des enfants travaillent avec un dictionnaire : chance et prospérité.

Vous achetez un dictionnaire : un changement dans votre entourage.

DIEU

Vous priez Dieu : grande prospérité.

Vous adorez Dieu : une maladie.

Vous entendez Dieu vous parler : un bonheur intense.

Vous parlez à Dieu : joie et bonheur.

Dieu vous entoure de ses bras : votre prière sera exaucée.

Vous voyez Dieu face à face : vous aurez une grande joie.

Dieu vous accorde ce que vous désirez : vous réaliserez vos ambitions les plus hautes.

DIFFICULTÉ

Vous êtes dans de grandes difficultés:

un changement favorable.

Vous avez des difficultés personnelles : une bonne période commence.

Vous avez des difficultés financières : vous recevrez de l'argent.

Vous avez de graves difficultés dans votre vie : un grand bonheur.

Votre ami (ou amie) a des difficultés : vous serez sûrement tendre et aimable.

D'autres gens ont des difficultés : tout ira bien.

Des proches ont des difficultés : le bonheur est certain.

DIGITALE

Vous avez des digitales : vous n'êtes pas fait pour le poste que vous occupez.

Vous achetez un bouquet de digitales : vous devez changer de conduite.

Vous recevez des digitales : chance et prospérité.

DINDE

Vous rêvez d'une dinde : pour l'agriculteur c'est signe d'une moisson abondante.

Vous tuez une dinde : une infidélité.

Vous achetez des dindes : vous pouvez vous attendre à ce que quelque chose de bien vous arrive.

Vous mangez de la dinde : une grande joie.

Vous plumez une dinde : vous ferez une dépression nerveuse.

Vous faites rôtir une dinde : des ennuis avec vos amis.

Vous découpez une dinde : des disputes avec vos partenaires en affaires.

Vous faites des sandwiches de dinde : des gens affamés viendront vous voir.

DÎNER

Vous dînez : attention aux ennuis.

Vous avez des amis à dîner : triomphe sur vos ennemis.

Vous avez des membres de la famille à dîner : contrôlez mieux vos nerfs.

Vous dînez avec un groupe important : vous jouirez de la présence de vos amis.

D'autres gens donnent un dîner : vous avez un ami loyal.

DIPLÔME

Vous avez un diplôme : vous allez au succès.

D'autres gens ont un diplôme : vous serez soumis à la tentation.

Des enfants ont un diplôme : vous vivrez longtemps.

On vous donne un diplôme : vous négligez vos propres talents.

DIRECTEUR

Vous êtes directeur : vous recevrez de bonnes nouvelles.

Vous êtes nommé directeur : vous gagnerez un procès.

Vous êtes directeur d'une société : joie et bénéfices.

Vous démissionnez d'un poste de directeur : des humiliations.

DISCIPLINE

Vous rêvez de discipline : vous serez réprimandé.

Vous faites peser la discipline sur les autres : vous serez effrayé par des événements à venir.

Les autres vous disciplineront : la loi vous punira.

Vous faites régner la discipline chez des enfants : faites plus attention à vos actes.

Les gens ne se soucient pas de discipline chez les prisonniers : les bavardages vous blesseront.

DISCUSSION

Vous avez une discussion : une vie longue et excellente.

Vous avez une discussion en famille : fouiner dans les affaires des autres ne vous attire que des ennuis.

Vous discutez avec un homme de loi : ennuis en perspective.

Vous discutez avec d'autres personnes : un ennemi cherche votre ruine.

Vous prenez part à une discussion : votre vie sera heureuse.

Vous avez une discussion avec des proches : les obstacles seront aplanis.

Vous avez une discussion avec des proches : vous allez traverser une période exténuante.

Vous avez une discussion d'affaires : vous découvrirez un trésor perdu.

D'autres gens ont une discussion : une bonne période commence.

DISGRÂCE

Vous tombez en disgrâce auprès de gens : l'harmonie règne entre vos amis.

D'autres gens sont en disgrâce : des ennemis vous entourent.

Des proches sont en disgrâce : un dur travail attend.

Des enfants sont en disgrâce : une bonne période commence.

DISPARAÎTRE

Vous rêvez que vous disparaissez : on vous volera.

Vous réalisez que des choses ont disparu : vous gagnerez beaucoup d'argent.

Votre compagnon (compagne) disparaît : votre vie sera très heureuse.

De l'argent ou des bijoux disparaissent : l'argent rentrera facilement.

Des amis disparaissent : une maladie dans la famille.

DISPUTE

Vous avez une dispute : attention aux ennuis.

Vous discutez violemment de certains sujets avec d'autres gens : un secret qui cache un danger.

Vous entendez d'autres gens se disputer : honte et chagrin.

Un mari et une femme se disputent : danger d'incendie.

DISTANCE

Vous vous trouvez loin de votre famille : une grande catastrophe se prépare.

Vous vous trouvez éloignée de votre

mari : vous recevrez de bonnes nouvelles.

Vous êtes éloigné de votre femme : une autre personne profite de ce que vous désirez.

Des amis sont à une grande distance : déceptions.

D'autres gens se trouvent à une grande distance : une grande catastrophe se prépare.

DIVORCE

Vous demandez le divorce : bonheur en famille.

Vous êtes divorcé : sécurité.

Vous obtenez le divorce et une pension alimentaire : prospérité.

Des proches divorcent : les amis bavardent trop.

Des enfants divorcent : une grande joie en perspective.

Des amis divorcent : un secret dissimule un danger.

Des ennemis divorcent : une vie prospère.

DOCK

Vous rêvez d'un dock : vos amours courent un danger.

Vous êtes seul sur un dock : vous devrez endurer des souffrances.

Vous êtes sur un dock avec un marin : quelqu'un a contre vous une inimitié secrète.

Vous êtes sur un dock avec des ouvriers ou des dockers : belles perspectives professionnelles.

DOCTEUR

Vous allez voir un docteur : vous aurez le contrôle de pas mal de choses.

Vous appelez un docteur pour vous-même : vous vivrez longtemps.

Vous appelez un docteur pour vos enfants : de nouveaux centres d'intérêt.

Vous appelez un docteur pour vos

amis : c'est le moment de poursuivre vos efforts.

Un docteur visite ses clients : une grosse fortune.

D'autres personnes appellent un médecin : des ennuis en perspective.

Vous êtes docteur : joie et gains.

Vous devenez docteur : des gains d'argent.

DOCTRINE

Vous enseignez l'Evangile : vous aurez une position élevée et honorable.

Vous mettez en application la doctrine du gouvernement : des ennemis vous trahiront.

Vous apprenez les fondements de la doctrine : vous vous conduirez de manière arrogante avec vos ennemis.

Vous enseignez la doctrine : vous traverserez des moments de pauvreté et de difficultés.

DOIGT

Vos doigts sont couverts de bagues d'or : vous vous marierez bientôt.

Vous souffrez de douleurs dans les doigts : une grande joie.

Vos doigts sont pâles : l'amour que vous portez à quelqu'un vous sera rendu.

Un doigt qui saigne : attention de ne pas perdre d'argent.

De jolis doigts : vous ferez beaucoup de travail charitable.

Vous vous coupez les doigts : disputes avec vos amis.

On vous ampute d'un doigt : vous perdrez des amis.

Vous vous coupez les ongles : déshonneurs.

Vous vous brûlez les doigts : beaucoup de gens vous envient.

Vous avez de longs doigts : votre mariage ne durera pas.

Vous avez des doigts courts : un héritage.

Vous avez plus de cinq doigts : vous vous ferez de nouveaux amis.

Vous avez moins de cinq doigts :
joie et amour.

Vous vous cassez des doigts : vous
ferez un bon mariage.

DOMESTIQUE

Rêve d'un domestique : distinctions
et honneurs.

Vous avez un domestique : vous
aurez de l'avancement.

Vous renvoyez un domestique : vos
affaires sentimentales vont être
perturbées.

D'autres ont des domestiques : des
amis vont vous tromper.

DOMINOS

Vous jouez aux dominos : vous
triompherez de petites difficultés.

Vous gagnez aux dominos : le bonheur
est certain.

Vous perdez aux dominos : évitez
les rivaux.

Vous jouez avec des enfants : une
grande joie.

Vous jouez en famille : un changement en mieux.

*Vous jouez aux dominos avec quel-
qu'un que vous aimez :* des amours
malheureuses.

*Vous jouez aux dominos avec des
amis :* des événements importants et
favorables.

DONJON

Vous êtes dans un donjon : bonheur en famille.

D'autres sont dans un donjon : vous
avez de nombreux ennemis.

Vous vous échappez d'un donjon :
vous avez des amis loyaux.

*Vous ne parvenez pas à vous échap-
per d'un donjon :* vous pouvez vous
attendre à perdre de l'argent.

DON JUAN

Vous rêvez d'un séducteur de femmes :
malheur en amour.

Vous flirtez avec un don Juan :
soyez sur vos gardes, les traîtrises
sont fréquentes.

Un don Juan vous aime : des disputes en famille.

Vous aimez un don Juan : vous
devriez mettre de l'ordre dans votre
vie.

DOS

Rêve de son propre.dos : la malchance dans votre vie. Vous mourrez
dans la misère.

Un dos brisé : vous aurez des ulcères.

Un dos couvert de plaies : vous
avez beaucoup d'ennemis.

Une femme vous tourne le dos :
vous rencontrerez un obstacle dans
vos amours.

Un homme vous tourne le dos : des
difficultés graves.

Une personne s'éloigne de vous : des
jaloux vous attaqueront.

*Une personne se retourne et vous fait
face :* vous allez échapper à la
maladie.

Une jeune fille vous tourne le dos :
la richesse.

*Un jeune homme tourne le dos à
une jeune fille :* une perte d'argent.

DOSSIER

*Vous mettez des papiers dans un
dossier :* vous êtes confronté à d'insurmontables obstacles.

Vous sortez des papiers d'un dossier :
un ennemi cherche votre perte.

Un classeur à dossiers : vous découvrirez un trésor perdu.

DOT

Une femme donne sa dot à son mari :
les gens prendront bien soin de vous.

*Un homme donne des biens à sa
fiancée :* attendez-vous à une absence d'aisance.

Vous donnez des dots à vos filles :
vous gagnerez encore de l'argent.

La dot d'une veuve : vous changerez votre vie en bien.

DOUBLE

N'importe quel objet double : n'attendez pas trop de l'avenir.
Deux enfants sont sur une bicyclette double (tandem) : vous aurez des amis honnêtes et dignes de foi.
Un œuf à double jaune : un membre de la famille aura un accident.
Un double mariage dans la famille : vous n'êtes pas en mesure de remplir votre fonction.

DOUBLURE

Vous rêvez de tissu de doublure : vanité.
Vous enlevez la doublure d'une robe : attention aux rivaux.
Voous enlevez la doublure d'un costume d'homme : une dispute va éclater.
Vous achetez du tissu de doublure : vous recevrez une visite inopinée.

DOUTE

Vous êtes dans le doute : vous avez intérêt à vous en remettre à un bon ami.
D'autres gens doutent de vous : vous ne faites pas confiance à vos amis.
Votre amant doute de vous : une chance favorable.
Une épouse doute de son mari : un avenir long et heureux.
Un mari doute de son épouse : le bonheur est certain.

DRAGON

Vous rêvez d'un dragon : de grandes richesses.
Beaucoup de dragons : de grandes déceptions amoureuses.
Un militaire rêve d'un dragon : il aura beaucoup d'argent.
Un marin rêve d'un dragon : un officier supérieur viendra le voir.
Une jeune fille rêve d'un dragon : 'une grande joie.

DRAP DE LIT

Beaucoup de draps : vous allez faire un gros héritage.
Des gens rêvent qu'ils ont beaucoup de draps : une perte d'argent.
Vous achetez des draps de lit : vous courez un danger.
Des gens riches rêvent qu'ils ont des draps de lit : leur vie va encore s'améliorer.
Des gens pauvres rêvent qu'ils ont des draps de lit : leur situation financière sera bonne.

DRAPEAU

Vous portez un drapeau : vous connaîtrez les honneurs.
Un drapeau flotte dans la brise : vous échapperez à la malchance.
Vous regardez tout un étalage de drapeaux : vous triomphez de vos ennemis.
Des drapeaux blancs : succès pour vos entreprises.
Des drapeaux bleu marine : d'autres gens vous apporteront la prospérité.

Des drapeaux bleu clair : avancement dans votre situation.

Des drapeaux jaunes : d'importants changements dans vos affaires.

Un drapeau rouge : ne vous disputez pas avec vos amis.

Un drapeau vert : chance en amour.

Un drapeau noir : vous serez malchanceux.

Un drapeau brun : une grande amitié.

Un drapeau doré : vous traiterez des affaires avec des gens situés très loin.

DRAPERIES

Draperies unies : vous êtes bien vaniteux.

Draperies imprimées de fleurs : vous recevrez une invitation à dîner de gens importants.

Des draperies de drap uni : de bonnes nouvelles.

Des draperies de soie unie : joie.

Une femme mariée rêve de draperies : elle aura plusieurs enfants.

DRAPIER

Vous rêvez d'un drapier fabriquant des draperies : maîtrisez vos passions.

Vous êtes en compagnie d'un drapier : des fiançailles rapides.

Vous êtes drapier et vous vous occupez de drap : un changement va bientôt intervenir dans votre vie.

DROGUE

Vous avez des drogues : infirmité.

Vous prenez des drogues : chagrins.

On vous ordonne de prendre des drogues : votre moral va remonter.

Vous refusez de prendre des drogues : vos affaires personnelles seront très embrouillées.

Un docteur vous donne des drogues : vous aurez la protection de vos amis.

Vous donnez des drogues à des proches : on bavarde beaucoup autour de vous.

Vous donnez des drogues à vos enfants : spéculations heureuses.

Vous fabriquez des drogues : vous perdrez de l'argent.

D'autres gens prennent des drogues : l'époque est bonne pour un flirt.

Vous avez une armoire à pharmacie pleine de drogues : de bonnes affaires mais pas de bénéfices.

Une pharmacie : vous commencerez de nouvelles affaires.

Vous vendez des drogues : un homme peu honnête est dans les parages.

DUC

Vous rêvez d'un duc : vous recevrez de bonnes nouvelles.

Vous êtes un duc : vous flirtez vraiment trop.

Vous rencontrez un duc : vous ferez des choses pas très jolies.

Vous sortez avec un duc : une nouvelle histoire d'amour en perspective.

DUEL

Vous vous battez en duel pour sauver votre honneur : attention à votre rival.

Vous avez un duel à l'épée : de grands embarras pour la famille.

Vous vous battez en duel avec un ami : un grand bonheur.

Vous vous battez en duel avec une canne : vous dominerez vos amis.

Vous êtes blessé dans un duel : vous souffrirez de chagrins profonds.

Vous êtes tué en duel : attention aux ennuis.

DUO

Vous chantez dans un duo : de la chance dans vos amours et votre mariage.

Vous entendez d'autres gens chanter un duo : le bonheur dans votre foyer.

Vous entendez des enfants chanter un duo : un mystère trouvera sa solution.

Vous entendez des amis chanter un duo : vous serez soumis à la tentation.

DUPER

Vous êtes dupé : vos affaires vont mal tourner.
Vous dupez quelqu'un d'autre : d'autres personnes vont chercher à vous tromper.
Vous dupez vos enfants : vos affaires sentimentales marchent bien.
Vous êtes trompé par des amis : méfiez-vous d'ennuis possibles.

DUR

Vous êtes dur et méchant : votre amour vous est retourné avec sincérité.
D'autres personnes sont dures avec vous : vous vous ferez de nouvelles relations.
Vos amis sont durs avec vous : vos amis sont faux.

Des enfants sont durs avec leurs parents : vous êtes trop bon avec vos enfants.
Des époux sont durs l'un envers l'autre : vous serez très riche.
Des proches sont durs avec vous : vous découvrirez un voleur.

DYSENTERIE

Vous avez de la dysentrie : vous recevrez un cadeau très coûteux.
Vous prenez un médicament contre la dysentrie : un avenir souriant se dessine.
Les enfants ont de la dysentrie : vous serez invité à un banquet.
Vous vous remettez d'une crise de dysenterie : vous recevrez la nouvelle d'un mariage.
La famille entière a une crise de dysenterie en même temps : des ennuis domestiques.

EAU

Vous rêvez d'eau : abondance.

Vous tirez de l'eau d'une fontaine : une belle et jeune épouse vous apportera la fortune.

Vous tirez de l'eau d'un puits : votre femme vous tourmentera.

Vous prenez de l'eau sale d'un ruisseau : une maladie.

Vous vous baignez dans de l'eau claire : une bonne santé.

Vous vous baignez dans de l'eau sale : une maladie.

Vous buvez de l'eau bénite par un prêtre : votre âme sera pure.

Vous buvez l'eau d'un verre : un prompt mariage.

On vous offre un verre d'eau : naissance d'un enfant.

Vous buvez de l'eau chaude : vous serez harcelé et persécuté par vos ennemis.

Vous buvez un verre d'eau fraîche : votre conscience est claire.

Vous buvez de l'eau glacée : prospérité et triomphe sur vos ennemis.

Vous cassez un verre plein d'eau : la mort d'une mère et la vie sauve pour son enfant.

Vous répandez l'eau d'un verre : la mort d'un enfant et la santé pour sa mère.

Vous tombez dans l'eau et vous réveillez immédiatement : votre vie entière sera détruite par la femme que vous avez épousée.

Vous tombez dans de l'eau très froide : réconciliation et bonheur.

Vous portez de l'eau dans votre chambre à coucher : vous recevrez la visite d'un homme de très mauvaise moralité.

De l'eau inonde la maison et abîme les meubles : vous vous querellerez avec vos ennemis.

De l'eau coule hors de votre propre maison : votre vie est en danger.

Vous marchez sur le sol dans de l'eau : triomphe et réussite.

De l'eau coule dans un petit canal : malheur.

De l'eau coule dans une rivière : vous recevrez de bonnes nouvelles d'un voyageur.

Une rivière déborde : vous recevrez de bonnes nouvelles d'un procès en cours.

Des gens riches rêvent d'eaux sales : ils tomberont en disgrâce.

Des gens pauvres rêvent d'eaux sales : ils perdront l'estime de leur employeur.

Vous vous baignez dans de l'eau froide avec d'autres gens : un travail passionnant vous attend.

Vous servez de l'eau à d'autres personnes : travail et sécurité.

Vous êtes en bateau sur des eaux calmes : vos affaires sont prospères.

Vous êtes gonflé d'eau : chance dans l'avenir.

Vous cachez des récipients d'eau : un grand chagrin.

Vous tombez d'un bateau dans l'eau agitée : vous perdrez votre fortune.

Vous portez de l'eau dans un pot sans en répandre une goutte : évitez de confier aux autres des objets de valeur.

Vous portez de l'eau dans un pot et vous en répandez : vous aurez un certain mal à conserver votre fortune.

Vous portez de l'eau dans un récipient qui fuit : abus de confiance et vol.

Vous buvez de l'eau de puits claire : votre fortune va s'accroître.

Vous buvez de l'eau de puits boueuse : vous souffrirez de votre ruine.

De l'eau nauséabonde : une maladie.

Vous récoltez de l'eau : vos affaires marcheront bien.

Vous mettez des roses dans l'eau : Vous avez trop d'imagination.

Vous versez de l'eau sur un feu : vous perdrez un procès.

De l'eau douce : vous aurez une maladie très douloureuse.

De l'eau salée : bonheur.

Vous sautez dans l'eau : persécutions.

Vous jetez de l'eau sale : les ennuis viennent des autres.

Des eaux stagnantes : un danger de mort.

De l'eau jaillit du sol : affliction.

L'eau d'une piscine : fortune.

De l'eau tombe sur votre tête : des profits.

Vous êtes poussé dans l'eau : vous aurez bien des choses sur la conscience.

Vous mettez du sucre dans l'eau : vous jouirez d'une vie facile.

De l'eau qui disparaît : une bonne période commence.

Un aquarium : vous serez pris dans une dispute.

De l'eau minérale : vous guérirez d'une maladie.

Vous rêvez d'une descente de gouttière : vous vous faites beaucoup de soucis sans raison.

Vous arrosez votre pelouse : vous devez vous fier à votre propre jugement.

Vous arrosez les fleurs d'un jardin : vous attendez trop de services des autres.

ÉBÈNE

Vous rêvez de bois d'ébène : vous ferez un voyage dans un pays étranger.

Vous avez du bois d'ébène : vous rencontrerez quelqu'un de l'étranger.

Vous achetez du bois d'ébène : vous aurez du succès dans vos affaires.

On vous donne des objets faits de bois d'ébène : vous gagnerez bien votre vie.

ÉCHANGER

Vous échangez un article dans un

magasin : vous découvrirez des objets de valeur perdus.

Vous échangez des objets avec une autre personne : attendez-vous à des pertes dans vos affaires.

Vous échangez des objets avec des membres de la famille : des ennuis et des difficultés.

Vous échangez des épouses entre membres d'une même famille : une réalisation rapide de vos espoirs.

Vous échangez une blonde pour une brune : vous vous remarierez.

ÉCHAPPATOIRE

Vous rêvez d'une échappatoire : vous êtes capable de voir loin.

Vous vous ménagez des échappatoires : vous atteindrez mieux vos buts en vous en donnant les moyens.

D'autres se ménagent des échappatoires : malchance en amour.

D'autres ne trouvent pas d'échappatoire : un chagrin.

S'ÉCHAPPER

Vous vous échappez d'une prison : vous ferez une ascension rapide, dans le monde commercial.

Vous échappez à un accident ou à des blessures : la vie vous apportera de bonnes choses.

Vous échappez à des difficultés : succès dans votre vie privée.

Vous échappez à un incendie : un triomphe.

Vous échappez à la noyade : vous aurez des moments difficiles mais le succès viendra.

Vous échappez à un animal furieux : la trahison est toute proche.

Vous ne pouvez pas vous échapper : honneurs et joie.

Vos proches échappent à un danger : beaucoup d'argent.

D'autres gens échappent à un danger : des amis vous trahiront.

ÉCHEC

Votre vie est un échec : vous réaliserez vos plus grands espoirs.

Vos proches ont subi un échec : beaucoup de prudence dans vos entreprises.

D'autres personnes subissent un échec : les succès se feront attendre.

Votre époux subit des échecs : vous n'êtes pas faite pour votre situation.

ÉCHELLE

Une grande échelle : votre petite amie (petit ami) vous laissera tomber.

Vous montez à une échelle : un bonheur peu ordinaire et une grande prospérité.

Vous descendez à une échelle : des déceptions sur le plan professionnel.

Vous tombez d'une échelle : c'est l'échec.

Vous montez un escalier tournant : (en vis) : vous atteindrez votre but.

Vous descendez un escalier tournant : les soucis s'envoleront.

Vous avez le vertige sur une échelle : un événement important se produira qui vous sera très bénéfique.

Vous montez à une échelle de corde : des bénéfices.

Vous transportez une échelle : vous allez sauver quelqu'un.

Vous placez une échelle contre une fenêtre : vous ferez la rencontre d'une personne fort tendre.

Vous montez sur la passerelle d'un navire : on vous dévalisera.

D'autres personnes montent à une échelle : vos amis sont fidèles.

Vous montez à une échelle pour entrer dans une maison : réussite.

Vous montez à une échelle à l'assaut d'une forteresse : une poursuite judiciaire qui tournera à votre avantage.

Vous sautez d'une échelle : vous aurez une bonne situation.

Vous montez sur une échelle double : un coup de chance inattendu.

ÉCHO

Vous entendez un écho tout proche : de bons amis vous rendront visite.
Vous entendez un écho lointain : vous apprendrez le bonheur de quelqu'un.
Vous entendez un écho dans une caverne : vous triompherez de vos ennemis.

ÉCLAIR (lumineux)

Un éclair de lumière : des amis vous trahiront.
L'éclair d'une torche ou d'un projecteur : des nouvelles importantes à l'origine d'un succès.
Vous achetez un flash : quelqu'un qui a de mauvaises intentions vous observe attentivement.
Vous utilisez un flash : un secret sera découvert.

ÉCLATER — FAIRE ÉCLATER

Vous rêvez de quelque chose qui éclate : vous vous amuserez bien.
Vous faites éclater quelque chose : un héritage vous est destiné.
Des amis font éclater quelque chose : d'excellents résultats professionnels.
Des ennemis font éclater quelque chose : il faut savoir accorder sa confiance à bon escient.

ÉCLIPSE

Une éclipse de soleil : vous subirez des pertes.
Une éclipse de lune : vous n'aurez pas de chance.
Vous observez une éclipse de lune avec votre famille : bonheur.
Vous observez une éclipse de lune avec un être aimé : vous serez trompé.

ÉCOUTER

Quelqu'un vous écoute : ne vous laissez pas exploiter par les gens.
Vous écoutez les autres : maladie.
Vous écoutez l'avis des autres : pauvreté.
Vous écoutez l'avis de gens importants : il faut prêter l'attention aux conseils déjà donnés.
Vous écoutez des enfants : joie.
Vous écoutez votre compagnon (votre compagne) : des disputes en famille.

ÉCOUTER AUX PORTES

Vous rêvez que vous écoutez aux portes : vous aurez du succès auprès du sexe opposé.
Vous écoutez secrètement une conversation : une chance inattendue.
Des amis écoutent aux portes votre conversation : vous allez vers l'argent.
D'autres gens écoutent aux portes : de l'argent va vous arriver.

ÉCRITURE

Vous voyez des écrits sur un papier : vous vous excuserez.
L'écriture d'autres personnes : vous recevrez des documents légaux.
Des graffitti sur un mur : vous finirez par découvrir la vérité.
Vous écrivez une lettre à la main : dignité dans l'amour.

ÉCUME

De l'écume se forme sur des confitures (ou d'autres aliments) : de joyeux amis vous entoureront.
L'écume de la bouche d'un cheval . vous avez des amis loyaux.
L'écume de la bouche d'un chien : vous n'êtes pas apte à remplir votre fonction.

ÉDUCATION

Vous n'avez pas d'éducation : vous souffrirez de vos propres folies.
Vous cherchez à recevoir une

éducation : la fortune sourira certainement à vos efforts.
Des enfants ont une éducation : des enfants créeront des ennuis.
Vous avez une éducation limitée : vous perdrez de l'argent.

ÉLASTIQUE

Vous rêvez d'un élastique : votre chance s'améliorera.
Vous possédez quelque chose en élastique : une bonne période commence.
Vous avez une gaine élastique : une grande joie.
Vous mettez des élastiques autour de paquets : méfiez-vous des amis jaloux.

ÉLECTION

Vous participez à une élection : succès rapide de vos espérances.
D'autres participent à une élection : des événements importants et favorables se produiront.
Vous prenez un poste à l'issue d'une élection : un changement dans votre entourage.
Vous gagnez une élection : un faux ami est proche.

ÉLECTRICITÉ

Vous utilisez l'électricité : vous serez très surpris par un événement qui va survenir.
Vous recevez une décharge électrique : des amis vous duperont.
D'autres gens manipulent l'électricité : soyez prudent dans vos affaires.
Vous manipulez des appareils électriques : l'accord règne entre amis.

ÉLÉPHANT

Vous rêvez d'un éléphant : crainte et danger pour les riches.
Vous êtes pauvre et rêvez d'un

éléphant : vous obtiendrez une situation nouvelle et meilleure.
Vous nourrissez un éléphant : une personne importante deviendra votre amie.
Vous montez sur le dos d'un éléphant : chance.
Beaucoup d'éléphants : prospérité.
D'autres sont sur des éléphants : un ami vous aidera.
Vous donnez de l'eau à un éléphant : vous rendrez des services à une personne influente.
Un éléphant dans un cirque : danger de mort pour un de vos proches.
Un éléphant s'échappe d'un cirque : des disputes de famille.
Un éléphant en liberté : vous aurez une vie très indépendante.

ELFE

Vous rêvez d'un elfe : des événements favorables et importants se produiront.
Vos enfants rêvent d'un elfe : vos enfants seront très gentils.

EMBARQUER

Des troupes embarquent sur un navire : c'est l'échec pour vos ennemis.
Des marins embarquent sur un bateau : les ennemis subiront une défaite.
Des marins commerçants embarquent sur un bateau : le bonheur est certain.
D'autres personnes embarquent : des amours heureuses.

EMBARRAS

Vous êtes bien embarrassé : plus vous êtes embarrassé, plus grande sera votre réussite.
D'autres sont dans l'embarras : bonheur.
Vous embarrassez bien vos amis : succès immédiat de toutes vos espérances.
Vos enfants vous jettent dans l'embarras : vous êtes un peu démodé.

EMBAUMER

Un corps embaumé : de grands honneurs.

Le corps d'un proche est embaumé : vous devez faire confiance à votre propre jugement.

On embaume un dignitaire : vous travaillez avec rapidité et application.

On empaille un animal ou un oiseau : n'attendez pas trop de la gentillesse des autres.

EMBRASSER

Vous embrassez des proches de la famille : prenez garde aux traîtrises.

Vous embrassez vos enfants : grande joie en perspective.

Vous embrassez un étranger : vous recevrez un visiteur importun.

D'autres gens vous prennent dans leurs bras : des gains financiers.

Des inconnus vous prennent dans leurs bras : le temps est venu de poursuivre votre cour.

Votre femme ou votre petite amie serre quelqu'un d'autre dans ses bras : solitude et ennuis.

Votre mari ou votre petit ami tient quelqu'un d'autre dans ses bras : votre vie sera longue.

ÉMERAUDE

Vous rêvez d'une émeraude : un héritage va vous causer des difficultés.

Vous avez des émeraudes : votre chance est la plus grande que l'on puisse imaginer.

Vous vendez vos émeraudes : vous vous séparerez d'un être cher.

Vous achetez des émeraudes : vous ferez des affaires avec quelqu'un qui est très loin.

ÉMIGRER

Vous rêvez que vous émigrez : vous recevrez une lettre d'un ami d'un pays étranger.

D'autres gens émigrent : attention aux tromperies.

Vous avez des ennuis avec l'office d'immigration : une grande joie se prépare.

L'office d'immigration vous refuse l'entrée : un secret cache un danger.

EMMÊLER

Vous rêvez d'un écheveau de laine emmêlé : vous allez devoir vous mesurer à dure partie.

Vous êtes emmêlé dans quelque chose : la patience sera récompensée.

Vous êtes emmêlé dans une affaire commerciale : un rude travail vous attend.

D'autres personnes sont empêtrées : évitez les rivaux.

EMPALER

On vous empale sur une palissade : des ennemis vous menaceront.

D'autres sont empalés sur une palissade : des ennuis vous attendent.

Vous échappez à l'empalement : bonheur.

Vous êtes torturé et puni : votre triomphe est certain.

EMPEREUR

Vous êtes un empereur : vous ferez des projets pour vous échapper.

On vous présente à un empereur : vous partirez pour un long voyage.

Vous êtes mariée à un empereur : vous perdrez votre réputation.

EMPLOI

Vous êtes incapable de trouver un emploi : malchance dans vos affaires sentimentales.

Vous avez un bon emploi : une bonne période s'annonce.

Vous trouvez des emplois pour d'autres : grande pauvreté en perspective.

Vous êtes à l'agence pour l'emploi

et cherchez un travail : un changement favorable.

EMPLOYEUR

Vous rêvez de votre propre employeur : vous aurez un changement de situation.

Vous parlez à votre employeur : vous aurez très prochainement de l'avancement.

Un employeur vous embauche : il vous faut revoir sévèrement votre façon de vivre.

Un employeur vous met à la porte : un mystère sera résolu.

Votre employeur cesse ses activités : vous serez énergique.

Vous employez d'autres gens : leurs intérêts sont en contradiction avec les vôtres.

EMPREINTE DE PAS

Vous rêvez des traces de pas d'une femme : un rapide succès de vos espérances.

Les traces de pas d'un homme : soyez prudent dans vos affaires.

Vos propres traces de pas : chance et prospérité.

Les empreintes de pas d'enfants : vous surmonterez vos difficultés.

Les empreintes de pas d'autres gens : un ami cherche à vous aider en secret.

EMPRESSEMENT

Vous êtes une personne empressée : dangers et malchance.

Vous ne montrez aucun empressement : un ami fidèle pense à vous.

D'autres personnes ne montrent ni ardeur ni empressement : c'est la ruine pour vos affaires.

Vous êtes incapable de travailler avec ardeur et empressement : vous découvrirez un trésor.

EMPRUNTER

Vous empruntez de l'argent : chagrins domestiques.

Vous remboursez de l'argent emprunté : vous voguerez en eaux calmes.

D'autres personnes remboursent de l'argent emprunté : de bonnes affaires dans un futur proche.

D'autres personnes vous empruntent de l'argent : la mort d'un ami.

ENCENS

Rêve d'encens : on vous flatte à grands coups d'encensoir ...

Vous faites brûler de l'encens avant l'arrivée d'un être aimé : vous serez plein de respect.

De l'encens brûle dans une église : c'est la fin de vos problèmes.

D'autres font brûler de l'encens : vous serez l'objet de nombreuses marques d'attention.

Vous brûlez de l'encens chez vous : votre amoureux vous flatte (votre amoureuse).

ENCHANTÉ

Vous êtes enchanté : un excès de bonheur.

D'autres sont enchantés : attendez-vous à des ennuis à la maison et à des problèmes au bureau.

Vos proches sont enchantés : vous triompherez de vos ennemis.

Des enfants sont enchantés : vous gagnerez beaucoup d'argent.

ENCLUME

Vous rêvez d'une enclume : votre travail porte ses fruits.

Vous achetez une enclume : le bonheur est assuré.

Vous martelez des objets de métal sur une enclume : vos affaires vont se modifier.

D'autres personnes utilisent une enclume : des temps heureux en perspective.

ENCOURAGER

Vous êtes encouragé : on vous offensera.

Vous avez besoin d'encouragements : la jalousie vous rend injuste.

Vous rendez courage à un malade : vous recevrez une aide financière.

Vous encouragez des enfants : vous vous disputerez avec votre compagnon (compagne).

Vous encouragez des amis : vos actions vous causeront des regrets.

Des proches vous encouragent : vous serez malheureux.

ENCRE

Vous rêvez d'une bouteille d'encre : le bonheur est assuré.

Vous répandez de l'encre : vous n'êtes pas aimé en retour.

Vous achetez de l'encre : des bénéfices financiers.

Vous changez de couleur d'encre : des disputes dans la famille.

Vous buvez de l'encre : vos espoirs les plus chers seront réalisés.

Des enfants écrivent à l'encre : vous avez un ami fidèle.

Vous écrivez des lettres d'amour à l'encre : une trahison.

Vous écrivez des lettres d'affaires à l'encre noire : vous allez subir des pertes dans vos affaires.

Une jeune femme rêve d'encre : elle va être mêlée à un scandale.

ENFANT

Vous rêvez d'un enfant : le bonheur au foyer.

De vos propres enfants : une grande aisance.

Des enfants de vos proches : une joie désintéressée.

Des enfants d'autres gens : présage de disputes familiales.

Une jeune fille rêve qu'elle s'enfuit : elle perdra sa réputation.

ENFER

Vous rêvez de l'enfer : des changements complets de votre situation.

Vous êtes en enfer : une bonne période s'annonce.

Vous vous échappez de l'enfer : une joie.

Vous rentrez chez vous après un séjour en enfer : une déception.

Vous entendez gémir les damnés en enfer : votre vie sera courte.

ENFLURE

Vous souffrez d'enflure : de mauvaises nouvelles vont vous arriver.

Des proches sont enflés : richesse.

Des amis souffrent d'enflure : honneurs.

D'autres personnes en souffrent : la mort d'un ennemi.

S'ENFUIR

Une personne mariée rêve qu'elle s'enfuit de chez elle : vous n'êtes pas fait pour votre situation.

Une personne non mariée rêve qu'elle s'enfuit : malheur en amour.

Des enfants s'enfuient : vous devez changer votre façon de vivre.
Des amis s'enfuient de chez eux : vos ennemis ne réussiront pas dans leurs visées.

ENGOURDI

Vous vous sentez engourdi : de bons résultats professionnels.
Vos jambes sont engourdies : un grand bonheur.
Vos bras sont engourdis : un grand succès.
Votre main droite est engourdie : vous recevrez la visite d'un ami.
Votre main gauche est engourdie : vous recevrez une visite peu souhaitée.
Le corps de vos enfants est engourdi : beaucoup d'argent.

ENLÈVEMENT

Être enlevé : les projets se réaliseront bien.
Être enlevé de force : un avenir très favorable en perspective.
Une femme est enlevée : un événement très important et heureux va se produire.
Un enfant est enlevé : un mystère va être résolu.

ENNEMI

Vous rencontrez un ennemi : une grande chance.
Vous êtes en compagnie de quelqu'un que vous n'aimez pas : une catastrophe se prépare.
Vous parlez avec un ennemi : ayez de la prudence dans vos affaires.
Un ennemi vous enlève : vos amis vous mettront dans l'embarras.
Vous vous battez avec des ennemis : des amis vous tromperont.
Vous haïssez un ennemi : vous perdrez votre fortune.
Vous tuez un ennemi : une grande joie et des plaisirs nombreux.
Vous avez le dessus sur un ennemi : vous gagnerez un procès.

ENNUIS

Vous rêvez d'ennuis qui se présentent : vous déménagerez.
Vous avez des ennuis : succès et honneurs.
Une personne mariée a des ennuis : un désastre s'annonce.
Une personne célibataire a des ennuis : honte et chagrin.
Une jeune fille a des ennuis : elle aura beaucoup de petits amis.
Un amant a des ennuis : son amour sera un échec.
Une veuve a des ennuis : elle va se trouver enceinte.
Vous rencontrez des ennuis : vous réussirez.
Vous évitez les ennuis : les ennuis viendront à vous.

ENNUYER

Vous êtes ennuyé et contrarié : une chance favorable sur tous les plans vous attend.
Vous ennuyez les autres : vous allez faire des gains substantiels.
Vous ennuyez une personne mariée : évitez les rivaux.
Vous ennuyez des enfants : attention à un secret dangereux.

ENQUETE

Vous faites l'objet d'une enquête : prospérité.
D'autres personnes soumises à une enquête : attention aux ennuis.
Des ennemis participent à une enquête : une catastrophe se prépare.
Vous conduisez une enquête : un changement favorable.
Une enquête aboutit en votre faveur : des gains financiers.

ENSORCELER

Vous êtes ensorcelé : de mauvaises influences risquent de s'exercer sur vous.
D'autres gens sont ensorcelés : vous

aiderez financièrement d'autres gens.
Des proches parents sont ensorcelés :
une perte dans le domaine professionnel.
Vous ensorcelez d'autres gens : vous
réaliserez vos ambitions les plus
hautes.
Vous résistez à un ensorcellement :
beaucoup de gens recherchent votre
conseil.

ENTENDRE

*Vous entendez quelqu'un qui est
tout proche :* votre esprit sera
vigoureux.
Vous entendez parler des proches :
un changement va intervenir dans
votre vie.
Vous entendez des enfants : des
bénéfices financiers.
Vous entendez d'autres gens : on
vous trompe.

ENTERREMENT

Vous assistez à un enterrement :
vous aurez de la chance en amour.
*Vous allez à un enterrement en
compagnie de quelqu'un que vous
aimez :* vos ennemis vous envient.
*Vous allez à un enterrement avec
d'autres personnes :* votre santé sera
bonne.
*Vous allez à un enterrement en
famille :* vous perdrez des amis.
*Vous portez les cordons du poêle
dans un enterrement :* vous commettrez un acte irréfléchi.
*Vous assistez à l'enterrement d'un
ami :* un héritage en vue.
*Vous assistez à l'enterrement de
votre meilleur ami :* une longue vie.
*Vous assistez à un enterrement vêtu
de noir :* vous perdrez votre mari
ou votre femme.
*Une femme en deuil assiste à un
enterrement :* une vie conjugale bien
malheureuse.
*Vous assistez à l'enterrement d'un
membre de la famille :* vous allez

vous marier.
*Vous assistez à l'enterrement d'un
proche alors que vous êtes marié :*
un divorce sous peu.
*Vous assistez à l'enterrement de
votre père ou de votre mère :* vos
spéculations seront heureuses.

ENTERRER

*Vous rêvez que vous enterrez quelque
chose :* vous allez acquérir de belles
propriétés foncières.
Vous enterrez une casserole : malheur.
Vous enterrez un vase d'or : vous
aurez un accident.
*Vous enterrez un objet volé placé
dans une boîte :* votre vie sera particulièrement heureuse.
Vous enterrez de l'argent : vos espérances vont à vau-l'eau.

ENTERRÉ VIVANT

Vous êtes enterré vivant : richesse
et puissance sont pour bientôt.
*D'autres personnes sont enterrées
vivantes :* vous détiendrez fortune
et influence.
Vos ennemis sont enterrés vivants :
vous en triompherez.
Un traître est enterré vivant : des
amis cherchent à vous tromper.

ENTONNOIR

*Vous rêvez d'un entonnoir pour
les liquides :* vous êtes incorrigible.
*Vous versez des liquides avec un
entonnoir :* vos amis bavardent.
D'autres gens utilisent un entonnoir :
vous atteindrez votre but mais
lentement.

ENTRÉE

*Vous passez l'entrée d'un lieu pu-
blic :* vos désirs seront réalisés.
Vous passez l'entrée d'un lieu privé :
votre avenir sera glorieux.
Vous faites une entrée solennelle :
vous avez trop bon cœur.

Vous faites une entrée remarquée dans la société : soyez prêt à apprendre une mort.

ENTREPÔT

Vous rêvez d'un entrepôt : l'argent vous viendra facilement pendant votre vie.

Vous êtes dans un entrepôt : réussite de vos affaires et de votre vie conjugale.

Vous stockez des choses dans un entrepôt : la curiosité vous tient.

Vous retirez des choses d'un entrepôt : un changement de résidence.

Un camion-entrepôt : une infidélité.

ENTREPRENEUR DE POMPES FUNÈBRES

Le bureau d'une entreprise de pompes funèbres : on vous annoncera un mariage.

Un entrepreneur de pompes funèbres emporte un corps : bonheur.

Il prépare un corps pour un enterrement : vous subirez une perte.

Vous vous rendez au bureau d'une entreprise de pompes funèbres : votre vie sera longue.

Vous êtes entrepreneur de pompes funèbres : un proche va mourir.

ENTREPRISE

Vous vous lancez dans une nouvelle entreprise : soyez prudent pour éviter la ruine.

Vous mettez en route une très bonne entreprise : de tristes nouvelles vous attendent.

Vous êtes entraîné dans une entreprise qui n'est pas saine : vous gagnerez beaucoup d'argent.

D'autres se lancent dans d'excellentes entreprises : de grands changements vous attendent.

ENVELOPPE

Vous rêvez d'une enveloppe : de tris-

tes nouvelles vont vous parvenir.
Une enveloppe fermée : des difficultés en perspective.
Vous ouvrez une enveloppe et retirez son contenu : vous verrez les soucis s'envoler.
Vous mettez une lettre dans une enveloppe : vous découvrirez des trésors perdus.
Vous recevez une enveloppe contenant beaucoup de lettres : de grandes déceptions en amour.
Vous postez une lettre : chance et prospérité.
Vous achetez des enveloppes : un changement favorable.

ENVIE (avoir une)

Vous rêvez d'une envie : vous vous réconcilierez avec un ancien ennemi.
D'autres ont des envies : des disputes en famille.
Vos amis ont des envies : un changement dans l'entourage.

ÉPAULETTE

Vous portez des épaulettes à franges : honneurs et considération générale.
D'autres personnes portent des épaulettes : votre amant sera militaire ou marin.
Votre amant porte des épaulettes : vous vous livrerez à des actes bien fous.
Vos ennemis portent des épaulettes : vous aurez une grande dignité.

ÉPICERIE

Vous faites des achats dans une épicerie : votre vie sera oisive.
Vous mangez des articles d'épicerie : une grande joie.
D'autres personnes clientes d'une épicerie : un événement important et favorable se produira.
Des proches sont clients d'une épicerie : chance et prospérité.

ÉPILEPSIE

Vous êtes épileptique : vous gagnerez beaucoup d'argent.
Des enfants sont épileptiques : vous serez effrayé.
Un de vos proches est épileptique : soucis et tracas seront effacés.
D'autres gens ont des crises d'épilepsie : vous recevrez de l'argent que vous n'attendiez pas.

ÉPINE

Vous rêvez d'épines : vous aurez de grandes satisfactions.
Vous êtes piqué par une épine : attention aux ennuis.
Des enfants sont piqués par des épines : un changement dans votre entourage.
Vous êtes irrité par une épine : un changement favorable.
Vous avez des épines dans le corps : une maladie.

ÉPINGLE À CHEVEUX

Vous rêvez d'épingles à cheveux : on vous trompe en ce moment-même.
Vous maniez des épingles à cheveux vous trouverez un nouveau lieu d'amusement.
Vous découvrez des épingles à cheveux sur le sol : un ami vous observe.
Vous achetez des épingles à cheveux : de l'argent pour bientôt.
Vous perdez des épingles à cheveux : un changement se produira bientôt.
Vous découvrez les épingles à cheveux d'une rivale : vous allez commettre des actes stupides.

ÉPITAPHE

Vous rêvez d'une épitaphe sur une tombe : un mariage va être célébré ou un bébé va naître.
Une épitaphe sur la tombe d'un

membre de la famille : un grand succès dans la famille.

Une épitaphe sur une statue : dignité et distinction.

Des épitaphes sur des tombes de soldats : vous prendrez de l'intérêt aux choses nouvelles.

ÉPOUSE

Vous rêvez de votre propre épouse : ayez un meilleur contrôle de vous-même.

Vous vous mariez : l'accomplissement de vos désirs.

Votre femme vous appelle : vous subirez des tourments.

Vous vous disputez avec votre femme : une dispute qui durera plusieurs jours.

Votre épouse est très bien habillée : attention aux ennuis.

Votre femme se déshabille : vous devriez changer votre façon de vivre.

Votre femme est nue : elle vous ment.

Votre femme dans une baignoire : malchance en amour.

Votre épouse sur la plage au soleil : vous éviterez un danger.

Votre épouse nage dans une piscine : un rival vous enlèvera son amour.

Votre épouse se marie à un autre : un changement dans vos affaires de cœur ou une séparation.

Une épouse rêve qu'elle est mariée à un autre homme : une séparation soudaine ou la mort du mari.

ÉPUISÉ

Vous êtes épuisé : vous aurez une vie sociale très agréable.

Les autres gens sont épuisés : un mystère va être résolu.

Un compagnon (compagne) est épuisé : des moyens abondants.

Vos enfants sont épuisés : soyez prudent dans vos tractations.

ÉQUATEUR

Vous rêvez de l'équateur : vous serez à nouveau heureux dans la vie.

Vous passez la ligne de l'équateur sur un bateau : on vous rebaptisera.

D'autres personnes passent la ligne de l'équateur : méfiez-vous des ennemis.

ÉQUIPAGE

Un équipage de chevaux : vous remporterez la victoire sur vos ennemis.

Une femme rêve qu'elle conduit un équipage de chevaux : bonheur à la maison.

Un homme d'affaires rêve qu'il conduit un équipage de chevaux : ses plans réussiront.

Un agriculteur rêve qu'il conduit un équipage de chevaux : une bonne récolte.

ÉQUIPE

Vous rêvez d'une équipe de sportifs : vous déménagerez.

Une équipe de joueurs gagne : de grands honneurs en perspective.

Une équipe de joueurs perd : des complications sentimentales.

Vous êtes membre d'une équipe : vous réussirez.

Vos enfants sont membres d'une équipe : une réunion de famille inattendue.

ÉQUIPEMENT

Vous rêvez d'un équipement : pauvreté.

Vous vous achetez un équipement : vous recevrez de l'argent de source inattendue.

Vous vendez un équipement commercial : vous recevrez un cadeau de valeur.

Vous achetez un équipement pour la maison : vous êtes jaloux de la chance de votre voisin.
Vous achetez un équipement pour une boutique : de bonnes affaires en perspective.

ERMITE

Vous rêvez d'un ermite : si vous aviez un peu plus d'audace, vous réussiriez beaucoup mieux.
Vous êtes ermite : un ami vous trompe.
Vous devenez ermite : vous tomberez bientôt malade.

ESCRIME

Vous rêvez d'escrime : il vous arrivera des choses bien intéressantes.
D'autres gens se battent à l'escrime : malchance en amour.
Des ennemis se battent à l'escrime : méfiez-vous des amis jaloux.
Vous enseignez l'escrime : vous passerez par de nombreux hauts et bas.

ESPOIR

Vous avez de l'espoir : vous perdrez de bons amis.
Vous perdez l'espoir : une bonne période s'annonce.
Il y a de bons espoirs pour la famille : un danger vous guette.
Vous espérez la réussite de vos enfants : attendez-vous à de grandes discussions avec des membres de la famille.

ESSENCE

Vous rêvez d'essence : attention dans vos entreprises professionnelles.
Vous achetez de l'essence : des bénéfices financiers.

Vous vendez de l'essence : succès rapide de vos affaires.
D'autres gens achètent de l'essence : votre réussite est pour plus tard.

ESSIEU

Rêve d'essieu : guérison après une maladie.
L'essieu d'une roue de voiture : les autres vont vous guider.
L'essieu d'une roue de camion : votre santé va se dégrader.
Un essieu de machine : gros moyens.
Un essieu rompt : attention à vos ennemis.

ESTIMATION

Vous faites une estimation : vous désirez connaître l'avenir mais n'êtes pas en mesure de le faire.
Vous faites des estimations exactes : il va vous arriver des choses très agréables.
Vous vous livrez à des estimations sur la vie privée des gens : vos amis vous trompent.
D'autres gens font sur vous des conjectures : on vous trompera.
Vous faites l'estimation de l'âge de quelqu'un : pauvreté.

ESTROPIÉ

Vous rêvez d'une personne estropiée : vous serez déshonoré.
Vous êtes estropié : un dur travail vous attend.
Vous ne pouvez pas entreprendre un voyage du fait d'un estropié : des projets d'affaires que protège la chance.
Des membres de la famille sont estropiés : ne vous lancez pas dans des spéculations.
Vos ennemis sont estropiés : faites attention dans tout ce que vous faites.

ÉTAIN

Vous rêvez d'étain : les gens parlent derrière votre dos.

Vous astiquez quelques petits objets en étain : vous croirez à l'amitié de gens de mauvaise foi.

Vous achetez de l'étain : vous vous élèverez financièrement.

Vous vendez de l'étain : éprouvez l'honnêteté de vos amis avant de leur donner votre confiance.

Vous travaillez de l'étain : ne prêtez pas l'argent si facilement.

Vous possédez beaucoup d'étain : vous avez un caractère très hautain.

ÉTAU

Vous avez un étau mécanique : vous travaillerez très dur.

Vous travaillez avec un étau : chance dans vos affaires.

ÉTEINDRE

Vous éteignez un feu : un grand danger se prépare.

Vous éteignez une flamme : vous manquerez d'argent.

Vous éteignez une lumière : de graves disputes amoureuses.

ÉTERNITÉ

Vous rêvez de l'éternité : vous serez heureux.

Vous vivez dans l'Éternel : votre temps est bien rempli.

Vous êtes immortel : bonheur dans la famille.

ÉTIQUETTE

Vous rêvez d'étiquettes : vous allez recevoir d'importantes nouvelles.

Vous collez une étiquette sur un paquet : attendez-vous à une surprise.

Vous collez une étiquette sur une malle : vous ferez bientôt un long voyage.

ÉTONNEMENT

Vous êtes étonné : vous êtes sur les rangs pour un poste ministériel.

Vous étonnez les autres : une grande joie en perspective.

Vous êtes étonné par les actions des autres : richesse.

Un membre de la famille se comporte de façon étonnante : vous allez recevoir de bonnes nouvelles.

ÉTOURDISSEMENT

Vous avez un étourdissement : des disputes de famille.

Des enfants ont des étourdissements : un rude travail apportera une amélioration.

ÉTRANGE

Vous êtes étrange : vous n'aurez pas de chance.

D'autres personnes agissent de façon étrange : prenez garde qu'on ne vous dupe.

Des membres de la famille agissent de façon singulière : il y aura bientôt de grandes disputes.

ÉTRANGER

Vous êtes étranger dans un pays : beaucoup d'amour et d'amitié.

Vous êtes un étranger indésirable dans ce pays : humiliations et chagrins.

On vous présente à un étranger : vous allez récolter de l'argent.

Un étranger change de nationalité : des événements très importants et favorables vont survenir.

Vous rencontrez des étrangers : vous découvrirez des biens perdus.

Vous êtes en compagnie d'étrangers : le bonheur est assuré.

Vous épousez un étranger : vous aurez de la chance en amour.

Vous tombez amoureuse (x) d'un (e)

étranger(e) : votre vie sera longue.
Vous détestez un étranger : vos projets tomberont à l'eau.

ÉTRANGER (PAYS)

Vous partez à l'étranger : vous allez changer de travail.
Vous êtes à l'étranger : votre esprit et vos pensées sont agités.
Vous rentrez de l'étranger : des changement vont se produire dans votre situation actuelle.
D'autres partent pour l'étranger : c'est le triomphe sur vos ennemis.
D'autres sont à l'étranger : vous allez être trompé par quelqu'un.

EUROPE

Vous rêvez de l'Europe : joie désintéressée.
Vous voyez l'Europe sur une carte : vous aurez de l'avancement dans votre situation.
Vous faites un voyage en Europe : vous ferez d'importantes rencontres.
Vous faites un voyage en Europe avec d'autres gens : un rival vous enlèvera votre petite amie.
Vous visitez plusieurs pays européens : vous ferez de bonnes affaires financières.
Vous rentrez d'Europe : vous vous disputerez avec des amis.
On vous déporte hors d'Europe : un gros travail en perspective.
On vous déporte vers l'Europe : un secret recèle un danger.
Vous êtes citoyen d'un pays européen : vous recevrez de fausses nouvelles.
Vous êtes en affaires avec des pays européens : échec de vos ennemis.

ÉVACUER

Vous évacuez des objets d'usage courant : vous serez malheureux.

Vous évacuez une maison : vous recevrez de mauvaises nouvelles.
Vous évacuez un local commercial : vous gagnerez de l'argent dans l'avenir.
D'autres gens évacuent des biens : vous perdrez de l'argent au jeu.
D'autres gens évacuent des meubles : mort d'un proche.

ÉVAPORER

Vous rêvez de liquides qui s'évaporent : vous tomberez dans la misère.
Un parfum s'évapore : vous aimez embrasser ceux que vous rencontrez.
Des odeurs désagréables dues à une évaporation : une déception amoureuse.
De l'éther ou de l'alcool s'évaporent : une longue vie.
De la vapeur s'évapore : fiez-vous donc à votre propre jugement.

ÈVE

Vous êtes Ève : prospérité.
Vous êtes Ève et nue : vous gagnerez de l'argent.
Une jeune fille rêve qu'elle est Ève : un changement va bientôt intervenir dans sa vie.
Vous parlez à Ève : malchance en amour.

ÉVENTAIL

Vous avez un éventail : des nouvelles agréables vont vous arriver.
Une jeune femme rêve qu'on l'évente : elle se mariera bientôt.
Une dame non mariée s'évente : vous ferez bientôt des rencontres utiles.
Une femme perd son éventail : un ami très proche s'écartera de vous.
Une femme achète un éventail : elle s'intéresse à un autre homme.

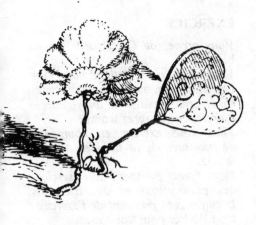

D'autres personnes ont des éventails : vous avez de nombreux rivaux.
Un rival avec un éventail : une perte d'argent.

ÉVÊQUE

Vous rêvez d'un évêque : vous aurez des différends avec les autorités judiciaires.
Vous parlez avec un évêque : vos affaires iront de façon satisfaisante.
Plusieurs hommes d'église entourent un évêque : c'est une période de mauvaise santé qui commence.
Vous rêvez du vêtement d'un évêque : un mauvais ami est tout proche de vous.

EXAMEN

Vous passez un examen : vous n'êtes pas fait pour votre métier.
Vous réussissez un examen : attendez-vous à des ennuis d'affaires.
Vous répondez aux questions correctement : bénéfices financiers.
Vous ne répondez pas correctement aux questions : un travail intéressant et de bonnes nouvelles.
Les enfants réussissent un examen : vous réaliserez vos ambitions les plus hautes.
D'autres gens réussissent un examen : vous êtes destiné aux déceptions.

EXCITER

Vous êtes excité et heureux : le succès est remis à plus tard.
Vous êtes excité mais malheureux : réalisation complète de vos projets.
D'autres gens vous excitent : vous serez pauvre.
D'autres gens vous poussent jusqu'à la colère : vous souffrirez de la faim.

EXCRÉMENT

Vous rêvez d'excréments : vous aurez beaucoup d'argent.
Des excréments de bébé sur des couches : vous profiterez de gros avantages.
Des excréments d'animaux : vous ferez de gros bénéfices.
Toute autre sorte d'excréments : vous recevrez un cadeau.

EXCURSION

Vous êtes en excursion : prenez garde à vos associés mariés.
Vous faites une excursion avec des amis : attention, ces amis ne sont pas honnêtes.
Vous faites une excursion en famille : importants événements à venir.
Des époux font une excursion : le succès est repoussé à plus tard.
D'autres gens font une excursion sans vous : bénéfices financiers.

EXCUSE

Vous recevez des excuses de la part d'enfants : vous allez vaincre vos ennemis.
Vous faites des excuses à des amis : un ami ancien revient.
Vous recevez des excuses d'un ami : vous allez changer de compagnie et d'environnement social.
Vous faites des excuses : vos folies vous feront souffrir des pertes.
D'autres vous font des excuses : vous vivrez très longtemps.

On vous fait des excuses : vous serez heureux en amour.

Un associé vous fait des excuses : le bonheur est certain.

Des enfants font des excuses : vous gagnerez beaucoup d'argent.

Des amis font des excuses : évitez vos ennemis.

EXÉCUTEUR TESTAMENTAIRE

Vous faites nommer un exécuteur testamentaire : un événement important et favorable va se produire.

Vous avez été nommé exécuteur de la famille : vous vivrez longtemps.

Quelqu'un d'autre agit comme exécuteur testamentaire : vous avez un faux ami dans les parages.

EXÉCUTION

Vous rêvez d'une exécution : vos entreprises ne sont pas assurées.

Votre propre exécution : vous devez contrôler mieux vos passions.

L'exécution d'un amant : vous souffrirez de vos propres folies.

L'exécution d'une petite amie : évitez les rivaux.

Exécution d'un coupable : vous triompherez de vos ennemis.

Exécution d'un innocent : un amant vous abandonnera.

Vous assistez à une exécution : vos amis vous sont infidèles.

EXEMPLE

Vous rêvez d'exemple : vous serez un modèle durant toute votre vie.

Vous êtes un modèle pour les enfants : vous atteindrez à une haute position.

Des gens sont de bons exemples : vous ferez très bien marcher votre affaire.

Des gens donnent un mauvais exemple : une sentence de mort.

EXERCICE

Vous prenez de l'exercice : tout ira bien.

Vous vous sentez fatigué par l'exercice : attention aux pertes monétaires.

Vous prenez plaisir à un vigoureux exercice : vous serez trompé.

Vous vous exercez en compagnie de membres de la famille : fortune et joie.

Deux époux prennent de l'exercice : des persécutions et des trahisons.

D'autres gens prennent de l'exercice : c'est l'échec pour vos ennemis.

EXIL

Vous êtes en exil : cela annonce de graves pertes.

On va vous exiler : le succès est pour plus tard.

Une femme rêve qu'elle sera exilée : elle doit sacrifier ses plaisirs pour entreprendre un voyage.

Vous revenez d'exil : le bonheur pour la vie.

Vos fautes vous ont conduit à l'exil : vous aurez une maladie de peau des années durant.

EXPÉDITION

Vous partez en expédition : vous mènerez vos projets à leur terme.

Vous projetez une expédition mais ne partez pas : une grande catastrophe va se produire.

Votre expédition manque à son but : vous allez perdre de l'argent.

D'autres gens partent en expédition et ratent leur but : vous aurez bien des soucis avec vos affaires.

EXPERT

Vous rêvez d'un expert : vous serez aimé d'une nouvelle personne.

Vous parlez avec un expert : des

bavardages stupides courent à votre sujet.

Vous prenez conseil auprès d'un expert : vous subirez des humiliations.

Vous êtes expert vous-même : vous ferez une bonne récolte.

EXPLOIT

Vous accomplissez de grands exploits : échecs et humiliations.

D'autres accomplissent de grands exploits : votre réussite est pour plus tard.

Des amis accomplissent de grands exploits : un rude travail vous attend.

EXPLORATEUR

Vous rêvez d'un explorateur : de faux amis vous entourent.

Vous êtes explorateur : vous ferez bientôt des rencontres de qualité.

Vous partez en exploration : une maladie.

Vous discutez d'une découverte avec un explorateur : vous allez recevoir de mauvaises nouvelles.

EXPLOSION

Vous rêvez d'une explosion : des amis désapprouvent totalement vos actes.

Vous êtes blessé dans une explosion : vous subirez des vexations.

Votre visage est marqué par une explosion : on vous accusera à tort.

Vous êtes soudain enveloppé de flammes à la suite d'une explosion : des amis outrepassent leurs droits.

D'autres personnes sont prises dans une explosion : un proche est en danger.

Vous causez une explosion : vos amis perdront leur confiance en vous.

EXPOSITION

Vous rêvez d'une exposition : des difficultés en perspective.

Vous visitez une exposition : des pertes financières.

Vous vous rendez avec d'autres à une exposition : une chance inattendue.

Vous vous rendez à une exposition avec votre famille : attention aux ennuis.

EXPRESS

Vous voyagez en train express : prenez garde de ne pas offenser vos supérieurs.

Vous voyagez en autocar express : un ennemi cherche votre perte.

Vous expédiez une lettre expresse : un secret recèle un danger.

Vous recevez une lettre expresse : vos amis vous tromperont.

EXQUIS

Vous avez un goût exquis : vous regretterez vos actions présentes.

Une dame d'une exquise beauté . vous ferez beaucoup de dettes.

Vous rencontrez un homme exquis : joie désintéressée.

Vous flirtez avec une femme exquise : votre avenir sera chargé de tristesse.

EXTRAVAGANT

Vous êtes extravagant : honte et chagrins.

D'autres gens se comportent de façon extravagante : bénéfices financiers.

Votre femme est extravagante : vous réaliserez vos ambitions les plus hautes.

Votre mari est extravagant : soyez prudente dans vos affaires.

FABLE

Vous racontez une fable : un événement important et favorable va se produire.
Vous entendez d'autres gens raconter une fable : vous devez songer à amender votre vie.
Vous racontez une fable à des enfants : une grande joie.

FACTURE

Vous êtes en train de payer des factures : des gains d'argent immédiats.
Vous ne les payez pas : danger imminent dans vos affaires.
Vous avez des factures en retard : d'autres gens disent du mal de vous.
On vous envoie un rappel pour des factures non payées : votre patron ne vous aime pas.

FAGOT

Vous rêvez d'un fagot : vous recevrez de fausses nouvelles.

Vous portez des fagots : les temps vont devenir durs.
D'autres gens portent des fagots : un ami cherche à vous rouler.
Des enfants portent des fagots : un changement favorable.

FAIBLE

Vous êtes faible : succès rapide de vos projets.
Votre compagne (compagnon) est faible : vous réaliserez vos grandes ambitions.
Des enfants sont faibles : des bénéfices financiers.
Des amis sont faibles : vous gagnerez une grosse somme.

FAILLITE

Vous êtes en faillite : vos affaires vont prospérer.
Vous allez être en faillite : vous allez recevoir des marques d'estime de vos amis.

Vous déclarez une faillite : surveillez immédiatement et attentivement vos affaires.

FAIM

Vous avez faim : des médisances.
Vos enfants ont faim : des événements importants et favorables.
D'autres gens ont faim : l'échec pour vos ennemis.
Vos ennemis ont faim : vos amis vous tromperont.

FAMILLE

Vous rêvez de votre propre famille : prenez garde où vous mettez les pieds.
Vous avez une très grande famille : des temps heureux viendront.
Vous avez une petite famille : un ami cherche à vous aider.
Vous n'avez ni famille ni proches : vous serez trompé.
La famille d'autres gens : l'échec de vos ennemis.

FAMINE

Vous souffrez de famine : vous triompherez de vos ennemis.
Une famine continue : vous vivrez dans un grand confort.
D'autres gens souffrent de la famine : vos affaires vont en prendre un coup !
Vous connaissez l'abondance après une période de famine : vous serez très riche.

FANTÔME

Un fantôme apparaît : une grande chance.
Un fantôme vous fait peur : attendez-vous à des ennuis.
Vous n'avez pas peur des fantômes : vous passerez sain et sauf à travers les difficultés.
Un fantôme vous parle : attention aux ennemis.

FARCEUR

Vous rêvez d'un joyeux farceur : les gens chercheront à profiter de vous.
Vous êtes un farceur : la compagnie de gens futiles ne vous apportera rien de bon.

FARDEAU

Vous pliez sous le poids d'un fardeau : vous aurez besoin des autres dans la vie.
D'autres personnes portent un fardeau : un gros héritage en perspective.
Des enfants portent un fardeau : de l'avancement en perspective.
Des amis portent un fardeau : les finances vont s'améliorer nettement.

FARINE

Vous achetez de la farine : vous gagnerez beaucoup d'argent.
Vous avez de la farine : c'est l'abondance.
Vous faites de la cuisine avec de la farine : vous perdrez un ami.
Vous faites brûler de la farine : un danger s'annonce.
Vous faites des gâteaux avec de la farine : une vie heureuse en perspective.
Vous travaillez dans le secteur des farines : vous vous risquerez à des spéculations hasardeuses.

FAT

Vous rêvez d'un personnage plein de fatuité : quelqu'un cherche à vous détruire.
Plusieurs personnes ridicules : l'harmonie règne entre vos amis.
Une femme mariée rêve d'un fat : vous devez changer de conduite.
Un homme marié rêve d'une femme ridicule et prétentieuse : il va avoir une nouvelle liaison.

Une femme non mariée rêve d'un fat : son amant n'a pas une belle situation.

FATIGUE

Vous êtes fatigué : vous recevrez un grand service de quelqu'un.
Votre mari est fatigué : pauvreté.
Votre femme est fatiguée : un héritage.
Vos enfants sont fatigués : un mystère sera bientôt résolu.
Des employés sont fatigués : vous préférez vous amuser plutôt que travailler.
Des amis sont fatigués : des disputes en famille.

FAUCON

Vous rêvez d'un faucon : votre fortune s'accroîtra.
Plusieurs faucons : faites très attention à vos spéculations.
Vous tuez un faucon au fusil : il n'y a pas d'obstacles insurmontables.
Vous tenez un faucon dans vos mains : du plaisir.
D'autres personnes tiennent un faucon : vous êtes entouré d'ennemis envieux.
Un faucon en vol : des intrigues engendrent des pertes.
Des faucons en vol : des amis vont vous trahir.

FAUSSETÉ

Vous dites un mensonge : votre vie sera longue.
D'autres vous racontent des mensonges : vous aurez de nombreux ennemis.
Des époux se racontent des choses fausses l'un à l'autre : ils souffriront de leurs inconséquences.
Des enfants disent à leurs parents des choses fausses : vous réaliserez vos ambitions les plus hautes.

FAUTE

Vous êtes en faute : des amis vont vous réprimander.
Des enfants sont en faute : honte et chagrin.
Votre mari est en faute : il y a un faux ami tout près.
Votre femme est en faute : un mystère sera éclairci.
Un associé est en faute : votre vie sera longue.
D'autres gens sont en faute : vous êtes voué aux déceptions.

FAUTEUIL

Rêve d'un fauteuil : vous allez recevoir sans tarder de bonnes nouvelles.
Beaucoup de fauteuils : honneurs et distinctions.
Vous êtes assis dans un fauteuil : les autres ont beaucoup de considération pour vous.
D'autres sont assis dans un fauteuil : une visite inopportune.

FAUX (fabrication de)

Vous êtes coupable de contrefaçon : vous allez recevoir de l'argent que vous n'attendiez pas.
D'autres sont coupables de malfaçon : vos amis ne vous disent pas la vérité.
Vous imitez une signature : la richesse vous attend.
D'autres imitent votre signature : vous gagnerez beaucoup d'argent.

FAVORI

Vous rêvez d'un de vos amis favoris : on vous demandera de l'argent.
Un de vos proches favoris : malheur.
Vous êtes le favori d'une autre personne : vous allez recevoir quelque chose que vous aimez beaucoup.
Vous rêvez d'une personne que vous chérissez : une grande joie.

FÉE

Vous rêvez d'une fée : votre vie sera satisfaisante.

Vos enfants rêvent de fées : vous devriez changer votre façon de vivre.

FEMME

Vous rêvez d'une femme : sécurité en amour.

Une femme blanche : vous vous libérerez d'une affaire amoureuse.

Une femme à la peau brune : vous serez dangereusement malade.

Une femme à la peau noire : brève maladie.

Un homme rêve d'une femme morte : une dame fort riche l'aimera bientôt.

Une femme rêve d'une femme morte : elle sera abandonnée.

Une femme qui danse : une maladie.

Une femme étendue sur un lit : sécurité.

Une belle femme nue : un grand malheur.

Une femme vous rend visite chez vous : des espérances.

Une inconnue : vous devrez recevoir un hôte non attendu.

Une femme vous rend service : vous aurez une mauvaise réputation.

Vous entendez la voix d'une femme : vous changerez définitivement de lieu d'habitation.

Une femme vous fait peur : une infirmité.

Plusieurs femmes ensemble : vous serez humilié.

Un homme rêve qu'une femme très belle lui parle : beaucoup de bavardages.

Une femme fait des avances à un homme : jalousie.

Un homme rêve d'une femme de mauvaise réputation : un désastre se prépare.

Vous êtes une femme de mauvaise réputation : vous souffrirez des humiliations.

Une femme rêve qu'elle divorce de son mari : elle épousera un homme très riche.

Une femme rêve qu'elle est un homme : la naissance d'un fils qui fera honneur à la famille.

Une femme aux cheveux blancs : distinctions et honneurs.

Une femme aux longs cheveux blonds : votre vie sera heureuse.

Une brune aux longs cheveux : honneurs et profits.

Un homme rêve d'une femme dont la chevelure va jusqu'au sol : votre femme est adultère.

Un groupe de femmes se trouve dans une salle de maternité : un grand bonheur.

Un homme rêve d'une femme qui donne naissance à un bébé : prospérité.

Une femme célibataire rêve qu'elle est enceinte : elle aura un enfant sourd et muet.

Une femme mariée rêve qu'elle est enceinte : elle recevra de bonnes nouvelles.

Une femme mariée rêve qu'elle donne naissance à un poisson : ses enfants seront très intelligents.

FENÊTRE

Une fenêtre ouverte : le succès vous attend.

Une fenêtre fermée : vous souffrirez de l'abandon de vos amis.

Une fenêtre brisée : méfiez-vous des amis qui vous volent.

Vous sautez par la fenêtre : vous aurez un procès.

Vous montez à une fenêtre par une échelle : vous ferez faillite.

Vous sortez par une fenêtre pour descendre une échelle de pompier : vous gagnerez bien votre vie dans l'avenir.

Une très grande fenêtre : des succès en affaires.

Une fenêtre en face de chez vous : des disputes entre frères.

Une fenêtre sur cour : des disputes entre sœurs.

Vous voyez des gens s'embrasser devant une fenêtre : la mort d'un oiseau familier.

Vous voyez quelque chose de votre fenêtre : vous triompherez de vos ennemis.

Le feu sort par une fenêtre : vous vivrez longtemps.

Vous jetez des choses par la fenêtre : vous aurez de l'avancement.

FER

Vous rêvez de plaques de fer : des difficultés en perspective.

Du fer gris : vous devez garder le contrôle de vous-même.

Du fer noir : des amis vous tromperont.

Du fer fondu : le bonheur est certain.

Des barres de fer : vous découvrirez des objets de prix qui étaient perdus.

Des cornières de fer : l'entente règne entre vos amis.

Vous achetez du fer : vous allez recevoir des nouvelles de l'étranger.

Vous vendez du fer : vous allez gagner facilement de l'argent.

Du fer porté au rouge : des disputes.

Vous coupez du fer : votre réussite est remise à plus tard.

Vous martelez du fer : des succès amoureux.

Vous utilisez un fer à repasser : des gains financiers.

FER À CHEVAL

Vous trouvez un fer à cheval : vous ferez un héritage.

Vous perdez un fer à cheval : des disputes dans la famille.

Vous ferrez à neuf un cheval : de la malchance en amour.

FERME

Vous possédez une grande ferme : vous hériterez de l'argent.

Vous possédez une petite ferme : vous réaliserez vos ambitions.

Vous achetez une ferme : pour l'agriculteur, une grosse récolte.

Vous vendez une ferme : vous aurez à vous battre.

Vous visitez une ferme : votre santé sera bonne.

D'autres gens visitent votre ferme : un rapide succès de vos affaires.

Vous travaillez dans votre ferme : une grande réussite pour vos affaires.

Vos proches travaillent dans une ferme : vous ferez un excellent voyage.

Vous embauchez des gens pour travailler dans une ferme : vous devez changer tout de suite votre mode de vie.

Vous travaillez seul dans une ferme : la réussite matérielle.

Vous ouvrez des chemins autour d'une ferme : un dur travail vous attend.

Une ferme brûle : une fortune considérable vous attend.

Une ferme prospère : des avantages dans tous les domaines (mariage, héritage, affaires, etc.)

Une ferme vide : détresse.

Une ferme qui appartient à d'autres gens : un travail passionnant et de bonnes nouvelles.

FERMETURE ÉCLAIR

Vous fermez les fermetures éclair de vos vêtements : un amoureux va vous faire des propositions.

Vous défaites votre fermeture éclair : votre santé sera excellente.

D'autres personnes ferment leurs vêtements : ils auront de la chance au jeu.

D'autres personnes défont leur fermeture éclair : annonce de la future naissance d'un bébé.

Un homme défait la fermeture éclair de la robe d'une femme : il recevra de grandes richesses.

Vous achetez des fermetures éclair :
vous serez offensé.
Des enfants ferment des fermetures
éclair : le bonheur en famille.

FERRY-BOAT

Vous rêvez d'un «ferry» : attendez-
vous à la visite d'un ami.
Vous êtes seul sur un ferry-boat :
un danger plane.
Vous êtes sur un ferry avec d'autres
gens : succès de vos amours.
Vous êtes sur un ferry avec votre
famille : une bonne période commence.
D'autres gens sont sur un ferry :
vous triompherez de vos ennemis.
Vos amis sont sur un ferry : quelqu'un vous surveille avec de mauvaises intentions.

FESSES

Vous rêvez de vos propres fesses :
la fortune est devant vous.
Les fesses d'un homme : de bonnes
affaires se présenteront bientôt.
Les fesses d'une femme : amour
et bonheur.

Les fesses d'un bébé : une réunion
de famille.
Les fesses d'animaux : de l'argent
va bientôt vous parvenir.
Les fesses d'un chien : des voleurs
vont venir vous rendre visite.

FESTIVAL

Vous rêvez d'un festival : des difficultés dans un proche avenir.
Vous préparez un festival : c'est une
autre personne qui jouit de ce que
vous désirez.
D'autres gens assistent à un festival :
joie et satisfaction.
Vous êtes à un festival avec vos
proches : vous recevrez de bonnes
nouvelles.
Vous êtes à un festival avec vos
enfants : bonheur.
Vos ennemis sont à un festival :
misère et détresse en perspective.

FÊTE DU TRAVAIL

Vous rêvez de la fête du Travail :
satisfaction familiale.
Vous assistez à un défilé de la fête

du Travail : une grande joie en réserve.

Vous travaillez le jour de la fête du Travail : vous recevrez une forte somme d'argent.

Des travailleurs se battent le jour de la fête du Travail : vous mangerez davantage dans l'avenir.

FEU

Vous tisonnez un feu dans un âtre : vous ne savez pas maîtriser vos colères.

Un feu qui flambe bien : vous aurez une grande joie.

Beaucoup de fumée sans flammes : vous aurez une déception.

Vous ne prenez pas garde à un incendie : on vous aime beaucoup.

Des pompiers éteignent un feu : vous recevrez de bonnes nouvelles.

Un feu sans fumée : vous aurez beaucoup d'argent.

Quelqu'un tombe dans un feu : malchance.

Des proches brûlent dans un incendie : vous aurez bientôt une forte fièvre.

Vous regardez éteindre un incendie : pauvreté.

Vous êtes dans un feu : triomphe.

Un feu mort : vous n'aurez pas de chance.

Un petit feu : vous recevrez de bonnes nouvelles.

Un grand feu : sérieux changements dans vos affaires.

Un grand feu qui brûle : vous prendrez bientôt part à une dispute.

Vous brûlez dans un incendie : des dommages dans vos affaires.

Vous jetez de l'eau sur le feu : vous perdrez le contrôle de vous-même.

Du feu tombe du ciel : désolation.

Vous allumez un feu : vous vous laisserez séduire.

Un feu artificiel : vous serez bientôt enceinte.

Vous retirez quelque chose du feu avec votre main : vous surmonterez les obstacles.

Vous éteignez complètement un feu : vous serez récompensé.

FEU D'ARTIFICE

Vous rêvez de feu d'artifice : un bébé va bientôt naître.

Vous observez un spectacle de feu d'artifice : vos folies vous feront du tort.

Vous regardez un feu d'artifice avec vos enfants : joie désintéressée.

Vous regardez un feu d'artifice avec vos proches : disputes de famille.

FEUILLAGE, FEUILLES

Vous rêvez de feuillages qui tombent : une maladie dangereuse.

Vous avez une couronne de feuillages : de grands honneurs.

Du feuillage de figuier : les gens sont envieux de vous.

Vous mangez des feuilles cuites : il y a des dissensions dans la famille.

Du feuillage vert : la vie vous réserve encore bien des plaisirs.

Des feuillages secs : une maladie.

Du feuillage de vigne : vous vous mettrez en colère.

Des feuillages jaunis : joie.

Des feuillages morts : vos entreprises n'aboutiront pas.

Un arbre couvert de feuilles : un événement important et bénéfique se produira.

Vous cueillez des feuilles vertes : Vous recevrez de l'argent.

Des fleurs parmi les feuilles : deux personnes sont très heureuses ensemble.

Des feuilles qui tombent : vous tomberez dangereusement malade.

Des feuilles vertes : santé et bonheur.

Des feuilles qui se fanent : vous êtes plein de détermination dans vos décisions.

Des feuilles mortes : les gens sont pleins de malice à votre égard.

Des feuilles de laurier : une grande joie.

Vous mangez des feuilles : disputes.

Une couronne de feuilles : honneurs.

Vous utilisez des feuilles dans la cuisine, en assaisonnement : vous aimez manger avec excès.

Vous faites cuire des feuilles : de l'argent va arriver.

Les feuilles tombent en automne : une déception amoureuse.

Le vent fait tomber les feuilles des arbres : une vie familiale peu heureuse.

Des feuilles sur le sol : des disputes avec vos amis.

Des feuilles sur une branche portant un fruit : un mariage heureux.

Des feuilles recouvrent le sol de la cour : un divorce.

Des feuilles de papier : votre assiduité au travail sera récompensée.

FÉVRIER

Vous rêvez de février durant le mois de février : c'est un bon mois pour les affaires.

Vous recevez un cadeau en février : votre amant vous trahira.

Vous donnez le jour à un enfant en février : vous aurez de nombreux soucis.

Vous rêvez de février durant un autre mois : une maladie.

Vous êtes né en février : des événements importants et favorables.

Des enfants sont nés en février : vous ferez une carrière politique.

FIANÇAILLES

Une jeune fille rêve de fiançailles : elle ne sera pas très aimée.

Des fiançailles rompues : il vous faudra subir des déceptions.

Des fiançailles dans la haute société : des ennuis en perspective.

Les fiançailles des autres sont rompues : vous subirez un choc émotif.

Une personne belle et forte se fiance : malhonnêteté.

Une personne tranquille et modeste se fiance : l'avenir sera bon.

FIANCÉ

Vous vous fiancez : attendez-vous à des problèmes dans la famille.

Vous êtes promis mais non fiancé : vous aurez des problèmes avec votre amoureux (amoureuse).

Des amis se fiancent : vos hautes ambitions se réaliseront.

Des proches se fiancent : des discussions familiales.

Vous rêvez de votre fiancé : vous ferez une expérience triste.

Le fiancé de votre fille : une dispute et un malentendu vite dissipé.

La fiancée de votre fils : un désaccord se réglera.

Le fiancé de quelqu'un d'autre : votre esprit est fort.

FIASCO

Vous avez un échec ridicule : vous réaliserez vos ambitions les plus hautes.

D'autres gens font fiasco : le succès est pour plus tard.

Vos enfants font fiasco : des affaires qui tournent mal.

Votre mari fait fiasco : vous n'êtes pas faite pour votre situation.

FICELLE

Vous rêvez de ficelle : évitez les flirts.

Vous achetez de la ficelle : le moment est bon pour poursuivre votre cour.

Vous entourez quelque chose avec de la ficelle : vous allez vous livrer à des actes irresponsables.

Vous gardez de vieilles ficelles :

vous vous disputerez avec un ami sur de toutes petites choses.

Vous avez de la ficelle très épaisse : vous pleurerez amèrement sur vos amours.

FIDÈLE

Vous êtes fidèle : vous serez jaloux.

Votre compagne (ou compagnon) est fidèle : le bonheur règne entre parents et enfants.

Vos enfants vous sont fidèles : attention aux rivaux.

Vos proches vous sont fidèles : le bonheur est certain.

Vos amis vous sont fidèles : une maladie.

FIÈVRE

Vous avez une forte fièvre : vos amis vous mentiront.

Vous souffrez de la fièvre : petits tracas.

Vos enfants ont de la fièvre : vous obtiendrez ce que vous désirez.

Vos proches ont de la fièvre : bénéfices d'argent.

Vos amis ont de la fièvre : vos amis vous tromperont.

FIFRE

Vous avez un fifre : vous aurez de l'avancement.

Vous entendez jouer du fifre : vous ferez un voyage pour voir un parent à l'armée.

D'autres gens jouent du fifre : chance et prospérité.

FIGUE

Vous rêvez de figues pendant leur saison : plaisirs et honneurs.

Vous rêvez de figues quand ce n'est plus la saison : chagrin.

Vous mangez des figues : vous gaspillez votre fortune.

Vous avez des figues sèches : vous perdrez votre fortune.

FIL

Vous rêvez de fibres filées (laine ou coton) : des succès dans le domaine amoureux.

Un homme rêve de fil : il réussira dans ses affaires.

Une femme rêve de fil : elle aura beaucoup d'argent.

Un époux rêve de fil : il aura des revenus abondants et réguliers.

Une épouse rêve de fil : son sens de l'économie et de la paix aideront beaucoup son mari.

Des personnes non mariées rêvent de fil : elles se marieront bientôt.

Vous achetez du fil de laine, de coton ou de soie : vous allez recevoir un cadeau d'une source inattendue.

Un fil d'or : le bonheur est certain.

Un fil d'argent : vous échapperez au danger.

Un fil de cuivre : vous serez introduit dans un milieu d'artistes.

Un fil d'acier : il vous faudra résoudre des conflits.

Des fils cassés : des amis sans scrupules vous causeront des pertes matérielles.

Vous embobinez du fil : vous atteindrez à la richesse par votre sens de l'épargne.

Vous dénouez un fil très emmêlé : un mystère trouvera sa solution.

Vous gaspillez du fil : vous découvrirez un secret.

FILET

Vous rêvez d'un filet : vous ferez prochainement un voyage.

Vous rêvez d'un filet : une histoire d'amour qui tourne en queue de poisson.

Vous êtes pris dans un filet : vos désirs seront réalisés.

Un large filet : de grandes richesses.

Des enfants découvrent un filet : ils atteindront à des postes importants dans leur avenir.

Quelqu'un se sert d'un filet : vous tomberez bientôt amoureux.

Vous utilisez un filet : réussite en affaires.

Une femme rêve qu'elle utilise un filet à cheveux : mariage durable.

Vous attrapez quelque chose avec un filet : vous aurez une surprise.

Vous attrapez une femme dans un filet : beaucoup d'argent.

Vous attrapez un poisson dans un filet : un changement de température et beaucoup de pluie.

Vous attrapez des oiseaux dans un filet : de gros soucis en perspective.

FILET A PAPILLON

Vous utilisez un filet à papillon : bonheur.

Vous attrapez mouches et papillons avec un filet à papillon : vous avez des désirs peu avouables.

Vous achetez un filet à papillon : des persécutions.

Vous déchirez un filet à papillon : tout ira le mieux du monde pour vous.

FILLE

Une belle fille : vos affaires prendront de l'importance.

Une fille intelligente : une grande fortune.

Vous parlez à une fille : bonheur et tranquillité.

Un célibataire rêve qu'il embrasse une fille : chance.

Un homme marié rêve qu'il embrasse une fille : ennuis domestiques.

Vous embrassez plusieurs filles : grand succès.

Une fille à la fenêtre : graves disputes.

Une fille qui court : vous attraperez un voleur.

Une fille exceptionnellement belle : beaucoup d'argent.

Vous sauvez une fille du danger : on vous aimera à la folie.

Une très gentille fille : bonheur en amour.

Une fille vous apporte d'étonnantes nouvelles : une réponse qui tardait vous arrivera.

Un homme rêve qu'il est une fille : il jouera un rôle de femme à la scène.

Un parent rêve de sa fille : le plaisir et l'harmonie règnent chez vous.

Votre fille est en train de jouer : le bonheur est certain.

Plusieurs filles jouent ensemble : vous aurez de l'avancement.

Vous parlez à votre fille : vous aurez du chagrin.

Une mère parle à sa fille unique : elle sera très bientôt enceinte.

Une fille adoptée : un désastre se prépare.

FILM

Vous avez un film : évitez les rivaux.

Vous achetez un film : vous ferez peut-être un voyage à l'étranger très prochainement.

Vous utilisez un film : tournez sept fois votre langue dans votre bouche avant de parler.

D'autres gens utilisent un film : on parle beaucoup de vous.

FIN

Vous entendez la fin de quelque chose : une bonne période commence.

Vous surveillez la fin d'une pièce : des choses très étranges vont se produire.

La fin du monde : joie désintéressée.

La fin des autres : vous guérirez d'une maladie.

FIRMAMENT

Les cieux au clair de lune : vous

gagnerez beaucoup d'argent.
Vous regardez le ciel avec un être aimé : chance et prospérité.
Vous regardez le firmament dégagé de tout nuage : une grande fortune en perspective.
Vous regardez le firmament obscurci de nuages : malheur.

FLACON

Vous rêvez d'un flacon : vous ignorez vos amis.
Vous possédez un flacon : plaisir.
Vous buvez du vin d'un flacon : boire trop vous causera des ennuis.
Un flacon rempli d'eau : vous serez riche.
Vous brisez un flacon : des pertes.
D'autres gens boivent le contenu d'un flacon : méfiez-vous des bavardages.

FLAMME

Vous rêvez de flammes : une querelle d'amants qui finira dans la joie.
Des flammes sombres : un danger dans vos affaires sentimentales.
Des flammes incontrôlables : des difficultés en perspective.
Des flammes que vous contrôlez : de bonnes nouvelles.

FLANELLE

Vous rêvez de flanelle : malheur.
Vous portez des sous-vêtements de flanelle : une maladie.
Vous portez un costume de flanelle : des événements désagréables vont survenir.
Vous enveloppez quelque chose dans de la flanelle : vous êtes coupable d'une mauvaise action.

FLATTERIE

Des gens vous flattent : leur sollicitude est sans sincérité.
Vous flattez d'autres gens : on vous trompera.
Vous flattez votre compagnon (compagne) : vous vivrez longtemps.
Vous flattez un fiancé : vous devriez vous contrôler davantage.
Vous flattez des amis : vous passerez par des hauts et des bas.

FLÉAU

Vous êtes un fléau pour les autres : votre fortune sera considérable.
Un ami est un véritable fléau : vous recevrez d'incroyables nouvelles.
Vos proches sont un vrai fléau : malheur en amour.
Vos fournisseurs sont devenus un fléau pour vous : soyez plus modéré dans vos désirs.
Vos ennemis sont un vrai fléau : vos affaires vont à la ruine totale.
Vos enfants sont un vrai fléau : on vous trompera.

FLÈCHE

Vous êtes touché par une flèche : un malheur est causé par une personne dont vous n'attendiez pas cela.
Vous lancez une flèche : malheur.
Beaucoup de flèches : des amis travaillent contre vous.
Vous avez beaucoup de flèches : vous êtes entouré d'ennemis.
Une flèche brisée : un échec dans vos affaires.
Vous brisez une flèche : un échec en amour.
Vous touchez la cible avec une flèche : vous pouvez faire confiance à la chance.
Vous manquez la cible avec votre flèche : attendez-vous à des difficultés.
Vous percez l'œil d'un taureau avec une flèche : un héritage.
Vous perdez une flèche : des difficultés dues à votre négligence.
Vous êtes frappé par une flèche : attention à vos ennemis.

Vous possédez beaucoup de flèches :
des pertes d'argent.

FLEUR

Vous rêvez de fleurs : un grand
bonheur.
Des fleurs épanouies : des plaisirs
vous attendent.
*Une jeune fille rêve qu'elle reçoit
des fleurs :* elle aura beaucoup d'admirateurs.
Vous faites un bouquet : vous vous
marierez bientôt.
Vous recevez des fleurs de très loin :
vous serez l'héritier d'une grosse
fortune.
*Vous cueillez des fleurs sur une
plante :* de gros bénéfices.
*La cour d'un fleuriste pleine de
fleurs :* vous ferez de grosses pertes.
Des fleurs peintes : vous aurez des
tracas.
Des fleurs artificielles : malchance
dans vos affaires.
Vous recevez des fleurs en cadeau :
une grande joie.
On vous accueille avec des fleurs :
plaisir et contentement.
Des fleurs qui fleurissent en mai :
votre avenir sera meilleur.
Vos fleurs préférées : vous serez
béni.
Des fleurs blanches : de petites dif-
ficultés.
Des fleurs jaunes : de grosses dif-
ficultés.
Des fleurs rouges : la mort.
Des fleurs roses : vous êtes amoureux.
Des fleurs aux couleurs vives : l'ave-
nir vous apportera de la tristesse.
Des fleurs de diverses couleurs : vous
gagnerez beaucoup d'argent.
Vous avez des fleurs hors saison :
des obstacles se dessinent.
Des fleurs dans la maison : plaisir
et joie.
Des plantes à fleurs : vous aurez
beaucoup d'argent.
Vous cueillez des fleurs : vous con-

naîtrez une amitié fidèle.
Une cour pleine de fleurs : votre
corps souffrira d'une faiblesse.
*Vous sentez le parfum des fleurs
monter du jardin :* vous perdrez
des amis.
Vous jetez des fleurs : violentes
disputes.
Vous jetez des fleurs en boutons :
vous regretterez votre insouciance.

FLIRT

Vous rêvez de flirt : prospérité.
D'autres flirtent avec vous : un grand
bonheur.
Vous flirtez avec une femme mariée :
méfiez-vous des trahisons.
Vous flirtez avec un homme marié :
le temps est mûr pour continuer
votre cour.
Vous flirtez avec une jeune fille :
évitez les rivaux.
*Vous flirtez avec un homme non
marié :* vous serez trompée.
*Vous flirtez avec une personne di-
vorcée :* vous réaliserez vos ambitions.
Vous flirtez avec une veuve : vous
gagnerez beaucoup d'argent.
Vous flirtez avec un veuf : vous vous
livrerez à des actions ridicules.

FLORAISON

Des arbres de toutes sortes en pleine floraison : joie et agréments dans la vie.

Vos propres fleurs sont fleuries : un danger qui provient d'un secret.

Les fleurs de vos voisins fleurissent : triomphe sur vos ennemis.

Des arbres et un jardin en fleurs : vous allez profiter d'une détente profonde et agréable.

FLOTTE

Vous rêvez d'une flotte de bateaux : une lettre d'un être cher.

Une flotte de marine marchande : vous recevrez une lettre d'un ami.

Une flotte navale en manœuvre : des changements dans vos affaires.

Une flotte navale fait une présentation de gala : vous serez déçu.

Une flotte navale étrangère : vous devrez recevoir un hôte peu souhaité.

FLOTTER

Vous rêvez de quelque chose qui flotte : tout ira bien.

Vous avez du mal à rester à flot : vous pouvez vous attendre à des ennuis.

Des gens flottent : un faux ami est proche.

Un poisson mort flotte près du rivage : un danger est contenu dans un secret.

Un bateau vide flotte : un changement dans votre entourage.

Vous voyez quelque chose flotter sur l'eau : les autres vont vous causer du souci.

Un petit bateau qui flotte : de bonnes affaires en perspective.

Un gros bateau qui flotte : des moyens financiers très importants.

Un poisson qui flotte : vos gains vont être excellents.

Un mort flotte sur la mer ou sur une rivière : un destin heureux vous attend.

Un mort flotte près du rivage : votre vie sera longue.

FLÛTE

Vous rêvez à une flûte : l'argent sera facile à gagner.

Vous jouez de la flûte : vous gagnerez beaucoup d'argent.

D'autres gens jouent de la flûte : vous pouvez vous attendre à des difficultés.

Des enfants jouent de la flûte : vous allez apprendre une naissance.

FOIE

Vous mangez du foie : vous aurez une excellente santé.

Vous mangez le foie d'animaux à cornes : vous serez bientôt très riche.

Vous mangez le foie d'animaux sans cornes : un héritage va bientôt venir.

Vous avez beaucoup de foie : une maladie.

Vous avez du foie avarié : misère.

Vous mangez du foie pour être en meilleure santé : de l'argent approche.

Vous donnez à des enfants du foie à manger : votre famille sera très heureuse.

Des ennemis mangent du foie : vous gagnerez un procès contre un ennemi.

FOIN

Un champ couvert de foin : une prospérité exceptionnelle.

Vous chargez du foin : votre vie sera aisée et libre.

Vous fauchez du foin : réussite en amour.

Une meule de foin : des moyens abondants.

L'odeur du foin : vous aurez un petit accident.

L'odeur du foin pourri : vous perdrez de l'argent.

FOIRE

Vous êtes à une foire : vos activités sociales sont très agréables.

D'autres gens se rendent à une foire : un changement favorable de la situation.

Vous vous rendez à une foire en famille : ce n'est pas aujourd'hui que vous réussirez.

Vous vous rendez à une foire avec des amis : vous subirez un choc émotif.

FONDATION

Vous rêvez des fondations de votre propre maison : vous donnerez de l'argent à des œuvres charitables.

Vous rêvez des fondations d'autres immeubles : vous partirez bientôt pour un long voyage.

On crée une fondation : mort d'une personne de votre connaissance.

FONDERIE

Vous rêvez d'une fonderie : vous serez récompensé.

Une fonderie en fonctionnement : essayez de diminuer vos dépenses.

Une fonderie fabriquant de l'acier : bavardages et déceptions.

Une fonderie de cloches : ne vous souciez pas des racontars.

FONTAINE

Vous rêvez d'une fontaine sacrée : votre dévouement amènera le succès.

Une fontaine pleine : bonheur et longue vie.

Une fontaine aux hauts jets d'eau : une chose agréable mais peu ordinaire va se produire bientôt.

Vous vous trouvez dans une fontaine d'eau claire : vous serez très heureux en amour.

Une grande fontaine : abondance et santé.

Le jet d'une fontaine : des opérations profitables en affaires.

Vous êtes devant une fontaine avec votre petite amie : un grand bonheur et une grande réussite amoureuse ; mariage.

Une fontaine d'eau boueuse : la chance ne viendra que plus tard.

Une fontaine d'eau souillée : ennuis et humiliations.

Vous vous lavez à la fontaine : joie et prospérité.

Vous vous séchez près d'une fontaine : pauvreté et mort.

Une fontaine tarie : une grande désolation.

Vous rêvez d'une fontaine de la chance : deux admirateurs recherchent votre compagnie.

Vous jetez de la monnaie dans une fontaine de la chance : choisissez vos amis avec soin.

Vous faites un vœu près d'une fontaine de la chance : pour les agriculteurs c'est la chance et la fortune.

Vous volez l'argent d'une fontaine de la chance : une mort dans un proche avenir.

FOOTBALL

Vous jouez au foot-ball : vos entreprises professionnelles marcheront bien.

Vous gagnez une partie de football : l'avenir est sûr.

Vous ne marquez aucun but dans une partie de foot : votre vie sera longue.

Vous assistez à un match de foot : vous pouvez vous attendre à des ennuis.

Des enfants jouent au foot-ball : un ami cherche à vous aider.

Votre mari joue au foot-ball : vous triompherez de vos ennemis.

FORCER

Vous utilisez la force pour obliger quelqu'un à quelque chose : les autres vous domineront.

Vous utilisez la force contre les autres : vos espoirs se réaliseront.

Vous forcez les autres à accepter votre volonté : vous laissez les autres vous dominer.
Vous utilisez la force contre un prisonnier : désespoir.
Vous forcez un coffre : vous achèterez un coffre-fort d'un ancien modèle.

FORÊT

Vous rêvez d'une forêt dense : quelqu'un se donnera beaucoup de mal pour vous.
Vous êtes seul dans la forêt : vos activités sociales sont agréables.
Vous êtes dans une forêt en compagnie d'autres gens : vos amis vous tromperont.
Un feu de forêt : d'heureuses nouvelles.
Des proches de la famille sont dans une forêt : votre amant vous laissera tomber.
Vous errez dans une forêt : un héritage.
Vous vous promenez dans une forêt : de la souffrance dans l'avenir.
Une forêt aux arbres étonnamment hauts : de bonnes affaires.

FORGE

Vous rêvez d'une forge : votre amour n'est pas solide.
Un forgeron au travail : des ennuis dans vos amours.
Le feu et les étincelles d'une forge : de graves disputes amoureuses.
Vous êtes forgeron : vous aurez besoin d'argent.

FORGERON/ MARÉCHAL-FERRANT

Vous rêvez d'un forgeron : souffrance et malheur.
Vous êtes un forgeron : vous allez vite perdre foi en vous-même.
Vous parlez à un forgeron : les gens n'ont pas confiance en vous.

Un forgeron ferre un cheval : vous trouverez des obstacles sur votre route.
Le feu d'une forge : richesse.

FORT

Vous rêvez d'un fort : l'avenir vous réserve ennuis et problèmes.
Vous êtes dans un fort : évitez les rivaux.
Vous êtes dans un fort avec d'autres gens : vous pardonnerez une faute à quelqu'un.
On vous reçoit dans un fort avec des honneurs : un cadeau imprévu.

FORTUNE

Vous recevez une fortune : ennuis et pertes d'argent.
Un proche vous donne sa fortune : réussite dans tous les domaines.

FOSSÉ

Vous êtes dans un fossé : vous retrouverez vite votre santé.
D'autres gens sont dans un fossé : vous aurez des difficultés d'argent.
Vous traversez un fossé : on vous trompera.
On vous pousse dans un fossé : des difficultés inattendues.
Vous creusez un fossé : vous découvrirez un secret.
Vous creusez un fossé très profond : vous avez tendance à être très égoïste.

FOSSILE

Vous trouvez des fossiles dans le sol : vous apprendrez la maladie de quelqu'un.
Vous possédez des fossiles : vous retrouverez un vieux copain.
Vous découvrez plusieurs sortes de fossiles : un mystère sera résolu.

FOUDRE

Vous rêvez de foudre : de grands honneurs.
La foudre frappe une maison : la mort d'un ami.
La foudre frappe des arbres : la discorde entre les partenaires.
Vous êtes frappé par la foudre : la mort d'un proche.
D'autres personnes sont frappées par la foudre : vous rencontrerez une femme très lascive.
La foudre frappe l'eau : le succès est certain.
La foudre tue des animaux dans un champ : votre vie est en danger.
La foudre transperce la nuit : ennuis et disputes.

FOUET

Vous rêvez d'un fouet : évitez les rivaux.
Vous possédez un fouet : vous recevrez un message affectueux.
Vous utilisez un fouet : de bonnes nouvelles avant peu.
Vous fouettez un cheval : pas de chance en amour.
Vous recevez des coups de fouet : vous ferez un long voyage à l'étranger.

FOUETTER

Vous êtes cinglé de coups de fouet : évitez les rivaux.
Vous fouettez quelqu'un : quelqu'un que vous aimez va vous causer des problèmes.
Plusieurs personnes se font fouetter : vous aurez des déceptions.
Vos ennemis se font fouetter : vous vous remettrez d'une maladie.

FOUR

Un four à bois dont le feu est mort : chance.

Un four allumé : l'argent vous viendra facilement durant votre vie.
Vous allumez un four : vos enfants seront source de problèmes.
Vous éteignez un four : de bonnes nouvelles en perspective.
Quelqu'un d'autre allume un four : vos domestiques ne vous sont pas fidèles.

FOURCHETTE

Vous rêvez de fourchettes : de grandes bagarres dans la famille.
Vous mangez avec une fourchette : le bonheur est certain.
D'autres gens se servent de fourchettes : il vous est impossible de faire la paix avec un ennemi.
Vos invités se servent de fourchettes : succès rapide de vos espérances.
Vous recevez des fourchettes en cadeau : vous êtes voué aux déceptions.
Vous vous servez d'une fourchette pour faire la cuisine : des parasites vivent à vos dépens.

FOURGON

Vous rêvez d'un fourgon : honneurs.
Un fourgon ouvert : n'agissez pas de façon trop impulsive.
Un fourgon couvert : des projets de voyage ne se réaliseront pas.
Vous sortez d'un fourgon : vous perdrez votre emploi.
D'autres gens voyagent en fourgon : de bonnes choses vous arriveront si vous avez de la patience.

FOURMI

Des fourmis au travail : une grande activité dans vos affaires.
Il y a des fourmis dans votre maison : des malades dans la famille.
Des fourmis grimpent à un arbre : humiliations en perspective.
Des fourmis sur de la nourriture : le bonheur est certain.

FOURMILIER

Rêve d'un fourmilier : vous allez faire faillite.
Un fourmilier qui mange des fourmis : vous allez perdre des propriétés foncières.
Un fourmilier qui mange des larves : vous allez perdre des amis.

FOURRURE

Vous possédez des fourrures : vous ferez un gros héritage.
De belles fourrures : richesses et honneurs.
Une fourrure d'hermine : une grande fortune.
Un vison : les gens vous mentent.
Vous êtes couvert(e) de fourrures : santé et longue vie.
Vous avez un manteau de vison : votre amant vous est fidèle.
Vous avez un manteau de skunks : un homme tombera amoureux de vous.
Vous avez un manteau de renard : vos amis vous trahiront.
Vous avez des manteaux d'autres fourrures : sécurité dans vos affaires.

FOYER

Vous rêvez du foyer de votre maison : bonheur.
La pierre du foyer : vous aurez de la chance.
Vous cuisinez dans le foyer de la cheminée : tout vous réussira.
La grille à charbon du foyer : vous aurez de l'avancement.

FRAGILE

Vous brisez un objet fragile : vos espoirs tomberont à l'eau.
Vous postez un objet fragile : bonheur.
Vous recevez un cadeau fragile : vous prendrez de bonnes résolutions.
Vous recevez des objets fragiles brisés : vous irez en prison.

FRANÇAIS

Vous êtes de nationalité française : un secret cache un danger.
Vous êtes Français : vous manquez d'esprit de décision en affaires.
Vous parlez français : du succès pour vos amours.
Vous épousez une Française : vous aurez beaucoup de linge chez vous.
Vous épousez un Français : contrôlez mieux votre tempérament.
Vous épousez un Français ou une Française : vous irez en prison.

FRANCE

Vous allez en France : votre avenir est incertain.
Vous visitez la France : vos résolutions sont sages, tenez-vous-y.

FRANC-MAÇON

Vous êtes franc-macon : un mystère trouvera sa solution.
Vous devenez franc-macon : vous vous ferez de nouveaux amis.
Vous rêvez de franc-maçons : vous ferez un lointain voyage.

FRANGE

Des choses qui ont des franges : vanité des vanités...
Vos vêtements ont des franges : vous chercherez à plaire au sexe opposé.
Vous achetez de la frange pour la fixer sur un vêtement : des nouvelles fausses.
Des draperies ornées de franges : votre avenir est incertain.

FRAPPER

Vous frappez quelqu'un : la situation actuelle empirera.
Vous êtes frappé par quelqu'un : la mort d'un ami.
Un bandit vous frappe : des changements dans vos relations personnelles.
Un ami vous frappe : votre situation personnelle s'améliorera.
Un proche vous frappe : chance en affaires.
Vous frappez un proche : vous ferez un long voyage.
D'autres gens vous frappent : malchance en affaires.
Des gens se frappent entre eux : vous serez couvert de honte.
Une personne hors d'elle vous frappe : vous obtiendrez l'amour que vous désirez.

FRAPPER À LA PORTE

Vous rêvez que vous frappez à une porte : tenez votre langue.
D'autres personnes frappent : des temps heureux s'annoncent.
Des proches frappent : de l'argent va arriver.
Des ennemis frappent : de malheureuses complications sentimentales.

FRAYEUR

Vous subissez une grande frayeur : une vraie réussite.

Des enfants causent une frayeur : vous prospérerez grâce à votre persévérance.
Vous causez une frayeur à d'autres gens : un changement va intervenir dans votre vie.
Vous êtes effrayé durant votre sommeil : vous découvrirez un secret

FRELON

Vous rêvez d'un frelon : vous triompherez de vos ennemis.
Il y a beaucoup de frelons : un rival dépité cherche à vous blesser.
Vous tuez un frelon : soyez sur vos gardes quand vous êtes avec vos amis.
D'autres personnes tuent des frelons : de la joie.

FRÉQUENTER

Vous fréquentez des gens : vous allez recevoir de bonnes nouvelles.
Vous fréquentez des gens de peu de moralité : vous allez faire une opération.
Vous fréquentez un être aimé : vous allez recevoir de bonnes nouvelles.
Vous fréquentez des enfants : les voisins bavardent.

FRIRE

Vous faites frire de la nourriture : on s'occupera de vous dans votre vieillesse.
Vous faites frire des aliments pour un dîner : une dispute très ennuyeuse.
Vous faites frire des œufs : des gains d'argent.
Vous faites frire des pommes de terre : quelqu'un vous chérira profondément.

FRISSONNER

Vous rêvez que vous frissonnez : joie et bonheur sous votre toit.

D'autres gens frissonnent . un mariage.

Vous frissonnez et tremblez très fort : vous réaliserez vos ambitions les plus hautes.

Des proches frissonnent : vous êtes voué aux déceptions.

FRONCER LES SOURCILS

Vous rêvez de gens qui froncent les sourcils : vous avez confiance dans vos amis.

Vos amis froncent les sourcils : malchance dans vos affaires.

Des sourcils froncés : un grand bonheur domestique.

FRONT

Vous avez un beau front : vous obtiendrez le pouvoir.

Le front d'autres gens : vous entamerez de nouvelles affaires.

Un grand front : vous serez de très bonne humeur.

Un front lisse : vous aurez beaucoup d'influence.

Un vilain front : des vexations.

Un front balafré : vous découvrirez un trésor.

FRUITS SAUVAGES

Vous rêvez de fruits sauvages : votre réussite est repoussée à plus tard.

Vous cueillez des fruits sauvages : une réussite rapide de vos projets.

Vous mangez des fruits sauvages : des événements importants et bénéfiques vont se produire.

Vous achetez des fruits sauvages : des disputes en famille.

FUIR

✗ *Vous fuyez quelqu'un :* déception et chagrin.

Vous fuyez des amis : vous attendez trop des autres.

Vous fuyez vos ennemis : vos tracas s'effaceront.

D'autres fuient · vos amis vous tromperont.

FUITE

Vous rêvez d'une fuite : vos amours ne mènent à rien.

Une fuite de gaz : la mort d'un proche.

Une casserole qui fuit : ceux qui vous entourent vous aiment.

Une baignoire qui fuit : vous allez faire la connaissance d'une personnalité importante.

Un tuyau qui fuit : vous devriez vous trouver un champ d'activités plus large.

Un toit qui fuit : la malchance vous attend.

Une voiture qui prend l'eau : votre femme vous est fidèle.

Votre radiateur fuit : la naissance d'un enfant se rapproche.

FURET

Vous rêvez de ce petit animal : le dépit fait marcher les langues, méfiez-vous.

Vous chassez avec un furet : votre esprit fonctionnera bien et vigoureusement.

Un furet chasse un lapin : de l'argent va rentrer.

Un furet chasse des rats : vous aurez un choc émotif.

FURIEUX

Vous êtes furieux sans raison : les gens bavardent à votre sujet.

Une femme est furieuse : elle est jalouse de son amant.

Un homme est furieux : il est malheureux en amour.

D'autres gens sont furieux : on vous déteste.

Des enfants sont furieux : leurs voisins ne les aiment pas.

Deux personnes bien-aimées sont furieuses : joie et bonheur durable.

Un animal furieux : un ami défend votre nom.
Plusieurs animaux furieux dans une cage : une bonne période commence.

FUSIL

Vous avez un fusil : un danger va se présenter.
Vous recevez un fusil en cadeau : des honneurs.
Vous achetez un fusil : vous gagnerez bien votre vie.
Vous entendez un coup de feu cla- *quer :* vous perdrez votre emploi.
Vous tirez sur quelqu'un avec un fusil : un grand déshonneur.
D'autres gens tirent au fusil : vous serez invalide un court moment.
Vous tirez sur un ennemi avec un fusil : vous aurez un procès.
Un fusil muni d'une baïonnette : des associés vont mettre fin à leur association.
Vous voyagez avec un fusil : vous vous marierez bientôt.
Un marchand d'armes : une société va se dissoudre.

GÂCHETTE

Vous appuyez sur la gâchette d'une arme à feu : la famille est plongée dans un profond malheur.

Une femme mariée rêve qu'elle appuie sur la gâchette : déshonneur dans une histoire d'amour.

Une personne non mariée rêve qu'elle appuie sur la gâchette : elle sera mariée très bientôt.

Des adolescents appuient sur la gâchette : on les félicitera pour leurs capacités.

Vous appuyez sur la gâchette pour tirer sur un ennemi : on vous critiquera beaucoup.

D'autres tirent sur vous : vous aurez bientôt de l'avancement.

GAGE D'AMOUR

Vous offrez un objet en gage d'amour : c'est le moment de poursuivre votre cour.

Vous recevez un gage d'amour : on vous trompe.

D'autres sont au courant d'une promesse d'amour : faites attention.

GAGEURE

Vous prenez une gageure : vous n'êtes pas sûr de vos actes.

Vous relevez une gageure : vos pensées sont très confuses.

Vous gagnez un pari : agissez avec prudence et la fortune vous sourira.

GAINS

Vous gagnez beaucoup d'argent : malchance en amour.

Un gain financier important : une grande catastrophe va se produire.

Vous gagnez de l'argent en trichant : honte et chagrin.

Vous gagnez des propriétés : vous ne manquerez de rien.

Vous gagnez au jeu : une très bonne amitié.

Vous gagnez en profitant de circonstances douteuses : vous vous remettrez de maladie.

GAIETÉ

Vous êtes plein de gaîté : une grande catastrophe se prépare.
Vous êtes dans un lieu très gai : de l'avancement.
Vous et votre compagnon (compagne) êtes très gais : une bonne période s'annonce.
Vous et votre amant êtes très gais : attention aux amours !

GALA

Vous êtes à une soirée de gala : des profits sûrs.
Vous êtes à un gala avec des amis : un faux ami rôde.
Vous êtes à un gala avec votre compagnon : vous déménagerez.
Vous êtes à un gala avec votre petit ami : vous aurez beaucoup de galants.

GALERIE

Vous rêvez d'une galerie : un faux ami tente de vous faire du mal.
—Vous êtes dans une galerie : vous gagnerez beaucoup d'argent.
Une galerie de peintures : de grands honneurs et la fortune.
Une galerie marchande : réussite de vos affaires.

GALOP

Un galop tranquille : réfléchissez bien avant d'agir.
Un galop rapide : un événement important et favorable.
Vous galopez sur un cheval : un chagrin.
Un jockey galope sur votre cheval : une bonne période commence.
Plusieurs chevaux au galop : réalisation rapide de vos espérances.

GANGRÈNE

Vous avez la gangrène : vous perdrez des amis.
D'autres membres de la famille ont la gangrène : bonheur en famille.
On vous ampute d'une jambe à cause de la gangrène : un rude travail en perspective.
On ampute d'autres gens à cause de la gangrène : vos amis ne sont pas loyaux.

GANTS

Vous portez de vieux gants : bonheur.
Vous portez des gants déchirés : de nombreuses déceptions dans l'avenir.
Vous tenez vos gants à la main : prospérité et plaisirs.
Vous perdez vos gants : vos ressources vont subir un coup dur.
Vous trouvez une paire de gants : vous vous marierez très jeune.
D'autres gens portent des gants : votre réussite n'est pas pour maintenant.
Vous achetez des gants : un faux ami est proche.
Vous avez des gants sales : solitude et ennuis.
Vous fabriquez des gants : vous arriverez à une haute position sociale.

GARAGE

Vous rêvez d'un garage : vos affaires se présenteront au mieux dans l'avenir.
Un garage vide : les époux se mentent mutuellement.
Un garage plein de voitures : votre santé sera excellente et vous gagnerez beaucoup d'argent.
Vous mettez votre voiture dans un garage : l'argent ne vous manquera pas durant votre vie.
Un garage en feu : un travail agréable et de bonnes nouvelles.

GARÇON

Vous rêvez de garçons : la famille s'agrandira.

Des garçons se battent : vous allez prendre une bonne résolution.

Des garçons sautent : vous gagnerez de l'argent.

Des garçons boxent ensemble : quelque chose de mauvais va bientôt se produire.

Vous avez un garçon : une femme sera bientôt enceinte.

Un garçon tombe malade : des obstacles vont se présenter.

Vous sauvez un garçon d'un danger : vous allez vous élever socialement.

Un garçon est tué : un malheur est causé par les parents.

Un garçon infirme : des ennuis en perspective.

Vous adoptez un garçon : les autres enfants n'aimeront pas le fils adopté.

Un jeune garçon : vous vous marierez bientôt.

Plusieurs jeunes garçons : vous allez recevoir de bonnes nouvelles.

Un jeune garçon sort avec une jeune fille : mettez un peu plus d'ordre chez vous.

Un jeune garçon travaille dans un magasin : vos affaires iront bien.

Un jeune garçon trouve un travail dans une boutique : du malheur.

GARÇON D'ÉCURIE

Vous rêvez d'un garçon d'écurie : la chance vous favorise.

Un garçon d'écurie prend soin de votre cheval : votre vie est facile.

Un garçon d'écurie au travail : de gros bénéfices financiers.

Le garçon d'écurie d'autres gens : un changement dans votre entourage.

GARÇON D'HONNEUR

Vous rêvez d'un garçon d'honneur : grande joie.

Vous êtes garçon d'honneur : vos plans vont échouer à cause d'un faux ami.

Une femme rêve d'un garçon d'honneur : confiance et sécurité.

D'autres personnes ont un garçon d'honneur : vous serez déçu.

GARDE

Vous êtes sur vos gardes : évitez de parler grossièrement.

Vous êtes garde du corps : vous éviterez un grand danger.

Vous êtes gardien de nuit : un grand chagrin en perspective.

Vous frappez un garde : vous serez bientôt très heureux.

Un garde emmène un prisonnier : des amis vous insulteront.

Un garde vous emmène : votre fortune sera stable.

Vous tuez un garde : vous perdrez de l'argent.

La garde présidentielle : vous attendez une aide inutile.

Un gardien de parc : vous avez bon cœur.

GARDE-MANGER

Vous rêvez d'un garde-manger : c'est quelqu'un d'autre qui profite de ce que vous désirez.

Vous mettez de la nourriture dans un garde-manger : des disputes dans la famille.

Votre garde-manger est plein : chance et prospérité.

Votre garde-manger est vide : un mystère va être éclairci.

GARDE-ROBE

Vous rêvez d'une garde-robe : des honneurs.

Vous passez en revue votre garde-robe : vous prétendez être riche.

Votre garde-robe est imposante : vous êtes très sûr de vous.

Votre garde-robe est modeste : vous

allez rencontrer une personne très influente.

Vous ajoutez des vêtements à votre garde-robe : déceptions.

Votre garde-robe est négligée : certaines personnes se méfient de vous.

Vous achetez des robes pour une garde-robe : beaucoup de changements vont se produire.

Vous voyez de vieux vêtements dans votre garde-robe : vous ferez fortune aux dépens d'un autre.

Vous donnez des vêtements de votre garde-robe : une surprise vous attend.

GARDIEN

Vous rêvez d'un gardien : un amour silencieux vous protège.

Une patrouille de garde : vous attendez trop de services de la part des autres.

Un gardien de banque : vous avez le cœur très tendre.

Un gardien de parc : malheur.

Un gardien de zoo : des honneurs.

Plusieurs gardiens : une amitié est proche.

Vous êtes un gardien : vous serez sauvé du danger.

Vous êtes gardien de nuit : malheur.

Vous êtes gardien de jour : vous serez persécuté.

Un gardien attrape un rôdeur : vous serez induit en erreur.

Vous êtes pris par un gardien : sécurité.

Vous frappez un gardien : une vie heureuse.

GARDIEN

Un gardien de parc : vous courez un danger dans votre vie amoureuse.

Un garde-chasse : des bénéfices financiers.

Un gardien d'hôtel : un rival va vous enlever l'amour de votre petite amie.

Un tenancier de café : des bénéfices financiers.

GARROT

On vous a mis un garrot de fer : des moyens financiers.

D'autres gens ont un garrot autour du cou : restez ferme dans vos convictions, c'est vous qui avez raison.

Un criminel avec un garrot : vous rencontrerez une violente opposition à vos idées.

GAUCHER

Vous êtes gaucher : des gauchers triompheront.

Vous vous conduisez comme un gaucher : un proche de la famille va disparaître.

Vous écrivez de la main gauche : un amour heureux.

Vous travaillez de la main gauche : honneurs et richesses.

Vous boxez de la main gauche : vous perdrez des amis.

Vous vous battez à l'épée de la main gauche : la perte d'un proche.

Vous mangez de la main gauche : surveillez un peu vos manières.

Vous conduisez une voiture de la main gauche : l'avenir vous paraît heureux.

Vous marchez sur le côté gauche des rues : vous épouserez une personne riche.

GAUFRE

Vous mangez une gaufre : vous allez faire des démarches d'ordre administratif.

Vous faites des gaufres pour votre famille : une chance inattendue.

Vous mangez des gaufrettes : bénéfices et réussite.

GAZ

Vous allumez le gaz : vous trouverez un moyen d'éviter les problèmes.

Vous soufflez la flamme du gaz : vos ennemis cherchent à vous causer du tort.

Un éclairage au gaz insuffisant : vos intérêts vont pâtir.

GAZE

Vous rêvez de gaze : un travail intéressant et de bonnes nouvelles.
Vous utilisez de la gaze : des bénéfices financiers.
Vous jetez de la gaze : des activités sociales agréables.
D'autres gens utilisent de la gaze : certaines personnes vous cachent leurs vrais sentiments.

GAZELLE

Vous rêvez de ce gracieux animal : une grande joie.
Vous possédez une gazelle : vous tomberez amoureux.
Une jeune fille rêve de gazelle : elle aura un admirateur un peu rude mais un excellent mari.

GAZOUILLER

Vous entendez gazouiller un oiseau . un amour heureux.
Vous entendez un groupe d'oiseaux gazouiller : discorde entre des gens mariés.
Vous entendez des enfants gazouiller : ne vous en laissez pas imposer par les autres.
Vous entendez des chanteurs célèbres gazouiller : vous recevrez de. mauvaises nouvelles.

GEAI

Vous rêvez d'un geai : un amour heureux.
Vous attrapez un geai : c'est un mariage immédiat.
Vous avez un geai dans une cage : votre récolte sera maigre.
Une jeune fille rêve qu'elle a un geai : elle sera fiancée sous peu.

GÉANT

Vous rencontrez un géant : vous parviendrez au succès.
Vous tuez un géant : des moyens matériels.
Un géant monstrueux : une grande réussite.
Un géant se trouve en compagnie d'autres personnes : le triomphe en amour.

GEL

Vous rêvez d'un jour de gel : vous ferez un voyage à l'étranger.
Le gel abîme vos plantes : de gros ennuis en perspective.
Un épais givre : de l'avancement dans votre travail.
Le givre fond au soleil : de l'argent arrive.

GELÉE

Vous faites de la gelée : une occasion favorable.
Vous avez de la gelée : votre vie sera longue.
Vous mangez de la gelée : un bonheur familial.
Vous avez beaucoup de gelée : vous profiterez bien de votre longue vie.

GELER

Il gèle à pierre fendre : vous serez récompensé de votre cœur tendre.
Vous gelez sans manteau : vous devriez tenter de récupérer ce qui vous a été volé.
D'autres gens sont en train de geler : de très bons résultats dans vos affaires.
Des aliments gèlent dans le compartiment à glace du frigidaire : vous serez faussement informé.

GENCIVE

Vous rêvez de vos propres gencives : la discorde règne dans la famille.

Vos gencives sont irritées : vos affaires tourneront mal.
Vos enfants ont mal aux gencives : vous recevrez un visiteur inattendu.
Un dentiste vous soigne les gencives : un ami va mourir.

GÉNÉRAL

Vous êtes général : vous serez couvert d'honneurs.
Vous êtes général d'artillerie : vous aurez beaucoup d'argent.
Vous êtes général d'armée : vous recevrez des faveurs.
Des généraux défilent : attention dans vos affaires.
Un ami est promu général : un malheur à la maison.

GENÉVRIER

Vous rêvez de buissons de genévrier : quelqu'un dit du mal de vous.
Vous rêvez du fruit du genévrier : faites très attention dans tous les domaines.
Vous mangez du genièvre : un événement bénéfique et d'importance.

GENOU

Vous rêvez de genoux : la maladie.
Vos genoux ont une vilaine blessure : vous subirez des humiliations.
Vous avez une légère blessure aux genoux : les affaires se termineront bien.
Vous êtes à genoux : une longue maladie.
Un genou cassé : pauvreté.
Vous tombez sur les genoux : la malchance règne sur vos affaires.
Les genoux d'une femme : la chance est favorable.
Les genoux d'une femme mariée : prospérité.
Les genoux d'une femme seule : le temps est venu de pousser plus loin votre cour.
Les genoux d'une jeune fille : vous épouserez la fille de votre choix.

Vos genoux se dérobent : vous vous remettrez d'une longue maladie.
Vous avez un genou démis : vous perdrez votre emploi et serez au chômage.
Vous vous faites une entaille aux genoux : vous rencontrerez maints obstacles dans vos affaires.
Votre genou cicatrise : fortune et joie.
Les rotules des animaux : un dur travail en perspective.
Vous êtes assis sur les genoux de quelqu'un du sexe opposé : vous allez recevoir de bonnes nouvelles de vos amis.
Une mère tient un enfant sur ses genoux : des changements vont survenir dans votre entourage.
Un homme marié tient une femme sur ses genoux : une profonde humiliation.
Une secrétaire est assise sur les genoux de son patron : un ennemi cherche votre perte.

GENTIL

Vous rêvez de gentillesses : bénéfice certain.
Vous êtes gentil : plaisir passager.
Les gens sont gentils avec vous : bonheur.
On vous fait un gentil cadeau : le malheur plane.
Vous avez de très gentils enfants : joie.
Beaucoup de gentils enfants : vous serez bientôt enceinte.
Les gens sont gentils et flatteurs envers vous : attention aux trompeurs.

GÉOGRAPHIE

Vous rêvez d'un livre de géographie : votre amour sera repoussé.
Vous étudiez dans un livre de géographie : faites très attention dans les affaires de tous les jours.
Des enfants étudient la géographie : de petites douleurs vous ennuieront.

Vous êtes professeur de géographie :
un danger.
Vous achetez un livre de géographie :
les tracas actuels sont bien inutiles.

GEÔLE

Vous rêvez de geôle : votre vie sera
longue.
On vous met dans une geôle : succès
en dépit des difficultés présentes.
On vous relâche de votre geôle :
une fortune importante.
*D'autres personnes sont dans une
geôle :* un malheur vous attend.

GÉRANIUM

Vous rêvez de géraniums : une for-
tune considérable.
Vous cueillez des géraniums : on
vous aimera toujours.
Vous jetez des géraniums : des dis-
putes dans la famille.
*Vous recevez un bouquet de géra-
niums :* votre amant est jaloux.
Vous achetez un pied de géranium :
vous aurez beaucoup d'argent.
*Des géraniums qui appartiennent à
d'autres gens :* de grands honneurs.
Des géraniums blancs : des problèmes.
Des géraniums jaunes : un chagrin.
Des géraniums roses : une personne
très aimée vous rendra visite.
Des géraniums rouges : une maladie.
Des géraniums rouges à taches noires :
une mort.

GIN

Vous buvez du gin : votre vie sera
courte.
Vous buvez du gin avec des amis :
vos amis sont bien décourageants.
Vous buvez du gin avec un être cher :
des plaisirs éphémères.
Vous achetez du gin : beaucoup de
changements surviendront dans votre
vie.
Vous servez du gin : vous avez de
faux amis.

Vous recevez du gin en cadeau :
querelles de famille.
Vous offrez du gin : hypocrisie.
Vous brisez une bouteille de gin :
un ami vous rendra visite.

GIROFLÉE

Vous rêvez de giroflées : vous verrez
une femme enceinte.
Vous sentez des giroflées : vous allez
être aux prises avec vos ennemis.
Des giroflées poussent : plaisir et
satisfaction.
Vous cueillez des giroflées : votre
avenir sera heureux.

GIROUETTE

Vous rêvez d'une girouette : vos affaires marcheront.
Vous observez une girouette : on
vous fait vraiment trop de compliments.
*Une girouette change de direction
du nord, vers le sud :* une perte
d'argent.
*Une girouette tourne du sud vers
le nord :* un gain d'argent.

GITAN

Vous rêvez de gitans : vous avez
tendance à changer très souvent
d'avis.
*Une gitane dit la bonne aventure
à une femme :* elle fera un mariage
malheureux.
*Une gitane dit la bonne aventure à
une femme mariée :* celle-ci est jalouse.
*Une gitane dit la bonne aventure
à un homme :* il sera jaloux sans
raisons.

GLACE

Beaucoup de glace : la prospérité
pour de grosses affaires.
Glisser sur la glace : un désastre
menace.

Casser la glace : angoisse sans raison.
Vous courez sur la glace : attention, vous pourriez rencontrer une déception amoureuse.
Vous marchez avec d'autres personnes sur la glace : ne soyez pas trop audacieux.
La glace de votre réfrigérateur : bonheur dans vos amours.
Un paysan rêve de glace : une excellente récolte.
Des travailleurs rêvent de glace : ils gagneront de l'argent.
Des commerçants rêvent de glace : ils verront leurs affaires s'accroître.
Un homme d'affaires rêve de glace : des obstacles dans ses affaires.
Un militaire rêve de glace : il aura de l'avancement.
Une femme rêve de glace : elle fera un long voyage.
Des jeunes gens rêvent de glace : de prochaines amours.

GLAÇONS

Vous rêvez de beaucoup de glaçons : pauvreté.
Des glaçons pendent des gouttières : une mauvaise santé.
Des glaçons fondent : vous perdrez une personne très chère.

GLADIATEUR

Un gladiateur au combat : vous aurez beaucoup d'argent.
Un gladiateur dans une fête : un événement apportera du chagrin.
Plusieurs gladiateurs au combat : un changement dans l'entourage.
Un gladiateur se fait tuer : malheur.

GLAND DE CHÊNE

Vous ramassez des glands : vous allez faire un héritage.
Vous tenez des glands dans votre main : chance.

Un amoureux tenant des glands : bonheur.
Un malade tenant des glands : une guérison immédiate.
Vous faites la récolte de glands : chance et prospérité.
Vous vous tenez sous un chêne : votre vie sera merveilleuse.

GLAS

Une cloche sonne le glas : des temps heureux s'annoncent.
Le glas sonne pour d'autres personnes : beaucoup de joie.
Le glas sonne pour d'autres personnes : une joie désintéressée.

GLISSEMENT DE TERRAIN

Vous rêvez d'un glissement de terrain: des problèmes, la solitude.
Vous remédiez à un glissement de terrain : vous découvrirez des objets de valeur qui étaient perdus.
Vous causez un éboulement : vous triompherez de vos ennemis.

GLOBE

Vous rêvez d'un globe : chance dans votre vie privée.
Un globe-trotter : vous aurez de bons amis.
Vous faites un voyage autour du globe : votre vie sera longue.
D'autres font un voyage autour du globe : vos amis vous aideront.

GLOUTON

Vous êtes glouton : vous risquez de devenir pauvre.
Vos proches sont gloutons : n'attendez d'argent de personne.
D'autres gens sont des gloutons : attendez-vous à des pertes importantes dans vos affaires.
Des enfants se comportent en gloutons : vous perdrez tous vos biens immobiliers.

GOBELET

Vous brisez un gobelet : vous ferez de mauvaises affaires.
Vous buvez dans un gobelet : une bonne période s'annonce.
Vous buvez dans un gobelet de couleur : vous perdrez des amis.
D'autres personnes boivent dans un gobelet : le malheur plane sur votre vie.

GOITRE

Vous avez un goitre : c'est un signe de mort.
D'autres gens ont un goitre : vous recevrez des nouvelles inattendues.
Des enfants ont un goitre : des disputes se préparent.
Vos amis ont un goitre : on vous invitera à un banquet.

GOLF

Vous jouez au golf : votre femme aura un fils.
Vous passez énormément de temps

à jouer au golf : vos affaires ont besoin de votre attention.
Vous gagnez un tournoi de golf : un événement important et favorable se prépare.
Vous avez un mauvais score au golf : un faux ami près de vous.
Vous jouez au golf avec des amis : une grande joie.
Vous jouez sur un terrain de golf : votre vie à la maison est très active.
Vous jouez avec d'autres sur terrain de golf : vous n'êtes pas apte à assumer de façon satisfaisante votre situation.
Vos ennemis jouent sur un terrain de golf : attention aux problèmes !

GOLFE

Vous rêvez d'un golfe : un changement favorable.
Vous vous trouvez dans un golfe : une personne que vous aimez va partir.
D'autres gens se trouvent dans un golfe : évitez les rivaux.
Vous êtes en bateau dans un golfe : vous surmonterez vos problèmes.
Vous débarquez dans un port situé sur un golfe : une joie désintéressée.

GONDOLE

Vous rêvez d'une gondole : votre vie est heureuse mais manque de romantisme.
Vous êtes en gondole avec votre compagnon (compagne) : une période heureuse s'annonce.
Vous êtes en gondole avec un amant : cet amour-là ne durera guère.
D'autres gens se trouvent dans une gondole : attention aux complications.

GONG

Vous avez chez vous un gong : votre travail est agréable et vous recevrez de bonnes nouvelles.

Vous entendez résonner un gong :
un événement passionnant va se produire au sein de la famille.
Vous entendez résonner le gong à
bord d'un bateau : ne jouez pas
avec le feu.

GORGE

Vous rêvez de votre propre gorge :
vos espoirs se réaliseront.
Vous avez des ennuis avec votre
gorge : vous gagnerez de l'argent.
Vous vous coupez la gorge : des
gens vous causeront des problèmes.
Vous coupez la gorge de quelqu'un :
un danger approche.
La gorge de vos enfants : un danger
dans le domaine sentimental.

GOUDRON

Vous rêvez de goudron : les bavardages causeront de nombreuses
blessures.
Vous utilisez du goudron : ayez
beaucoup de prudence dans le choix
de vos compagnons de travail.
Vous achetez du goudron : méfiez-
vous d'une tromperie.
Des ouvriers mettent une couche de
goudron : des amis vous duperont.

GOURMET

Vous êtes un fin gourmet : votre
amant ou maîtresse vous laissera
tomber.
Vous rêvez d'un fin gourmet : vous
avez un ami loyal.
D'autres sont de fins gourmets :
une bonne période commence.
Vous prenez plaisir à la bonne
nourriture : vous devrez réfréner vos
passions.

GOUTTE

Vous comptez des gouttes : on vous
fera bientôt don d'une petite somme
d'argent.
D'autres comptent des gouttes : ne

courez pas après les petites sommes
d'argent.
Vous mettez des gouttes de médi-
cament dans de l'eau : vous aurez
de l'avancement dans votre situation.
Une infirmière verse des gouttes dans
de l'eau : un événement important
et favorable.

GOUTTE (maladie)

Vous souffrez de goutte : vous subirez des vexations.
Vous avez une longue crise de goutte :
évitez le surmenage, vous n'êtes pas
assez solide.
Une personne âgée souffre de goutte :
vous n'aurez pas de chance en affaires.
Une jeune personne souffre de goutte :
vous êtes en danger.
Vous avez un accès de goutte aux
mains : vous serez bientôt malade.
Vous avez un accès de goutte aux
pieds : vous serez dans la détresse.
Vous avez un accès de goutte à
d'autres articulations : un membre de
la famille causera des pertes financières.

GOUVERNEMENT

Vous avez une situation dans le
gouvernement : vos activités sociales
sont bien agréables.
On vous propose un poste au gou-
vernement : une bonne période commence.
D'autres gens ont un poste au gou-
vernement : des ennuis en perspective.
Vous perdez votre situation au gou-
vernement : vous passerez bientôt
par des hauts et des bas.

GRÂCE

Vous demandez à Dieu sa grâce :
d'importants changements dans votre
vie.
Vous recevez la grâce divine : vous
gagnerez bien votre vie.
Vous demandez la grâce d'un pri-
sonnier : une vie aisée

GRAMMAIRE

Un livre de grammaire : pas mal de travail vous attend.

Vous enseignez la grammaire : de bonnes nouvelles.

Vos enfants vont en classe et font de la grammaire : abondance et prospérité.

GRAND-PARENT

Vous êtes grand-père ou grand-mère : vous réaliserez vos ambitions.

Vous parlez avec un grand-parent : une mort soudaine.

Des petits-enfants sont compagnie de leurs grands-parents : votre santé s'améliore nettement.

Vous parlez en rêve à vos grands-parents : un héritage.

GRANGE

Vous êtes dans une grange : vous allez gagner un procès.

Vous êtes dans une grange avec d'autres gens : héritage.

Une grange pleine : vous allez faire un riche mariage.

Vous engrangez du grain : vous aurez une vie heureuse.

GRATITUDE

Vous êtes plein de gratitude envers quelqu'un : des événements surprenants vont se produire.

D'autres gens vous expriment leur gratitude : des tas de choses vont arriver à quelqu'un que vous aimez.

Vos enfants vous montrent leur gratitude : votre vie sera longue.

GRAVER

Vous gravez le métal : un changement de travail.

Vous gravez du bois : activités sociales très agréables et faciles.

Vous êtes graveur : mort prochaine d'un ennemi.

Un graveur de sceaux ou cachets : malchance en amour.

GRAVIER

Vous marchez sur un chemin couvert de gravier : de gros obstacles en perspective.

Vous réparez quelque chose avec du gravier : vous entreprendrez un voyage.

D'autres gens travaillent avec du gravier : vous monterez une petite affaire.

GRÈCE

Vous vous rendez en Grèce : vous perdrez votre amant.

Vous êtes Grec : on vous trompera.

Vous voyagez à l'intérieur de la Grèce : des gains financiers devraient vous arriver prochainement.

Un Grec épouse une étrangère : les femmes bavardent...

Des gens d'autres nationalités épousent un Grec : humiliations.

GRÊLE

Vous rêvez d'une chute de grêle : des difficultés s'annoncent.

Vous êtes dehors sous une averse de grêle : une déception.

D'autre gens sont pris dans une averse de grêle : un très grand chagrin.

Les récoltes sont abîmées par la grêle : vous disposerez de moyens importants.

GRENADIER

Vous êtes un grenadier : bonheur en amour.

Une femme mariée rêve d'un grenadier : sa vie conjugale sera heureuse.

Une jeune fille rêve d'un grenadier : elle épousera très bientôt un civil.

GRENADIER (arbre)

Vous rêvez de l'arbre appelé grenadier : vous hériterez de grandes richesses.
Un grenadier : de bonnes nouvelles.
Un grenadier en fleurs : prospérité.
Un grenadier chargé de grenades : joie et plaisirs.
Vous cassez une grenade en deux : le percepteur vous cherchera des noises.
Vous mangez des grenades : bonheur et excellente santé.
Vous pressez le jus d'une grenade : un dur travail vous attend.
Vous avez un plein panier de grenades : vous commettrez des actes irréfléchis.
Des grenades pourries : des ennuis en perspective.

GRENOUILLE

On vous donne des grenouilles : vous recevrez un cadeau inattendu.
Vous achetez des grenouilles dans un magasin : vous ferez la rencontre de gens qui vous admirent.
Vous observez des grenouilles : réussite dans vos affaires.
Vous attrapez des grenouilles : une blessure que vous vous êtes faite vous fera souffrir.
Vous tuez des grenouilles : un faux ami est tout près.
Une femme rêve d'un crapaud : elle épousera un riche veuf chargé d'enfants.
Vous entendez croasser des grenouilles : une vie de plaisirs vous attend.
Des grenouilles dans l'eau : vous recevrez de l'argent.
Vous mangez des grenouilles : vous serez très riche.

GRIFFES

Vous rêvez de griffes (ou de serres) : quelqu'un vous observe avec de mauvaises intentions.
Vous êtes écorché par des griffes : un ennemi triomphera de vous.
Un animal vous griffe et s'enfuit : vous serez victorieux de vos ennemis.
Un oiseau vous griffe et s'envole : vos ennemis subiront des pertes.
D'autres personnes sont griffées : un ami vous aide en secret

GRIGNOTER

Vous rêvez que vous grignotez quelque chose : faites très attention à ce que vous écrivez et signez.
Vous grignotez dans un lieu public : prenez garde à qui vous vous confiez.
Vous grignotez chez un ami : vous êtes environné de gens décevants.
D'autres gens grignotent : attention aux ennemis.

GRILLAGE

Vous rêvez d'un grillage : vous vous sortirez bien d'un danger actuel.
Vous avez un grillage : une ferme amitié sera à la base de votre réussite.
Vous êtes contre un grillage : une bonne période commence.
Vous mettez un grillage autour de votre maison de campagne : des moyens financiers importants.

GRILLE (de four)

Vous rêvez d'une grille : malheur.
Vous démolissez une grille : des soucis en perspective.
Vous faites griller du poisson sur le gril d'un four : une maladie suivie de mort.
Vous faites griller de la viande : vous retrouverez la liberté.
Une grille sert pour faire un barbecue : une personne riche vous aidera.

GRIPPE

Vous avez la grippe : la fortune vous attend.

Des membres de la famille ont la grippe : un secret va être révélé.

Des enfants ont la grippe : vous mènerez une vie honnête et simple.

Vous mourez de la grippe : des amis fidèles auront de la compassion envers vous.

GRIS

Vous rêvez de la couleur grise : une lettre apportera de bonnes nouvelles.

Du tissu gris : la richesse.

Vous achetez des vêtements gris : un événement important et favorable.

Un homme a des cheveux grisonnants : succès, malgré de nombreuses difficultés.

Une femme rêve qu'elle a des cheveux gris : elle réalisera ses ambitions.

Vous êtes en compagnie d'une personne aux cheveux gris : des moyens importants.

GROGNER

Vous grognez en rêvant : évitez vos rivaux.

Vous entendez grogner les enfants : votre vie sera longue.

Vos proches grognent : vous gagnerez de l'argent.

Vous entendez grogner vos ennemis : vous avez un ami loyal.

GRONDER

Vous grondez quelqu'un : vous recevrez d'agréables nouvelles.

D'autres vous grondent : les circonstances vont s'améliorer.

Des proches vous grondent : la solitude et les soucis seront votre lot.

Des enfants vous grondent : vous aurez de l'avancement dans votre situation.

GROSEILLE À MAQUEREAU

Vous faites de la confiture de groseilles à maquereau : évitez les rivaux.

Vous faites des tartes de groseilles à maquereau : votre amant vous laissera tomber.

Vous avez beaucoup de groseilles à maquereau : un événement important et favorable.

Vous cueillez des groseilles à maquereau : les affaires s'annoncent très favorables.

Vous mangez de ces groseilles : les déceptions ne vous sont pas épargnées.

Vous en achetez : solitude et tracas.

GROSSIR

Une femme rêve qu'elle grossit : son amant l'abandonnera.

Une jeune fille rêve qu'elle grossit : elle se mariera bientôt.

Un homme rêve qu'il grossit : il sera bientôt un homme libre.

Une femme mariée rêve qu'elle grossit : des jours heureux se préparent pour elle.

Une femme rêve qu'elle devient très grosse : une grosse fortune et un amour sûr.

Des enfants grossissent : un changement heureux pour le rêveur.

Des proches grossissent : richesse.

D'autres personnes grossissent : des activités malhonnêtes et dangereuses.

D'autres gens sont gros : le succès est pour plus tard.

Vous mangez une nourriture qui fait grossir : tout va bien en amour.

Vous cuisinez avec beaucoup de matières grasses : vos affaires iront pour le mieux.

GROTTE

Vous rêvez d'une grotte : des changements favorables dans la situation financière actuelle.

On vous emmène dans une grotte : vous aurez beaucoup d'amis.

Vous allez manger dans une grotte : vous ferez un héritage.

Vous donnez une grande fête dans une grotte : une grande fortune vous attend.

On vous enferme de force dans une grotte : un dangereux voyage en perspective.

GRUAU

Vous rêvez de gruau : chance.

Vous mangez du gruau : ne choisissez pas vos amis parmi les soulographes.

Vous faites cuire du gruau : la vie vous donnera de grands avantages.

Vous achetez du gruau : de l'argent arrivera bientôt.

GUÊPE

Vous rêvez d'une guêpe : des conflits.

Un essaim de guêpes : vos chagrins seront nombreux.

Vous êtes piqué par une guêpe : des pertes, des conflits.

La reine d'un essaim de guêpes : les jaloux bavardent.

Des proches sont piqués par une guêpe : vous avez des ennemis parmi ceux à qui vous vous confiez.

Des enfants piqués par une guêpe : on vous traitera injustement.

GUERRE

Vous rêvez de guerre : problèmes et danger.

Vous faites la guerre à quelqu'un : persécutions.

Vous assistez à une guerre : malchance.

Vous êtes pris dans une guerre. danger de maladie.

Des documents militaires : joie.

Vous gagnez une guerre : bonheur.

Vous perdez une guerre : perte de papiers sans importance.

GUÊTRES

Vous rêvez de guêtres : vous serez très heureux en amour.

Vous portez des guêtres : un voyage très fatigant en perspective.

Vous portez des chaussures normales avec des guêtres : distinctions et honneurs.

GUIDE

Vous êtes guide : une rude tâche vous attend.

D'autres gens vous guident : prêtez plus d'attention aux suggestions d'un ami.

D'autres gens se font guider : une perte d'argent.

Vous guidez les gens : un bon ami vous prêtera main-forte.

GUIRLANDE

Vous rêvez d'une guirlande : vous gagnerez beaucoup d'argent.

Vous avez une guirlande de fleurs : vous êtes amoureux.

Vous recevez une guirlande de fleurs en cadeau : chance et prospérité.
Vous envoyez une guirlande de fleurs en cadeau : attention aux rivaux.

GUITARE

Vous jouez de la guitare : la vie vous apportera de petits plaisirs.
Vous entendez jouer de la guitare : vous serez actif et plein de vigueur jusqu'à la mort.
Vous aimez entendre jouer de la guitare : amour et joie.
Une guitare s'interrompt : vos amis vous rouleront.

Une jeune femme rêve qu'elle entend jouer de la guitare : vous serez attirée par des flatteurs.

GYMNASTIQUE

Vous faites de la gymnastique dans un gymnase : vos soucis s'effaceront.
Vos proches font de la gymnastique : des tracas en perspective.
Vos enfants font de la gymnastique dans un gymnase : vous gagnerez de l'argent.
Vous possédez un gymnase : vous devriez accorder plus d'attention à vos affaires.

H

HABILLEMENT

Vous êtes habillé de neuf : les ennuis domestiques ne manqueront pas.
Vous portez des habits en loques : un héritage.
Vous êtes dans le plus simple appareil : de l'argent va venir d'une source inattendue.
D'autres personnes sont dans le plus simple appareil : des temps favorables pour l'amour.
Vous portez l'habillement d'une vitrine de vêtements : un proche va mourir de façon soudaine.

HABITUDE

Vous avez de bonnes habitudes : de bonnes nouvelles.
Vous avez de mauvaises habitudes : une maladie.
Vous avez une habitude toute particulière : vous serez bien accueilli partout où vous irez.

Vos proches ont de mauvaises habitudes : vous serez humilié.
D'autres gens ont de mauvaises habitudes : attention aux problèmes.

HACHE

Vous possédez une hache : votre bravoure peut détourner un danger.
Vous brandissez une hache : vous allez avoir de l'avancement professionnel.
Une hache rouillée ou brisée : perte de votre fortune.
Un homme rêve d'une hache : il va avoir des ennuis sentimentaux.
Une femme rêve d'une hache : elle va rencontrer un amour digne d'elle.
Une jeune femme rêve d'une hache : elle aura un amant riche.

HACHETTE

Vous rêvez d'une hachette : danger de mort.

Vous possédez une hachette : il vous est impossible de vous réconcilier avec des ennemis.
D'autres gens ont une hachette : faites attention, votre vie est en danger.
Un ami a une hachette : vous serez bientôt en danger.
Des ennemis ont une hachette : angoisse et ennuis.

HACHIS

Vous mangez du hachis : des vexations mesquines et du chagrin.
Vous faites du hachis : plusieurs amis de la famille viendront vous voir.
D'autres gens font du hachis : évitez les rivaux.

HAIE

Une haie entoure toute votre maison : vous n'aurez aucun obstacle à surmonter.
Une haie de verdure : bonheur.
Une haie dépouillée de feuilles : tristesse et désespoir.

HAINE

Vous êtes haï sans raison : vous possédez beaucoup de vrais amis.
Vous détestez d'autres gens : faites attention de ne pas leur faire inconsciemment du mal.
Vous haïssez vos ennemis : vous gagnerez un procès.
Des amis vous haïssent : vous aurez de nouveaux et bons amis.
Vous haïssez certains de vos proches : le bonheur dans vos affaires familiales.

HALEINE

Vous rêvez d'haleine : un ami que vous aimez beaucoup cherche à vous voir.
Vous êtes hors d'haleine : des ennuis en perspective.
Vous avez mauvaise haleine : vous serez abandonné.

D'autres personnes ont mauvaise haleine : évitez les rivaux
Des enfants ont mauvaise haleine : mort d'un ami.

HALL

Vous vous trouvez dans un hall : vous avez une connaissance qui nuira à votre réputation.
Vous êtes dans un hall en compagnie d'autres gens : de mauvaises nouvelles vont arriver.
Vous avez rendez-vous avec des amis dans un hall : vous vous faites de nouvelles relations excellentes.
Vous croisez des ennemis dans un hall : vous aurez de l'avancement dans votre situation.

HALO

Vous rêvez d'un halo : les problèmes actuels permettront la réalisation d'une fortune ultérieurement.
Vous voyez un halo autour du soleil : vos espérances aboutiront rapidement.
Vous voyez un halo autour de la lune : un changement dans votre environnement.
Un cercle lumineux entoure quelque chose : un choc émotif.

HAMAC

Vous êtes dans un hamac : le bonheur avec votre partenaire est certain.
D'autres gens se trouvent dans un hamac : un désastre en perspective.
Des proches se trouvent dans un hamac : un gros choc émotif.
Des enfants se trouvent dans un hamac : vos amours vont plutôt mal.

HAMEAU

Vous rêvez d'un petit hameau : votre vie sera longue et heureuse.

HAMLET

Vous lisez la pièce de Shakespeare Hamlet : vos intérêts et votre entourage vont changer.
Vous assistez à une représentation de Hamlet : un rival vous prendra votre petite amie.

HANCHE

Vous rêvez de vos propres hanches : un travail agréable et de bonnes nouvelles.
Les hanches de vos enfants : votre vie sera longue.
Les hanches de vos ennemis : vous en triompherez.
Les hanches d'autres gens : on vous trompe.
Les hanches de votre femme : vous serez riche.
Les hanches de votre mari : votre mari vous trompe.
Vous avez de larges hanches : vous aurez de l'argent.
Vous avez de très fortes hanches : une bonne santé.
Une fracture à la hanche : vous perdrez de l'argent.
Vous avez une opération à la hanche : vous n'avez pas bien choisi votre compagnon (compagne).
Vous êtes blessé à la hanche et vous saignez : de grandes pertes pour la famille.
On vous frappe à la hanche : votre compagnon vous causera des problèmes.

HAREM

Vous rêvez d'un harem : vous avez des goûts de luxe.
Vous vivez dans un harem : la vérité sera dévoilée.
D'autres femmes sont dans un harem : on bavarde beaucoup sur des sujets secrets.
Des hommes se trouvent dans un harem : vous triompherez.

Des Turcs se trouvent dans un harem : votre vie est aisée.
Des Orientaux dans un harem : vous gagnerez pas mal d'argent.
Des étrangers dans un harem : un changement favorable.

HARENG

Vous rêvez de hareng : vous partirez en voyage.
Vous attrapez des harengs : vos désirs seront satisfaits.
Vous mangez des harengs : de la chance pour quelqu'un que vous aimez.
Vous achetez des harengs : vous vous montrerez généreux avec vos amis.
Vous faites cuire des harengs : vous serez bientôt enceinte.
On vous donne des harengs : vous réaliserez vos ambitions les plus hautes.

HARICOTS

Vous avez des haricots : difficultés en perspective.
Des haricots qui poussent : soucis en perspective.
Vous achetez des haricots : vous allez être l'objet de critiques et d'un scandale.
Vous mangez des haricots : vous allez attraper une maladie contagieuse.
Vous faites cuire des haricots : vos affaires marcheront bien.

HARMONICA

Vous rêvez d'un harmonica : vous recevrez de l'argent.
Vous achetez un harmonica : vous disposerez de moyens abondants.
Vous jouez de l'harmonica : vous recevrez de bonnes nouvelles que vous n'attendiez pas.
Vous entendez jouer de l'harmonica : une grande bagarre se prépare.
D'autres gens jouent de l'harmonica : il y a de l'eau dans le gaz dans la famille ...

HARMONIE

Vous vous sentez en harmonie : joie et pleine satisfaction.
D'autres se sentent ensemble en harmonie : un ami vous aide en secret.
Vous entendez des harmonies musicales : bonheur.
L'harmonie règne dans la famille : un changement dans votre entourage.

HARMONIUM

Vous rêvez d'un harmonium : une maladie est proche.
Vous entendez jouer de l'harmonium : le bonheur se prépare pour vous.
Vous jouez de l'harmonium : un événement heureux et solennel se prépare.
D'autres gens jouent de l'harmonium : vous serez invité au mariage d'un ami.

HARNAIS

Un harnais pour chien : des présentations qui conduiront à une amitié.
Vous achetez un harnais pour chien : vous tomberez très amoureux.
Un harnais pour cheval : vos affaires sentimentales avanceront bien.
Vous achetez un harnais de cheval : un nouvel amour vous tentera.

HARPE

Une harpe brisée : votre amant sera malade.
Vous jouez de la harpe : ne faites pas trop confiance aux amis.
D'autres personnes jouent de la harpe : dissolution.
Une de vos filles joue de la harpe : elle ne fera pas un heureux mariage.
Des ennemis jouent de la harpe : vous vous adonnerez à des plaisirs bien coûteux.
On joue de la harpe au théâtre : vous avez un ami loyal.

HÂTE

Vous êtes dans une grande hâte : vous risquez un accident.
Vos enfants sont dans une grande hâte : un événement important et favorable va se produire.
Des amis sont très pressés : votre vie sera longue.
Vos ennemis sont dans une grande hâte : vous allez de déception en déception.

HAVRESAC/SAC A DOS

Vous rêvez d'un havresac : un ennemi cherche votre perte.
Des soldats portent un havresac : vous allez rencontrer des difficultés durant une courte période.
Vous portez un sac sur votre dos : les ennuis s'accumulent.

HENNIR

Vous entendez hennir beaucoup de chevaux : un mystère va trouver sa solution.
Vous entendez plusieurs chevaux hennir ensemble : une grande joie.
Vous entendez hennir des chevaux : vous aurez à recevoir un hôte bien importun.
Vous entendez hennir plusieurs chevaux : un mystère va trouver sa solution.

HERBE

Vous rêvez d'herbe : la fortune pour ceux qui sont dans les affaires.
Une herbe très haute : une maladie.
De l'herbe verte d'excellente qualité : vos ennemis ne réussiront pas.
Des chiens ou d'autres animaux mangent de l'herbe : la pauvreté sera votre lot.
Une femme rêve d'herbe : bonheur en compagnie de son amant.
Une personne qui écrit (écrivain, journaliste) rêve d'herbe : sa réputation sera excellente.

Un artiste rêve d'herbe : une grande joie.

Vous rêvez d'herbes : on vous aimera beaucoup.

Des herbes poussent vigoureusement : chance.

Des herbes avec leurs fleurs : des moyens abondants.

Vous cueillez des herbes : votre vie sera longue.

HÉRISSON

Vous rêvez d'un hérisson : c'est l'échec pour vos ennemis.

Vous tuez un hérisson : vous vous remettrez vite des pertes que vous ferez dans vos affaires.

Une ligne de défense fortifiée avec des « hérissons » : vous courez un danger dans vos amours.

HÉRITAGE

Vous recevez un héritage : faites très attention dans vos entreprises professionnelles.

Vous recevez un héritage d'une personne inconnue : des bénéfices financiers.

Vous recevez un héritage et vous vous disputez avec d'autres membres de la famille à ce sujet : une perte d'argent.

Vous désignez des proches de la famille comme héritiers : les difficultés vont vous submerger.

Vous recevez un héritage : une mort dans la famille.

Vous ne recevez pas d'héritage : la mort d'un frère.

Vous faites un petit héritage : tristesse et affliction.

On vous prive d'un héritage : vous tomberez dans la misère.

HERMAPHRODITE

Vous avez un double système génital : vous aurez un grand chagrin.

D'autres gens sont hermaphrodites : vous vous livrerez à des actes ridicules.

Le fils d'Hermès et d'Aphrodite fond le corps de ses deux parents en un seul : bonheur.

HERMINE

Vous portez un manteau d'hermine : un faux ami rôde.

Vous possédez un manteau d'hermine : vous investirez dans des propriétés terriennes.

Vous achetez un manteau d'hermine : vous devriez tenter d'économiser de l'argent.

Vous vendez un manteau d'hermine : vous serez trompé.

HÉROS

Vous rêvez d'un héros : quelqu'un qui vous montre de la froideur aura un brusque changement d'attitude.

Vous êtes un héros : le bonheur est garanti.

Un de vos proches est un héros : vous triompherez de vos ennemis.

HERSE

Vous rêvez d'une herse : c'est l'échec pour vos ennemis.

Vous achetez une herse : chance et prospérité.

Vous utilisez une herse : des affaires rapides et bonnes.

D'autres gens utilisent une herse : un changement favorable.

HEURE

Une pendule indique l'heure : vous découvrirez un secret.
Une pendule sonne l'heure : chance et fortune.
Un coucou indique l'heure : richesse inespérée.
Vous regardez l'heure à une horloge dans la rue : vous ferez des dons à des œuvres de charité.
Vous regardez l'heure à votre montre-bracelet : vous perdrez un ami.

HEUREUX

Vous êtes heureux : vous réaliserez vos ambitions.
Votre bonheur augmente : vos affaires seront mauvaises en fonction de votre degré de bonheur.
Des époux sont heureux : joie et succès.
Vos enfants sont heureux : des succès rapides.
Vos proches sont heureux : les soucis seront vite oubliés.
Vos amis sont heureux : un faux ami est proche.
D'autres gens sont heureux : évitez les rivaux.
Vos employés sont heureux : des activités sociales fort agréables.

HISTOIRE

Vous rêvez de l'histoire ancienne : de grands honneurs.
Vous rêvez que vous lisez un livre d'histoire : vous ferez bientôt faillite.
Vous êtes professeur d'histoire : vos affaires sont stables.
Vous consultez un livre d'histoire ancienne : votre chance dépend des autres.
Vous lisez des livres d'histoire moderne : ne croyez pas les mensonges que racontent les autres.

HIVER

Vous rêvez de l'hiver : vous risquez de devenir invalide.

Un hiver très dur : bonheur.
Un agriculteur rêve d'un hiver très dur : la récolte sera bonne.
Des marins rêvent d'un hiver dur : ils gagneront de l'argent.
Le mauvais temps hivernal cause des dégâts : un de vos ennemis va mourir.
Vous êtes malade durant l'hiver : des proches parents sont jaloux de vous.
Vous traversez un hiver très rude : vous recevrez un cadeau.
Vous traversez un hiver doux : vous vous mêlez de ce qui ne vous regarde pas.
Vous traversez un hiver particulièrement doux : une chance favorable et la prospérité.

HOMARD

Vous rêvez d'un homard : bonheur domestique.
Vous mangez du homard : bonheur dans vos affaires d'amour.
Des enfants mangent du homard : richesse dans la famille.
Des ennemis mangent du homard : des ennemis tentent de vous détruire.
Des amis mangent des homards : vous avez un seul ami loyal.
Des proches mangent du homard : vous irez de déception en déception.

HOMICIDE

Vous avez des projets d'homicide : votre vie sera longue.
D'autres personnes commettent un homicide : vous connaîtrez la sécurité.
Des amis commettent un homicide : vous éviterez un danger.

HOMME

Un homme est avec sa très belle épouse : l'amour est un temps de plaisir.
Un homme est avec une belle femme : il aura de très agréables loisirs

HOMME DE LOI

Vous êtes un homme de loi : vous êtes bien considéré.

Vous avez affaire à un homme de loi : vous aurez beaucoup de soucis.

Vous prenez un avocat : vous n'obtiendrez pas de bons résultats.

Vous vous débarrassez d'un homme de loi : vous ferez la paix avec un ennemi.

Vous payez un homme de loi : un procès va tourner court.

Vous avez affaire aux avocats de la partie adverse : l'échec de vos ennemis.

Vous rencontrez un homme de loi : vous gagnerez bientôt de l'argent.

Des enfants deviennent hommes de loi : le bonheur est garanti.

Votre mari est homme de loi : une grande joie.

On vous présente à un avocat : de mauvaises nouvelles.

Vous parlez à un homme de loi : perte de propriétés.

Quelqu'un parle en faveur d'un avocat : malchance.

HOMOSEXUEL

Vous rêvez de personnes homosexuelles : vous gagnerez de l'argent.

Vous rencontrez un homosexuel : vous récupérerez de l'argent perdu.

Des homosexuels se font arrêter : vous devez avoir un plus grand contrôle de votre tempérament.

HONNEUR

Vous recevez des honneurs : votre vie sera semée de joies.

On vous honore : attention aux fausses promesses.

Vous perdez votre honneur : un de vos amis meurt.

On honore d'autres personnes : vous perdrez de l'argent.

HONTEUX

Vous êtes honteux : bonne fortune dans vos affaires.

Vous avez honte de votre chasteté : vous allez rencontrer une personne riche.

Vous avez honte de vos actions : vous avez la conscience chargée.

Vous avez honte de vos enfants : écoutez les conseils de vos amis.

Votre compagnon (ou compagne) a honte de vous : une séparation est à prévoir.

HÔPITAL

Vous rêvez d'un hôpital : vous serez dans la misère.

Vous êtes un patient d'un hôpital : vous avez des raisons d'espérer que vos affaires marcheront.

Vous vous trouvez dans un hôpital tenu par des religieuses : vous avez mis votre espoir en Dieu.

Vous êtes dans un hôpital psychiatrique : contrôlez davantage votre tempérament.

HOQUET

Vous êtes pris d'une crise de hoquet : vous ferez bientôt un voyage.

Des proches ont le hoquet : chagrin et solitude.

D'autres gens ont le hoquet : vous serez séparé de vos amis.

HOROSCOPE

Vous achetez un livre d'horoscope : de l'argent approche.

On vous donne votre horoscope : vous serez terriblement tourmenté.

Vous lisez votre horoscope : vous serez dans l'embarras.

HOSTIE

Un prêtre vous donne l'hostie : votre cœur sera pleinement satisfait et content.

HÔTE

Un de vos hôtes vous appelle : un événement important et favorable.

Plusieurs hôtes : de grandes difficultés dans vos affaires.

D'autres gens reçoivent des hôtes : ne tombez pas malade en ce moment.

Un visiteur bien inopportun : vos affaires sentimentales ne tournent pas rond du tout.

HÔTEL

Vous rêvez d'un hôtel : l'avenir vous apportera bientôt la réalisation de vos espoirs.

Vous vivez à l'hôtel : votre vie sera aisée.

Un très bel hôtel : vous ferez un long voyage.

Vous êtes à l'hôtel avec votre petite amie : vous aurez la richesse.

Vous n'avez pas de foyer et vivez tout le temps à l'hôtel : un mystère sera résolu.

HÔTELIER

Vous êtes hôtelier : vous aurez bien des soucis.

Vous vous disputez avec un hôtelier : vos affaires marcheront bien.

Vous ne payez pas la note de l'hôtelier : les bavardages vont nuire à votre réputation.

Une hôtelière est coupable d'actions immorales : honneurs et arrogance.

HOUE

Vous rêvez de houes de diverses formes : de bons espoirs pour l'avenir.

Vous utilisez une houe : vous deviendrez quelqu'un de très compétent.

Vous utilisez une houe pour cultiver votre jardin : des améliorations vont bientôt survenir.

HOUPPE

Vous mettez des houppes (ou des franges) à un vêtement ou un coussin : vous allez recevoir une lettre attendue depuis longtemps.

Vous rêvez de houppes : une joyeuse

compagnie va débarquer chez vous.

D'autres personnes cousent des houppes ou des franges : vous recevrez un cadeau qui vous plaira beaucoup.

Vous rêvez d'une plante à houppe (comme la fleur de pissenlit) : vous aurez de l'avancement dans votre situation.

HOUX

Vous rêvez de houx : attention à certaines vexations.

Vous cueillez du houx : votre vie sera longue.

On vous donne du houx : vous ne devez pas compter sur un succès immédiat.

HUILE

Vous rêvez d'huile : vous ferez une abondante récolte.

Vous faites du commerce d'huiles : chance et fortune.

Vous vendez de l'huile : la mort d'un ennemi.

Vous achetez de l'huile : on vous trompera.

Vous utilisez de l'huile d'olive : une grande joie.

Vous utilisez de l'huile de lin : vous gagnerez de l'argent.

Vous prenez de l'huile de ricin : bonheur.

Vous prenez de l'huile de foie de morue : vos affaires seront bien meilleures que vous ne l'escomptiez.

Vous répandez de l'huile : vous perdrez votre entreprise.

Vous faites frire de la nourriture dans l'huile : de gros avantages.

Vous stockez de l'huile d'olive : des événements agréables vont survenir.

Des peintres et des artistes se servent d'huiles : vous gagnerez beaucoup d'argent.

Des entrepreneurs utilisent de l'huile pour leur matériel : vous vous disputerez avec des partenaires.

HUISSIER

Vous êtes un huissier : vous recevrez bientôt de bonnes nouvelles.
Vous êtes sous la garde d'un huissier : avancement dans votre position.
Vous parlez avec un huissier : de l'argent que vous n'attendiez pas va arriver.
Vous avez des problèmes avec un huissier : malchance en perspective.

HUÎTRES

Vous rêvez d'huîtres : chance et prospérité.
Vous ramassez des huîtres : vous gagnerez beaucoup d'argent.
Vous mangez des huîtres : un rude travail vous attend.
Vous mangez les huîtres d'un ami : vous serez riche.
Des huîtres au marché : vous aurez beaucoup d'enfants.
Vous achetez des huîtres : quelqu'un va tomber amoureux de vous.

Vous offrez des huîtres en cadeau : vous avez besoin de courage pour réussir dans la vie.
Vous recevez des huîtres en cadeau : une joie désintéressée.

HUMEUR

Vous êtes de bonne humeur : ennuis et malheur.
Vous êtes de mauvaise humeur : de faux amis vous entourent.
Des époux sont de mauvaise humeur : les bavardages stupides vont bon train.
D'autres personnes sont de mauvaise humeur : chance en affaire.
Votre petite amie est de mauvaise humeur : vous ferez la rencontre de quelqu'un que vous aimerez.
Votre petite amie est de bonne humeur : vous ferez un long voyage.
Votre patron est de mauvaise humeur : vous recevrez une invitation à dîner.
Vos proches sont de mauvaise humeur : des tracas familiaux.

HUMIDITÉ

Vous rêvez d'humidité : vous tomberez très bientôt malade.
Vous vous trouvez dans un pays humide : vous vous tracasserez.
C'est une journée humide : vous serez corrompu.
Vous souffrez de l'humidité : vous êtes un peu trop arrogant.

HURLEMENTS

Vous rêvez de hurlements : faites très attention dans vos affaires.
Vous entendez des hurlements affreux : vos tracas se tasseront.
Vous entendez des hurlements assourdissants : vous aurez paix et argent.
Vous vous mettez à hurler : des disputes familiales.
Des époux se disputent en hurlant :

un élément nouveau va modifier vos projets.

Des enfants hurlent : chance et prospérité.

Des membres de la famille hurlent : vos amours sont bien malheureuses.

D'autres personnes hurlent : vous traversez une période de conflits mais qui sera suivie de paix.

HURLER

Vous entendez hurler les chiens : de mauvaises nouvelles.

Vous entendez hurler des bêtes sauvages : vos ennemis auront votre peau.

Vous entendez hurler des gens : votre travail sera difficile.

Vous entendez hurler vos amis : vous êtes bien arrogant.

HUSSARD

Vous rêvez d'un hussard : vous aimerez sans retour.

Vous vous trouvez en compagnie d'un hussard : votre amant sera un civil.

Plusieurs hussards : une joie désintéressée.

HUTTE

Vous vous trouvez dans une hutte : une grande catastrophe en perspective.

Vous êtes dans une hutte avec votre famille : vous triompherez de vos ennemis.

Vos ennemis se trouvent dans une hutte : votre esprit sera fort et agile.

HYACINTHE

Vous portez une hyacinthe sur vos vêtements : votre mariage sera durable.

On vous offre une hyacinthe : vous aurez un ami loyal.

Vous rêvez de cette pierre précieuse jaune rougeâtre : votre mari vous sera fidèle.

Vos amis portent une hyacinthe : quelqu'un cherche votre perte.

Vos ennemis portent une hyacinthe : de la malchance pour les autres.

Vos proches portent une hyacinthe : une maladie se prépare.

HYDROPISIE

Vous avez de l'hydropisie : vous serez mis en prison.

D'autres gens ont de l'hydropisie : vous avez tendance à gaspiller l'argent.

Des proches font de l'hydropisie : vous ferez fortune mais par des moyens malhonnêtes.

Des amis font de l'hydropisie : on vous trompe.

HYMNE

Vous chantez un hymne national : vous allez être soumis à la tentation.

Vous entendez un hymne national : le bonheur arrive.

Vous entendez un hymne national à une cérémonie officielle : de bonnes nouvelles vont arriver incessamment.

Vous entendez un hymne dans une église : un membre de la famille va tomber malade.

Vous chantez des hymnes : vos projets se réaliseront.

Vous entendez d'autres gens chanter des hymnes : vous vous remettrez de maladie.

Vous entendez vos amis chanter des hymnes : vos projets professionnels s'annoncent bien.

Vous entendez des personnes qui vous sont étrangères chanter des hymnes : des satisfactions.

Vous chantez des hymnes à l'église : vos affaires se feront, et bien.

HYPOCRITE

Vous êtes hypocrite : un faux ami vous roule.

Vous avez affaire à un hypocrite : des richesses et des honneurs.

Vous réalisez que vous êtes hypocrite : vos affaires sont sûres.

Vous êtes hypocrite en amour : on vous fera un cadeau.

HYSTÉRIE

Vous avez une crise d'hystérie : votre esprit sera agile.

Vos enfants ont des crises d'hystérie : ne vous laissez pas marcher sur les pieds.

Vos proches ont des crises d'hystérie : soyez ferme, vous irez à la réussite.

ICEBERG

Rêve d'un iceberg : vous passerez au tribunal pour un procès.
Un navire brise-glace : une chance favorable.
Un navire qui brise les glaces des icebergs : vos grands efforts vous feront triompher.

IDIOT

Vous rêvez d'idiots : un événement favorable et inattendu vous attend.
Un groupe d'idiots : votre esprit fonctionnera à merveille.
Vous êtes un idiot : vous allez vous voir attribuer un poste de cabinet !
Les enfants sont des idiots : vous serez haut placé dans l'échelle sociale.

IDOLE

Vous rêvez d'une idole : vous avez l'intention de commettre une injus-tice envers une autre personne.
Vous idolâtrez un saint : on vous aime à la folie.
Vous êtes idolâtré par d'autres personnes : vos affaires vont vous causer tracas et appréhension.
Vous idolâtrez vos enfants : vous devriez cacher davantage vos sentiments.

IF

Vous rêvez d'un if : mort d'un membre âgé de la famille.
Vous coupez des branches d'if : vous ferez un héritage important.
Vous êtes assis sous un if : votre vie sera courte.
Vous admirez un if : votre vie sera longue.

IGNORANCE

Vous êtes ignorant : le succès couronnera vos efforts.

Vous avez affaire à des ignorants : vous vous remettrez d'une maladie. *Des enfants sont ignorants :* abondance matérielle.

ÎLE

Vous êtes sur une île : votre conscience n'est pas pure.
D'autres personnes se trouvent sur une île : une guérison rapide après une maladie.
Vous êtes sur une île en famille : un événement favorable et important va se produire.
Vous êtes sur une île avec des proches : des disputes en famille.
Vous quittez une île : un événement important qui aura une influence favorable.
Vous laissez des proches sur une île : des difficultés en perspective.
Une île couverte de végétation : voyages, argent, honneurs.
Une île très peuplée : vous devez lutter pour la première place.

ILLUMINER

Des pièces illuminées : chagrin et misère morale.
Un hall illuminé : une fortune importante et sûre.
Votre petite amie se trouve dans un lieu illuminé : une chance exceptionnelle.
La maison de votre ennemi est illuminée : soyez sur vos gardes, on cherche à vous trahir.

IMAGE

Vous rêvez d'une image : vous travaillez très activement.
L'image d'un mort : un de vos proches pourrait bien mourir.
L'image d'un saint : échec dans vos affaires professionnelles et sentimentales.
L'image de vos propres enfants : malchance en amour.
L'image de proches disparus : remet-tez à plus tard une décision importante.
Plusieurs belles images : vous connaîtrez l'amitié et ses plaisirs.

IMMEUBLES

Grands immeubles : des changements en perspective.
De petits immeubles : en affaires, les choses ne vont pas tourner très bien.
Des très grands immeubles : des succès à venir.
Un groupe d'immeubles : une baisse de moral.

IMPATIENT

Vous êtes impatient : lentement mais sûrement vous parviendrez à vos fins.
Vous êtes impatient avec des enfants : vous allez recevoir une lettre contenant de l'argent.
Vous êtes impatient avec vos amis : des bavardages.
Vous êtes impatient avec vos relations d'affaires : bonheur.
D'autres personnes témoignent de l'impatience : Dieu les punira.

IMPÉRATRICE

Vous êtes une impératrice : vous perdrez votre amant.
On vous présente à une impératrice : vous perdrez votre dignité.
Vous êtes marié à une impératrice : le bonheur est certain.

IMPORTATEUR

Vous êtes agent importateur : prenez soin activement de votre travail.
Vous êtes importateur de marchandises en tous genres : vos actions vous feront honte.
Vous importez des animaux : vous jouirez d'une vraie fortune.
D'autres importent des marchandises : la sécurité dans vos projets.

IMPÔTS

Vous rêvez d'impôts : vous allez devoir faire un grand sacrifice.
Vous payez vos impôts : vous rendrez un service à un ami.
Vous n'êtes pas en mesure de payer vos impôts : un rude travail vous attend.
Vous remplissez votre déclaration de revenus : vous gagnerez très bien votre vie.
On vous retourne un trop-perçu d'impôts : un changement favorable.
Vous êtes percepteur des impôts : vous aurez des raisons d'être fier de vous-même.

IMPÔTS SUR LE REVENU

Vous rêvez que vous payez vos impôts : vos proches sont plutôt chiches.
Vous ne pouvez pas payer votre impôt sur le revenu : vous ferez des pertes d'argent.
Vous recevez un remboursement sur vos impôts : la réussite dans vos affaires.
Vous fraudez dans le paiement de vos impôts : attention, vous risquez de lourdes pertes.
Votre impôt sur le revenu est augmenté : un ami va vous aider

IMPUDENT

Rêve d'une personne impudente manque de modestie.
D'autres personnes sont impudentes : un changement dans votre entourage.
D'autres montrent de l'impudence envers vous : des transactions vont vous sortir d'affaire.
D'autres personnes sont pleines d'impudence : des amis vont vous tromper.

IMPUDEUR

Vous rêvez d'une personne impudique : vous serez abandonné(e) par votre amant (maîtresse).

Vous réprimandez une personne impudique : des relations sentimentales malheureuses.
Une personne impudique est arrêtée : faites très attention dans vos entreprises.

IMPUISSANT

Vous êtes privé de pouvoir : vous serez bientôt malade.
Vous n'avez plus de puissance sexuelle dans vos rapports : une fortune inattendue vous arrivera.
Vous êtes impuissant : vous ferez un héritage.
D'autres sont impuissants : il y a de l'espoir de gagner gros.

INACTIF - INACTIVE

Vous êtes inactif : une bonne période s'ouvre.
Vous avez des biens qui restent inactifs : votre petit ami (votre petite amie) vous quittera.
Un homme est inactif : du malheur dans vos amours.
Une femme est inactive : elle n'aura ni mari ni amoureux.
D'autres personnes sont inactives : leur vie sera chargée de soucis.

INCENDIE (volontaire)

Un incendie causé sur terre : un changement favorable.
Un incendie causé en mer : des aventures qui réussiront.
Un incendie causé chez d'autres : distinctions.
Un incendie causé chez vous, avec des flammes claires : un bon emploi.
Un incendie causé chez vous, avec des flammes sombres : ruine financière.
Un incendie chez vous avec de petites flammes : vous serez fortuné.

INCONNU

Vous rêvez d'un inconnu : la famille sera couverte de gloire.
Un homme rêve d'une personne inconnue : il réussira dans ses affaires.
Un homme rêve d'une personne inconnue au teint sombre : de grands honneurs.
Une femme rêve d'une personne inconnue : elle se fera de nouvelles relations.
Une femme rêve d'une personne inconnue à la longue chevelure : un grand amour.
Vous tenez un inconnu dans vos bras : vous ferez un long voyage.
Un homme frappe un inconnu d'un coup de bâton : de nouvelles entreprises commerciales.
Une femme frappe un inconnu avec un bâton : elle dominera les hommes.

INCONSTANT

Être inconstant : un nouvel amour est proche.
Une femme rêve de sa propre inconstance : elle va recevoir de tristes nouvelles.
Un homme rêve de sa propre inconstance : il sera humilié et soucieux.
D'autres gens sont inconstants : des ennemis vous entourent, ils cherchent à vous faire du mal.

INDE

Vous allez en Inde : vous allez avoir un grand chagrin.
Vous êtes en Inde : une grave catastrophe se prépare.
Vous voyagez en Inde avec votre amoureux : des gens sans scrupules vous tiennent entre leurs griffes.
Vous revenez d'Inde : le bonheur est certain.
Des proches sont en Inde : une femme qui ne vous aime pas va vous envoyer un message.
Une personne originaire d'Inde : vous aurez bientôt une aventure.
Vous êtes indien (indienne) : des gains financiers.

INDÉCENT

Vous rêvez d'être indécent : on vous remettra à votre place.
Un homme est indécent : vous ne vivez que pour le succès de vos affaires.
Une femme est indécente : plusieurs amoureux la laisseront tomber.
Des amis sont indécents : vous allez faire des dettes auprès de prêteurs à gages.
Vous êtes mis en prison pour attentat à la pudeur : vos affaires vont aller au mieux.

INDEX

Vous consultez l'index d'un livre : il y a un certain retard dans votre réussite.
Le doigt de la main appelé index : n'attendez pas autant d'aide et de services des autres.
Vous montrez des gens avec l'index : faites confiance à votre propre force.
D'autres gens vous montrent de leur index : il vous reste beaucoup à apprendre.

INDIGENT

Rêve d'une personne pauvre : chance.
Une femme rêve d'une personne

pauvre : elle héritera d'une fortune.

Des proches sont dans l'indigence : vous gagnerez de l'argent.

Un groupe de gens très pauvres : pauvreté.

Des enfants grandissent dans l'indigence : un grand bonheur.

Des ennemis sont indigents : des disputes familiales.

INDIGO

Vous mettez du bleu indigo dans de l'eau : vous ferez un voyage sur la mer ou sur l'eau.

Vous teignez du tissu avec de l'indigo : vous ferez un long séjour loin de chez vous.

D'autres personnes teignent des objets avec de l'indigo : des succès immédiats.

INDUSTRIE

Avoir une industrie : vous serez dans l'embarras.

D'autres personnes ont une industrie : un événement favorable et important va se produire.

D'autres personnes travaillent dans une industrie : une bonne période s'ouvre.

Vous êtes industrieux : tous vos efforts pour progresser seront efficaces.

INFÉRIEUR

Rêver d'être inférieur : vous avez tendance à l'appréhension.

Vous avez un complexe d'infériorité : un événement favorable va se produire.

Vous avez affaire à des gens inférieurs : fidélité.

Vous vous sentez inférieur dans vos transactions d'affaires : vous aurez bientôt besoin d'argent.

INFIDÈLE

Vous êtes infidèle : quelqu'un profite de votre confiance.

Un homme rêve qu'il est infidèle

à sa femme : désagréments domestiques.

Une femme rêve qu'elle est infidèle à son mari : elle n'est pas certaine d'être enceinte.

Un homme n'est pas fidèle à sa petite amie : une grosse fortune l'attend.

Une jeune fille n'est pas fidèle à son petit ami : elle recevra de mauvaises nouvelles.

Un homme non marié est infidèle à sa maîtresse : danger de mort.

Une femme non mariée est infidèle à son amant : on vous trompe.

Des gens sont infidèles l'un à l'autre : vous recevrez de l'argent d'un homme malhonnête.

INFIRME

Vous êtes infirme : prenez garde aux ennuis.

D'autres sont infirmes : tendresse.

Une personne âgée est infirme : vous réaliserez vos plus grands projets.

Des enfants sont infirmes : les soucis s'effaceront.

Des proches sont infirmes : le succès sera retardé.

Des ennemis sont infirmes : des gains financiers.

INFIRMERIE

Vous vous trouvez dans une infirmerie : malchance en perspective.

D'autres gens sont dans une infirmerie : un travail agréable et de bonnes nouvelles.

Des ennemis sont à l'infirmerie . misère.

Des enfants sont à l'infirmerie : faim.

Des proches sont à l'infirmerie : des temps difficiles s'annoncent.

Vous quittez l'infirmerie complètement remis : vous surmonterez les difficultés.

Vous êtes soigné par une religieuse à l'infirmerie : Dieu vous viendra en aide.

Vous êtes dans une infirmerie pour soins mentaux : tenez mieux en main votre caractère passionné.

INFIRMIÈRE

Vous rêvez d'une infirmière : vous serez pris dans une grande bagarre.
Des infirmières à l'hôpital : joie et satisfaction.
Des infirmières dans une maison : dommages financiers.
Vous avez besoin d'une infirmière : vous serez bientôt enceinte.
Une infirmière et un médecin : misère.
Vous embauchez une infirmière : l'avenir sera bon.
Une femme rêve qu'elle est une infirmière : votre sacrifice vous apportera une position importante.

INFLUENT

Vous êtes une personne influente : un inférieur va vous offenser.
D'autres personnes sont influentes : de très bonnes nouvelles inattendues vont vous arriver.
Vous traitez avec des personnes influentes : on va vous annoncer la fin de votre travail.
Vous acquérez une position influente : vous épouserez une femme riche et belle.

INGRATITUDE

Des gens sont ingrats : il y a quelque chose qui vous pèse sur la conscience.
La famille se montre ingrate : ne vous fiez qu'à votre propre jugement.
Des proches se montrent ingrats : vous allez recevoir la visite d'un solliciteur.
Les enfants sont ingrats : ce sera la misère.
Vous êtes ingrat envers d'autres : vous triompherez des persécutions.

INNOCENT

Vous êtes innocent : vous êtes quelqu'un de très passionné.
Vous savez que vous n'êtes pas innocent : vous allez obtenir une situation très importante.
Une personne innocente est déclarée coupable : la fortune vous attend.
Des membres de la famille sont innocents : vous aurez des discussions d'affaires difficiles.
Vous rêvez d'une grande inondation : votre amant vous laissera tomber.
Vous échappez à une inondation : vous avez un ami loyal.
Des proches sont pris dans une inondation : un faux ami est proche.
D'autres gens sont pris dans une inondation : vous n'aurez pas de chance en amour.
Des inondations causent des ravages : les soucis seront effacés.
Les ravages causé par une inondation : votre succès n'est pas pour demain.

INONDATION

Vous rêvez que vous êtes inondé : vous échapperez au danger.
Vous voyez une grande inondation : vous allez subir des pertes de tous ordres.
Votre propriété est inondée : les soucis finiront bien par s'effacer.
Votre maison est inondée : un ami cherche à vous aider en secret.

INSECTE

Vous rêvez d'insectes nuisibles : vous aurez or et argent en abondance.
Il y a des insectes dans votre maison : vous aurez la considération des autres.
Vous tuez des insectes hors de chez vous : des gains financiers.
Vous tuez des insectes chez vous : des moyens en abondance.
Vous tuez des insectes avec un poison : un mystère trouvera sa solution.

INSENSÉ

Vous commettez des actions insensées :
vous gagnerez de l'argent.
D'autres se livrent à des actes in-
sensés : joie désintéressé.
Des enfants font des actes in-
sensés : vous recevrez bientôt de
l'argent.
Votre compagnon (compagne) est
insensé(e) : vous gagnerez de l'argent.
Votre amant (maîtresse) est insensé(e) :
vous devez absolument changer de
conduite.
Deux fiancés se comportent de façon
insensée : tous deux en souffriront.

INSIGNE

Vous rêvez d'un insigne : vous êtes
sur une liste pour une promotion
honorifique.
On épingle sur vous un insigne :
sécurité totale.
Vous agrafez un insigne sur d'autres
personnes : attention aux ennuis.
Vous épinglez un insigne sur un
policier : réunion de famille.
Des ennemis portent un insigne :
trahisons et infidélités.

INSOLENCE

Vous êtes insolent avec d'autres
gens : attendez-vous à de prochaines
difficultés.
D'autres font preuve d'insolence à
votre égard : un événement favorable
et d'importance va se produire.
Des enfants font preuve d'insolence :
ils auront un esprit aiguisé et solide.
Des employés font preuve d'insolence :
vous vous trouverez un nouveau
petit ami (petite amie).
Des amis font preuve d'insolence :
les soucis vont s'envoler.
Votre employeur est insolent avec
ses employés : vous serez trompé
par vos amis.

INSTRUCTION

Vous donnez des instructions : un
ami a besoin de votre aide.
Vous recevez des instructions : vous
allez avoir besoin de toute la sympathie de vos amis.
Vous donnez des instructions à vos
employés : un rival s'emparera de ce
que vous désirez.
Vous instruisez des enfants : l'échec
pour vos ennemis.
Un mari et une femme s'instruisent
mutuellement : ils vivront longtemps.
Vous recevez d'un juge des ins-
tructions : un changement va se produire dans votre vie.
Vous recevez des instructions d'un
homme de loi : des gains financiers.
Vous recevez un enseignement reli-
gieux : les soucis vont s'effacer.

INSTRUMENT

Vous rêvez d'instruments : vous ferez
un mariage avantageux.
Instruments de musique : vous allez
bien vous amuser pendant une longue
période.
Instruments de chirurgie : attendez-
vous à souffrir.
Vous achetez des instruments de
musique : un grand bonheur.
Vous utilisez des instruments de
chirurgie : des dissensions dans la
famille.
Diverses autres sortes d'instruments :
une grande réunion de famille.

INSULTER

Vous insultez quelqu'un : vous avez
des amis bien décevants.
Vous êtes insulté par d'autres gens :
vous entrez dans une période de
chagrins.
Vous êtes insulté par des amis :
des ennuis se préparent.
Vous insultez des amis : vous souffrirez de vos propres inconséquences.
Vous êtes insulté par des ennemis :

un changement dans vos occupations.
Vous insultez des ennemis : chance et prospérité.
Vous êtes insulté par des proches : un changement de résidence.
Vous êtes insulté mais n'en souffrez pas : méfiez-vous des ennuis en perspective.

INTEMPÉRANCE

Vous rêvez que vous êtes intempérant : vous devriez modérer vos habitudes.
Vous buvez excessivement : des ennuis en perspective.
D'autres montrent de l'intempérance dans la boisson : des disputes.

INTÉRÊT

Vous accordez de l'intérêt : vous allez recevoir de mauvaises nouvelles.
Vous percevez un intérêt d'argent : malheur.
On vous fait payer un pourcentage d'intérêt excessif : la mort.
Vous devez des intérêts : vous avez toute raison d'être jaloux.
D'autres vous montrent de l'intérêt : de grands changements en perspective.

INTESTINS

Vous avez des douleurs intestinales : des malheurs amoureux.
Vos enfants ont des douleurs intestinales : consolation et bonheur.
Vos proches ont des douleurs intestinales : malheur.
Votre petite amie (ami) a des douleurs intestinales : ne pensez pas qu'à vous.
D'autres personnes ont des douleurs intestinales : vous allez recevoir une visite.
Vos ennemis ont des douleurs intestinales : des résultats défavorables dans vos affaires.
On vous retire une partie de vos intestins : des querelles de famille.

Des proches se voient retirer une partie de leurs intestins : une perte d'argent.
Des enfants se voient retirer un morceau d'intestin : vous êtes voué aux déceptions.
Vous mangez des tripes d'animaux : vous jouirez d'une grande fortune.

INTRIGUE

Vous rêvez d'intrigue : affliction et misère morale.
Le jeu vous intrigue : votre vie sociale sera une source de plaisir.
La loterie vous intrigue : une trahison.
La science vous intrigue : de durs moments vous attendent.
Un homme marié se sent intrigué par une autre femme : de bonnes perspectives.
Une femme mariée se sent intriguée par un autre homme : des cancans qui vont bon train.
Des personnes célibataires se sentent intriguées par un représentant du sexe opposé : désespoir.
D'autres personnes se sentent intriguées : une entreprise avorte.
Une personne vaniteuse vous intrigue : c'est une ridicule arrogance.

INVALIDE

Vous êtes invalide : vous vous remettrez de maladie.
Vous guérissez de votre invalidité : votre réussite sera un peu retardée.
Les enfants sont invalides : il n'y a pas que des roses sur le chemin de la réussite.
Des proches sont invalides : un travail agréable et de bonnes nouvelles.
Des amis sont invalides : l'ensemble de vos affaires ira fort bien.
Vos ennemis sont invalides : prenez beaucoup de précautions dans vos entreprises professionnelles.
Vous êtes invalide pour le reste de vos jours : de l'argent arrivera bientôt.

INVENTAIRE

Vous vous préparez à dresser un inventaire : d'excellents changements dans vos affaires.
Vous dressez un inventaire : des moyens très abondants.
D'autres dressent un inventaire : vous réaliserez vos grandes ambitions.
Un inventaire très positif : joie et profit.

INVENTEUR

Vous êtes inventeur : de grands honneurs.
D'autres sont inventeurs : ils seront récompensés de leur travail.
Vos enfants deviennent inventeurs : chance et prospérité.

INVISIBLE

Vous rêvez de quelque chose d'invisible : un événement favorable et important pourrait bien se produire.
Tout est devenu invisible : de promptes fiançailles.
Vos finances sont invisibles sur vos relevés de compte : un changement en mieux.
Un être cher vous est invisible : attention, quelque chose risque d'être révélé.

Des objets invisibles dans une église : le succès est proche.

INVITATION

Vous recevez une invitation : de bonnes nouvelles qui viennent de bien loin.
Vous recevez une invitation écrite : un échec dans vos affaires.
Vous recevez une invitation imprimée : honte et chagrins.
Vous recevez une invitation d'un être aimé : des gains financiers.
Une invitation d'affaires : vous êtes voué aux déceptions.
Vous envoyez une invitation à des proches : des querelles dans la famille.
Vous envoyez des invitations à des amis : évitez les rivaux.
Vous envoyez une invitation à une relation d'affaires : des gains d'argent.
Vous envoyez une invitation à une personnalité de premier plan : un mystère sera résolu.

INVULNÉRABLE

Vous êtes invulnérable : vous réaliserez de très grandes ambitions.
Vous êtes mis en danger mais n'êtes pas blessé : vous vivrez longtemps.
Vous êtes légèrement blessé : un événement important et favorable va se produire.
D'autres sont invulnérables : des disputes d'affaires.

IVOIRE

Vous possédez de l'ivoire : vous avez un réel talent littéraire.
Vous achetez de l'ivoire : vous avez la chance d'avoir un ami fidèle et sûr.
Vous vendez de l'ivoire : vous connaîtrez la détresse.
Vous offrez de l'ivoire en cadeau : l'argent ne vous manquera jamais.

JACOBIN

Vous rêvez d'un membre d'une société jacobine : un grand amour vous assurera la plénitude.

Vous rêvez d'un pigeon jacobin (pigeon à capuchon) : vous aurez plusieurs amants.

JACQUET (ou TRIC-TRAC)

Vous jouez au jacquet : des gains d'argent.

Vous gagnez une partie de jacquet : vous attendez un héritage.

Vous perdez une partie de jacquet : attendez-vous à une perte dans vos affaires professionnelles.

D'autres gens jouent au jacquet : vous triompherez de vos ennemis.

JADE

Vous portez du jade blanc : prospérité.

Vous portez du jade vert : de gros bénéfices financiers.

Vous avez des boucles d'oreilles de jade : des nouvelles vont arriver inopinément.

Un collier de jade : votre mariage durera toute votre vie.

Vous achetez du jade : des bénéfices financiers.

Vous vendez du jade : vous perdrez de l'argent.

D'autres personnes portent des bijoux de jade : la mort d'un proche.

JAIS

Vous rêvez de cette pierre noire et brillante : un danger s'annonce.

D'autres personnes manient du jais : un changement va bientôt intervenir dans votre vie.

Vous avez un bijou de jais : vos propres inconséquences vous feront bien souffrir.

JALOUX

Vous êtes jaloux : préparez-vous à des nouvelles désagréables.

Vous êtes jalouse de votre mari : faites très attention à ce que vous entreprenez.

Vous êtes jaloux de votre femme : vos activités sociales sont fort agréables.

Vous êtes jaloux des enfants : des disputes au sein de la famille.

Vous êtes jaloux de votre petite amie : un événement favorable et important va se produire.

Vous êtes très jaloux de votre religion : gardez confiance en Dieu.

JAMBE

Vous rêvez de jambes bien faites : vous gagnerez une compétition.

Des jambes minces : vous serez tourné en ridicule.

Une jambe de bois : vous descendrez dans l'estime que vous portent vos amis.

Une jambe blessée : des difficultés financières.

Des jambes enflées : une perte d'argent.

Vous avez de belles jambes : joie et bonheur.

On vous ampute d'une jambe : la perte d'un ami.

Une femme qui passe a de jolies jambes : un changement dans votre situation.

Vous perdez une jambe : perte d'un proche.

Une femme mariée rêve d'avoir de belles jambes : elle fera un long voyage.

Vous vous faites des bleus sur les jambes : des difficultés financières.

Un animal à quatre pattes : vous aurez de l'argent en quantité.

JAMBON

Vous achetez un jambon : vous ferez des dettes.

Vous avez un jambon : ne faites pas confiance aux amis.

Vous faites bouillir un jambon : gros bénéfices.

Vous découpez un jambon : vous gagnerez pas mal d'argent.

Vous faites rôtir un jambon : un événement important et favorable.

Vous mangez du jambon : de la joie et des bénéfices.

Vous servez du jambon à vos invités : des disputes de famille.

JANVIER

Vous rêvez de janvier durant le mois de janvier : des gains financiers.

Vous rêvez de janvier durant les autres mois de l'année : un mystère sera résolu.

Vous êtes né durant le mois de janvier : un faux ami est proche.

Des enfants sont nés durant le mois de janvier : ils aimeront le sport.

JARDIN

Le jardin d'Eden : c'est le moment de poursuivre votre cour.

Un jardin bien tenu : vos affaires financières marchent.

Un jardin mal tenu : un secret cache un danger.

Le jardin d'un voisin : vous connaîtrez la prospérité.

Le jardin d'un ami : une mauvaise période s'annonce.

Le jardin d'un membre de la famille : une réussite malgré les mauvaises conditions actuelles.

Un beau jardin : votre fortune augmentera.

Un jardin dépouillé : une mort prochaine.

Vous prenez soin d'un jardin : vous recevrez bientôt de l'argent.

Un jardin sale et désordonné : une prochaine faillite.

Vous marchez dans un jardin : joie.

Un jardin plei...
bonheur.
Un jardin ave...
mariage immi...

JARDINIER

Vous rêvez ... os
activités actu... ...e.
Vous êtes j... ...ne
augmentera.
Vous êtes v... ...r :
la fortune e... ...ain.
Un jardinier ... ...s de
son jardin.
Un jardinie... ...res :
joie et mari...
Le jardinie... ...utre :
vous allez ... ...d'un
ami.

JARRETI...

Une femm... ...tières :
le succès ... ...rd'hui.
Une fem... ...erd ses
jarretières ... ...amant
jaloux.
Vous d... ...tières :
un faux ...
Vos jarr... ...e succès
n'est pas...
Quelqu'... ...rretière :
vous av...
Une jar... ...pportée :
on vous ... ...ifficultés.
On ne ... ...une jarre-
tière ... ...nuis vont
augmer...
Les ja... ...personnes :
on vo... ...difficultés.
Vous ... ...seule jarre-
tière : ... ...en amour.
Vous ... ...jarretières :
une m...

JASM...

Du jasmin en fleurs : vous réaliserez
vos plus grandes ambitions.
Vous avez un bouquet de jasmin :
vous avez un ami loyal.

Une jeune fille rêve de jasmin :
elle sera bientôt demandée en mariage.
Une veuve rêve de jasmin : elle
şe remariera dans l'année.

JAUNE

Vous rêvez de la couleur jaune :
des changements importants en ce
qui vous concerne.
Du tissu jaune de n'importe quelle
sorte : des chagrins s'annoncent.
Vous achetez des vêtements jaunes :
attention aux ennuis.
Vous achetez de la soie jaune :
quelqu'un que vous aimez vous
décevra cruellement.

JAUNE D'OEUF

Vous rêvez d'un jaune d'œuf :
gains financiers.
Un œuf à deux jaunes : vous faites
la découverte d'objets de valeur.
Vous battez des jaunes d'œufs :
des spéculations vous apporteront
de l'argent.
Vous mangez le jaune d'un œuf dur :
l'argent viendra aisément tout au
long de votre vie.
Vous mangez le jaune d'un œuf cru :
argent en abondance.
Vous utilisez des jaunes d'œufs pour
faire de la pâtisserie : une grosse
fortune.

JAUNISSE

Vous avez la jaunisse : des problèmes dans le domaine sentimental.
Les enfants ont la jaunisse : des
bénéfices financiers.
Votre mari a la jaunisse : aurait-il
des problèmes avec des petites amies ?
Des proches ont la jaunisse : votre
fortune est assurée.
Vos ennemis ont la jaunisse : maladie et pauvreté.

JÉRUSALEM

Vous rêvez de Jérusalem : vous ferez
une expérience amère.

Vous allez à Jérusalem : vous ferez un long voyage.

Vous êtes à Jérusalem : de l'autorité et des honneurs.

Vous priez à Jérusalem : vous serez très respecté.

Une foule en train de prier à Jérusalem : vos enfants auront une vie très aisée.

JÉSUS-CHRIST

Vous rêvez de Jésus-Christ : de grands espoirs sont permis.

Vous priez Jésus-Christ : vous deviendrez célèbre.

Vous parlez à Jésus-Christ : vous serez consolé.

Vous allez remercier Jésus-Christ : vous ferez la charité à des personnes dans le besoin.

JETÉE

Vous êtes sur une jetée protégeant un port : de l'argent va vous arriver.

Quelqu'un tombe de la jetée dans la mer : on vous trompe.

D'autres personnes sont sur une jetée : un changement va se produire dans votre vie.

Des proches sont sur une jetée : vous partirez en voyage dans un autre pays.

JEU

Vous rêvez de jeux d'argent : vous en gagnerez beaucoup.

Un joueur : les choses iront selon vos désirs.

Vous gagnez au jeu : votre vie sociale est très agréable.

Vous perdez au jeu : vous serez soulagé de vos souffrances.

Vous jouez aux dés : un héritage.

Vous jouez aux échecs : vous perdrez votre temps.

Vous jouez aux dames : vous perdrez de l'argent.

Vous jouez aux cartes : vous perdrez votre prestige.

Vous jouez avec une machine à sous : vous êtes voué aux déceptions.

Vous jouez avec un ami et gagnez : vous perdrez un être cher.

Vous jouez avec un ami et perdez : vous aimerez quelqu'un d'autre.

Des enfants jouent à des jeux d'argent : la chance dans vos propres affaires.

Vous prenez part à un jeu sportif : gains d'argent.

D'autres jouent à un jeu : les soucis seront effacés.

Votre camp gagne : solitude et soucis.

Votre camp perd : un événement favorable.

Des enfants jouent en plein air : chance pour vos affaires.

Des enfants jouent à colin-maillard : vous serez trompé.

Vous jouez à la roulette : vaines espérances.

Vous jouez dans une foire : succès retardés.

Vous jouez à la loterie : vous trouvez par terre des objets de valeur.

JEUNE

Une personne âgée rêve qu'elle est jeune : vous recevrez de bonnes et heureuses nouvelles.

Une femme âgée rêve qu'elle est jeune : elle aura un mari aux petits soins.

Vous rêvez que vous redevenez jeune : des événements favorables et heureux vont se produire.

Vous êtes jeune : un changement favorable mais qui ne durera pas ...

JEÛNE

Vous rêvez d'un jeûne : de grands honneurs vous seront rendus.

Des membres de la famille jeûnent avec vous : une grande richesse.

Vous jeûnez, conformément à votre religion : le bonheur est certain.

JOIE

Vous rêvez d'une joie : mauvaises nouvelles.
Vous êtes plein de joie : votre santé sera excellente.
Vos enfants sont très joyeux : de bons moments s'annoncent.

JOINTURE (de la main)

Vous frappez avec les jointures du poing : on ne recherche pas votre amitié.
D'autres personnes frappent avec leurs jointures : vous serez trahi.
Vous êtes blessé par un coup de poing : évitez les rivaux.

JONQUILLES

Vous rêvez de jonquilles : vous êtes heureux en amour.
Des jonquilles dans un jardin : votre avenir sera long et heureux.
On vous offre des jonquilles : le bonheur est certain.

JOUER (au théâtre)

Rêver de jouer la comédie : vos projets ne vont pas marcher.

D'autres jouent : vous allez faire un petit voyage.
Vous regardez jouer des comédiens : des amis vous font de mauvais coups dans le dos.
Vous regardez des enfants jouer la comédie : votre travail va être amusant et vous recevrez de bonnes nouvelles.

JOUETS

Vous rêvez de jouets : vous aurez une famille heureuse.
Vous donnez des jouets à des enfants : une bonne période commence.
Vous achetez des jouets : vos enfants seront intelligents et brillants.
Vous recevez des jouets pour vos enfants : vos amis sont fidèles.
Des jouets cassés : vous couvez une maladie.

JOUG

Vous rêvez d'un joug : vous êtes trop soumis à l'influence d'une personne plus âgée.
Vous portez sur vos épaules un joug et deux seaux : abondance.
Deux animaux sont attachés ensemble sous le joug : chance et prospérité.

JOUR

C'est le jour de votre anniversaire : votre vie sera courte.

C'est le jour de votre fête : grande joie et plaisir.

Un jour férié durant la semaine : chance.

Un dimanche, jour de fête : vous recevrez de l'argent.

Le jour de paie : on vous traitera injustement.

Le jour des élections : ne vous désespérez pas, les soucis s'effaceront.

JOURNAL

Vous lisez un journal : une mort est proche.

D'autres gens vous lisent un journal : ils ne vous disent pas la vérité.

Un quotidien : des bavardages anodins.

Un hebdomadaire : vos affaires s'amélioreront.

Un journal du dimanche : votre vie sera courte.

Vous achetez un journal : vous serez l'objet d'un très grand amour.

Vous vendez un journal : vos amis vous tromperont.

Vous déchirez un journal : la pauvreté vous guette.

Vous jetez un journal : déshonneur.

JOYEUX

Vous êtes joyeux : certaines personnes cherchent à vous éliminer.

D'autres personnes participent à une joyeuse réunion : ayez beaucoup de prudence dans vos spéculations.

Vous êtes exhubérant : vous perdrez beaucoup d'argent.

JUBILÉ

Vous rêvez d'un jubilé : vous vous marierez jeune.

Vous assistez aux fêtes d'un jubilé : un riche membre de votre famille vous laissera sa fortune.

Des gens mariés se rendent à un jubilé : vos espoirs se réaliseront.

Une jeune femme rêve d'un jubilé : elle va se fiancer très prochainement.

JUGE

Vous êtes convoqué par un juge : ennuis et chagrin.

Un juge vous est favorable : vous vous débarrasserez de vos soucis.

Vous êtes juge et prononcez des jugements : le malheur vous entoure.

Vous êtes arbitre-juge : vous avez plusieurs bons amis.

Un juge de paix : les temps sont difficiles.

Un juge vous déclare coupable : vous atteindrez à un haut rang social.

Un juge vous acquitte : une grosse une va vous arriver.

JUIF

Vous rêvez d'un Juif : des bénéfices financiers.

Vous traitez avec un Juif : bonheur à la maison.

Vous avez des relations d'affaires avec un Juif : une vie aisée.

Vous êtes marié(e) à un(e) Juif (Juive) : vous allez recevoir des amis.

Vous avez plusieurs amis juifs : vous allez vous livrer à des actions inconséquentes.

Un Juif vous fait une faveur : une chance inespérée et le succès.

Un temple juif : des bénéfices financiers.

JUILLET

Vous rêvez du mois de juillet durant le mois de juillet : vous serez heureux en amour.
Vous rêvez du mois de juillet durant les autres mois : usez de prudence dans vos affaires.
Vous êtes né en juillet : un succès rapide de vos projets.
Des enfants sont nés en juillet : vous gagnerez pas mal d'argent au cours de votre vie.

JUIN

Vous rêvez du mois de juin durant le mois de juin : vous gagnerez bien votre vie.
Vous rêvez de juin durant les autres mois : évitez les rivaux.
Vous êtes né en juin : faites donc confiance à votre propre jugement.
Vos enfants sont nés en juin : vous réaliserez vos projets les plus vastes.

JUMEAUX

Vous avez des jumeaux : bonheur dans la famille.
Une femme rêve qu'elle a des jumeaux : évitez les rivaux.
Un homme rêve que sa femme a des jumeaux : un changement de votre environnement.
Vous avez des jumeaux du même sexe : vous vivrez longtemps.
Vous avez des jumeaux de sexes différents : des distinctions et des honneurs.
Une femme non mariée rêve qu'elle a des jumeaux : elle sera bientôt fiancée.
Vous avez des chevaux jumeaux : vous vous sortirez bien d'un danger.

JUMELLES (optiques)

Vous possédez des jumelles : vous serez heureux dans le futur.
Des hommes qui regardent dans des jumelles : bonheur.
Des femmes qui regardent dans des jumelles : la vie vous récompensera largement.
Des militaires utilisent des jumelles : vous serez blessé dans vos affaires personnelles.
Quelqu'un que vous aimez regarde dans des jumelles : vous allez perdre un membre éloigné de votre famille.
On vous observe à travers des jumelles : réfléchissez bien avant d'agir.
Vous achetez des jumelles : une femme à la moralité bien défaillante est toute proche de vous.

JUNGLE

Vous rêvez de la jungle : vos affaires financières vont vous donner bien des tracas.
Vous êtes dans la jungle : économisez pendant qu'il en est temps.
D'autres personnes sont dans la jungle : vous retrouverez des biens que l'on croyait perdus.
Vous tuez un animal sauvage dans la jungle : vous avez plusieurs amis loyaux.

JURY

On vous nomme membre d'un jury : la mort d'un ennemi.
On forme un jury : vous surmonterez les difficultés.
Un jury siège au tribunal : l'échec pour vos ennemis.
Un jury prononce son verdict : un changement favorable.

KAKI

Vous rêvez du drap des uniformes militaires : l'angoisse vous submerge.
Vous portez un uniforme kaki : vous êtes bien frivole.
Des militaires en uniforme kaki : un rival va vous enlever votre petite amie.
Vous achetez un uniforme kaki : une bonne période approche.

KALÉIDOSCOPE

Vous rêvez d'un kaléidoscope : une grosse fortune.
Vous faites tomber les morceaux de verre coloré d'un kaléidoscope : vous ferez un héritage.
Vous manipulez un kaléidoscope : vous êtes frivole.
D'autres personnes utilisent un kaléidoscope : ne prenez pas trop les choses à la légère.

KANGOUROU

Vous rêvez d'un kangourou : l'hostilité d'une certaine personne va vous jeter dans l'angoisse.
Un kangourou vous attaque : prenez grand soin de votre réputation.
Un kangourou mort : une grande catastrophe se prépare.
Un kangourou en cage : l'échec pour vos ennemis.

KIDNAPPER

Vous êtes kidnappé : un changement dans votre entourage.
Une fille est kidnappée : vos amours ne connaissent que la malchance.
Un garçon est kidnappé : une catastrophe se prépare.
Des kidnappeurs sont arrêtés : de l'argent va vous arriver.

LABORATOIRE

Vous rêvez d'un laboratoire : un grand péril.

Vous êtes dans un laboratoire : vous êtes en sécurité.

Des gens travaillent dans un laboratoire : faites très attention à vos affaires.

LABYRINTHE

Vous rêvez d'un labyrinthe : vous allez démêler les éléments d'une affaire mystérieuse.

Vous êtes dans un labyrinthe : un mystère sera résolu.

Vous vous perdez dans un labyrinthe : le malheur vous entoure de tous côtés.

Vous trouvez la sortie du labyrinthe : vos incertitudes vont trouver leur réponse.

Vous ne réussissez pas à trouver la sortie : faites attention à ne pas tomber sous la coupe d'amis peu scrupuleux.

LAC

Un lac boueux : vos affaires marcheront mal.

Un lac clair : la réussite de chaque affaire est assurée.

Un grand lac : un grand amour passionné.

Un lac aux eaux calmes : votre amant (maîtresse) vous quittera.

Un bateau navigue sur un lac : vous feriez bien de vous attendre à quelques conflits chez vous.

Une barque à rames sur un lac : la réussite de vos projets d'affaires.

Un lac aux eaux agitées : vous allez rencontrer des difficultés.

Il pleut sur un lac : la patience vous permettra de surmonter les tracas.

Vous pêchez au bord d'un lac : vous aurez de l'avancement.

LAID

Vous rêvez que vous êtes laid : vous vivrez longtemps.
D'autres gens sont laids : vos amis vous trahiront.
Des enfants laids : une dispute d'amoureux.
Votre assistante est laide : quelqu'un vous surveille de près avec de mauvaises intentions.
Une jeune femme rêve qu'elle est laide : elle rompra ses fiançailles.

LAINE

Vous rêvez de laine : réussite chez vous et dans vos affaires.
La laine d'un mouton : vous avez un peu trop tendance à utiliser la flatterie.
La laine d'un agneau : vous êtes une personne très gentille et facile à vivre.
Vous vendez de la laine : vie agréable et confortable.
Vous achetez de la laine : prospérité et succès.
Vous fabriquez du tissu de laine brute : vous vivrez longtemps.
Vous vendez des vêtements de laine : un grand malheur.
Vous achetez des vêtements de laine : vous perdrez un ami.

LAINE PEIGNÉE

Vous rêvez de laine peignée : la chance vous attend.
Vous enroulez de la laine peignée en pelote : vous allez jouir de revenus confortables.
Vous tricotez de la laine peignée : vous héritez d'une somme plus importante que ce que vous gagnez.
Vos proches tricotent de la laine peignée : la réussite doit être remise à plus tard.

LAITERIE

Vous rêvez d'une laiterie : une chance excellente.
Vous achetez des produits laitiers : un changement favorable.
Vous travaillez dans une laiterie : vos ennemis échoueront.

LAITUE

Vous tenez une laitue : pauvreté et maladie.
Vous mangez de la laitue : vos affaires sont dans un désordre indescriptible.
Vous cueillez des laitues dans un potager : vous courez un danger dans le domaine sentimental.
Vous achetez des laitues : vous aurez des chagrins.
Vous lavez des laitues : vous regretterez vos actions irréfléchies.

LAMENTATION

Vous rêvez de lamentations : la joie.
Des pleurs et des lamentations : perte d'un être très cher.
Des enfants se lamentent : un sentiment de sympathie dans la maisonnée.
Des membres de la famille se lamentent : vous devriez limiter vos dépenses.
Des animaux se lamentent : vous ferez un héritage.

LAMPE

Vous rêvez d'une lampe : vos affaires vont se mettre au point mort.
Vous allumez une lampe : vous allez être obligé de donner quelques explications à certaines personnes.
Une lampe allumée : une passion.
Une lampe qui brûle très vivement : la chance pour une petite affaire qui commence.
Vous éteignez une lampe : un amour qui faiblit.
La lumière faible d'une lampe : il vous faudra travailler dur et vaincre des difficultés.

Plusieurs lampes : votre vie sera facile.

Une lampe s'éteint : vos plans échoueront.

Une lampe non allumée : vous allez tomber amoureux.

Des lampes dans la maison d'autres gens : attention aux ennuis.

LAMPE À GAZ

Vous avez une lampe à gaz : Vos affaires sont au point mort.

Vous allumez une lampe à gaz : vous aurez beaucoup d'argent.

Une lampe à gaz déjà allumée : une grande passion amoureuse.

Vous éteignez une lampe à gaz : perte de tous vos espoirs en amour.

Une lampe à gaz très décorative : les gens vous racontent des mensonges.

Une lampe à gaz s'éteint brusquement : attendez-vous à une catastrophe.

La lampe à gaz d'autres gens : vos affaires d'amour vont bien.

LANGUE/LANGAGE

Vous parlez votre propre langue : vous n'êtes pas sincère.

Vous apprenez des langues étrangères : vous devriez être plus modeste.

Vous parlez des langues étrangères : vous méritez des honneurs.

Vous entendez d'autres gens parler des langues étrangères : vous allez être victime des circonstances.

Des enfants apprennent les langues étrangères : le bonheur dans l'amour.

LANGUE

Vous rêvez d'une langue : vous serez victime d'actes indiscrets.

Une femme rêve d'une grande langue : honneur et pudeur.

Un homme rêve d'une grande langue : sa raison lui permettra de se discipliner.

Une langue chargée : vous échapperez à une maladie.

Une langue très longue : vous devriez soigner vos nerfs.

Vous vous brûlez la langue : des ennuis en perspective.

Vous vous mordez la langue : vous êtes très romantique.

Des enfants tirent la langue : ils seront très intelligents.

Vous agitez la langue : vous ne savez pas discerner quand les gens sont sincères.

LANGUIR

Vous rêvez que vous vous languissez : vous devriez changer votre façon de vivre.

Vous ressentez une forte nostalgie : vous montrez de l'indifférence là où vous devriez être attentif et aimable.

Vous souffrez de vexations et de regrets : vos soucis s'effaceront.

Des proches se languissent : discussions dans la famille.

LANTERNE

Une lanterne éteinte : faites attention de n'être pas trompé par un ami.

Une lanterne de signalisation : vous obtiendrez une position de responsabilité fort importante.

Une lanterne magique : vous allez devoir assister à la dissolution de vos affaires.

Vous éteignez une lanterne : pauvreté et maladie.

Une flamme brûle haut et clair dans une lanterne : joie et bonheur.

Une lanterne qui éclaire à peine : des ennuis domestiques.

Une lanterne qui s'éteint toute seule : attendez-vous à des ennuis et des difficultés.

LARD FUMÉ

Vous achetez du lard fumé : mauvaise santé.

Vous faites frire du lard fumé :

vous allez recevoir un cadeau inattendu.

Vous mangez tout seul du lard fumé : la vie vous apportera de l'argent sans problèmes.

Vous mangez du lard en compagnie d'autres personnes : richesse.

Vous recevez du lard fumé en cadeau : vous serez très bien récompensé.

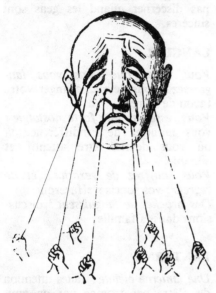

LARMES

Vous rêvez de larmes : un conflit se terminera dans la joie.

Vous rêvez que vous pleurez : vous recevrez un cadeau.

Des enfants versent des larmes : votre mariage sera heureux.

Votre petite amie verse des larmes : vous serez consolé.

Vos proches versent des larmes : vos affaires vont prochainement passer par des moments difficiles.

LATIN

Vous apprenez le latin : vous trouverez un excellent travail.

Vous lisez du latin : vous triompherez de vos ennemis.

Vous parlez latin : méfiez-vous des chutes.

Des enfants apprennent le latin : ils auront du tempérament.

LAURIER

Un très beau laurier : vous ferez de gros bénéfices.

On vous offre un laurier : des proches vous demandent de l'argent.

Une couronne de lauriers : un ami vous fait un cadeau inattendu.

Vous cueillez des lauriers : un héritage.

Un plant de laurier : du plaisir.

Vous êtes entouré de lauriers : prospérité et plaisirs.

Vous tenez un rameau de laurier en signe de paix : vous aurez de l'avancement dans votre situation.

Une femme rêve qu'elle sent le parfum du laurier : elle aura beaucoup d'enfants.

Une jeune fille rêve qu'elle respire le parfum du laurier : elle se mariera très prochainement.

Un homme rêve qu'il respire le parfum du laurier : des entreprises professionnelles qui tournent bien.

Un homme rêve d'un arbre de laurier : de la chance pour ses actions.

Une veuve rêve d'un laurier : elle cèdera à la tentation.

Une femme célibataire rêve d'un laurier : elle se mariera bientôt.

Une femme mariée rêve d'un laurier : elle aura beaucoup d'enfants.

LAVANDE

Vous rêvez d'une touffe de lavande : prenez les erreurs des autres avec une pointe d'humour.

Un bouquet de lavande : beaucoup d'argent.

De la lavande séchée placée entre les draps : un prochain mariage.

Un parfum de lavande : vous serez heureux au jeu.

Du tissu de soie lavande : vous êtes béni par l'Eglise.

Tout autre tissu de couleur lavande : du succès pour vos affaires.

LAVEMENT

Vous rêvez de la poire à lavement : un grand désordre dans vos affaires.
Vous administrez un lavement : vous serez écœuré par des histoires d'amour.
On vous administre un lavement : malheur.
Vous vous faites vous-même un lavement : vous allez être à court d'argent.

LAVER

Vous lavez : vous rendrez service à un inconnu.
Vous lavez à l'eau claire : vous saurez profiter des plaisirs de la vie.
Vous vous lavez les mains à l'eau froide : plénitude.
Vous vous lavez les mains à l'eau chaude : réussite.
Vous vous lavez les pieds : angoisse.
Vous vous lavez la tête ou la barbe : chagrin.
Vous lavez votre corps : méfiez-vous de votre conduite immorale.
Vous lavez des aliments : une vie heureuse.
Vous lavez du linge : des difficultés en perspective.
Vous lavez la vaisselle : des amis viendront vous voir chez vous.

LÉCHER

Un chien vous lèche : chance et prospérité.
Un chien lèche d'autres gens : une bonne période commence.
Un bébé vous lèche : vous vous débrouillerez bien.
D'autres vous lèchent : bonheur.
Un cheval vous lèche la main : votre vie sentimentale est en danger.
D'autres personnes sont léchées : un ami recherche votre conseil.

LEÇON

Vous vous préparez pour une leçon : une grande joie.
Vous étudiez une leçon : des moyens matériels abondants.
Vous prenez une leçon : bonheur.
Des enfants préparent leurs leçons : la chance sourit.
Vous donnez une leçon à des enfants : une bonne période commence.
Vous donnez une leçon à des adultes : Un changement dans votre entourage.
Vous donnez une leçon à des étrangers : honneurs et distinctions.
Vous donnez une leçon à des aveugles : la chance sourit à une personne qui vous est chère.
Vous recevez des leçons : vous saurez vous en sortir.
Vous corrigez les leçons d'un certain nombre de gens : le bonheur est assuré.

LÉGISLATION

Vous préparez une loi : un événement bénéfique et important se prépare.
Vous faites appliquer la législation : évitez les rivaux.
Un groupe important de gens étudie la législation : de l'avancement dans votre situation.

LÉGISLATURE

Vous rêvez d'un législateur : la honte et le chagrin seront votre lot.
Vous êtes législateur : les déceptions ne vous seront pas épargnées.
Vous devenez législateur : des amis vous abandonneront.
De nombreux législateurs ensemble : vous serez trompé par des amis.

LEGS

Vous faites un legs à quelqu'un, en argent : vous serez malheureux, mais un jour seulement.
On fait un legs en votre faveur : vous hériterez bientôt de l'argent.

Vous annulez un legs : bagarres dans la famille.

Vous renoncez à un legs en faveur de quelqu'un d'autre : joie et bénéfices.

Vous léguez toute votre fortune à des étrangers : votre vie sera courte.

Vous ne léguez rien à vos proches : une mort imminente.

LÉGUMES

Vous rêvez de légumes : un rude travail mais peu de résultats.

Vous récoltez des légumes : votre sens de l'économie allègera vos soucis d'argent.

D'autres gens récoltent des légumes : disputes.

Des légumes dans un champ : vous subirez bien des chagrins.

Vous mangez des légumes : vous perdrez de l'argent.

Des légumes verts : persévérez et gardez l'espoir.

Vous sentez l'odeur de légumes qui cuisent : vous découvrirez des secrets peu sympathiques.

LÉOPARD

Vous rêvez d'un léopard : la victoire sur les ennemis.

Vous êtes attaqué par un léopard : succès.

Vous tuez un léopard : vous aurez bien des revers mais vous serez finalement victorieux.

Un léopard dans une cage : des ennemis cherchent à vous blesser mais n'y parviendront pas.

Plusieurs léopards : vous irez à l'étranger pour vos affaires.

Vous entendez rugir un léopard : vous souffrirez.

Des léopards combattent : une maladie.

Des léopards qui se bousculent : vous souffrirez cruellement.

Des léopards qui courent : une maladie grave.

Un léopard mourant : la mort d'une personnalité importante.

Un léopard lié par des chaînes : un ennemi va vous causer une surprise.

Vous surprenez un léopard : attention aux amis trompeurs.

Vous avez peur d'un léopard : vos ennemis vous persécuteront.

Vous triomphez d'un léopard : évitez les rivaux.

Le squelette d'un léopard : vous aurez bientôt de l'argent.

Des bébés léopards : joie et bonheur.

LÈPRE

Un homme rêve qu'il a la lèpre : il sera malade.

Une femme rêve qu'elle a la lèpre : un homme riche cherchera à l'aider.

D'autres personnes ont la lèpre : il est en votre pouvoir de surmonter un certain nombre de difficultés.

Des enfants ont la lèpre : des bénéfices financiers.

Des proches ont la lèpre : vous gagnerez de l'argent.

Des ennemis ont la lèpre : malchance chez vous.

LÉSER

On vous lèse : une grande trahison.

Vous lésez quelqu'un : la prospérité viendra.

Des proches vous lèsent : une déception amoureuse.

D'autres gens vous lèsent : vos ennemis chercheront en vain à vous discréditer.

LESSIVE

Vous rêvez d'une buanderie : vous serez étonnamment heureux en compagnie d'autres personnes.

Vous faites votre lessive : quelqu'un va vous rendre un service.

Vous faites la lessive dans une laverie publique : vous allez voir un cadavre d'inconnu.

Vous faites votre lessive à la fontaine : joie et prospérité.

Vous faites la lessive de votre petit ami : le mariage ne se fera pas.

LEST

Un navire à limite de son lest : vous ne pouvez pas faire confiance à votre partenaire.

Un navire qui coule avec son lest : abondance de moyens.

Vous retirez à un navire son lest : de l'argent en perspective.

Un lest dont les entraves sont brisées : des amis vous manquent de parole.

LETTRE

Vous recevez une lettre : une grande masse d'argent vous attend.

Vous recevez une lettre d'un mari ou d'une épouse : échec des ennemis.

Vous recevez une lettre d'un amant (d'une maîtresse) : de promptes fiançailles.

Vous recevez une lettre d'un ami : vous gagnerez bien votre vie.

Vous recevez une lettre d'un enfant : des facilités matérielles.

Vous recevez une lettre de membres de la famille : vous vous sortirez du danger qui vous guette.

Vous recevez une lettre d'un admirateur : vous ferez un mariage avantageux.

Vous recevez une lettre d'affaires : faites attention dans tous les domaines.

Vous recevez des lettres contenant de l'argent : vos espoirs s'accomplissent.

Vous recevez une lettre de change : un gain inespéré.

Vous écrivez une lettre à un homme de loi : malchance.

Vous lisez une lettre intéressante : vous prendrez de longues vacances.

Vous cachetez une enveloppe : vous réussirez dans toutes vos affaires.

Vous déchirez une lettre : un rival va vous enlever l'amour de votre petite amie (petit ami).

Vous détruisez une lettre d'affaires : des obstacles insurmontables vous font face.

Vous postez une lettre : vous recevrez des nouvelles intéressantes.

D'autres personnes lisent vos lettres : prenez des précautions afin de n'être pas trompé.

Vous lisez une lettre circulaire : promotion dans votre travail.

Vous envoyez une lettre : veillez à ne pas trahir vos secrets.

Vous envoyez une lettre à votre mari ou votre femme : joie.

Vous envoyez une lettre à un amant : annonce d'un mariage.

Vous envoyez une lettre à un ami : vous ferez un très long voyage.

Vous envoyez une lettre à des enfants : leur avenir sera heureux.

Vous envoyez une lettre à des proches : des disputes de famille.

Vous envoyez une lettre à un admirateur : vous surmonterez les attaques de vos ennemis.

Vous envoyez une lettre d'affaires : attention aux ennuis.

LETTRE D'AMOUR

Vous écrivez une lettre d amour : bonheur.

Vous lisez une lettre d'amour : vous recevrez de bonnes nouvelles.

Vous recevez de nombreuses lettres d'amour : la franchise est une qualité admirable.

Vous déchirez des lettres d'amour : malheur.

Vous collectionnez les lettres d'amour : vous découvrirez la vérité.

LEVAIN

Vous rêvez de levain : quelqu'un vous laissera ses économies.

Vous faites du pain au levain : abondance.

Vous utilisez de la levure dans la cuisine : vous recevrez de l'argent dans des circonstances bien étranges. *Vous achetez de la levure chez le boulanger :* une fortune peu ordinaire.

SE LEVER

Se lever très tôt le matin : vous gagnerez beaucoup d'argent.
Se lever avec le soleil : un grand bonheur.
Se lever de son lit : malaise et maladie.
Se lever du sol : soucis et chagrin.
Se lever d'une chaise : de bonnes nouvelles.
Se lever d'un divan : vous allez recevoir une lettre inattendue.
Se lever avec un être aimé : vous allez vous disputer.

LÈVRES

Vous rêvez de vos propres lèvres : de l'argent approche.
Des lèvres minces : vexations.
Des lèvres épaisses : un mariage heureux.
Des lèvres gercées : pauvreté.

De belles lèvres : vous aurez plusieurs cordes à votre arc.
Un homme embrasse les lèvres d'une femme : les affaires marchent.
Une femme embrasse les lèvres d'un homme : vous aurez de nombreux avantages.
Des lèvres d'enfant : le succès est pour plus tard.
Les lèvres de personnes étrangères : un déménagement.
Des lèvres repoussantes : l'échec pour vos ennemis.

LÉVRIER

Vous rêvez d'un lévrier : vous triompherez de vos ennemis.
Vous possédez un lévrier : vous gagnerez aux courses.
Un lévrier qui appartient à quelqu'un d'autre : vous gagnerez à la loterie.
Un lévrier qui court : une lettre apportera de bonnes nouvelles.

LÉZARD

Vous rêvez d'un lézard : vos ennemis réussiront à vous blesser.
Vous tuez un lézard : vous récupérerez la fortune que vous aviez perdue.
Vous avez un lézard en cage : vous aurez une excellente réputation.
Vous avez une ceinture en peau de lézard : votre mariage durera jusqu'à la mort.
Vous avez un sac en lézard : vous aurez de l'argent toute votre vie.
Vous avez des chaussures de lézard : vous aurez une excellente santé.
Vos amis portent des objets en lézard : trahison.

LICENCE (Autorisation)

Vous obtenez une licence : vous changerez d'occupations.
Vous demandez une licence : un changement dans votre entourage.

On vous octroie une licence : honneurs et distinctions.
On refuse une licence : un événement important et favorable.
D'autres personnes reçoivent une licence : chagrin.
On refuse une licence à d'autres personnes : un changement va bientôt se produire dans votre vie.

LICOL

Vous rêvez d'un licol : un ancien camarade de jeu va devenir votre époux.
Vous passez un licol à un cheval : prospérité pour vos affaires et réussite dans vos amours.
Vous attelez un cheval à une charrette : attention aux ennuis.

LICORNE

Vous rêvez d'une licorne : des mensonges vous causeront de l'angoisse.
Plusieurs licornes : vous recevrez une grosse somme d'argent.
Vous tuez une licorne : pertes de biens immobiliers.
Des licornes en cage : vos amis vous éviteront.

LIER

Vous reliez des livres : vous allez faire une découverte.
Vous passez un lien autour de choses lourdes : vous aurez des problèmes avec le ministère de la Justice.
Vous attachez deux morceaux de bois : de tristes nouvelles vont vous arriver.
Une partie du corps est entravée par des liens : malheur.
Vous êtes lié avec des cordes : vous allez devoir affronter des obstacles.
D'autres personnes sont liées par des cordes : les ennuis vont vous surprendre.
Vous êtes attaché avec des cordes par d'autres personnes : vous tomberez dans un piège.

Vous liez d'autres personnes avec des cordes : embarras et pertes d'argent.

LIERRE

Vous faites pousser du lierre : attention, vos fiançailles pourraient être rompues.
Du lierre pousse sur les arbres : vous souffrirez beaucoup.
Du lierre pousse sur une maison : richesse.
Du lierre pousse sur la maison d'amis : votre santé passera par des hauts et des bas.
Vous avez un lierre en pot dans la maison : le bonheur est certain.

LIÈVRE

Vous rêvez d'un lièvre ou d'un lapin : vos ennemis manqueront leur but.
Un lièvre court : vous changerez d'occupation.
Plusieurs lièvres courent : de très bonnes idées en affaires.
Vous mangez du lapin : vous vous disputerez avec un ami.
Il y a des lièvres dans votre potager : une grande amitié.

LILAS

Vous rêvez de lilas : vanité.
Vous portez du parfum de lilas : un ami vous fera un cadeau.
On vous offre du lilas : vous ne vous fiez pas aux apparences.
Vous offrez du lilas à d'autres : un changement dans votre entourage.

LIMES

Une lime à ongles : un mystère trouvera sa solution.
La lime d'un mécanicien : des nouvelles désagréables vont arriver.
Plusieurs limes : vous réaliserez vos ambitions.
Vous utilisez une lime : vous allez avoir un surcroît de travail.

LIN

Vous rêvez de lin : vous aurez du succès dans tout ce que vous entreprendrez.

Vous avez du lin : un changement va bientôt intervenir dans votre vie.

Vous filez du lin : votre vie sera longue.

LINTEAU

Vous rêvez d'un linteau de porte ou de fenêtre : des changements importants.

Vous êtes sous un linteau : vous déménagerez pour une maison plus grande.

Vous placez un linteau dans une construction : chance et prospérité.

LION

Vous rêvez d'un lion : de futurs honneurs.

Une femme rêve qu'elle entend rugir un lion : de l'avancement que vous n'attendiez pas.

Un homme rêve qu'il entend rugir un lion : il sera admiré des femmes.

Un lion vous court après : disgrâce.

Vous tuez un lion : indépendance financière.

Vous tuez un lion : beaucoup d'aléas, mais la victoire au bout du compte.

Un lion furieux : attendez-vous à des malheurs causés par la jalousie.

Un lionceau : vous connaîtrez une amitié de qualité.

Vous adoptez un lion : des succès.

Un lion en cage : vos ennemis vont renoncer à vous causer du mal.

Plusieurs lions : vous partirez à l'étranger pour vos affaires.

Vous entendez rugir un lion : vous souffrirez.

Un lion mourant : la mort d'un personnage important.

Un lion attaché par des chaînes : vous serez surpris par un ennemi.

Vous attaquez un lion par surprise : soyez sur vos gardes, les mauvais amis sont légion.

Vous avez peur d'un lion : vous serez persécuté par les ennemis.

Vous triomphez d'un lion : évitez les rivaux.

Le squelette d'un lion : vous aurez bientôt de l'argent.

LIONNE

Vous rêvez d'une lionne : chance pour la famille.

Une lionne avec ses petits : joie et bonheur.

Une lionne se bat contre un lion : maladie.

Une lionne traîne la patte : vous souffrirez.

Une lionne qui court : une maladie grave.

Une lionne tue un lion : méfiez-vous des amis jaloux.

Une lionne meurt en mettant bas : vous recevrez de l'argent.

Une lionne mange de la viande : vous aurez de la fortune.

Une lionne dans un cirque : vous aurez de nombreux amis dévoués.

Vous êtes attaqué par une lionne : vous vivrez longtemps.

Vous avez une petite lionne apprivoisée : vous serez demandée en mariage.

LIQUEUR

Vous buvez de la liqueur : vos amis sont loyaux.

Vous buvez de la liqueur avec des glaçons : un emploi immédiat.

Vous avez envie de boire : malchance.

Vous buvez de la liqueur dans un grand verre : une joie très grande.

Vous buvez de la liqueur dans un petit verre : beaucoup de tracas.

Vous buvez une liqueur de couleur claire : bonheur.

Vous buvez une liqueur de couleur sombre : une maladie se prépare.

Vous buvez de la liqueur en compagnie d'une amie : vous serez très riche.

Vous buvez de la liqueur en compagnie de plusieurs amis : un changement dans votre entourage.
Vous buvez de la liqueur en compagnie de votre femme : votre mariage durera.
Vous buvez de la liqueur en compagnie de membres de la famille : des disputes de famille.
Vous buvez de la liqueur en compagnie d'ennemis : attendez-vous à des pertes financières.

LIS

Vous rêvez de lis durant leur saison : un grand bonheur.
Vous rêvez de lis hors saison : la perte de toutes vos espérances.
Vous faites pousser des lis : un mariage aura lieu très prochainement.
Vous achetez des lis : ne comptez pas sur l'aide des autres.
Vous vendez des lis : ne comptez que sur vous-même.
Des lis fanés : vous allez vous ridiculiser.
Vous jetez des lis : vos actes irréfléchis causeront votre perte.
Vous recevez en cadeau un bouquet de lis : vous êtes frivole.

LIT

Vous rêvez que vous vous reposez confortablement dans votre lit : vous connaîtrez amour et sécurité.
Un lit bien fait : cœur comblé.
Des draps blancs et propres sur un lit : des raisons de vous faire du souci.
Des draps propres de couleur sur un lit : des visiteurs inattendus vont arriver.
Vous faites un lit : déménagement en perspective.
Un lit vide : mort d'un ami.
Vous êtes assis au bord de votre lit : vous vous marierez prochainement.
Vous êtes dans un lit étranger : les choses prennent bonne tournure.

Vous restez au lit très longtemps : la malchance approche.
Vous êtes au lit sans pouvoir vous endormir : vous allez bientôt tomber malade.
Un lit en désordre : des secrets vont être révélés.
Vous êtes malade et au lit : il va y avoir des complications et peut-être même la mort.
Un étranger est dans votre lit : infidélité conjugale.
Vous êtes au lit, à l'hôtel : des amis vont vous rendre inopinément visite.
Un lit de camping : vous acquerrez une propriété.
Vous brûlez un lit : des secrets seront dévoilés.
Des personnes âgées se mettent au lit : la mort est toute proche.
Des enfants vont au lit : une vie de malheur se prépare.

LITIÈRE

Vous rêvez d'une litière : vous avez une famille adorable.
La litière d'un chien : les soucis s'effaceront.
La litière d'un porc : de l'argent approche.
La litière d'autres animaux : une bonne période commence.

LIVRE

Des livres dans une bibliothèque : vous allez faire une expérience imprévue.
Des livres chez soi : bonheur.
Vous lisez un livre : vous allez perdre de bons amis.
Vous lisez un livre de littérature fantastique : des amis vous apporteront la consolation.
Vous lisez un livre scientifique : grande joie.
Vous lisez des romans policiers et des histoires de détectives : vous mènerez une vie tranquille.

Vous lisez des livres religieux : plénitude et contentement.
Vous lisez des livres d'école : prospérité.
Vous reliez des livres : vous découvrirez une chose qui était cachée.
Vous écrivez des livres : vous gaspillerez temps et argent.
Vous lisez un livre politique : une personne très vaniteuse vous aide.

LIVRE DE COMPTES

Vous rêvez de livres de comptes : une longue vie.
Un grand livre couvert de chiffres : vous découvrez de l'argent considéré comme perdu.
Un inventaire de caisse : des gains financiers.
Vous écrivez sur un registre de comptes : vous gagnerez de l'argent.
Vous découvrez des erreurs dans un registre de comptes : attention aux ennuis.
Vous faites un bilan à partir du livre de comptes : vous allez découvrir les erreurs que vous avez commises au cours de votre vie.

LIVRÉE

Vous avez un domestique en livrée : un grand succès.
Un maître et son domestique en livrée : vous serez embarrassé.
Une dame a un domestique en livrée : de l'avancement dans sa situation.
Vos ennemis ont des domestiques en livrée : vous courez un danger dans le domaine sentimental.
Vos amis ont des domestiques en livrée : vous obtiendrez un triomphe.

LOCATION

Vous signez un bail de location : la justice vous pourchasse.
Vous demandez à quelqu'un de signer un bail de location : la prison.

Vous annulez un bail de location : le futur est incertain.
Vous poursuivez quelqu'un à propos d'une location : vous vous réconcilierez avec un ennemi.
Vous louez une maison : évitez les rivaux.
Vous louez une boutique : vos affaires sont saines.
Vous louez des terres : vous aurez de la chance en amour.

LOCOMOTIVE

Vous rêvez d'une locomotive : vous voyagerez beaucoup.
Une locomotive vient vers vous : des amis vont arriver.
Une locomotive s'éloigne : votre amant vous quittera.
Une locomotive en pleine vitesse : vous vous élèverez rapidement jusqu'à la richesse.
Une locomotive hors d'usage : la fortune vous abandonne.
Deux locomotives accrochées l'une à l'autre : de gros tracas vous attendent.
Vous êtes mécanicien de locomotive : vous surmonterez aisément les difficultés.

LOGEMENT

Vous cherchez un logement provisoire : des problèmes importants seront remis à plus tard.
Vous trouvez un logement provisoire : solitude et soucis.
Vous trouvez un logement permanent : bonheur à la maison.
Vous trouvez un beau logement : une période heureuse s'annonce.

LOI

Vous êtes un fonctionnaire chargé de faire appliquer la loi : il vous faudra surmonter des obstacles.
Vous entamez une poursuite judiciaire : de sérieux ennuis se profilent à l'horizon.

D'autres personnes entament une poursuite judiciaire contre vous : pesez bien vos plans avant d'agir.

Vous êtes magistrat : vous réaliserez vos ambitions les plus hautes.

LOTERIE

Vous rêvez d'une loterie : vous ne méritez pas le succès.

Vous jouez à la loterie : quelques petits risques pour l'avenir.

Vous vous intéressez à la loterie : des ennemis inconnus vous entourent.

Vous tenez des billets de loterie : une association malheureuse.

Un tirage de loterie : vous gagnerez de l'argent.

Des numéros de loterie en désordre : vous vous fiancerez à une personne qui n'est pas digne de votre intérêt.

LOTO

Vous jouez au loto : vous vous trouverez en compagnie très agréable.

Vous tenez un billet de loto : vous n'avez pas de chance dans la vie.

Vous jouez au loto avec un petit ami : vous êtes frivole.

Vous gagnez au loto : une bonne période commence.

LOUCHE

Vous rêvez d'une louche : un secret recèle un danger.

Vous utilisez une louche : vous allez recevoir des nouvelles d'un ami absent.

D'autres personnes utilisent une louche : malheur.

LOUP

Vous rêvez d'un loup : chance et prospérité.

Vous êtes effrayé par un loup : des voleurs vous détrousseront.

Plusieurs loups : vos employés abusent de votre confiance.

Un loup qui court : vous aurez affaire à des ennemis intelligents et très trompeurs.

Un loup domestiqué : on vous embrassera souvent.

Un loup dressé : vous n'aimez pas la personne que vous devriez aimer.

Deux loups qui jouent ensemble : vous avez de faux amis.

Un loup et ses petits : déceptions et fin d'une liaison amoureuse.

Vous tuez un loup : vos affaires ne marchent pas.

Un loup mort : les obstacles qui vous font face sont insurmontables.

Vous attrapez un loup : argent en abondance.

LOURD

Vous rêvez d'objets lourds : richesse.

Vous portez quelque chose de lourd : des enfants vont naître dans la famille.

D'autres personnes portent des choses lourdes : vous recevrez de l'argent que vous n'attendiez pas.

Des ouvriers portent des choses très lourdes : on vous fera la cour.

Des amis portent des poids très lourds : usez d'une grande prudence dans vos affaires.

Des enfants portent des paquets de livres très lourds : la famille recevra de grands honneurs.

LUCARNE

Vous regardez par une lucarne : guérison rapide.

Vous tombez par une lucarne : une maladie se prépare.
Vous voyez d'autres gens à une lucarne : évitez les rivaux.

LUMIÈRE

La lampe est allumée : un héritage
La lumière est faible : vous serez malade.
La lumière est forte : une bonne santé.
La lumière est tamisée : des difficultés en perspective.
Une lumière qui s'éteint : votre vie sentimentale est en danger.
Une lumière dans le lointain : un retour sain et sauf d'un grand voyage.
Vous allumez la lumière : réussite pour vos affaires.
Vous éteignez la lumière : votre amant vous trompe.
D'autres personnes allument des lumières : vous vous remettrez de maladie.
D'autres personnes éteignent des lumières : vous pourriez bien subir une petite opération.
Une lumière sur un navire au loin : vous partirez en voyage avec votre petit ami (petite amie).
Une lumière sur un navire dans le port : vous serez bientôt présenté à un personnage important.
Vous allumez une lampe : bonheur.
Vous éteignez une lampe : de mauvaises nouvelles d'un ami lointain.
Vous allumez une lumière dans votre chambre à coucher : un événement malheureux va se produire.

LUNE DE MIEL

Vous partez en lune de miel : il va y avoir du changement dans votre vie.
Vous êtes en lune de miel : on vous trompe.
Vos enfants partent en lune de miel : une joie désintéressée.

Des membres de la famille partent en lune de miel : vous ferez un petit voyage.
Des amis partent en lune de miel : une déception.

LUTTER

Vous rêvez d'une lutte : des discussions difficiles.
Vous luttez avec des débiteurs : vous recevrez de l'aide.
Vous luttez contre des gens très forts : attention, danger de maladie et d'infirmité.
Vous luttez contre des professionnels de la lutte : vos ennemis seront punis.
Vous luttez contre des forcenés : danger de mort.
Vous luttez contre des prisonniers : libération.
Vous luttez avec vos amis : vous serez promu à une situation meilleure.
Vous luttez avec des enfants : une fortune inattendue.
Vous luttez contre des serpents : vos ennemis seront très sévèrement punis.
Vous luttez contre des bêtes sauvages : vous échapperez au danger.
Vous luttez contre des moutons : un travail difficile vous attend.
D'autres personnes luttent contre des forcenés : vous perdrez un procès.

LUXE

Vous vivez dans le luxe : malchance en amour.
Vous vivez dans le luxe : vous serez humilié.
Vous exhibez des objets luxueux : votre personnalité vous fera beaucoup d'ennemis.
Vous recevez un cadeau luxueux : des disputes de famille.
Vous renoncez au luxe : vous aurez de grosses dettes.
Des amours fastueuses : un rival

vous retirera l'amour de votre petite amie (petit ami).

Vous menez une vie de famille luxueuse : des disputes domestiques.

LYCÉE

Vous êtes au lycée : les disputes se termineront bien.

Vous enseignez dans un lycée : vous serez heureux grâce à votre innocence.

Des enfants vont au lycée : ayez de la modestie.

LYNX

Vous rêvez d'un lynx : vous serez persécuté.

Un lynx dans un arbre : vous découvrirez le secret d'un ennemi.

Un lynx sur un toit : votre vie sera longue.

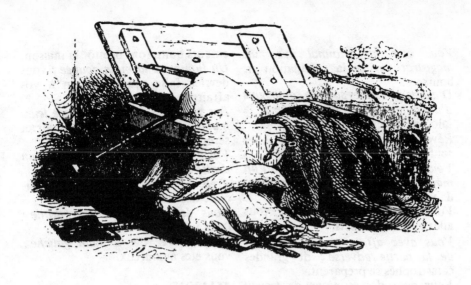

MÂCHOIRE

Vous avez une blessure à la mâchoire : des complications avec votre amant (ou votre maîtresse).

Vous vous guérissez d'une blessure à la mâchoire : vous avez accompli le plus difficile.

Une solide mâchoire : des objets de prix seront retrouvés.

Une mâchoire faible et peu musclée : des difficultés se préparent.

Une très belle mâchoire et de belles lèvres : des changements vont se produire dans vos affaires, pour le mieux.

Une mâchoire déformée : usez de prudence dans votre vie professionnelle.

La mâchoire d'un proche : des bénéfices financiers.

MAGICIEN

Vous rêvez d'un magicien : la famille est prospère.

Vous observez un magicien : un faux ami est tout proche.

Vous êtes magicien : votre réussite est pour plus tard.

La famille est en compagnie d'un magicien : un événement important et très favorable va se produire.

MAGISTRAT

Vous êtes un magistrat : de bonnes nouvelles que vous n'attendiez pas.

Vous avez affaire à un magistrat : vous allez accroître vos biens immobiliers.

Vous êtes en compagnie d'un magistrat : ne faites pas de spéculations.

Vous êtes au tribunal avec un magistrat : évitez la spéculation en bourse.

D'autres personnes sont en compagnie d'un magistrat : prenez garde à la jalousie de certains amis.

Rêve d'un magistrat : vous allez souffrir de fatigue.

Vous demandez les services d'un magistrat : vos relations profitent de vous.

Vous consultez un magistrat : vous allez avoir des soucis.

Vous avez affaire à un magistrat de la partie adverse : de grandes catastrophes se préparent.

Vous avez des réunions de travail avec plusieurs magistrats : des ennuis vont arriver.

MAIN

Vous rêvez de vos propres mains : un accord parfait règne entre les époux.

Vous avez une grande main : vous serez un très bon amant.

Vous avez une petite main : des infidélités.

On vous coupe une main : vous ferez des dettes.

Vous vous brûlez la main : vous perdrez vos employés.

Vos mains sont propres : vous surmonterez vos problèmes.

Vos mains sont sales : faites attention à vos affaires professionnelles.

Vous serrez des mains : un événement agréable et inattendu.

Vos mains sont liées : de grandes difficultés.

Vos mains sont enflées : richesse.

Vous baisez des mains . amitiés et chance.

Vous vous lavez les mains : un gros travail vous attend.

Vous tenez une poignée de cheveux : des amis vous tourmenteront.

La main d'une femme est coupée : son mari partira.

Un enfant a la main coupée : les enfants quitteront bientôt la maison.

Un homme a la main coupée : vous devriez faire plus attention à vos affaires.

Des gens non mariés rêvent de leurs mains : ils rencontreront l'amour et seront aimés.

Vous travaillez avec votre main droite : bonheur.

Vous travaillez avec votre main gauche : des contrariétés.

Vous écrivez de la main droite : de la joie.

Vous écrivez de la main gauche : vous êtes amoureux.

MAISON

Vous rêvez d'une maison : sécurité financière.

Vous rêvez de votre propre maison : bonheur en famille.

Vous rêvez de la maison des autres : vous serez poursuivi en justice.

Vous construisez une maison : des honneurs mais pas de joie.

D'autres gens construisent une maison : vous aurez une grande consolation.

Vous changez de maison : un peu d'argent.

Votre maison brûle : honneurs et distinctions.

Vous restez à la maison : votre vie sera facile.

Une maison branlante : vous perdrez un peu d'argent.

D'autres gens viennent dans votre maison : des chagrins.

Vous visitez une vieille maison : vous aurez des raisons de vous réjouir.

Une vieille maison tombe en ruine : un proche de la famille va mourir.

Votre nouvelle maison : la prospérité, en particulier pour les amoureux.

Vous avez une maison en angle : vous aurez de la chance.

Une maison est en cours de démolition : vous perdrez vos biens.

Vous entrez dans votre maison par un jour de soleil : vous acheterez des propriétés.

Un grand feu détruit votre maison : vous ferez un héritage.

Une maison brûle avec une fumée épaisse : un mystère en perspective.

Une petite maison : de la joie et des satisfactions.

On vous offre une maison en cadeau : de grandes espérances.

Vous montez des escaliers dans votre maison : vous perdrez votre amant.

Une maison de correction : vous aurez affaire à un juge.

MAL (avoir mal)

Une femme a violemment mal : des événements importants et favorables se préparent.

Un homme a mal : des affaires excellentes et prospères.

Un agriculteur a mal : la récolte sera bonne.

Un marin ou un homme de la mer a mal : il fera un excellent voyage.

Un amoureux a mal : c'est le moment de faire une cour assidue.

MAL DE DENTS

Vous avez mal aux dents : vous recevrez de très loin de bonnes nouvelles.

Des enfants ont mal aux dents : une lettre d'un vieil ami vous procure du bonheur.

Vous avez un mal de dents persistant : fortune dans l'avenir.

Vous allez chez un dentiste vous faire soigner les dents : vous n'avez aucune idée de ce que signifie l'amour.

Vous êtes soulagé d'un mal de dents : des disputes d'amoureux.

MALADIE

Vous êtes malade : des malheurs en amour.

Des enfants ont une maladie : bonheur et consolation.

Des proches ont une maladie : malheur.

Des ennemis sont malades : une grande tentation qui ne sera pas un élément favorable pour vous.

Vous visitez des gens malades : vous vous débrouillerez pour atteindre votre but.

Une femme rêve qu'elle a une maladie : elle est désespérée.

Votre petite amie est malade : renoncez à un plaisir.

D'autres personnes sont malades : quelqu'un de votre connaissance ira en prison.

Beaucoup de gens malades dans un hôpital : joie et gains financiers.

Vous avez une maladie du cerveau : la chance vous gâte.

Vous avez une maladie de l'estomac : vous gaspillez l'argent.

Vous avez une maladie qu'on ne peut diagnostiquer : pouvoir et richesse.

MAL ÉLEVÉ

Vous êtes mal élevé : ne vous laissez pas impressionner par les autres.

Des personnes sont mal élevées : d'autres personnes seront la cause d'un accident.

Vous vous trouvez parmi des gens mal élevés : la réussite pour vos affaires.

Des amis sont mal élevés : contrôlez votre humeur.

MALHONNÊTE

Vous êtes malhonnête : vous recevrez un document qui concerne de près vos affaires de cœur.

D'autres sont malhonnêtes : vous vous heurtez à des menteurs.

Des membres de la famille sont malhonnêtes : la tentation vous tourmentera.

MALLE

Une malle vide : vous partirez bientôt en voyage.

Une malle pleine : vos projets de voyage sont annulés.

Plusieurs malles pleines : prenez garde aux bavardages.

Vous emportez une malle en voyage : un vœu se réalisera.

La malle d'un membre de la famille : un voyageur reviendra de l'étranger.

MANDARINE

Vous rêvez d'un mandarinier : vous gagnerez beaucoup d'argent.

Vous mangez des mandarines : vous réchapperez d'une blessure.

Vous achetez des mandarines : vous aurez des revers amoureux.

Vous faites pousser des mandarines : la malchance vous poursuit en matière sentimentale.

Vous vendez des mandarines : vous connaîtrez un amour véritable.

Vous cueillez des mandarines : vous allez recevoir une proposition de mariage.

Vous pelez des mandarines : une mort va survenir dans la famille.

MANGER

Vous rêvez de manger : vous serez trompé.

Vous mangez jusqu'à plus faim : de bonnes affaires financières.

Vous mangez trop : vous découvrirez des trésors.

Vous mangez avec vos doigts : un danger se prépare.

Vous mangez sur le sol : quelqu'un va vous prendre quelque chose.

Vous mangez en compagnie d'autres personnes : vous recevrez bientôt ce que vous désirez.

Vous mangez en famille : grande joie en perspective.

D'autres mangent : mort prochaine d'un ennemi.

Vous mangez de la viande rôtie : une grande chance.

Vous mangez de la salade : avancement dans votre situation.

Vous mangez du fromage : une maladie.

Vous mangez des navets : vous vous querellerez avec vos amis.

Vous mangez des fruits : le bonheur est certain.

Vous mangez des choses salées : vos amis bavardent.

Vous mangez de la nourriture grasse : une maladie.

MANSARDE

Rêve d'une mansarde : vous allez bien vous sortir d'un danger.

Une personne mariée rêve d'une mansarde : elle devrait éviter de flirter.

Une personne célibataire rêve d'une mansarde : de promptes fiançailles.

Les mansardes des maisons d'autres personnes : vous vous trouvez en face d'obstacles insurmontables.

Vous êtes dans une mansarde de votre maison : le bonheur est certain.

Vous êtes dans une mansarde : vous découvrirez un trésor perdu.

MARCHE FUNÈBRE

Vous entendez jouer une marche funèbre : la chance sourit à celui que vous aimez.

Vous jouez une marche funèbre : des événements importants et bénéfiques se produiront.

Des soldats jouent une marche funèbre : un faux ami est proche.

MARCHER

Vous marchez droit : la chance tournera et vous apportera la fortune.

Vous marchez à reculons : une perte d'argent.

Vous marchez avec légèreté : les conseils de quelqu'un vont vous être profitables.

Vous marchez pesamment : vous ferez la rencontre d'un savant.

Vous marchez avec une jambe de bois : des changements dans votre situation.

Vous marchez très vite : apportez plus d'attention aux questions urgentes.

Vous marchez la nuit : contrariété.

Vous marchez lentement : vous perdrez de l'argent et serez en défaveur.

Vous marchez le long de rues boueuses : vous serez molesté.

Vous marchez dans la boue . une maladie.

Vous marchez sur du gravier : vous souffrirez.

Vous marchez en compagnie d'un handicapé : malchance.

Vous marchez avec des béquilles : pertes au jeu.

Vous marchez sur des cendres : une perte d'argent.

Vous marchez dans le lit d'un canal à sec : les gens travaillent contre vous.

Vous marchez dans le lit d'une rivière à sec : joie et prospérité.

Vous marchez dans l'eau : triomphe et réussite.

Vous marchez avec d'autres gens : un succès remarquable.

Vous marchez en zigzag : vous rencontrerez des oppositions.

MARÉE

La marée monte : des événements favorables vont bientôt se produire.

La marée descend : un ennemi va mourir.

La marée est haute : un changement dans votre entourage.

La marée est basse : de la malchance en amour.

MARI

Vous rêvez d'un mari alors que vous n'êtes pas mariée : une grande joie.

Vous avez un bon mari : évitez les rivaux.

Vous aimez beaucoup le mari de quelqu'un d'autre : des ennuis en perspective.

Vous voulez divorcer de votre mari : contrôlez davantage vos passions.

Votre mari meurt : des événements importants et favorables se produiront.

Vous vous remariez : chance et prospérité.

Un mari divorce de sa femme : vous vous disputerez avec un être cher.

D'autres femmes flirtent avec votre mari : vous lui serez fidèle toute votre vie.

MARIAGE

Vous rêvez d'un mariage : des jours heureux s'annoncent.

Vous assistez à un mariage : vous recevrez de gros bénéfices.

Le mariage d'un membre de la famille : attendez-vous à des conflits dans le cercle de famille.

Un mari ou une femme assiste à un mariage : bénéfices.

Vous assistez au mariage d'une sœur : un grand danger.

Vous assistez au mariage d'un frère : vous gagnerez de l'argent.

Vous assistez au mariage d'une vierge : honneurs.

Vous assistez au mariage d'un fils : de l'argent arrive.

Vous assistez au mariage d'une fille : richesse.

Vous assistez au mariage d'une veuve : vous gagnerez beaucoup d'argent.

MARIÉ

Un marié a une femme riche : perte du père.

Un marié a une belle femme : perte de la mère.

Un marié a une jeune épousée : maladie dans la famille.

Un marié a une épousée d'âge mûr :
les moyens abondants.

MARIÉE

*Une jeune femme est vêtue en
mariée :* vous aurez bientôt un gros
héritage.

Vous embrassez une mariée : vous
aurez beaucoup d'amis et une
grande joie.

Une mariée vous embrasse : vous
aurez une bonne santé.

Une mariée est contente de sa robe :
elle aura beaucoup d'enfants.

*Une mariée est mécontente de sa
robe :* déception amoureuse.

MARINE

Vous rêvez de la marine : vous
perdrez votre emploi.

Vous êtes dans la marine : une maladie.

Vous quittez la marine : honneurs.

*Un homme marié rêve qu'il est dans
la marine :* sa femme le trompe.

*Une femme rêve que son mari est
dans la marine :* il est adultère.

Des garçons dans la marine : vous
gagnerez de l'argent.

Des officiers de marine de haut rang :
des soucis amoureux.

Des sous-officiers de marine : vous
toucherez au but.

Des marins enrôlés : ruine de vos
affaires.

Des amis dans la marine : une
maladie.

Vos ennemis sont dans la marine :
vous perdrez votre fortune.

MARTEAU

*Vous avez un marteau dans les
mains :* un travail agréable et de
bonnes nouvelles.

Vous martelez du bois : évitez les
rivaux.

Vous martelez du plâtre : un amant
vous laissera tomber.

*D'autres gens se servent d'un mar-
teau :* vous serez tenté.

D'autres frappent avec un marteau :
les conditions financières s'amélioreront.

Le son d'un marteau qui frappe :
vous avez un ami loyal.

*Vous entendez plusieurs personnes
marteler :* des amours heureuses.

MARTIN-PÊCHEUR

Vous rêvez d'un martin-pêcheur :
vous aurez de la chance.

Plusieurs martins-pêcheurs : des
gains d'argent.

*Un martin-pêcheur qui vole au-
dessus de l'eau :* vous récupérez une
somme d'argent perdue.

MÂT

Vous rêvez d'un petit mât : dispute,
guerre.

Un grand mât : victoire.

Vous tenez une hampe de drapeau :
sécurité.

Vous cassez une hampe : un rude
travail.

Le mât d'un navire : vous ferez
bientôt un grand voyage.

De très hauts mâts : vous ferez un
voyage long et agréable.

Vous grimpez au mât : vous aurez des talents divers.

Des marins montent au mât : un changement dans l'entourage.

Des ennemis grimpent au mât : un danger les guette.

Des proches montent au mât : vous vivrez jusqu'à un âge avancé, fort heureux.

MAUVAIS ESPRITS

Vous avez de mauvais esprits autour de vous : faites très attention dans vos affaires.

Vous chassez les mauvais esprits : évitez les rivaux.

Les mauvais esprits vous tracassent : vos amis vous tromperont.

Les mauvais esprits empêchent votre bonheur : vous règlerez bien des problèmes.

MAUVAISES HERBES

Vous rêvez de mauvaises herbes : vous rencontrerez des obstacles dans un projet ambitieux.

Vous arrachez les mauvaises herbes : bonheur.

Vous détruisez les mauvaises herbes : embarras dans vos affaires.

Vous faites brûler les mauvaises herbes : tous vos problèmes auront une fin.

MÉDUSE

Vous rêvez d'une méduse : attention, votre maison risque de prendre feu.

Vous avez une méduse : ne gaspillez pas votre affection.

D'autres ont une méduse : votre réussite est pour plus tard.

MÉFIANCE

Vous vous méfiez des autres : l'accord règne entre les amis.

Les autres se méfient de vous : vous serez sérieusement malade.

La méfiance règne entre mari et femme : votre vie sera longue et heureuse.

Vous vous méfiez d'autres membres de la famille : un changement favorable.

MÉLASSE

Vous rêvez de mélasse : vous entendrez des histoire drôles dont vous vous souviendrez.

Vous prenez de la mélasse : vous vivrez longtemps.

Vous fabriquez de la mélasse à partir de déchets de sucre : joie.

Vous achetez de la mélasse : vous vous remettrez d'une maladie.

MENDIANT

Rêve d'un mendiant : vous allez être aidé alors que vous ne l'attendiez pas.

Beaucoup de mendiants : vous jouirez de la chance et du bonheur.

Un vieux mendiant : pratiquez l'économie.

Un mendiant paralytique : disputes et cris en famille.

Vous donnez de l'argent à un mendiant : votre amour sera partagé.

Un mendiant entre dans la maison : ennuis et soucis.

MENDIER

Vous rêvez de mendicité : malchance dans la famille.

D'autres mendient auprès de vous : vous serez très riche.

Des ennemis mendient : vous allez échapper à un danger.

Des amis mendient : vous allez recevoir un héritage.

MENOTTES

On vous passe les menottes : vos ennemis vous causent des ennuis.

On met les menottes à d'autres gens :

vous surmonterez tous les obstacles.
On met les menottes à des proches :
vous surmonterez les ennuis.
Vos ennemis ont des menottes : vos
affaires semblent avoir le vent en
poupe.
Un dangereux prisonnier est immobilisé par des fers : vous recevrez
une lettre avec de l'argent.

MENSONGE

Vous rêvez qu'on dit des mensonges :
vous vivrez longtemps.
D'autres vous racontent un mensonge : des amis vous tromperont.
D'autres disent des mensonges : vos
ennemis sont nombreux.
*Un mari et une femme se mentent
réciproquement :* vos propres folies
vous feront souffrir.
*Des enfants mentent à leurs
parents :* vous réaliserez vos plus
hautes ambitions.
Vous racontez des mensonges au tribunal : votre inconduite vous causera de gros ennuis.

MERCURE

Vous rêvez de mercure : vous serez
invité à de grandes festivités.
Vous manipulez du mercure : les bavardages vont bon train tout autour
de vous.
Vous achetez du mercure : un plaisir
très attendu est à portée de votre
main.

MERLE

Rêve d'un merle : vous n'aurez pas
de chance.
*Une femme rêve d'un merle qui
chante :* elle aura deux maris.
Un homme rêve de merles qui chantent : il aura deux femmes.
*Une personne non mariée rêve de
merles qui chantent :* elle se fiancera très bientôt.

MÉTIER A TISSER

Vous faites du tissage : une bonne
période commence.
Vous rêvez d'un métier à tisser : une
guérison.

MEUBLES

De beaux meubles : des moyens très
aisés.
Des meubles ordinaires : vous appartiendrez à la classe ouvrière.
Une femme riche a de beaux meubles : elle va commettre une folie.
*Une personne de classe moyenne rêve
de beaux meubles :* un grand amour.
*Une employée de bureau rêve de
meubles :* réussite financière.

MEULE

Vous rêvez d'une pierre de meule :
un proche va bientôt mourir.
Vous utilisez une meule : le succès
couronnera vos efforts.
D'autres gens utilisent une meule :
vous perdrez l'amitié de plusieurs
personnes
Des enfants utilisent une meule :
vous mènerez une vie très active et
couronnée de succès financiers.

MEULE DE FOIN

Vous rêvez d'une meule de foin :
vous jetez les bases d'un avenir prospère.
*Vous perdez quelque chose dans le
foin :* vous serez trompé.
*Vous trouvez quelque chose dans le
foin :* des moyens matériels.
*Vous êtes dans une meule de foin
avec votre petite amie :* vous ne
devez compter que sur votre propre
force.

MEUTE

Vous rêvez d'une meute de chiens :
le succès vous arrivera après une
dure bataille.
Des chiens à la chasse : chance et
prospérité.

Vous possédez un chien de chasse : votre environnement va se modifier.

MIDI

Vous rêvez de l'heure du déjeuner : surveillez-vous, vous êtes très gourmand.

Vous rêvez de midi à quatre heures du matin : attention aux risques de pneumonie.

Vous avez un rendez-vous à midi : la réussite pour vos affaires.

Vous mangez à midi : vous ferez sûrement un voyage.

MIEL

Vous avez du miel : réussite professionnelle.

Vous mangez du miel : vous réussirez tout ce que vous entreprendrez.

On vous donne du miel : vous gagnerez de l'argent.

Il y a des ruches dans votre jardin ou dans une ferme : prospérité pour vous et les vôtres.

MINCE

Vous êtes mince : vous gagnerez beaucoup d'argent.

Une femme rêve qu'elle devient mince : une vie sentimentale heureuse.

Une jeune fille rêve qu'elle devient mince : elle pleurera beaucoup un amant perdu.

Vous maigrissez : des richesse inattendues.

Vous souffrez pour devenir mince : on vous fera une demande en mariage.

Un homme rêve qu'il maigrit : il fera de bonnes affaires.

MINE D'OR

Vous rêvez d'une mine d'or : votre santé sera excellente.

Vous découvrez une mine d'or : une grande fortune en perspective.

Une mine d'or peu abondante : malchance.

Vous travaillez dans une mine d'or : vous gagnerez de l'argent.

Une mine d'or qui appartient à d'autres gens : vos amis vous trompent.

MODE

Vous étudiez un journal de mode : un secret cache un danger.

Vous assistez à une présentation de mode : votre vie sera longue.

Des mannequins dans une vitrine : des disputes dans la famille.

D'autres gens assistent à une présentation de mode : attention aux traîtrises.

Vous emmenez votre famille à une présentation de mode : le succès est remis à plus tard.

MOISSON

Vous faites une bonne moisson : malchance en amour.

Vos ouvriers moissonnent : l'argent rentrera facilement.

Vous faites une moisson très abondante : la nature vous favorise.

Une mauvaise moisson : des ennuis amoureux.

MONDE

Vous rêvez du monde : tout ira pour le mieux.

La carte du monde : satisfaction et tranquillité.

Le monde se retourne : tout va tourner en votre faveur.

La situation du monde empire : quelqu'un de proche cherche à vous tromper.

Vous discutez de la situation mondiale : vos ennemis chercheront à vous blesser.

MONTRE

Vous rêvez d'une montre-bracelet : une bonne santé.

Vous portez une montre : une perte en affaires.

Une femme rêve qu'elle reçoit une montre en cadeau : bonheur.

Une jeune fille reçoit une montre en cadeau : elle sera demandée en mariage.

Vous achetez une montre : joie et tranquillité.

Vous vendez une montre : pauvreté.

Vous avez une montre gousset : vous gagnerez beaucoup d'argent.

Vous achetez une montre gousset : vous ferez un voyage à l'étranger.

Vous êtes réparateur de montres : vous devrez faire un travail très dur.

Vous réparez des montres : évitez les rivaux.

MORDRE

Vous rêvez d'une morsure : vous êtes sur le point de subir une perte.

Vous mordez une autre personne : vous allez vous trouver dans l'embarras.

Vous vous mordez la langue : les autres vont perdre une partie de leur considération pour vous.

Vous êtes mordu par une femme : une personne jalouse se trouve dans votre entourage.

Vous êtes mordu par un homme : méfiez-vous des querelles.

Vous êtes mordu par un animal : vous allez rencontrer des problèmes sentimentaux.

Vous êtes mordu à plusieurs reprises : d'autres personnes vous calomnient.

MORT

Vous êtes mort : bonheur et richesse vous attendent.

Des cadavres : un mariage va avoir lieu.

Vous embrassez un mort : votre vie sera longue.

Vous parlez à un membre de la famille du mort : vous allez recevoir

des nouvelles d'un membre de la famille.

Vous parlez à un ami mort : un changement pour le mieux.

Un mort vous parle : c'est la mort prochaine d'un membre de la famille.

Vous touchez un mort : vous recevrez des nouvelles affligeantes.

Un ennemi est mort : vous allez apprendre une naissance.

Une personne inconnue est morte : héritage et prospérité.

Un mort vous tient : la mort est proche de vous.

Vous luttez avec un mort : maladie.

Vous parlez avec un mort : vous vivrez longtemps.

Vous êtes en compagnie d'un mort : vous perdrez vos amis.

Un mort gît dans son cercueil ouvert : vous aurez une indigestion.

Vous offrez un cadeau à un mort : vous perdrez de l'argent.

Vous recevez un cadeau d'un mort : vous récupérerez lentement de l'argent.

Vous aidez à mettre un mort dans sa tombe : vous triompherez de vos ennemis.

Une personne que l'on croyait morte est vivante : vous perdrez des procès.

Une personne mourante que l'on croyait déjà morte : un très grand chagrin dans la famille.
Une personne meurt sans parler : la mort frappera bientôt.
La mort d'une femme enceinte : vous recevrez une fortune de l'étranger.
La mort d'un jeune garçon ou d'une jeune fille : un joyeux événement de famille se prépare.
La mort de votre femme : vous serez séparé de vos amis.
La mort de votre mari : un membre de la famille va mourir.
Vous désirez la mort : votre santé sera bonne, très longtemps.
Quelqu'un qui était mort réssuscite : de grands honneurs.
La mort de plusieurs personnes : un grand bonheur.

MOTEUR

Vous rêvez d'un moteur : vous serez soumis à rude épreuve.
Un moteur en marche : attendez-vous à des difficultés pour l'avenir.
Vous conduisez une machine : un changement dans votre environnement.
Un moteur à vapeur : l'argent rentrera facilement tout au long de votre vie.
Un moteur à essence : un événement important et favorable va se produire bientôt.
Un moteur en panne : attention aux traîtrises.
Un moteur arrêté : des gains financiers.

MOUCHE

Vous rêvez de mouches : des amis vous causeront des ennuis.
Beaucoup de mouches : vous allez commettre un acte très stupide.
Des mouches sur des enfants : vous aurez un amant sincère.

Des mouches sur un chat ou un chien : votre vie sera longue.
De mouches sur des aliments : votre succès n'est pas pour demain.
Un taon vous pique : le chagrin risque de vous envahir.

MOUCHERON

Vous rêvez de moucherons : pertes financières et soucis.
Des moucherons se posent sur d'autres gens : vous. perdrez de l'argent.
Vous tuez des moucherons avec des produits chimiques : un ami cherche en secret à vous aider.

MOUCHOIR

Vous perdez un mouchoir : vos fiançailles seront rompues.
Un mouchoir déchiré : de graves ennuis pour les amants.
Vous donnez un mouchoir en cadeau : vous pleurerez longtemps.
Vous utilisez un mouchoir pour vous moucher : des tas de gens vous aideront.
Un mouchoir de lin : vous tomberez bientôt malade.
Un mouchoir de soie : vous êtes très imbu de vous-même.
Un mouchoir brodé : vous avez tendance à être vaniteux.
Vous vous essuyez le front avec un mouchoir : des ennuis en perspective.
Vous nouez un mouchoir autour de votre cou : méfiez-vous de vos ennemis.
Vous achetez un mouchoir : faites attention dans vos nouvelles entreprises.
On vous offre un mouchoir : vous recevrez un cadeau.

MOUDRE

Une machine qui moud : vous gagnerez beaucoup d'argent.

Vous moulez du café : ennuis à la maison.

Vous moulez du poivre : maladie et chagrin.

Vous moulez du maïs : chance.

Vous moulez du blé : vous deviendrez très riche.

Vous moulez des pierres de couleur : vous perdrez toutes vos espérances.

Vous broyez de la teinture : la discorde règne dans la famille.

MOULIN À EAU

Vous rêvez d'un moulin à eau : bonheur.

Vous êtes dans un moulin à eau : vous recevrez de l'argent qui vous est dû.

Des hommes d'affaires rêvent de moulin à eau : leurs affaires se développeront.

Des agriculteurs rêvent de moulin à eau : des récoltes abondantes.

Des amants rêvent d'un moulin à eau : ils feront un mariage heureux.

Des amoureux rêvent d'un moulin à eau : ils se marieront bientôt.

Des gens mariés rêvent d'un moulin à eau : ils mèneront ensemble une existence heureuse.

Des gens riches rêvent d'un moulin à eau : leur fortune augmentera encore.

MOULIN À VENT

Vous rêvez d'un moulin à vent : vous ferez quelques gains d'une faible valeur monétaire.

Un très grand moulin à vent : vous aurez la joie de recevoir une grosse fortune.

Un moulin à vent change de direction : des gens vous entourent à qui vous ne pouvez faire confiance.

Un moulin arrêté : vous hériterez d'un riche parent.

Vous faites fonctionner un moulin à vent : vous recevrez de mauvaises nouvelles.

Un moulin à vent fait tourner la meule : il faudra prendre soin de nombreuses choses.

Un moulin à vent fait marcher une scierie : l'argent rentrera bientôt.

Des gens mariés rêvent d'un moulin à vent : les époux ne sont pas fidèles.

Des gens non mariés rêvent d'un moulin à vent : ils se marieront bientôt.

Des amants rêvent d'un moulin à vent : ils seront très heureux.

MOURIR

Vous rêvez que vous mourez : vous recevrez des promesses qui ne seront pas tenues.

Des proches meurent : un gros héritage.

Des enfants meurent : vous recevrez de l'argent de l'étranger.

Vous embrassez un mourant : vous perdrez un procès.

Des amis meurent : vous triompherez de vos ennemis.

D'autres gens sont mourants : vous êtes destiné aux déceptions.

MUET

Vous êtes muet : vous aurez une dispute dans la famille.

Vous n'êtes pas en mesure de parler : évitez les spéculations.

Des membres de la famille sont *muets* : un enfant va naître avec une malformation.
D'autres gens sont muets : ne discutez pas en public vos projets d'affaires.

MUR

Vous rêvez d'un mur : bonheur.
Vous grimpez sur un mur : vous surmonterez les obstacles.
Vous sautez par-dessus un mur : vous réaliserez vos ambitions.
Une femme rêve qu'elle marche sur un mur : elle fera un mariage heureux.
Un mur en construction : vous ferez des gains dans l'industrie.
Vous tombez d'un mur : armez-vous de courage pour le rude travail qui vous attend.
Un mur s'écroule : des pertes personnelles et d'affaires.
Plusieurs murs : prospérité.
Des murs sont démolis : la conclusion définitive de certaines affaires.
On surélève des murs : une chance qui n'apportera pas de profit.
Vous montez contre un mur avec une échelle : joie.
Il y a un mur en face de votre maison : ennuis.
Des fossés entourent un mur : honte.
Vous construisez un mur : vous avez tendance à l'avarice.

MÛRES

Vous faites un rêve de mûres : vous allez avoir à supporter de nombreuses épreuves.
Vous ramassez des mûres : vous n'aurez pas de chance.
Vous mangez des mûres : vous allez avoir des pertes.
Vous achetez des mûres : vous serez blessé dans un accident.
Des mûres aux branches d'un buisson : une grande abondance.
Une femme mariée ramasse des mûres : elle sera bientôt enceinte.
Vous faites de la gelée de mûres : évitez les rivaux.
On vous fait cadeau de gelée de mûres : des amis profitent de vous.
Vous faites cadeau de gelée de mûres : querelles dans la famille.

MYOSOTIS

Vous rêvez de cette petite fleur bleue : on vous aime et beaucoup pensent à vous.
Vous tenez des myosotis : votre vie sera longue.
Vous recevez des myosotis : vous connaîtrez un grand amour.
On vous donne des myosotis en gage d'amitié : un événement important et favorable.

NAIN

Vous rêvez d'un nain : votre esprit fonctionne bien.

Vous rêvez d'une naine : votre corps restera en pleine santé.

Vos amis sont des nains : ils vous procureront bien du plaisir.

Des très vilains nains : maladie et malchance.

Des nains inconnus : vos amis vous attaqueront.

NAISSANCE

Une femme mariée donne naissance à un enfant : sa joie sera grande.

Une femme non mariée donne naissance à un enfant : son amant l'abandonnera.

Une femme divorcée donne naissance à un enfant : elle fera un gros héritage.

Une veuve donne naissance à un enfant : elle va accomplir des actes déraisonnables.

Vous aidez à faire naître un bébé : joie et prospérité.

Vous aidez à la naissance de jumeaux ou de triplés : un très grand succès.

Vous aidez à la naissance d'un enfant mort : échec de vos projets actuels.

Vous aidez à une césarienne : vous allez tomber dangereusement malade.

Une naissance met en danger la vie d'une femme enceinte : vous allez bientôt apprendre un mariage.

Une femme enceinte rêve d'avoir un garçon : réussite totale de vos entreprises.

Une femme enceinte rêve qu'elle aura une fille : une agréable vie sociale suivie de douleur.

Un homme rêve que sa femme a des jumeaux : richesse et pouvoir pour bientôt.

Un père reçoit un avis de naissance durant son absence : des auspices favorables.

La naissance d'un aigle : un avenir très prospère.

La naissance d'un chat ou d'autres animaux : mort d'un ennemi.

Rêve d'un accouchement : prospérité et abondance.

Donner naissance à un garçon : chance.

Un seul bébé naît : vous allez être malmené.

Des jumeaux sont nés : chance dans vos entreprises.

La naissance de membres de la famille : moyens financiers abondants.

La naissance d'un poisson : pluie prochaine.

NAPPE

Vous rêvez d'une nappe : vous gagnerez beaucoup d'argent.

Vous mettez une nappe sur une table : c'est l'abondance.

Une nappe blanche : vous connaîtrez honneurs et distinctions.

Une nappe de couleur : vous aurez de l'avancement.

Une nappe de dentelle : des événements importants et favorables se préparent.

Une nappe propre sur une table : vous vivrez longtemps.

Une nappe sale sur une table : attendez-vous à des ennuis dont vous serez le principal responsable.

Une nappe déchirée : de la malchance dans vos affaires.

NARCISSE

Vous rêvez de cette fleur : si vous n'avez pas déjà cette fleur chez vous, vous serez heureux.

Vous cueillez des narcisses : de l'argent que vous n'attendiez pas.

Vous faites pousser des narcisses à l'intérieur de la maison : vous tomberez amoureuse d'un homme riche.

Vous offrez des narcisses à d'autres gens : méfiez-vous de mauvaises influences.

NARCOTIQUE

Vous rêvez de narcotiques : vous tiendrez vos promesses.

Vous devenez un habitué des narcotiques : vous gagnerez beaucoup d'argent.

D'autres gens deviennent des habitués des stupéfiants : vous ferez de très bonnes spéculations financières.

NARGUILÉ

Vous fumez cette pipe à eau orientale : c'est l'abondance.

D'autres personnes fument le narguilé : vos désirs amoureux seront satisfaits.

Vous regardez le tabac à travers l'eau : plusieurs femmes vous courent après.

NATUREL

Vous rêvez de nature : la fortune arrive.

Votre naturel est accommodant : vous serez délivré de vos souffrances.

Votre naturel est mauvais : on bavarde sur votre compte.

D'autres gens sont d'un bon naturel : des événements importants vont bientôt se dessiner.

Des membres proches de la famille sont d'un mauvais naturel : vous ferez un voyage.

Votre compagnon (compagne) a un bon naturel : votre vie sera longue.

Votre compagnon (compagne) est d'un mauvais naturel : des proches cherchent à détruire votre bonheur.

NAUFRAGE

Un naufrage en mer : de grandes souffrances.

Les épaves dispersées d'un bateau après un naufrage : danger de mort.

Des gens sur un radeau après un naufrage : il vous faudra supporter encore bien des ennuis avant de réaliser vos désirs.

Des gens sont sauvés d'un naufrage : un danger dans votre vie professionnelle.

NAVET

Vous rêvez de navets : déceptions et vexations.

Vous faites pousser des navets : votre santé est mauvaise.

Vous mangez des navets : vos projets seront couronnés de succès.

Vous achetez des navets : vos espérances sont sans fondement.

Vous faites cuire des navets : votre santé s'améliorera.

NAVIGUER

Vous naviguez sur un petit bateau : votre humeur est changeante.

Vous naviguez sur un gros bateau : les femmes vous fuiront.

Vous êtes un navigateur : votre vie sera facile.

NAVIRE

Un homme rêve d'un navire à vapeur : de bonnes nouvelles vont venir de façon inattendue.

Une femme rêve d'un navire à vapeur : des nouvelles défavorables.

Vous êtes à bord d'un navire : joie et sécurité.

NÉGATIF

Vous rêvez de négatifs : la dissolution totale.

Des négatifs de photos : vous êtes en mesure de prévoir et d'éviter un danger.

Vous développez des négatifs : une déception dans votre vie conjugale.

Vous faites un tirage à partir d'un négatif : ceux qui vous entourent vous adorent.

Vous achetez des négatifs : vous perdrez de l'argent.

Vous brûlez des négatifs : attention de ne pas boire trop.

NÉGOCIATION

Dans une affaire, vous prenez part à une négociation : ne vous fiez qu'à vos opinions personnelles.

Vous êtes trompé lors d'une négociation d'affaires : vous allez être cambriolé.

Vous avez fait une bonne négociation : vous aurez de l'avancement dans votre situation.

D'autres gens font une bonne négociation : vous aurez des amis loyaux.

NÈGRE

Vous rêvez d'un nègre : des embarras d'affaires.

Plusieurs nègres : de bonnes nouvelles.

Vous avez un domestique noir : un travail difficile.

Vous faites affaire avec des Noirs : vous aurez des rivaux en amour et en affaires.

Vous avez un ami noir : des disputes avec un étranger.

Un Noir vous dit la bonne aventure : vous aurez besoin de tous vos moyens.

Des enfants noirs : vous recevrez quelque chose que vous n'attendiez pas.

Vous êtes vous-même un Noir : vous serez comblé de bienfaits.

Vous êtes amoureux d'un (ou d'une) Noir(e) : on vous tompera et vous perdrez toutes vos illusions.

NÉNUPHAR

Vous rêvez de nénuphars : vos désirs sont inaccessibles.

Vous cueillez des nénuphars : une rencontre vous apportera des problèmes.

Vous mettez des nénuphars dans un vase : essayez de gagner la confiance des gens.

Vous recevez des nénuphars en cadeau : les ennemis vous entourent.

NERVEUX

Vous êtez nerveux : beaucoup de chance.

D'autres gens sont nerveux : vous avez un ami fidèle.

Vous êtes très énervé : vous découvrirez un trésor.

Vos proches sont dans un mauvais état nerveux : attention aux ennuis.

NEVEU

Vous rêvez de votre propre neveu : une longue vie.

Vous avez beaucoup de neveux : votre santé sera bonne.

Vous vous disputez avec vos neveux : vos affaires vont toucher à leur fin.

Vous aimez vos neveux : des bénéfices.

Un neveu se fait tuer : des embarras professionnels.

Un neveu est nu : chance en amour.

NID

Vous rêvez d'un nid : votre fortune s'accroîtra.

Un nid occupé : fortune.

Un nid vide : c'est la fin de vos affaires.

Un nid vide : la fin d'une liaison.

Vous découvrez un nid : un mariage approche.

Vous trouvez un nid avec des œufs brisés : prospérité.

Vous découvrez un nid et des oisillons morts : honneurs.

Un nid d'oiseau : bonheur domestique.

Un nid et un seul oiseau : bénéfices.

Vous rêvez d'un seul oiseau dans un nid : vous allez recevoir un paquet contenant un cadeau.

Un nid de serpent : déshonneur.

Un nid de criquet : fortune.

Un nid de pigeon : vous serez de mauvaise humeur.

Un seul pigeon dans un nid : une surprise agréable.

Un nid de scorpions : un grand mécontentement.

Un nid de crocodile : les autres bavardent.

Vous trouvez plusieurs oiseaux dans un nid : de gros bénéfices.

Vous détruisez des nids : la pauvreté est proche.

NIÈCE

Vous rêvez d'une nièce : votre vie sera longue.

Plusieurs nièces : votre santé sera bonne.

Vous avez une très belle nièce : vous connaîtrez difficultés et soucis.

Un homme flirte avec sa nièce : danger de mort.

Vous avez rendez-vous avec votre nièce : vous perdez votre temps.

Vous épousez votre nièce : grande joie.

Une nièce se fait tuer : le malheur tombe sur vous.

Une nièce se marie vous n'êtes pas honnête en amour.

NOBLESSE

Vous appartenez à une famille noble : des obstacles dans vos affaires.

Vous êtes noble : une maladie.

Vos ancêtres sont nobles : fortune et honneurs.

On vous fait duc ou comte : pauvreté.

On donne des titres à des membres de votre famille : de bonnes nouvelles vont arriver.

Une jeune fille rêve qu'un noble est amoureux d'elle : vous épouserez quelqu'un de pauvre.

Vous héritez d'un titre de noblesse : vous risquez de perdre votre fortune.

D'autres personnes sont nobles : quelques gains grâce à votre travail.

NOEUD

Vous rêvez d'un nœud : c'est le signe d'une infidélité.

Vous faites des nœuds : votre esprit fonctionne bien.

D'autres personnes font des nœuds : un changement va intervenir dans votre vie.

Des proches font des nœuds : de la frivolité.

Des ennemis font des nœuds : vous aurez des raisons d'être angoissé.

Des marins font des nœuds aux cordages d'un navire : l'aisance matérielle.

Vous serrez un nœud : vous allez rencontrer quelqu'un qui va devenir un excellent ami.

Vous défaites un nœud : vous échapperez à un danger.

NOEUD COULANT

Vous rêvez d'un nœud coulant : des obstacles à franchir.

Vous avez un nœud coulant entre les mains : soyez plus modéré.

On vous pend avec un nœud coulant : vous subirez des persécutions.

D'autres personnes sont pendues par un nœud coulant : vos actes méritent les louanges.

NOIR

La couleur noire : vous entrez dans une très mauvaise période.

Une robe noire : tristesse.

Des vêtements noirs à un enterrement : vous allez recevoir de bonnes nouvelles.

Vous achetez des vêtements noirs : on vous trompe.

NOISETTE

Vous rêvez de noisettes : vous ferez un riche mariage.

Vous achetez des noisettes : des disputes et des discussions.

Vous cueillez des noisettes : votre père ou votre mère est en danger de mort.

Le noisetier avant la récolte : des difficultés en amour.

NOIX

Vous rêvez de noix : difficultés.

Vous cueillez des noix : réussite en amour.

Vous mangez des noix : de gros obstacles en perspective.

Vous mangez des noix et du pain : réussite dans la vie.

Vous mangez des noix décortiquées : début d'une nouvelle histoire d'amour.

Vous mangez des noix au dessert : un souhait important se réalisera.

Vous cassez des noix : réussite pour vos affaires.

Vous cassez des noix : votre esprit est fort agité.

Un noyer : votre santé sera bonne.

Des noix de pécan et autres variétés : richesse.

Vous cachez des noix : vous découvrirez un trésor.

Vous faites un gâteau aux noix : satisfaction.

Vous faites des biscuits aux noix :

vous découvrirez un trésor.

Vous faites pousser des noix : des embarras dans vos affaires.

Vous achetez des noix : satisfaction dans vos affaires.

Vous vendez des noix : votre vie sera longue.

NOIX DE MUSCADE

Des boîtes de noix de muscade : des changements dans vos affaires.

Vous achetez de la noix de muscade : des changements professionnels vous feront voyager à l'étranger.

Vous utilisez de la noix de muscade : une visite inattendue.

D'autres gens utilisent de la noix de muscade : danger pour vos amours.

NOM

Vous entendez appeler votre propre nom : de bonnes nouvelles vous arriveront.

Des étrangers vous appellent par votre nom : vous recevrez une visite.

On vous appelle par un autre nom : vos amours n'auront guère de chance.

Vous criez le nom de votre petite amie : vous recevrez la visite de quelqu'un qui se soucie beaucoup de vous.

Vous prononcez le nom de vos enfants : ils deviendront des gens importants.

NOMBRE

Vous rêvez de nombres en général : dignité.

Vous comptez : de bonnes nouvelles vont arriver.

Vous comptez les gens : contrôlez vos propres affaires.

Vous comptez les présents : vos ambitions seront satisfaites.

Vous comptez mais sans trouver le nombre correct : vous serez trompé.

Vous vous souvenez d'un nombre vu en rêve : vous gagnerez si vous jouez peu.

Vous ne vous souvenez plus du nombre vu en rêve : des événements se produiront dans votre milieu social.

Nombre 1 : ambition et passion.

Nombre 2 : fin d'une histoire d'amour.

Nombre 3 : la religion vous attirera.

Nombre 4 : vous aurez beaucoup de pouvoir et de force.

Nombre 5 : bonheur conjugal.

Nombre 6 : perfection dans votre travail.

Nombre 7 : votre vie sera active et efficace.

Nombre 8 : vous conserverez tous vos biens.

Nombre 9 : affliction et vie peu aisée.

Nombre 10 : bonheur proche.

Nombre 11 : vous aurez à vous battre dans un procès.

Nombre 12 : vous aurez la meilleure part de tout.

Nombre 13 : vous traiterez les choses par le mépris.

Nombre 14 : vous subirez des pertes par la faute d'autres gens.

Nombre 15 : vous serez charitable.

Nombre 16 : bonheur et amour.

Nombre 17 : déshonneur et honte.

Nombre 18 : vous vous accoutumerez à la fatigue.

Nombre 19 : malheur.

Nombre 20 : vous serez strict et sévère.

Nombre 21 : tout se passera comme prévu.

Nombre 22 : vous ferez une découverte scientifique.

Nombre 23 : une revanche.

Nombre 24 : vous apprendrez les rudiments d'une doctrine.

Nombre 25 : naissance d'un enfant intelligent.

Nombre 26 : vos affaires iront très bien.

Nombre 27 : vous serez ferme et votre esprit sera clair.

Nombre 28 : vous recevrez amour et affection.

Nombre 29 : vous assisterez à un mariage.

Nombre 30 : vous deviendrez célèbre.

Nombre 31 : vous avez de vraies qualités de commandement.

Nombre 32 : vos intentions et votre attitude sont honnêtes.

Nombre 33 : si vous êtes un homme, vous serez honnête. Si vous êtes une femme, vous ferez une fausse-couche.

Nombre 34 : vous aimerez la gloire.

Nombre 35 : harmonie au sein de la famille et bonne santé.

Nombre 36 : un génie va naître.

Nombre 37 : affection partagée.

Nombre 38 : vous aimerez excessivement gagner de l'argent.

Nombre 39 : vous enviez les autres.

Nombre 40 : une réception de mariage.

Nombre 41 : vous perdrez votre réputation.

Nombre 42 : un petit voyage peu agréable.

Nombre 43 : vous assisterez à un service religieux.

Nombre 44 : vous deviendrez un personnage influent.

Nombre 45 : vous perdrez votre virginité.

Nombre 46 : vous aurez de grandes capacités.

Nombre 47 : une vie longue et heureuse.

Nombre 48 : vous irez au tribunal pour un jugement.

Nombre 49 : vous aurez l'affection de quelqu'un du sexe opposé.

Nombre 50 : vous pardonnerez.

Nombre 60 : vous serez veuve.

Nombre 70 : on vous présentera à quelqu'un d'important.

Nombre 71 : vous serez un amoureux de la nature.

Nombre 75 : un changement dans le climat.

Nombre 77 : un service rendu par un ami.

Nombre 80 : vous vous remettrez d'une maladie.

Nombre 81 vous serez bientôt intoxiqué.

Nombre 90 : vous deviendrez bientôt aveugle.

Nombre 100 : vous serez l'objet de la Grâce Divine.

Nombre 120 : vous aurez un poste au gouvernement.

Nombre 121 : toute la société chantera vos louanges.

Nombre 200 : vos hésitations créeront un danger.

Nombre 215 : une catastrophe est proche.

Nombre 300 : vous deviendrez philosophe.

Nombre 313 : les bénédictions ne vous manqueront pas.

Nombre 350 : ce que vous espérez se réalisera.

Nombre 360 : vous changerez de résidence.

Nombre 365 : les astres vous sont favorables.

Nombre 400 : vous entreprendrez un long voyage.

Nombre 490 : un prêtre fera un sermon.

Nombre 500 : vous gagnerez une élection.

Nombre 600 : vous ferez quelque chose de parfait.

Nombre 666 : des ennemis complotent contre vous.

Nombre 700 : vous gagnerez force et pouvoir.

Nombre 800 : vous deviendrez chef d'État.

Nombre 900 : la faim vous guette.

Nombre 1 000 : on vous traitera avec clémence.

Nombre 1095 : votre solitude vous déprimera.

Nombre 1360 : vous serez vexé.

Nombre 1 390 : on vous persécutera.

NOMBRIL

Vous rêvez de votre propre nombril : vous allez recevoir de mauvaises nouvelles de vos parents.

Un nombril douloureux : naissance d'un enfant.

Des enfants qui jouent avec leur nombril : une grande fortune vous attend.

Le nombril de proches : vous allez être aidé par des personnes influentes.

NORD

Vous rêvez de la partie nord de la planète : un voyage en perspective.

Vous voyagez vers le nord : un héritage.

Des oiseaux ou des avions vont vers le nord : vous découvrirez un trésor.

Votre maison donne sur nord : vous recevrez beaucoup d'argent.

Vous vivez dans un pays nordique : vos batailles vous conduiront au succès.

NOTAIRE

Vous rêvez d'un notaire : un ami se marie.

Vous allez chez un notaire pour faire faire des papiers officiels : vos amis sont plutôt bizarres.

Vous emmenez des gens chez un notaire : des changements vont intervenir dans votre vie.

Vous êtes notaire : vous gagnerez pas mal d'argent.

Vous recevez les conseils d'un notaire : des embarras dans vos affaires.

Votre fils devient notaire : la satisfaction règne dans la famille.

NOTICE NÉCROLOGIQUE

Vous recevez l'annonce de la mort de quelqu'un de proche : de l'argent va arriver.

Vous recevez la notice nécrologique d'un ami : de bonnes nouvelles venant de loin.

Vous lisez la notice nécrologique d'une personne de votre connaissance : un mariage va vous être annoncé.

Vous lisez la notice nécrologique d'un ennemi : vous courez un danger dans vos amours.

NOUILLES

Vous rêvez de nouilles : des gens très imposants vous rendront visite.

Vous faites des nouilles : une infidélité.

Vous achetez des nouilles : vous jouirez de mille plaisirs.

Vous mangez des nouilles : vous causez du tort à vos ennemis.

Vous faites cuire des nouilles : vous recevrez des nouvelles que vous n'attendiez pas.

NOURRICE

Vous êtes nourrice et allaitez un enfant : vous recevrez des nouvelles désagréables.

NOURRIR

Vous nourrissez de petits enfants : vous gagnerez beaucoup d'argent.

Vous nourrissez des animaux : vos affaires prospèreront.

D'autres gens nourrissent des enfants : on vous trompe.

D'autres gens nourrissent des animaux : quelqu'un cherche à vous détruire.

NOURRITURE

Vous rêvez de nourriture : bonheur.
Vous mangez de la nourriture : joie.
Des restes de nourriture : vous aurez bientôt des ennuis .
De la nourriture qui s'abîme : vous perdrez de l'argent.
Vous mangez comme un glouton : attention à vos démarches d'affaires.
Vous n'avez pas assez de nourriture : la mort d'un ennemi.
Vous mangez de la nourriture mais n'êtes pas rassasié : un faux ami est proche.
Des gens vendent de la nourriture : vous recevrez de l'argent.
D'autres gens mangent de la nourriture : chance en amour.
Vous goûtez de la nourriture : vous allez perdre des amis.

NOUVEAU/NEUF

Vous avez de nouveaux vêtements : joie.
Vous avez de nouvelles chaussures, de nouveaux chapeaux, etc : vous gagnerez beaucoup d'argent.
D'autres gens portent des vêtements neufs : il y aura un changement dans votre situation.
Vous recevez un objet neuf : des événements favorables dans un proche avenir.
Vous donnez des objets neufs à d'autres personnes : vous serez fâché par les nouvelles qui arriveront.

NOUVEAU-NÉ

Rêver d'un nouveau-né : une surprise agréable vous attend.
Un bébé sans défense : c'est l'annonce de problèmes futurs.
Un très beau nouveau-né : paix et joie.
Un nouveau-né dans ses couches : des événements heureux en perspective.

Un nouveau-né au sein : une longue maladie.
Une nourrice allaite votre nouveau-né : des menaces planent, méfiez-vous.
Le bébé d'une autre personne : des affaires sentimentales malheureuses.

NOUVEL AN

Vous rêvez du nouvel an : une amélioration de votre situation est proche.
Vous entamez une nouvelle année avec vos amis : prenez garde à un rival sans scrupules.
Vous entamez une année paire : vous aurez très peu d'argent.
Vous entamez une année impaire : vous hériterez de beaucoup d'argent.
Vous vous saoulez à une soirée de nouvel an : vos affaires sentimentales s'amélioreront.
On vous fait une demande en mariage un soir de nouvel an : ce mariage durera toute la vie.
Un garçon est né le soir de nouvel an : vous deviendrez quelqu'un d'important.
Une fille est née un soir de nouvel an : vous épouserez quelqu'un de riche.
Vous vous mariez un soir de nouvel an : ce mariage ne durera pas longtemps.
Vous commettez un adultère un soir de nouvel an : une séparation est imminente.

NOVEMBRE

Vous rêvez de novembre au mois de novembre : vous serez heureux.
Vous rêvez de novembre durant d'autres mois : l'argent ne manquera jamais.
Vous êtes né en novembre : vous gagnerez de l'argent.
Vos enfants sont nés en novembre : ils parviendront à des postes élevés dans le domaine scientifique.

NOYER

Vous rêvez d'un noyer : richesses.
Vous êtes dans un noyer : honneurs et bonnes nouvelles.
Vous vous trouvez à l'ombre d'un noyer : un ami important vous cause du souci.
Vous dormez sous un noyer : bonheur.
Vous faites un pique-nique en famille sous un noyer : une grande satisfaction dans la vie.
Vos amis se trouvent sous un noyer : une maladie.
Vous êtes sous un noyer avec votre petite amie : un échec amoureux.

NOYER (SE)

Vous rêvez de noyade : vous perdrez tout ce que vous avez.
Des proches se noient : un grand désastre se prépare.
On vous sauve de la noyade : un ami vous aidera.
Un homme d'affaires se noie : il fera faillite.
D'autres gens se noient : joie et triomphe.
On vous noie : vous perdrez de l'argent.
Vous noyez vos enfants : vous ferez un voyage, très malheureux.
Des époux se noient : une catastrophe en perspective.
Vous sauvez d'autres gens de la noyade : un ami atteindra à une position élevée.
Des enfants sont sauvés de la noyade : ils connaîtront la prospérité et jouiront d'une situation élevée.

NU

Une femme rêve qu'elle est nue : le malheur plane.
Un homme rêve qu'il est nu : une honte publique.
Une très belle femme nue : vous gagnerez bien votre vie.
Une femme banale, nue : de grandes ambitions.

Une femme nue, très laide : vos désirs ne se réaliseront pas.
Une très belle jeune fille nue : arrogance.
Votre femme est nue : les membres de la famille parlent de vous.
Plusieurs femmes nues : les gens ont de vous une haute opinion.
Vous comptez des gens nus : vous recevrez de bonnes nouvelles.
Des hommes et des femmes nus ensemble : vous avez de la dignité.
Des gens nus qui courent : vous perdrez vos ambitions.
Vous dormez avec une personne nue : vous serez dans une grande confusion.
Vous dormez avec une femme nue, loin de chez vous : quelqu'un vous fait du tort.
Vous marchez nu dans les rues : vos amis et vos proches vous causent des déceptions.
Des gens mariés nus : une grande fortune.

NUIT

Vous rêvez de la nuit : malchance.
Vous êtes dans l'obscurité : vous apprendrez les fiançailles d'un ami.
Des amis se trouvent dans la nuit : ils vont assister à un enterrement.
Des enfants se trouvent dans la nuit noire : une grande satisfaction règne dans la famille.
Des ennemis sont dans la nuit noire : vous êtes dans l'embarras.
Vous entrez de nuit dans un lieu sombre : vous gagnerez au jeu.
La maison est plongée dans l'obscurité, la nuit : la chance est devant vous.

NYMPHE

Vous rêvez d'une nymphe nue : vous tomberez amoureux bientôt.
Une belle nymphe sous un voile : votre vie sera très longue.

Une nymphe dans les nuages : un danger de mort.
Plusieurs personnes admirent une nymphe : vos affaires s'arrêteront.

NOUVELLES

Vous apprenez de bonnes nouvelles : chance et beaucoup d'amis.
Vous apprenez de mauvaises nouvelles : une grande satisfaction.

Vous donnez de bonnes nouvelles : une grande curiosité.
Vous donnez de mauvaises nouvelles : vous apprendrez la mort d'un membre de la famille.
Vos enfants vous apprennent de bonnes nouvelles : votre vie sera semée d'honneurs.
Vos enfants vous apprennent de mauvaises nouvelles : retenez votre colère.

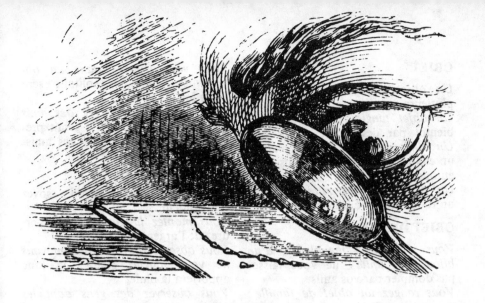

OASIS

Vous rêvez d'une oasis : vous vous sortirez bien du danger actuel.

Vous découvrez une oasis alors que vous marchez dans le désert : vous avez un ami sur qui vous pouvez compter.

Vous vous trouvez avec d'autres gens dans une oasis : de la malchance en amour.

OBÉISSANT

Vous êtes obéissant : votre avenir est souriant.

Vous obéissez à d'autres gens : votre carrière sera tout à fait ordinaire.

D'autres personnes vous obéissent : vous contrôlerez de grandes richesses et votre influence sera grande.

Des enfants obéissants : bonheur en famille.

Votre assistante est obéissante : vous gagnerez beaucoup d'argent dans les affaires.

Une femme obéissante : des jours plus gais vous attendent.

Une jeune femme obéissante : vous avez un admirateur très sérieusement attiré par vous.

OBÉLISQUE

Vous rêvez d'un obélisque : vous déménagerez dans un quartier plus agréable.

Plusieurs obélisques : richesse.

Vous vous trouvez au sommet d'un obélisque : vous ferez d'excellents achats.

Vous admirez un obélisque en compagnie d'un être cher : une joie désintéressée.

OBJET

Un objet visible : vous contrôlez plusieurs domaines.
Un objet tangible : vous passerez bientôt par des hauts et des bas.
Un objet qui provoque le plaisir : un changement favorable dans votre entourage.
Un objet qui provoque la pitié : un rude travail vous attend.

OBJET DE FAMILLE

Vous rêvez d'un meuble ou d'un bijou de famille : ne vous laissez pas dominer par vos amis.
Vous rangez un objet de famille : on vous humiliera.
Vous recevez un bien de famille en héritage : des disputes dans la famille.

OBLIGATION

Vous vous êtes lié par une obligation : attention aux ennemis.
Vous êtes l'obligé d'un ami : un rude travail vous attend.
Un de vos amis est votre obligé : richesse.
D'autres gens se trouvent vos o-bligés : on vous trompe.
Des proches sont vos obligés : des pertes financières.
Vous êtes l'obligé de proches de la famille : vous jouirez d'honneurs et de distinctions.

OBSCUR

Vous rêvez d'une chose qui n'est pas exprimée clairement : un danger pour vos amours.
Quelque chose est obscur : l'avenir vous réserve des difficultés.
Quelque chose d'indéfinissable : attention de ne pas faire trop de dettes.

OBSERVATOIRE

Vous rêvez d'un observatoire : attention aux amis peu sûrs.

Vous vous trouvez dans un observatoire : une vie solitaire sera votre lot.
Vous vous trouvez avec des amis dans un observatoire : il serait préférable de ne pas garder ces amis.

OBSERVER

Vous êtes en observation : soyez très prudent.
Vous montez la garde : vous perdrez de l'argent.
Vous observez quelqu'un dont vous ne vous souciez guère : la lune apportera la pluie.
Vous observez des gens dont les cheveux flottent au vent : un ennemi va vous prendre à son service.
Vous observez depuis une haute fenêtre : les gens vous espionnent.
Vous observez d'autres gens : vous recevrez de bonnes nouvelles.
Vous observez la main de quelqu'un : une infidélité.
Vous montez la garde de quelque chose : une bonne santé.
Vous observez un secret : gardez-le bien des ennemis.

OBSTINÉ

Vous êtes obstiné : vous vous avilirez.
D'autres gens sont obstinés : votre conscience sera légère et tranquille.
Des enfants obstinés : une chance inattendue.
Des amis obstinés : vous ferez de mauvaises affaires.

OCCUPATION

Vous avez une occupation : une bonne période commence.
Vous n'avez pas d'occupation : vous êtes frivole.
Vous aimez votre occupation : votre vie sera longue.
Vous détestez votre occupation : la chance vous attend à tous les tournants.

256

Vous gagnez bien votre vie dans votre occupation : des disputes de famille.

Vous gagnez peu à cette occupation : méfiez-vous des amis jaloux.

OCÉAN

Vous rêvez de l'océan : prospérité.

Un océan calme : votre vie conjugale sera traversée d'orages.

Un océan déchaîné : vous rencontrerez quelques difficultés.

Les vagues de l'océan battent votre navire : un désastre dans vos affaires.

Vous êtes en bateau, en plein océan, par temps calme : vos affaires iront pour le mieux.

Vous êtes en bateau, en plein océan, par tempête : vous aurez de gros ennuis.

Vous êtes sur un bateau qui coule dans l'océan : votre histoire d'amour va se terminer là.

OCTOBRE

Vous rêvez du mois d'octobre pendant le mois d'octobre : vous gagnerez de l'argent et aurez du succès.

Vous rêvez d'octobre pendant d'autres mois : vous traverserez une période de malheur.

Vous rêvez en octobre : vous jouirez des fruits de votre rude labeur.

Des enfants naissent en octobre : ils arriveront à de hautes situations universitaires.

Vous êtes né en octobre : prospérité et abondance.

OCULISTE

Vous rêvez d'un oculiste : vous découvrirez un secret.

Vous êtes oculiste : un mystère sera résolu.

Vous allez chez l'oculiste vous faire examiner : la chance vous sourira.

Vous achetez des lunettes : honneurs et distinctions.

Vous allez avec d'autres chez l'oculiste : ne faites pas confiance à vos amis.

Vous emmenez vos enfants chez l'oculiste : prospérité.

Vous rencontrez des amis chez l'oculiste : on vous observe.

ODEUR

Vous rêvez de parfum : satisfaction totale.

Des odeurs désagréables : des vexations.

Des odeurs agréables : tout vous réussit.

Des odeurs agressives : vous employez des gens de peu de confiance.

De très fortes odeurs : prostitution.

Vous sentez des odeurs sur vos mains : votre folie vous fera souffrir vous-même.

Vous sentez l'odeur de votre corps : vous ferez des choses vraiment folles.

Vous sentez une odeur de pieds : attention à ne pas aller en prison.

Vous sentez de mauvaises odeurs dans une maison : un rude travail vous attend.

Vous sentez de mauvaises odeurs dans un lieu public : un changement favorable serait bien nécessaire.

OEIL

Vous rêvez d'yeux : de bons résultats professionnels.

Vous avez de beaux yeux : amour et joie.

Vous avez les yeux bleus : une joie immense.

Vous avez les yeux noirs : détresse.

Vous avez les yeux bruns : bonheur.

Vous avez les yeux verts : une grosse fortune inattendue.

Vous avez les yeux rouges : une maladie.

Vous avez les yeux noisette : vos amis bavardent.

Vous louchez : vous vous trouverez à court d'argent.

Vous avez de grands yeux : vous ferez un gros héritage.

Vous avez de petits yeux : on vous aime profondément.

Vous avez des yeux bleu-vert : de gros bénéfices financiers.

Vous avez des yeux tristes : d'excellentes affaires.

Les yeux d'une personne bien-portante : réussite pour vos affaires.

Les yeux d'un malade : votre vie sera longue.

Vous avez les yeux grand ouverts : un changement va intervenir dans votre vie.

Vous avez une bonne vue : excellente santé.

Vous perdez la vue : vos enfants sont en danger de mort.

Les yeux de vos enfants : bénéfices financiers.

Vous admirez les yeux de votre femme : vous lui êtes infidèle.

Vous admirez les yeux de votre mari : vous attendez peut-être un bébé.

Vous vous faites du souci pour vos yeux : soyez prudent dans tous vos actes.

Vous vous faites du souci pour les yeux de vos enfants : quelqu'un travaille secrètement contre vous.

OEIL DE VERRE

Vous rêvez que vous portez un œil de verre : vous ne serez plus apprécié.

D'autres personnes portent un œil de verre : de bonnes nouvelles d'un ami vont arriver.

Des ennemis portent un œil de verre : un changement va se produire dans votre vie.

OEUF

Des œufs frais : de bonnes nouvelles.

Des œufs cassés : vous aurez une dispute suivie d'un procès.

Vous mangez des œufs : un mariage est prévisible.

Vous avez des œufs très frais : vous recevrez de l'argent.

Vos œufs sont déjà vieux : de mauvaises nouvelles.

Des coquilles d'œufs cassées : perte d'argent.

Des œufs blancs : vous recevrez des nouvelles qui vous intéresseront.

Des œufs bruns : vous recevrez de mauvaises nouvelles.

Vous avez des œufs roux : quelqu'un vous menacera.

Des œufs de diverses couleurs : une grande déception.

Vous achetez des œufs : un être que vous aimez vous est infidèle.

Vous faites cuire des œufs : vos amis bavardent.

Des poules pondent des œufs : d'abondants moyens matériels.

Des œufs de poisson : de durs moments en perspective.

Vous cassez des œufs : on vous persécutera.

Vous battez des œufs avec un batteur : mort d'un proche.

Des coquilles d'œufs vides : vous mangerez trop.

OEUFS D'OISEAUX

Des œufs dans un nid : vous recevrez de l'argent.

Des oisillons sortent des œufs : vous recevrez de bonnes nouvelles.

Des gens détruisent des œufs d'oiseaux : une perte dans vos affaires.

Des animaux mangent des œufs d'oiseaux : un changement prochain dans votre entourage.

OFFENSE

On vous fait une offense : une bonne période va commencer.

Vous offensez publiquement quelqu'un : un ennemi cherche votre perte.

Quelqu'un offense une femme · des disputes de famille.

Une femme est offensée par un homme : des ennuis en perspective.

Un homme est offensé par un autre homme : un mystère trouvera sa solution.

Vous donnez matière à offense : vous triompherez de vos ennemis.

Vous offensez un personnage public : on vous humiliera.

Des proches vous offensent : vous vous trouverez en face d'insurmontables obstacles.

OFFICIER

Vous rêvez d'un officier : de bonnes négociations commerciales.

Vous êtes officier : vous triompherez dans tous les domaines.

Vous vous trouvez en compagnie d'autres officiers : la réussite pour vos affaires.

On vous nomme officier : honneurs et distinctions.

Vous êtes dégradé : attention aux ennuis.

OFFRE

On vous fait une offre : attendez-vous à une amélioration de votre situation.

On vous fait une offre intéressante : on vous trompera.

Vous faites des offres de service : il vous faudra travailler dur.

Vous faites une offrande à l'Eglise : vous rencontrerez des personnalités de premier plan.

Vous faites des offres à une femme : une grande amitié va naître.

Vous faites des offres à un homme : un choc émotif.

Vous faites un don à une institution publique : de l'argent pour bientôt.

OGRE

Vous rêvez d'un ogre : attention aux difficultés et aux obstacles.

Vous tuez un ogre : vous avez des amis jaloux.

Un ogre qui mange des êtres humains : il y a des obstacles entre vous et votre petite amie.

OIE

Vous rêvez d'oies : un malheur en pleine mer.

Des oies en vol : vous entreprendrez un très grand voyage.

Vous mangez de l'oie : chance.

Vous entendez cacarder des oies : une mort dans le cercle de famille.

Des oies qui nagent : votre fortune augmentera.

Vous plumez une oie : un héritage.

Une oie sauvage : vos amis vous ont oublié.

D'autres personnes mangent de l'oie : joie.

OIGNON

Vous rêvez d'oignons : des disputes.

Vous arrachez des oignons d'un champ : un secret sera révélé.

Vous mangez des oignons : des disputes avec vos employés.

Vous faites cuire des oignons : un ami vous rendra visite.

Vous plantez des oignons : une chance inespérée.

Vous achetez des oignons : votre sensibilité est blessée.

Vous regardez pousser des oignons : vos rivaux vont vous mener la vie dure.

OISEAU

Rêve d'oiseaux : évitez les rivaux.

Des oiseaux endormis : on vous annoncera de fausses nouvelles.

Des oiseaux dans leur nid : bonheur familial.

Des oiseaux en vol : prospérité.

Des oiseaux qui se battent : changement dans votre emploi.

Beaucoup d'oiseaux : une grande réunion de famille et un procès que vous gagnerez.

Des oiseaux de nuit : joie durable.

Des oiseaux sauvages : des gens vous opprimeront.

Des oiseaux de mer : déceptions dans vos affaires.

Des oiseaux comestibles : vous allez créer une association.

Vous mettez des oiseaux en cage : une maigre récolte.

Vous entendez chanter des oiseaux : une grande joie vous attend.

Vous regardez chanter des oiseaux : vous allez recevoir un cadeau de valeur.

Vous attrapez des oiseaux : pour des célibataires, c'est un mariage immédiat.

Une femme voit des oiseaux au plumage coloré : son mari sera un honnête homme.

Une femme non mariée voit des oiseaux : elle épousera un homme riche.

Une jeune fille rêve de beaux oiseaux : elle va bientôt se fiancer.

Des gens riches rêvent d'oiseaux : la chance va tourner dans les affaires.

Des gens pauvres rêvent d'oiseaux : amélioration de leur situation.

OISEAU DE NUIT

Vous rêvez d'oiseaux de nuit : prospérité.

Vous entendez chanter des oiseaux de nuit : bonnes relations amoureuses.

Un oiseau de nuit vous effraie : vous recevrez de l'argent.

Vous tuez un oiseau de nuit : joie.

Plusieurs oiseaux de nuit : vous tomberez en disgrâce.

OISEAU-MOUCHE

Vous rêvez d'oiseaux-mouches : un succès rapide de vos affaires.

Tout un vol d'oiseaux-mouches : vos affaires marcheront à plein.

Vous possédez un oiseau-mouche : vous partirez en voyage à l'étranger.

OLIVE

Vous rêvez d'un olivier : un grand bonheur.

Vous plantez un olivier : un mariage imminent.

Un jeune homme rêve qu'il plante un olivier : il aura de nombreux enfants.

Une femme mariée rêve qu'elle plante un olivier : joie et prospérité.

Un homme rêve qu'il plante un olivier : abondance.

Vous cueillez une branche d'un olivier : bonheur et prospérité.

Vous respirez l'odeur d'une branche d'olivier : le succès dans ce que vous entreprenez.

Une femme hume une branche d'olivier : elle aura beaucoup d'enfants.

Une jeune fille hume une branche d'olivier : elle se mariera bientôt.

Une femme rêve d'olives : elle aura plusieurs filles.

Une jeune fille rêve d'olives : des fiançailles immédiates et un proche mariage.

Un homme rêve d'olives : des affaires qui donneront de bons résultats.

Vous mangez des olives : le bonheur dans votre foyer.

Vous cueillez des olives sur l'arbre : vous gagnerez de l'argent.

Vous ramassez des olives à terre : un rude travail vous attend.

Vous mettez des olives dans un bocal : votre vie sera longue.

Vous sortez des olives d'un bocal : des plaisirs en société.

OMNIBUS

Vous rêvez d'un omnibus : vos amis vous aideront.

Vous êtes seul dans un omnibus : vous ferez des gains fantastiques.

*Plusieurs personnes se trouvent dans

le même omnibus : des obstacles se trouvent sur votre chemin vers la fortune.

Vous êtes en omnibus avec votre femme et vos enfants : une maladie dans la famille.

Vous êtes en omnibus avec des enfants : votre familie sera vertueuse et probe.

Vos ennemis montent dans un omnibus : un accident va se produire.

ONCLE

Vous rêvez d'un oncle : réussite dans le domaine financier.

Vous êtes oncle : vous ferez un mariage réussi.

Les oncles de votre mari : une bonne période commence.

Les oncles de votre femme : attention aux amis jaloux.

Les oncles d'autres personnes : honte et chagrin.

ONGLE

Vous rêvez de vos ongles : vous vous disputerez avec quelqu'un.

Vous vous coupez les ongles : disputes.

D'autres gens vous coupent les ongles : déshonneur sur la famille.

Un homme rêve que ses ongles poussent très longs : prospérité dans ses affaires.

Une femme rêve que ses ongles poussent très longs : un amour heureux.

Les ongles extrêmement longs d'une femme : beaucoup d'argent.

Vous avez des ongles très courts : vous perdrez de l'argent.

Vous vous cassez les ongles : misère et chagrin.

Des gens se rongent les ongles : les gens de la haute société vous éviteront.

Vous rêvez des ongles d'autres gens : succès.

Les ongles des enfants poussent :

vous, ou quelqu'un qui vous est cher et proche, allez avoir un accident.

OPALE

Vous rêvez d'une opale : vous vous sortirez bien d'un danger actuel.

Vous possédez une opale : des transactions d'affaires excellentes.

Vous portez une opale : malchance en amour.

Vous achetez une opale : bonheur dans vos amours.

Vous vendez une opale : vous vous disputerez avec votre petite amie.

D'autres personnes portent une opale : vous découvrirez des biens perdus.

OPÉRA

Vous allez à l'opéra : le plus grand désordre règne dans la famille.

Vous êtes à l'opéra : vos affaires sont embrouillées.

Vous assistez à un opéra comique : de bons résultats professionnels.

Vous appréciez beaucoup l'opéra comique : un enfant va naître.

Vous assistez à un opéra bouffe : vous n'avez pas assez de travail et faites beaucoup d'histoires pour rien.

Vous assistez à un opéra dramatique : des événements favorables se préparent.

Vous assistez à un opéra mélo-
dramatique : vous êtes trop supers-
titieux.
Des gens de théâtre sont à l'opéra :
bonheur dans vos amours.
Vous écoutez un grand opéra : un
ami longtemps absent va revenir.
Vous assistez à toute une saison
d'opéra : vous devez vous occuper
de votre ménage.

OPÉRATION

Vous allez subir une opération :
vous souffrirez beaucoup.
Vous subissez une opération : vous
connaîtrez le succès.
Vous regardez se dérouler une opération : vous aurez beaucoup de
chance.
Une opération ne réussit pas : corruption.
Une opération réussit : vous aurez
beaucoup d'amis.
Vous faites vous-même une opération : richesse.
Un médecin participe à une opération : on vous trompera.
Une infirmière assiste à une opération : succès pour toute votre vie.

OPIUM

Vous rêvez d'opium : vous négligez
vos affaires.
Vous ordonnez de l'opium comme
traitement : on vous humiliera.
Vous prenez de l'opium : vous tombez
en disgrâce.
Vous prenez de l'opium en compagnie d'autres gens : votre vie
va changer, mais pas pour le mieux.
Vous encouragez des amis à prendre
de l'opium : des tracas vous attendent

OPTICIEN

Vous allez chez l'opticien : vous
gagnerez beaucoup d'argent.
Vous achetez des lunettes chez un
opticien : vous avez honte de votre
âge et cherchez à le cacher.

Vous portez des lunettes : votre vie
sera extravagante.
Vous êtes opticien : l'argent vous
viendra aisément.
Vous vendez des lunettes : vous
gagnerez bien votre vie.
Vous emmenez des enfants chez
l'opticien : la famille est en sécurité.

OR

Vous trouvez de l'or : un héritage
vous arrivera bientôt.
Vous voyez de l'or : tout ce que
vous entreprenez réussira.
Vous perdez de l'or : détresse financière.
Vous cherchez de l'or dans le sol :
une chance inattendue grâce à vos
efforts.
Vous travaillez l'or : malchance.
Vos vêtements sont brodés d'or :
les autres pensent beaucoup de bien
de vous.
Vous faites des anneaux d'or : vous
perdrez du temps.
De l'imitation d'or : vous serez
riche.
Vous changez de l'or : vous vous
mettrez en colère.
Vous jetez de l'or : un grand
chagrin.
Vous manipulez de l'or dans une
affaire : vous êtes bien colérique.
Vous fondez de l'or : quelqu'un
vous cause du tort.
Vous volez de l'or : vous aurez des
ennuis.
Vous comptez de l'or : vous cher-
chez à tromper vos amis.
Un mélange d'or et d'argent : vous
ferez une grosse perte.
La couleur de l'or : vous ferez
affaire avec des gens éloignés.
Des tissus couleur d'or : des moyens
matériels.
Vous achetez des vêtements en lamé
or : de l'argent arrive.
De l'or plaqué : de grands honneurs.
Vous dorez quelque chose : on vous
fera un cadeau.

D'autres dorent des objets : vos amis ont des arrière-pensées.

Vous travaillez comme doreur : un faux ami n'est pas loin.

ORANGE

Vous mangez des oranges : vous vous blesserez.

Vous vendez des oranges : un amour sincère.

Vous achetez des oranges : une déception amoureuse.

Vous faites de la confiture d'oranges : la mort de soldats.

Vous rêvez d'un oranger : vous pleurerez.

Vous plantez un oranger : vous ferez un voyage inutile.

Vous pelez des oranges : un proche va mourir.

La couleur orange : la fortune est à portée de la main.

Des tissus orange : une bonne période commence.

Vous achetez des vêtements orange : de petits bénéfices financiers.

Vous cueillez des fleurs d'oranger : un mariage.

Vous faites une couronne de fleurs d'oranger : Vous ferez un heureux mariage.

Vous portez une couronne de fleurs d'oranger : votre virginité ne court aucun risque.

ORATEUR

Vous êtes un orateur : attention aux petits tracas.

Vous écoutez un orateur : vous ferez un héritage.

Vous faites une conférence : vous êtes une personne très affable.

ORCHESTRE

Vous rêvez d'un orchestre : la chance vous viendra bientôt.

Vous écoutez un orchestre : un grand succès vous attend.

Un orchestre au travail : malheur.

Vous entendez jouer un orchestre dans le lointain : vous perdrez des membres de la famille.

Vous assistez à un concert avec votre famille : un peu d'argent en perspective.

Un chef d'orchestre : bonheur en famille.

Quelqu'un que vous connaissez est chef d'orchestre : vos affaires avancent.

ORCHIDÉE

Vous rêvez d'orchidées : bonheur.

Vous avez des orchidées : chance et prospérité.

Vous achetez des orchidées : une vie facile.

Vous offrez des orchidées à une femme mariée : attention aux amis jaloux.

Vous offrez des orchidées à une femme non mariée : de brèves fiançailles.

Une jeune fille reçoit des orchidées : de proches fiançailles.

ORDRE

Vous donnez des ordres : vous serez reconnaissant d'un service qu'on vous a rendu.

Vous obéissez aux ordres : vous aurez une très grande famille.

Vous prenez les ordres : de la tristesse.

Vous portez les décorations d'un ordre militaire : vos espoirs subiront des revers.

Vous donnez des ordres à des enfants : vos affaires sentimentales progressent.

Vous mettez les choses en ordre : vous obéirez à vos supérieurs.

Vous passez un ordre d'achat écrit : vous êtes un vrai glouton.

OREILLE

Vous sentez vos propres oreilles tout en rêvant : vous découvrirez un secret.

Vous avez des ennuis avec vos oreilles : un problème d'une source inattendue.

Vous avez de jolies oreilles : vous plaisez beaucoup à un ami intime.

Vous avez une coupure à une oreille : un ami vous décevra.

Vos oreilles sont bouchées : des ennuis domestiques.

Un homme rêve qu'il a une oreille bouchée : des ennuis à cause d'un associé.

Une femme rêve qu'elle a une oreille bouchée : ses amis bavardent vraiment beaucoup.

Vous n'avez qu'une seule oreille : vous perdrez votre travail.

Vous avez quelque chose de lourd qui pend aux oreilles : vous vous battrez durement dans la vie.

Vous avez de petites oreilles : vous aurez une personne riche pour amie.

Vous avez de grandes oreilles : un ami s'occupe de vous, il vous aidera.

Vous avez de longues oreilles : honte publique et chagrin.

Vous vous faites percer les oreilles : une perte dans votre foyer.

Vous vous nettoyez les oreilles : vos amis vous seront fidèles.

Des oreilles d'âne : vous serez un employé honnête.

Les oreilles d'un chien : franchise et respect règnent entre mari et femme.

Les oreilles d'une biche : vous aurez de grands succès.

Des oreilles d'animaux sauvages : vos amis vous tromperont.

Votre tympan est percé : vous saurez vous défendre.

ORGANE

Vous rêvez des organes du corps : une fille va naître.

Les organes de gens malades : désespoir.

Vous avez de bons organes : votre famille sera grande.

Les organes de gens malades et âgés : les gens disent des choses méchantes.

Vos organes sont flasques : quelqu'un cherche à vous tromper.

Vos organes sont sains : richesse.

Ils sont démesurés : il vous naîtra un garçon malformé.

On vous retire certains organes : vous perdrez un être très cher.

Vos organes sont malades : votre père ou votre mère va mourir

ORGE

Vous avez beaucoup d'orge : abondance d'argent.

Vous mangez de l'orge : votre santé va avoir des hauts et des bas.

Vous achetez de l'orge : un malheur dans la famille.

Vous vendez de l'orge : un ennemi est tout proche de vous.

Vous manipulez de l'orge : joie et bénéfices.

Vous mangez du pain d'orge : une grande satisfaction et une excellente santé.

ORGUE

Vous rêvez d'un orgue d'église : des amis tentent de vous aider.

Vous vendez un orgue : vous ferez des expériences douloureuses.

Vous jouez de l'orgue : vous perdrez des proches.

Vous entendez de la musique d'orgue : des proches vont arriver.

Vous jouez de l'orgue dans une église : angoisse.

Vous entendez une musique d'orgue forte et désagréable : la discorde règne chez vous.

Vous entendez jouer à l'orgue une marche funèbre : vos affaires sentimentales vont très bien.

ORIENT

Vous rêvez de l'Orient : vous ferez bientôt un très long voyage.

Des Orientaux : un bonheur romantique qui ne durera pas.
Des pays d'Orient : un petit peu de bonheur.
Vous voyagez en Orient : ne vous fiez pas trop aux promesses que l'on vous fait.
Vous vous trouvez parmi des Orientaux : vous avez des chances de vous marier.
Vous revenez d'Orient : votre vie sera agréable et confortable.
Vous rentrez d'Orient avec une autre personne : du malheur se prépare.
Vous rapportez des objets d'Orient : vous perdrez votre temps.
Vous êtes vous-même un Oriental : vous jouirez de toutes les bénédictions terrestres.

ORME

Vous rêvez d'un orme : rapide succès de vos espérances.
Vous êtes sous un orme : activités sociales agréables.
D'autres gens sont sous un orme : vous êtes destiné aux déceptions.
Des proches sont sous un orme : l'argent vous viendra facilement pendant votre vie.

ORNEMENT

Vous rêvez d'un ornement : vous êtes frivole.
Vous portez des ornements : de grands honneurs.
Vous donnez à d'autres des ornements : vous êtes dépensier.
Des ornements sacerdotaux : vous aurez de la force intérieure.
Des ornements floraux : du plaisir et de la fortune.
Diverses autres sortes d'ornements : le bonheur en famille.

ORPHELIN

Vous rêvez d'un orphelin : vous bénéficierez des gains d'un étranger.

Plusieurs orphelins dans un orphelinat : un changement de votre entourage.
Vous adoptez un orphelin : le bonheur est certain.
Un enfant devient orphelin : vous recevrez un héritage.

ORTIE

Vous marchez dans les orties sans vous faire piquer : bonheur.
Vous vous faites piquer par les orties : vous serez mécontent.
D'autres gens se font piquer : malheur.

OSSEMENTS

Des os sont retirés de la viande : pauvreté.
Le squelette d'un homme : des biens vous parviendront par un testament.
Le squelette d'une femme : la mort d'un enfant.
Des os d'animaux sauvages : vos transactions d'affaires seront mauvaises.
Quelques os de morts : vous connaîtrez bien des ennuis.
Des os de poisson : la maladie est toute proche.
Des os de baleine : vous avez tendance à la vanité.
Des animaux rongent des os : vous allez connaître la ruine totale.

OTARIE

Vous rêvez d'une otarie : de faux amis blessent votre sensibilité.
Plusieurs otaries : les dettes vous écraseront.
Vous attrapez une otarie : la chance vous sourit.
Une otarie mange du poisson : un ami absent reviendra bientôt.

OTTOMANE

Vous rêvez de cette sorte de divan · attention aux ennuis.'

Vous êtes assis seul sur une ot-tomane : un ennemi cherche votre perte.
Vous êtes assise sur une ottomane avec votre mari : vous triompherez de vos ennemis.
Vous êtes assis sur une ottomane avec un être cher : vous courez un danger dans vos amours.
Vous êtes assis sur une ottomane avec un ami : un rude travail vous attend.
Vous êtes assis sur une ottomane en compagnie d'enfants : vous avez une très forte volonté.
Vous êtes assis sur une ottomane avec un chien : vous avez des amis fidèles.

OUBLIER

Vous rêvez d'oubli : vos affaires ne vont pas s'améliorer.
Vous oubliez un rendez-vous a moureux : une déception sentimentale.
Vous oubliez de poster une lettre : vous recevrez de mauvaises nouvelles.
Vous oubliez de payer une facture : un mystère sera résolu.
Vous oubliez un être cher : la chance est à portée de la main.

OUEST

Vous rêvez de la partie occidentale du monde : vous ferez un long voyage.
Vous voyagez vers l'ouest : richesses.
Vous partez seul pour l'ouest : vos amours sont en danger.
Vous partez vers l'ouest avec votre famille : de l'argent va arriver.

OURAGAN

Vous rêvez d'un ouragan : vous perdrez des amis.
Vous êtes pris dans un ouragan : faites très attention où vous mettez les pieds.

Vous perdez tous vos biens dans un ouragan : votre vie sera longue
Un ouragan dévaste tout : un mystère trouvera sa solution.

OURS

Rêve d'un ours : de tristes nou-velles vont arriver.
Un ours qui danse : vous allez être tenté de faire des spéculations.
Un ours en cage : un avenir cou-ronné de succès.
Plusieurs ours : les gens bavardent beaucoup sur votre compte.
Vous êtes attaqué par un ours : vous serez persécuté.
Vous écartez un ours qui attaquait : grands succès.
Un ours mort : vous avez beaucoup d'amis riches.
Vous tuez un ours : une victoire sur vos ennemis.
Vous buvez du lait d'ourse : des gens vous envient.
Vous mangez de la viande d'ours : longue maladie.
Vous êtes transformé en ours : vous recevrez de tristes nouvelles.

OUTIL

Vous avez beaucoup d'outils : vous serez riche.

Vous recevez des outils en présent : on fera pour vous bien des choses agréables.

Vous achetez des outils : bien des changements vont se produire.

Vous vendez des outils un bon prix : vous trouverez de l'argent.

Vous avez des outils de mécanicien : vous recevrez un cadeau.

Vous avez des outils de charpentier : une femme vous fera une proposition.

Vous avez des ustensiles de pêche : vous subirez des pertes dans vos affaires.

OUVRIER

Vous rêvez d'un ouvrier : le bonheur pour vous-même.

Un ouvrier du bois : vous avez vos affaires bien en main.

Un ouvrier de la métallurgie : vos affaires vont se développer comme vous l'entendez.

Un ouvrier-tôlier : vous recevrez une visite.

Un ouvrier-plombier : vos entreprises vont vous rapporter beaucoup d'argent.

Vous embauchez des ouvriers : abondance.

Vous êtes un ouvrier : votre curiosité sera satisfaite.

PAÏENS

Vous allez chez des sauvages païens : vous saurez jouir de la douceur de votre foyer.

Vous êtes chez des païens : une vie qui vous rapportera.

Un prêtre va chez les païens : il connaîtra honneurs et distinctions.

PAIN

Rêve de miettes de pain : vous recevrez un cadeau.

Vous faites cuire du pain : le succès vient vers vous.

Vous mangez du pain : des amis vous aideront.

Un pain chaud : honneurs et fortune sont à vous.

Du pain rassis : des ennuis à la maison.

Un morceau de pain très dur : bien-être et confort.

Vous avez plusieurs pains : honneurs.

Vous achetez du pain : un grand succès.

Vous mangez du pain blanc : vous allez faire un gros bénéfice.

Vous mangez du pain bis : satisfaction.

Vous mangez du pain noir : des pertes dans vos affaires.

Vous transportez plusieurs pains : des dommages financiers.

PALEFRENIER

Vous rêvez d'un palefrenier : la chance vous sourit.

Un palefrenier s'occupe de vos chevaux : vous avez la vie facile.

Votre palefrenier est au travail : vous gagnerez vraiment beaucoup d'argent.

D'autres personnes travaillent comme palefreniers : un changement dans votre entourage.

PALET

Vous rêvez de cet objet rond et plat : solitude et soucis.

Une femme rêve de palets : un travail désagréable et difficile vous attend.

Un homme rêve de palets : vous serez pris dans des disputes.

PANIER

Vous avez un panier vide : vous vous disputerez avec votre petite amie par jalousie.

Un panier plein de linge : honte et chagrin.

Vous prenez du linge dans une corbeille pour le laver : vous triompherez de vos ennemis.

PANTALONS

Vous rêvez de pantalons : vous avez tendance à trop parler, sans le vouloir.

Vous portez des pantalons : honneurs importants et richesse.

Vous retirez vos pantalons : une femme vous sera fidèle.

Vous mettez vos pantalons : la famille s'agrandira.

Vous avez un trou à votre pantalon : vous flirtez avec une femme mariée.

Une jeune fille rêve de pantalons d'homme : elle traversera des disputes.

Vos pantalons sont souillés de boue : une période difficile s'annonce.

Les pantalons sales d'un travailleur : l'avenir apportera des jours meilleurs.

Vous portez des pantalons serrés dans un bal masqué : ne prêtez pas d'argent.

PAPIER D'AFFAIRES

Un homme tient des papiers d'affaires : attention dans vos spéculations.

Une femme tient des papiers d'affaires : un changement favorable.

Un notaire tient des papiers d'affaires : gains d'argent.

Vous tenez un contrat d'association : un gros bénéfice en perspective.

Vous tenez des papiers personnels : vous recevrez un héritage.

Vous tenez des papiers de famille : c'est la découverte de biens de valeur que vous croyiez perdus.

PAPILLON

Un papillon butine de fleur en fleur : une grande prospérité.

Un magnifique papillon aux couleurs chatoyantes, dans le soleil : un amour heureux.

Il y a un papillon dans la maison : quelques petits problèmes à la maison.

Une jeune femme rêve d'un papillon : elle fera un bon mariage.

Vous attrapez un papillon : une infidélité.

Vous tuez un papillon : un cadeau.

Vous faites la chasse aux papillons : des influences désastreuses vous menacent.

PÂQUERETTES

Vous rêvez de pâquerettes dans un jardin : vous prenez le chemin du succès.

Vous cueillez des pâquerettes : un grand bonheur en amour.

Vous mettez des pâquerettes dans un vase chez vous : des événements heureux et favorables.

PÂQUES

Vous passez d'excellentes fêtes de Pâques : le bonheur viendra.

Vous passez Pâques avec d'autres : une mauvaise période commence.

D'autres gens célèbrent Pâques sans vous : une bonne période commence.

Vous vous trouvez à une procession de Pâques : vous serez soumis à la tentation.

D'autres assistent à une procession de Pâques : un secret recèle un danger

PAQUET

Vous rêvez d'un paquet : une agréable invitation en perspective.
Un paquet de foin : vous allez passer de mauvais moments.
Un paquet de feuilles de tabac : de fausses informations qui ne doivent pas vous perturber.
Un paquet de vêtements : bonnes nouvelles.
Un groupe de gens portant des paquets : vos désirs vont bientôt se réaliser.
Une foule portant des paquets : un ami va vous offrir un cadeau.

PARAPLUIE

Vous avez un parapluie : prospérité.
Vous portez un parapluie : ennuis et petites vexations.
Vous portez un parapluie ouvert : quelqu'un vous viendra en aide.
Vous avez un parapluie ouvert dans la maison : grande malchance.
D'autres personnes ont un parapluie ouvert : naissance d'une fille.
D'autres personnes ont un parapluie fermé : une maladie.
Vous empruntez un parapluie : malentendus avec un ami.
Vous prêtez un parapluie : de mauvais amis vous feront souffrir.
Un parapluie percé : votre amant vous causera du déplaisir.

PARDESSUS

Vous rêvez d'un pardessus : la dignité.
Vous portez un pardessus : vous vous trouverez bientôt dans une position élevée.
Vous retirez votre pardessus : une disgrâce.
D'autres gens enfilent un pardessus : on recherche votre aide.

D'autres gens retirent leur pardessus : ils tomberont en disgrâce.
Le pardessus d'une femme : une joie désintéressée.
Le pardessus d'un enfant : des moyens importants.
Vous jetez un pardessus : on vous ennuira.
Vous nettoyez un pardessus : vous perdrez votre gagne-pain.
Vous achetez un pardessus : vous serez honorable.
Vous vendez des pardessus : vous recevrez de l'argent.

PAR-DESSUS BORD

Vous jetez des gens par-dessus bord : chance et fortune.
Un marin passe par-dessus bord : une grande prospérité.
Vous tombez par-dessus bord : de la malchance.
D'autres personnes passent par-dessus bord : vos spéculations entraîneront une perte financière.
Vous vous suicidez en sautant par-dessus bord : vous ferez un long voyage à l'étranger.

PARESSE

Vous êtes paresseux : il vous faudra travailler dur.
Vous êtes paresseux : des ennuis pour vos proches.
Un couple paresseux : un problème juridique va se terminer par un mariage.
Un mari paresseux : une personne inconnue travaille contre vous.
Une femme paresseuse : dignité et distinctions.
Des enfants paresseux : ils épouseront des personnes riches.
Des employés sont paresseux : un événement important et bénéfique va se produire.
Des employés paresseux : les soucis seront effacés

D'autres gens sont paresseux : la réussite dans toutes vos entreprises professionnelles.
D'autres personnes sont paresseuses : attention aux ennuis.

PARFUM

Vous rêvez d'un parfum agréable : un événement important et favorable.
Une odeur désagréable : de mauvais résultats, sans gravité.
Votre parfum préféré : un petit succès.
Vous respirez un parfum : bonheur.
Vous répandez du parfum : vous perdez une source de plaisir.
Vous achetez du parfum bon marché : corruption.
Vous achetez du parfum coûteux : vos amis sont jaloux.
Vous n'avez pas de parfum : vos amis abuseront de votre confiance.
Vous brisez une bouteille de parfum : vous perdrez vos plus chères espérances.
Vous perdez une bouteille de parfum : vous perdrez votre amant.
Un homme préfère un certain parfum : un ami séduira sa femme.
Une femme préfère un certain parfum : elle triche en amour.
Vous recevez en cadeau un flacon de parfum : un inconnu vous embrassera.
Vous volez une bouteille de parfum : un rival vous enlèvera votre petite amie.
Vous utilisez le parfum de quelqu'un d'autre : vous avez un grand attachement pour cette personne.
Vous achetez votre parfum habituel : vous aurez une nouvelle liaison.
Vous offrez du parfum : vous gagnerez beaucoup d'argent.
Vous sentez le parfum d'un homme : prenez garde aux chasseurs d'aventures.
Vous respirez du parfum sur des enfants : ils font des bêtises.

Vous sentez un parfum dans une église : Dieu vous bénit.
Vous sentez un parfum dans une maison : vous êtes frivole.
Vous fabriquez du parfum : vos amis vous donneront de bonnes nouvelles.
Vous fabriquez du parfum et l'offrez à vos amis : de bonnes nouvelles en matière d'argent.
Vous mélangez des parfums : des nouvelles agréables.
Vous avez beaucoup de parfums : vous êtes frivole.
Une femme met du parfum à un homme : vous êtes trop fière.
Un homme met du parfum à une femme : vous commettrez un adultère.

PARI

Vous rêvez que vous faites des paris : ne faites pas excessivement confiance à votre propre jugement.
D'autres personnes font des paris : ne vous laissez pas trop impressionner par l'opinion des autres.
Vous gagnez un pari : un changement favorable.
Vous perdez un pari : un ennemi cherche votre perte.

PARLER

Vous rêvez que vous parlez : des obstacles insurmontables.
Vous parlez trop : vous serez la victime de plans perfides.
Vous entendez trop parler autour de vous : faites attention aux voisins.
Un mari et une femme parlent ensemble très fort : des difficultés dans la famille.
Vous entendez des proches qui vous parlent : les ennuis arrivent.
Vous parlez à un associé d'affaires : un ennemi cherche votre perte.
Vous parlez à des amis : vous vous sortirez bien d'un danger actuel.
Vous parlez à un ennemi : vous êtes dans l'embarras.

Vous parlez à votre père ou à votre mère : ce que vous demandez vous sera accordé.
Vous parlez à un petit ami (petite amie) : attention aux amis jaloux.
Vous parlez à une femme : réussite dans votre entreprise.
Vous parlez à votre supérieur : vous serez victime d'humiliations.
Vous parlez à un chien : le malheur vous accable.
Vous parlez à un perroquet ou à d'autres animaux : un de vos amis va mourir.

PARTIR

Vous rêvez de départ : vous échapperez de justesse à un malheur.
Vous partez pour un lieu de plaisir : vous risquez de perdre des biens.
Des êtres chers partent : vos projets échoueront.
Vous quittez un lieu avec d'autres gens : un ennemi va disparaître.
D'autres gens partent à regret : un malheur ou une mort.

PASSE-TEMPS

Vous vous livrez à votre passe-temps favori : une joie désintéressée.
D'autres gens s'occupent à leur passe-temps favori : un changement interviendra dans votre vie.
Des enfants s'occupent à leur passe-temps favori : vous gagnerez beaucoup d'argent.

PASTÈQUE

Vous rêvez de pastèque : d'excellents résultats.
Vous mangez de la pastèque : vos espoirs seront vains.
Vous achetez de la pastèque : chance et fortune.
Vous cultivez des pastèques : un inconnu vous fera un cadeau.
Vous donnez de la pastèque aux enfants : bonheur.

Des personnes malades rêvent de pastèques : elles guériront bientôt.

PATAUGER

Vous rêvez que vous pataugez : vous allez commettre un péché.
Des amants pataugent dans l'eau claire : leur amour n'est pas solide.
Des amants pataugent dans de l'eau boueuse : des désillusions.
Des amants pataugent dans une eau agitée : leur amour s'évanouira tout à fait.
D'autres personnes pataugent : vous découvrirez la teneur d'un secret.

PAUPIÈRE

Vous rêvez ae tres belles paupières : bonheur dans votre vie.
De petites paupières : une fortune considérable.
De grandes paupières : votre vie sera longue.

PAYSAGE

Un beau et vaste paysage : vous connaîtrez distinctions et honneurs.
Un paysage limité par des collines : beaucoup d'ennuis et d'obstacles.
Un très beau paysage : chance et prospérité.
Un sinistre paysage : évitez les rivaux.

PÊCHE À LA LIGNE

Rêve de pêche à la ligne : vous gaspillez vos dons.
Vous pêchez à la ligne et attrapez du poisson : de bonnes nouvelles vont arriver.
Vous pêchez à la ligne mais sans attraper de poisson : les choses vont tourner très mal.
Vous pêchez à la ligne en pleine mer : vous allez vous trouver seul et contrarié.

Vous pêchez en mer : méfiez-vous des traitrises.

Vous pêchez en rivière : perte d'un ami.

Vous pêchez en rivière : du malheur dans vos amours.

Vous pêchez au filet : vous ferez des affaires avec une femme très intelligente.

Vous dites à d'autres d'aller à la pêche : les bavardages iront bon train sur votre compte.

D'autres vont à la pêche : les soucis vont s'effacer.

Vous allez pêcher : perte d'un ami.

Vous pêchez avec un être cher : vous aurez des plaisirs coûteux.

Vous pêchez avec des membres de la famille : soyez sur vos gardes, on bavarde.

Des ennemis pêchent : un mystère sera résolu.

Vous pêchez avec une canne à pêche : solitude.

Vous pêchez dans un canal : vous réaliserez vos ambitions les plus hautes.

Vous pêchez dans une mare : vous devez ne faire confiance qu'à votre propre jugement.

Vous pêchez du haut d'un rocher : des événements très importants et bénéfiques.

PÊCHEUR

Vous rêvez d'un pêcheur : attendez-vous à de très bonnes nouvelles.

Vous êtes pêcheur : le bonheur est certain.

Plusieurs pêcheurs : une grande période de prospérité.

Vous vous trouvez en compagnie d'un pêcheur : une chance inespérée.

PEINE

Vous rêvez que vous avez de la peine : vous serez bientôt très heureux.

Des enfants ont de la peine : de la joie et une période très gaie s'annoncent.

Vos proches ont de la peine : quelque chose d'agréable va arriver à un être cher.

Vos ennemis ont de la peine : malheur.

PELOUSE

Vous rêvez de votre pelouse : vos affaires prospéreront.

Vous coupez l'herbe de votre pelouse : un visiteur inattendu vous rendra visite.

Une pelouse a besoin d'être tondue : des nouvelles tristes vont arriver.

La pelouse d'autres personnes : votre réussite est remise à plus tard.

D'autres personnes tondent leur pelouse : un faux ami est tout proche.

Des enfants jouent sur une pelouse : un hôte peu désiré va venir chez vous.

Un chien dort sur une pelouse : de l'argent sous peu.

Vous arrosez votre pelouse : une longue vie.

Vous marchez sur une pelouse : vous aurez des angoisses.

Une jolie pelouse verte et soignée : prospérité et confort.

PENDRE

Vous pendez quelque chose : une maladie.

Vous pendez vos vêtements : vous devriez avoir un meilleur contrôle de vous-même.

Vous pendez les vêtements des enfants : évitez les rivaux.

Vous pendez les vêtements de vos visiteurs : des changements dans votre entourage.

On vous pend : votre vie matérielle sera aisée.

Un de vos amis est pendu : votre amant ne vous tiendra pas parole.

Un proche est pendu : richesse et honneurs.

Un étranger est pendu : des tromperies et de faux amis.

Un criminel est pendu : vous gagnerez de l'argent d'une façon inavouable.

D'autres gens sont pendus : bonne chance pour le rêveur.

Quelqu'un est pendu sans raison : vous avez une certaine tendance à être près de vos sous.

On vous libère juste avant la pendaison : vous réaliserez tous vos espoirs.

On vous condamne à la pendaison : des honneurs exceptionnels.

PÉNÉTRER

Vous rêvez d'un écriteau « Entrée interdite » : la prospérité est pour bientôt.

On vous interdit de pénétrer sur des lieux : vous êtes attiré par une personne mariée.

On vous surprend à avoir pénétré dans des lieux interdits : une infidélité.

D'autres pénètrent sur votre propriété : votre avenir sera bien désagréable.

Des amis pénètrent sur votre propriété : des transactions d'affaires très favorables.

Des ennemis pénètrent sur votre propriété : des dommages inévitables se produiront.

Des animaux pénètrent sur votre propriété : une maladie grave.

PÉNICHE

Vous rêvez d'une péniche : vous partirez prochainement assez loin.

Vous êtes à bord d'une péniche : vous vous marierez bientôt.

Une péniche chargée : vous triompherez de vos ennemis.

Une péniche vide : des ennuis vont vous venir pour vous être mêlé d'affaires qui ne vous regardaient pas.

PENSION ALIMENTAIRE

Vous payez une pension alimentaire : vous entrez dans une période de graves ennuis.

Vous recevez une pension alimentaire : votre avenir est assuré.

Vous refusez de payer une pension alimentaire : vous êtes très bien considéré par les autres.

Vous touchez votre pension alimentaire : vous vivrez longtemps.

PENSIONNAIRE

Vous êtes pensionnaire : mort d'un ennemi.

Vous avez un pensionnaire : une trahison.

D'autres gens sont pensionnaires : des ennuis sont proches.

Vous êtes pensionnaire chez des amis : malchance dans vos amours.

PÉPITE

Vous rêvez d'une pépite de métal précieux : richesses et honneurs.

Vous avez plusieurs pépites de dif-

férents métaux : vous recevrez bientôt de l'argent.

Vous avez des pépites d'or : chance et prospérité.

PERCE-OREILLE

Vous rêvez d'un perce-oreille : un ennemi vous causera des ennuis. *D'autres gens ont sur eux des perce-oreilles :* attention aux ennemis. *Plusieurs perce-oreilles :* vous vous remettrez d'une maladie.

PERDRE

Perdre un objet : des difficultés en perspective.
Perdre un petit ami : honte et chagrin.
Perdre une petite amie : vous souffrirez de vos propres folies.
Perdre une épouse : évitez les rivaux.
Perdre un mari : vous serez tentée.
Perdre un enfant : des soucis domestiques.
Une femme perd son alliance : une bonne période commence.
Vous perdez vos chaussures : un désastre s'annonce.
Vous perdez des vêtements : vous êtes sous la coupe de gens malhonnêtes.
Vous perdez des objets ménagers : des ennuis sont créés par votre faute.
Vous perdez votre chien : des honneurs et des distinctions.
Vous perdez votre voiture : de l'argent vous arrive.
Vous êtes perdu dans les rues : une joie désintéressée.
Vous avez perdu l'amitié d'amis : un changement dans le domaine sentimental.
Vous avez perdu votre propre entreprise : vous serez humilié.
Vous avez perdu votre foyer : soyez plus attentif en matière financière.
Vous avez perdu au jeu : vos soucis sont finis.
Vous avez perdu du sang : vous aurez besoin d'une aide financière.

Vous avez perdu le nez : attention aux ennuis.
Vous avez perdu votre boucle d'oreille : attention aux amis jaloux.

PÈRE

Vous rêvez de votre père : bonheur.
Votre père est de bonne humeur : vous faites des pertes en affaires.
Votre père est mort : une grande catastrophe en perspective.
Votre père est pauvre : tous vos désirs s'accompliront.
Votre propre père meurt : vous n'aurez aucune chance en affaires.
Vous parlez à votre père : vous êtes vertueux.
Le père d'autres personnes : il y a près de vous un faux ami.

PERLE

Vous enfilez des perles : vous recevrez les faveurs d'une personne riche.
Vous achetez des perles : vous aurez de mauvais amis.
Vous éparpillez des perles : la perte de votre réputation.
Vous comptez des perles : vous allez connaître une grande joie et beaucoup de satisfactions.
Vous trouvez des perles : misère et larmes.
Vous vendez des perles : prenez garde aux amis menteurs.
Des huîtres perlières : le dénuement.

PERRON

Vous montez un perron : un grand succès.
Vous descendez d'un perron : vous apprendrez d'excellentes nouvelles.
Le perron de votre propre maison : votre vie sera longue.
Le perron d'une maison voisine : vous serez trompé.

PERRUQUE

Un homme porte une perruque de couleur claire : plusieurs femmes le repousseront.
Un homme porte une perruque de couleur foncée : les femmes le rechercheront.
Une femme porte une perruque blonde : elle aura beaucoup d'admirateurs.
Une femme porte une perruque blanche : elle épousera un homme très riche.
Une femme porte une perruque noire : elle épousera un homme pauvre.
Une femme porte une perruque châtain : elle devrait changer ses habitudes.

PERSUADER

Rêver de persuasion : vous saurez jouir de la solitude.
Vous persuadez d'autres gens de faire votre volonté : vous allez risquer des dommages.
D'autres vous persuadent de faire leur volonté : vous avez tendance à perdre du temps en préliminaires.
Vous tirez parti de votre force de persuasion sur les autres : votre conscience est claire.

PESER

Vous rêvez de pesage : vous surmonterez les difficultés.
Vous pesez de la nourriture : vous ferez de bonnes affaires financières.
Vous pesez des paquets : vous êtes enclin à avoir trop de préjugés.
Vous pesez de grosses choses : vous éviterez un grave danger.
Vous pesez des animaux : satisfaction.

PETIT

Vous êtes petit : vous recevrez beaucoup d'affection.

Vous avez de petits enfants : une grande joie.
D'autres personnes sont petites : vous irez loin.

PETIT LAIT (babeurre)

Vous faites du petit lait : grande joie.
Vous répandez du petit lait : vos propres inconséquences vous feront souffrir.
Vous achetez du petit lait : vous allez échapper à un danger immédiat.
Des enfants boivent du petit lait : prospérité.
Des célibataires rêvent qu'ils boivent du petit lait : déceptions sentimentales.
Des gens mariés rêvent qu'ils boivent du petit lait : ennuis, chagrins et pertes substantielles.

PÉTROLE

Vous rêvez de pétrole : vous risquez de vous disputer avec vos partenaires en affaires.
Vous utilisez du pétrole : prenez garde de n'être pas trompé par vos ennemis.
Vous achetez du pétrole : un danger de disputes dans la famille.
Vous creusez un puits de pétrole : des bénéfices.
Vous raffinez du pétrole : veillez à contrôler vos affaires.

PHARE

Rêve d'un phare : l'harmonie règne entre amis.
Vous observez un phare : évitez les querelles, tentez une réconciliation.
Vous faites fonctionner les installations d'un phare : vous allez être humilié.
D'autres font fonctionner un phare : déceptions.
Vous êtes dans un phare : votre santé sera vigoureuse.

Vous allez à un phare : la réussite de vos affaires.

Vous revenez d'un phare : vous recevrez une lettre d'un membre de la famille.

Vous voyez un phare au bord d'une mer calme : votre vie sera paisible.

Vous voyez un phare pendant une tempête : le bonheur viendra bientôt.

PIED

Vous rêvez de votre pied ou de vos pieds : jalousie.

Vos pieds vous font mal : vous allez vraisemblablement traverser des périodes d'humiliation.

Vous avez un pied cassé : vous allez perdre un de vos proches.

Vos pieds sont nus : une malchance imprévisible.

Vous baisez les pieds de quelqu'un : vous changerez de conduite.

Les pieds d'un enfant : grande déception.

Vous prenez un bain de pieds : vous aurez des problèmes et serez maltraité.

Vous vous baignez les pieds dans la mer : honte et chagrins.

Vous vous baignez les pieds dans une rivière : une maladie.

Vous vous baignez les pieds dans un bassin : vous êtes vraiment trop gourmand.

Vous avez les pieds sales : vous courez un danger.

Vous vous faites couper les pieds : vous subirez une opération.

Vous vous brûlez les pieds : vos affaires vont mal.

Vous vous démettez le pied : une maladie dans la famille.

Vous vous faites gratter les pieds par d'autres gens : n'accordez pas d'attention à vos ennemis.

Vos pieds vous démangent : une joie désintéressée.

Vous avez de grands pieds : vous vivrez longtemps.

Vous avez de petits pieds : les soucis s'effaceront.

Les pieds d'autres gens : vous partirez bientôt en voyage.

Les pieds d'animaux ou d'oiseaux : vous avez des amis fidèles.

PIEDS NUS

Un homme qui va pieds nus : les succès sont repoussés à plus tard.

Une femme qui va pieds nus : de toute sa vie elle ne connaîtra pas d'amour durable.

Des enfants qui vont pieds nus : honte et chagrin.

Seuls les pieds sont nus : attendez-vous à des ennuis et des difficultés.

Les jambes sont nues jusqu'aux genoux : le déshonneur dans votre groupe social.

Nudité jusqu'aux hanches : vous ferez un séjour en prison.

PIERRES PRÉCIEUSES

Vous rêvez de pierres précieuses : bonheur.

Vous achetez des pierres précieuses : des transactions très favorables.

Vous vendez des pierres précieuses : malchance en amour.

Vous vous mettez des pierreries au cou : des bénéfices financiers.

D'autres gens portent des pierres précieuses : vous découvrirez un trésor.

Vous recevez une pierre en cadeau . un secret recèle un danger.

Des membres de la famille ont des pierreries : une maladie dans la famille.

PINCETTES

Vous rêvez de pincettes : vous prendrez part à une grande dispute.

Vous utilisez des pincettes : un ennemi cherche votre perte.

Vous achetez des pincettes : la malchance dans vos propres affaires.
Des ennemis utilisent des pincettes : attention aux ennuis.

PISSENLIT

Vous rêvez de pissenlits : vos amours seront heureuses.
Vous cueillez des pissenlits : vous aurez de la chance en amour.
Vous achetez des pissenlits : vous serez invité à une soirée.
Vous faites pousser des pissenlits : une grande joie.

PLANCHE

Vous sciez des planches : une mort dans la famille.
Vous rabotez des planches : vous allez être obligé de remettre à sa place une personne très têtue.
Vous vendez des planches : vous ferez des erreurs.
Vous achetez des planches : de bonnes nouvelles.
Vous assemblez plusieurs planches : des amitiés solides.

PLEIN

Une maison pleine de gens : vous gagnerez bien votre vie.
Des armoires pleines : vous aurez beaucoup d'argent.
Un réfrigérateur plein : vous êtes trop distant avec les voisins.
Un estomac plein : joie et plaisirs.

PLEURER

Vous rêvez que vous pleurez : grands plaisirs.
Vous pleurez avec votre famille : joie et gaieté.
Vous pleurez de chagrin tout seul : vous jouirez de nombreux plaisirs.
Des enfants pleurent : bonheur et chance.

Des amis pleurent : vous recevrez un cadeau inattendu.
D'autres personnes pleurent : de mauvaises nouvelles mais sans importance.

PLIER

Vous pliez quelque chose : mort d'un ami.
D'autres gens plient quelque chose : vous réussirez dans vos affaires.
Vous pliez des vêtements : vous réaliserez vos ambitions.
Vous pliez des draps : de gros gains financiers.

PLOMB

Des feuilles de plomb : des difficultés en perspective.
Du plomb fondu : le bonheur est assuré.
Des barres de plomb : vous découvrez des biens perdus.
Vous achetez du plomb : vous allez recevoir des nouvelles de l'étranger.
Vous vendez du plomb : l'argent vous viendra toujours sans problèmes au cours de votre vie.
Vous coupez du plomb : le succès est remis à plus tard.
Vous martelez du plomb : tout va bien dans le domaine sentimental.
Vous passez du plomb sous une presse : des gains d'argent.
Vous fabriquez des boîtes de plomb : l'entente règne entre vos amis.

PLONGER

Vous rêvez que vous plongez : des spéculations vous feront perdre de l'argent.
D'autres plongent : attention aux ennuis.
Des enfants plongent : des distinctions.
Des membres de la famille plongent : vous courez des risques dans vos nouveaux projets d'affaires.

PLUME

Des plumes blanches : vous aurez beaucoup de chance.

Des plumes noires : vous aurez très peu de chance.

Des plumes rouges : vos affaires réussiront.

Des plumes marron : succès.

Des plumes grises : richesse.

Des plumes bleu clair : vous réaliserez vos ambitions.

Des plumes rousses : vous ferez un voyage.

Des personnes portent des plumes à leur chapeau : un succès rapide confirmera vos espérances.

Vous rassemblez des plumes : votre vie sera pleine de joie.

Vous portez une touffe de plumes : de grands honneurs vous seront faits.

POÊLE À FRIRE

Vous faites la cuisine dans une poêle à frire : vos affaires sentimentales iront très mal.

Vous faites brûler de la nourriture dans une poêle : l'harmonie règne entre les amis.

D'autres gens cuisinent avec une poêle : des difficultés dans vos affaires.

Vous achetez une poêle : le moment est propice à la séduction...

POIDS

Vous rêvez de votre propre poids : vous vous tracassez trop.

Vous prenez du poids : l'argent viendra toujours facilement au cours de votre vie.

Vous perdez du poids : vous perdrez de l'argent.

Le poids de votre compagne (compagnon) : soucis financiers.

Le poids de vos enfants : réalisation immédiate de vos espérances.

Le poids de membres de la famille : réalisation de vos ambitions.

Vous rêvez des poids d'une balance : vous surmonterez les ennuis.

Vous utilisez de petits poids : des amours malheureuses.

Vous fabriquez des poids : vous aurez une grosse affaire.

Vous vendez des poids : honneurs et distinctions.

Vous soulevez des poids : vous gagnerez beaucoup d'argent.

Votre compagne (compagnon) soulève des poids : bénéfices financiers.

Des enfants soulèvent des poids : une réunion de famille.

D'autres personnes soulèvent des poids : une vie privée malheureuse.

POIGNARD

Vous rêvez d'un poignard : vous attendez des nouvelles d'un absent.

Plusieurs poignards : méfiez-vous des traîtrises.

D'autres gens ont des poignards : le bonheur est certain.

Vous portez un poignard : vous aurez de l'avancement.

Vous attaquez quelqu'un avec un poignard : vos plans se réaliseront.

On vous blesse avec un poignard : quelqu'un d'autre jouit de ce que vous souhaitiez avoir.

POIGNET

Vos poignets sont brisés : bonheur.
Des personnes célibataires ont les poignets brisés : c'est un mariage avec l'ami ou l'amie du moment.
Vous sentez de fortes pulsations dans votre poignet : bonheur.
Vous tenez quelqu'un par le poignet : maladie.
Votre poignet est démis : de bonnes et solides amitiés vous entourent.
Une femme aux poignets splendides : vous accomplirez vos vœux les plus chers.
Une femme porte des bracelets aux poignets : joie imminente.
Vous avez des poignets puissants et larges : vous aurez des ulcères et une grave maladie de peau.

POINÇON

Vous rêvez d'un cachet ou poinçon de contrôle : la duplicité d'un ami vous fera du tort.
Un poinçon gravé dans de l'or ou de l'argent : une grande joie.
Il manque un poinçon sur les objets d'or que vous possédez : on vous trompera.

POING

Vous utilisez vos poings : de bonnes nouvelles vont arriver.
Vous frappez quelqu'un avec votre poing : vous connaîtrez une très longue amitié.
Des enfants vous frappent de leurs poings : on vous insultera.
D'autres gens se battent aux poings : vous aurez du retard dans vos affaires.

POINTE DES PIEDS

Vous marchez sur la pointe des pieds : satisfaction et bonheur.
Des enfants marchent sur la pointe des pieds : des événements inatten-dus vont se produire pour les amants séparés.
D'autres marchent sur la pointe des pieds : mettez fin à vos disputes avant la tombée de la nuit.
Plusieurs personnes vont sur la pointe des pieds : vous rencontrerez des gens sans moralité.

POIREAU

Vous rêvez de cette plante bisannuelle : vous réaliserez vos ambitions les plus hautes.
Vous mangez les feuilles vertes du poireau : vous aurez de l'avancement dans votre situation.
Vous mangez le blanc du poireau en forme d'oignon : des gains financiers.
Des poireaux dans des armoiries : honneur et distinctions.

POISSON

Vous rêvez d'un poisson nageant librement : chance.
Vous attrapez un poisson : vous serez beaucoup aimé.
Un poisson sur un étal : attendez-vous à des ennuis.
Un poisson nageant sur un haut-fond : perte de votre réputation.
Un marché aux poissons : vous atteindrez à une position honorable.
Une femme rêve de poissons de toutes les couleurs : une maladie.
Un homme rêve de poissons de toutes les couleurs : il participera à des disputes et souffrira.
Vous avez du poisson : vous aurez des plaisirs coûteux.
Vous faites cuire du poisson : un mariage.
Vous mangez du poisson bouilli : joie.
Vous mangez du poisson frit : de gros soucis.
Un poisson mort dans un ruisseau : perte de toute espérance.

Un poisson pondant des œufs : vous aurez une grossesse difficile.

Vous attrapez un gros poisson : joie et argent.

Vous attrapez des petits poissons : votre ruine sera proportionnelle à la taille du poisson.

Un poisson de couleur rouge : une grande satisfaction.

Un poisson salé : il vous faudra vous battre pour éviter la misère.

Un saumon : l'insatisfaction.

Vous mangez de la morue : de bonnes nouvelles.

Vous achetez du poisson : un visiteur inattendu.

POISSON ROUGE

Une femme célibataire rêve d'un poisson rouge : elle fera un riche mariage.

Une femme mariée rêve d'un poisson rouge : elle sera bientôt divorcée.

Un poisson rouge mort : des déceptions vous attendent.

Vous avez chez vous un poisson rouge dans un bocal : vous gagnerez beaucoup d'argent.

Des enfants jouent avec un poisson rouge : beaucoup de satisfactions.

Vous achetez un poisson rouge : un mariage dans la famille.

POISSON VOLANT

Vous rêvez d'un poisson volant : vos amis vous tromperont.

Un poisson volant passe dans les airs : vous serez trompé.

Plusieurs poissons volants passent l'un derrière l'autre : bonheur.

POMMADE

Vous rêvez de pommade : vous serez offensé.

Vous utilisez une pommade : une petite maladie se prépare.

Vous mettez de la pommade sur une plaie : votre santé sera bonne.

Vous mettez de la pommade sur d'autres gens : vos amis vous abandonneront.

Vous achetez de la pommade : une excellente santé.

POMMES

Vous rêvez que vous avez des pommes : vous gagnerez beaucoup d'argent et aurez une vie heureuse.

Vous mangez des pommes sucrées : des richesses et un événement favorable.

Vous mangez des pommes acides : vous allez vous attirer des ennuis.

Vous mangez de la compote de pommes : un changement dans votre vie.

PONT

Vous traversez un pont : il va y avoir du changement dans vos activités professionnelles.

Un homme traverse un pont : il va changer de foyer.

Une femme traverse un pont : des activités sociales excellentes et gaies.

Une personne célibataire traverse un pont : elle se mariera bientôt.

Un pont qui s'ouvre en deux : vous pardonnerez à vos ennemis.

Un pont rouge : un danger est proche.

Un pont qui brûle : vous perdrez quelques amis.

Un pont s'écroule alors que vous êtes dessus : pertes financières.

Un pont est en construction : vous ferez de bonnes affaires.

Vous tombez d'un pont : vos affaires seront mauvaises.

Vous traversez un pont en réparation : vous aurez beaucoup d'ennuis.

Vous êtes sur un pont en ruine : faites très attention en établissant de nouveaux plans.

Vous passez en voiture sur un pont : laissez tomber vos projets actuels.

D'autres personnes traversent un pont : vos affaires vont prendre du retard.

PONT (de navire)

Vous êtes sur le pont d'un navire : une grande joie.

Vous êtes sur le pont d'un navire durant une tempête : des ennuis en perspective.

Vous êtes sur le pont d'un navire par temps calme : le malheur vous guette.

Vous êtes sur le pont en compagnie d'une personne de sexe opposé : un mariage malheureux.

PONT-LEVIS

Un pont-levis fermé : vous réaliserez vos ambitions les plus hautes.

Un pont-levis ouvert : vous pardonnerez à vos ennemis.

Un pont-levis relevé : vous ferez un voyage imprévu.

Un pont-levis abaissé : pertes d'argent.

PORC

Vous rêvez de porcs : vous gagnerez bien votre vie.

Des porcs bien nourris : la prospérité ne se fera pas attendre.

Des porcs très maigres : vos enfants vous causeront quelques petites vexations.

Plusieurs porcs : vous recevrez de l'argent à la mort d'un membre de la famille.

Vous achetez des porcs : vous aurez une grande joie.

Vous vendez des porcs : vos amis vous détesteront.

Un porc sauvage : un ami cherchera à vous faire du mal.

D'autres gens possèdent des porcs : évitez les rivaux

PORT

Un port sans bateaux : misère.

Un port plein de bateaux : on s'occupera de vous toute votre vie.

Vous êtes seul dans un port à bord d'un bateau : vous gagnerez de l'argent.

Vous êtes dans un port avec quelqu'un que vous aimez, à bord d'un bateau : vos mensonges deviendront publics.

Vous êtes dans un port, sur un lac : vous ferez un voyage.

Vous êtes dans un port maritime : vous découvrirez un secret.

Un port bien loin d'ici : de bonnes nouvelles.

PORTAIL

Vous rêvez d'un portail : vous êtes très amoureux.

Vous passez un portail : de mauvaises nouvelles vont vous causer un choc.

Un portail délabré : malchance.

Un portail fermé : des difficultés insurmontables vous accablent.

Vous fermez à clef un portail : réussite de vos affaires.

D'autres gens sont à votre portail : des amis ne vous sont pas fidèles.

Le portail d'autres personnes : des amis vous tromperont.

PORTE

Vous rêvez d'une porte : l'argent vous viendra vite.

Un seuil de porte : la fortune est à portée de main.

Votre propre porte : vous serez très ennuyé.

Vous passez la porte de votre maison : des amis vous tromperont.

Une porte est fermée : évitez les spéculations.

Une porte est ouverte et vous entrez : vous avez un ami loyal.

Une maison avec plusieurs portes : vous perdrez de l'argent.

Une porte qui brûle : mort d'une personne habitant cette maison.

Vous cassez une porte : vous serez bientôt arrêté.

Une porte cassée : vous recevrez de bonnes nouvelles de l'étranger.

Vous ne parvenez pas à vous échapper par une porte : le bonheur et une longue vie.

La porte d'autres gens : chance et prospérité.

Les portes d'une ville : bonheur dans votre vie conjugale.

PORTE DE SERVICE

Vous utilisez la porte de service : des changements favorables vont bientôt se produire.

Vous faites sortir un amoureux par une porte de service : vous vous marierez bientôt.

Des proches entrent par la porte de service : des discussions dans la famille.

Des amis entrent par la porte de service : ayez beaucoup de prudence dans vos engagements en affaires.

Des voleurs fracturent la porte de service : de l'argent à venir.

PORTEFEUILLE

Vous rêvez d'un portefeuille : des nouvelles importantes et inattendues.

Un portefeuille vide : chance.

Un portefeuille plein : découverte d'un secret.

Vous trouvez le porte-monnaie d'une femme : vous allez recevoir un peu d'argent.

PORTEUR

Un porteur apporte des lettres : des nouvelles désagréables vont vous arriver.

Vous entendez siffler un porteur : vous allez recevoir une visite inattendue.

On vous apporte un courrier par porteur spécial : chance et prospérité.

Un porteur met le courrier dans votre boîte à lettres : la faillite de vos ennemis.

Vous remettez une lettre à un porteur : la jalousie vous fera souffrir.

Un porteur qui n'a pas de lettres pour vous : des déceptions.

UN PORTEUR D'EAU

Vous rêvez d'un porteur d'eau : vous aurez plus d'argent.

Vous êtes porteur d'eau : de bonnes nouvelles vont vous arriver.

Vous portez de l'eau de la rivière : vous serez tracassé par d'autres gens.

Vous portez de l'eau de source : une lettre attendue depuis longtemps va arriver.

PORTIER

Vous rêvez d'un portier : maladie et infirmités.

Vous êtes un portier : vous serez obéissant et passionné.

Vous donnez des ordres à un portier : vous serez persécuté.

Un portier se fait tuer : vous obtiendrez une position honorable.

POT

Vous avez un pot : les autres vous font perdre de l'argent.

Vous cassez un pot : une mort

Un pot déjà cassé : une période faste commence.

Vous buvez dans un pot : une maladie.

POT À EAU

Vous rêvez d'un pot à large bec : des amis vous duperont.

Votre pot à eau est vide : un ami vous aide en secret.

Vous cassez un pot à eau : activités sociales des plus heureuses.

Vous recevez un pot à eau en cadeau : des événements importants et favorables se produiront.

Vous buvez dans un pot à eau : l'argent ne manquera pas d'arriver tout au long de votre vie.

Des enfants boivent dans un pot à eau : joie en famille.

POTENCE

Vous rêvez de potence : le bonheur est assuré.

Vous devez mourir sur la potence : vous atteindrez à une position respectable.

Une potence publique : vous recevrez de grands honneurs.

Vous êtes pendu à la potence : honneurs et argent.

D'autres gens sont pendus à la potence : la ruine vous attend.

Un proche est pendu : vous serez persécuté.

Quelqu'un que vous connaissez est pendu à la potence : évitez les rivaux.

POT-DE-VIN

Vous rêvez de pot-de-vin : vous allez accomplir des gestes inconsidérés.

Vous acceptez un pot-de-vin : une conduite intègre et irréprochable.

Vous refusez un pot-de-vin : on vous remboursera de l'argent de façon inattendue.

Vous versez un pot-de-vin à un personnage officiel : un grand chagrin.

POUCE

Vous rêvez de votre propre pouce : une bonne période commence.

Vous vous blessez au pouce : il faut s'attendre à des pertes financières.

Vous vous brûlez le pouce : des amis envieux vous entourent.

Vous vous coupez le pouce : évitez de dépenser autant d'argent.

POUDRE À FUSIL

Vous avez de la poudre à fusil : vous devriez changer de conduite.

Un homme rêve de poudre à fusil : il va changer immédiatement de résidence.

Une femme rêve de poudre à fusil : elle divorcera de son mari.

Une jeune fille rêve de poudre à fusil : elle épousera un soldat.

POULAIN

Vous rêvez d'un poulain : on va vous annoncer une naissance.

Plusieurs poulains : le succès n'est pas pour aujourd'hui.

Un poulain trottine derrière sa mère : une bonne période va commencer.

Un poulain tète sa mère : vous triompherez de vos ennemis.

POULE

Vous rêvez d'une poule : vous ferez des bénéfices financiers.

Une poule couve des œufs : la chance vous sourira.

Une poule avec ses poussins : vous aurez beaucoup d'enfants.

Vous mettez une poule au nid à couver : un vœu ancien et cher se réalisera.

Un poulailler : une grande joie dans la famille.

POUMONS

Vous rêvez de poumons : vous serez sérieusement malade.

Vous avez une maladie des pou-
mons : vous perdrez votre santé et
vos biens.
Vous êtes blessé aux poumons : une
perte dans votre foyer.
On vous enlève un poumon : vos
désirs resteront insatisfaits.
Vous crachez des mucosités des
poumons : vous ferez de grandes
pertes.

POUPÉES

Vous rêvez de poupées : bonheur
domestique.
Vous avez des poupées : vous avez
un peu trop tendance à flirter.
Des petites filles jouent avec des
poupées : vous aurez beaucoup de
chance.
Vous achetez une poupée : prospérité.
Des poupées qui appartiennent à
d'autres gens : vous vous remettrez
vite d'une maladie.

POURBOIRE

Vous rêvez que vous donnez des
pourboires : quelqu'un essaie de vous
acheter.
Vous recevez un pourboire : quelqu'un essaie de vous faire du mal.
Vous donnez un pourboire en se-
cret : on vous annoncera prochainement un mariage.
Vous gagnez votre vie avec des pour-
boires : vous ne pourrez pas avoir
d'enfants.
Vous partagez des pourboires entre
plusieurs personnes : vous ferez fortune par des moyens malhonnêtes.

POUSSIÈRE

Vous enlevez de la poussière de
vêtements : vos entreprises professionnelles marcheront le mieux du monde.
Vous époussetez les meubles de la
maison : un bon ami va mourir.
Vous époussetez des livres et des

bibelots : des jours heureux en
perspective.
Vous utilisez un plumeau pour en-
lever la poussière : vous essayez de
dissimuler les actes dont vous avez
honte.

POUTRE

Une poutre de bois : un changement surviendra dans votre entourage.
Une très lourde poutre de bois :
vous allez devoir porter un lourd
fardeau.
Une poutre de bois légère : vous
recevrez une récompense bien méritée.
Une poutre d'acier : vous recevrez
bientôt de l'argent.

POUX

Vous rêvez de poux : la chance est
favorable.
Beaucoup de poux : abondance matérielle.
Vous tuez beaucoup de poux :
déshonneur.
Vous trouvez des poux sur vos vê-
tements : de l'argent tout proche.
Vous trouvez des poux dans vos
cheveux : vous serez très riche.
Vous trouvez des poux sur d'autres
gens : malchance dans votre vie
amoureuse.
Vous avez des poux sur le corps :
vous aurez bientôt beaucoup d'argent.

PRESTIDIGITATEUR

Vous êtes un prestidigitateur : méfiez-vous des ennemis.
D'autres personnes s'amusent à re-
garder un prestidigitateur : vous serez trompé par un imposteur.
Un prestidigitateur vous enseigne
ses trucs : vous vivrez dans l'aisance.

PRÊTER

Vous prêtez de l'argent : vous allez
avoir besoin d'argent sous peu.

Vous prêtez des objets : un ennemi cherche votre ruine.
Vous prêtez des vêtements : des ennuis en perspective.
Vous prêtez votre voiture : un changement dans l'environnement.
Vous prêtez des articles ménagers : vous êtes destiné aux déceptions.
Vous prêtez de l'outillage : vous devriez modifier votre façon de vivre.
D'autres vous prêtent de l'argent : vos affaires s'écroulent.

PREUVE

Vous avez la preuve de quelque chose : votre réputation est mauvaise.
Vous témoignez au tribunal contre un criminel : un ami vous sauvera.
D'autres gens donnent des preuves contre vous : attention aux traîtrises.

PRISON

Vous êtes en prison : vous jouissez de l'estime générale.
Vous êtes en prison pour longtemps : votre destin n'est pas favorable.
Vous êtes rapidement libéré de prison : prenez garde dans vos occupations professionnelles.
Vous êtes dans une prison sombre : vous avez un ami secret.
Vous êtes en prison à vie : une grande faveur vous sera faite.
Vous êtes en prison par la faute de vos amis : un chagrin.
Vos amis sont en prison : la joie dans votre famille.
Vos ennemis sont en prison : votre chance ne durera pas.
Une femme rêve qu'elle est en prison : elle devra passer par de grandes souffrances.

PROCÈS

Vous rêvez d'un procès : vous serez témoin d'une injustice.

Vous êtes à un procès : vous avez un admirateur qui mérite que vous le remarquiez.
Vous êtes inculpé : vous jouirez toute votre vie de la sécurité.
On vous accuse injustement dans un procès : vous êtes très passionné.
Un officier vous accuse dans un procès : honneurs et bénéfices.
Vous êtes inculpé pour une faute professionnelle : vous réussirez.
Vous êtes inculpé pour avoir mal agi envers une femme : vous recevrez de mauvaises nouvelles.
Vous êtes en procès pour avoir mal agi contre un homme : des jours pénibles se préparent.
Des amis sont inculpés : vous recevrez de bonnes nouvelles.
Des ennemis sont inculpés : évitez les rivaux.
Des proches sont inculpés : des disputes familiales.
Un homme intente un procès en divorce : les gens ne penseront pas beaucoup de bien de vous.
Une femme dépose une demande en divorce : le bonheur pour la famille.
Vous entamez un procès : ayez de la prudence dans vos entreprises professionnelles.
Vous faites appel : des amis vous duperont.
Vous gagnez un procès : évitez les spéculations.
Vous perdez un procès : vous aurez une maladie passagère.
Vous entamez une poursuite sur des transactions d'affaires : vous subirez des pertes.
D'autres personnes entament une poursuite sur des transactions d'affaires : des pertes d'argent.
Une poursuite se fait contre vous pour récupérer de l'argent dû : vous dépensez trop.
Une poursuite pour récupérer de l'argent qui vous est dû : réussite.

PROFESSEUR

Vous rêvez d'un professeur : vous serez invité à une célébration.
Vous êtes professeur : vous connaîtrez des chagrins.
Vous faites la classe : maîtrisez mieux votre tempérament.
Vous enseignez à de petits enfants : vous avez un ami loyal.
Vous donnez des cours du soir : vous changerez bientôt de vie.
Vous recevez un enseignement : vous vous mettrez en colère pour une broutille et vous en serez tourmenté.
Vous enseignez seulement à des hommes : vous connaîtrez un secret qu'il est dangereux de connaître.
Vous enseignez à des femmes seulement : des amis vous joueront un sale tour.
Une femme est professeur d'université : une maladie.
Un homme est professeur d'université : vos affaires d'amour tournent mal et vous êtes malheureux.

PROGRESSER

Vos affaires amoureuses progressent : des succès sont à escompter dans votre vie professionnelle.
Vous progressez et devenez votre propre patron : le succès est assuré.
Vous progressez dans votre situation actuelle : méfiez-vous des amis jaloux.
Vous progressez dans une poursuite judiciaire : vous allez perdre ce procès.

PROPRIÉTAIRE

Vous rêvez de votre propriétaire : des ennuis domestiques.
Vous êtes un propriétaire : vos amis sont loyaux.
Vous êtes un propriétaire : un rapide succès pour vos projets.
Vous discutez affaires avec une propriétaire : des événements importants et favorables.

Vous hurlez des injures à votre propriétaire : vous vivrez longtemps.
Vous payez votre loyer à votre propriétaire : vous réaliserez vos plus hautes ambitions.
Vous parlez à votre propriétaire : une chance inespérée.
Vous discutez affaires avec votre propriétaire (homme) : un secret cache un danger.
Vous êtes insulté par votre propriétaire : un changement favorable va se produire.

PROPRIÉTÉ

Vous avez une propriété : vous vivrez longtemps.
Vous achetez une propriété : évitez les rivaux.
Vous vendez une propriété : un changement va bientôt intervenir dans votre vie.
Vous rêvez de la propriété d'une autre personne : la personne que vous épouserez vous sera entièrement dévouée.

PUCE

Vous rêvez de puces : malheur.
Vous attrapez une puce : vous aurez des soucis.
Vous tuez une puce : vous rencontrerez des obstacles.
Vous êtes piqué par une puce : vous serez riche.
Beaucoup de puces : vos ennemis préparent leur revanche.
Des puces sur des enfants : vous recevrez un hôte peu opportun.
Une femme rêve de puces : son amant est bien inconséquent.

PUITS

Vous rêvez d'un puits : abondance dans tous les domaines.
Un puits plein d'eau claire : chance et prospérité.

Vous tirez de l'eau d'un puits : réussite et profits.

Un puits qui déborde : mort d'enfants et pertes en affaires.

Vous creusez un puits : pauvreté.

Vous avez un puits dans votre cour : fortune.

Vous tombez dans un puits : des ennuis en perspective.

Un puits à sec : vos affaires vont subir des dommages.

Un grand puits dans un champ, si vous êtes marié (e) : la naissance d'un enfant doué de toutes les qualités.

Une personne non mariée rêve d'un puits plein d'eau : elle se mariera bientôt.

Un puits très profond : richesse.

De l'eau sale dans un puits : perte de vos propriétés.

Vous donnez de l'eau du puits à boire à d'autres personnes : une grosse fortune.

Vous donnez de l'eau du puits à des animaux : perte d'un enfant ou d'une épouse.

Vous jetez quelqu'un dans un puits : la mort pour celui qui rêve.

PUNAISES

Rêve de punaises : la réussite dans les secteurs professionnel et social.

Beaucoup de punaises : on vous donnera de l'or et de l'argent.

Vous tuez des punaises : vous aurez de l'argent.

D'autres tuent des punaises : vous irez en prison.

Il y a des punaises dans la maison : vous aurez beaucoup d'argent.

Il y a des punaises en dehors de la maison : ne jetez pas le blâme sur vos amis.

Il y a des punaises dans vos draps de lit : la prospérité au-delà de toute espérance.

QUADRILLE

Vous dansez le quadrille : vous n'êtes pas heureux en amour.
Vous dansez le quadrille avec votre petite amie : vous êtes quelqu'un d'adorable.
Vous dansez le quadrille avec votre femme : honneurs et joie.

QUADRUPÈDE

Vous rêvez d'animaux à quatre pattes : vous aurez de bons amis.
Des quadrupèdes de la taille d'un chien : bonheur.
Des quadrupèdes de la taille d'un chien : bonheur.
De quadrupèdes de la taille d'un cheval : contrariétés dans vos amours.
Des quadrupèdes se font tuer : vous sombrerez dans la misère.

QUAI

Vous rêvez d'un quai : vous serez modeste et chaste.
Vous marchez sur un quai : vous aurez une vie conjugale heureuse.
Des marins et des ouvriers sur un quai : vous perdrez des amis.
Vous dites au revoir à quelqu'un depuis un quai : futurs succès.
Un quai délabré : vous abuserez de l'alcool.
Vous rêvez d'un quai au bord de l'eau : danger dans vos affaires sentimentales.
Vous êtes seul sur un quai : vous aurez du chagrin.
Vous vous trouvez sur un quai avec des marins : quelqu'un a envers vous une secrète inimitié.
Vous êtes sur un quai avec des ouvriers ou des dockers : vos affaires s'annoncent bien.

QUAKER

Vous rêvez d'un quaker : des obstacles insurmontables vous font face.
Vous avez affaire à un quaker : vous serez humilié publiquement.
Vous êtes un pasteur quaker : richesse et bonnes affaires.
Une communauté de quakers : vous serez environné de jaloux.

QUANTITÉ

Une quantité d'objets : vous serez dans la misère.
Vous achetez en grosses quantités : vos amis sont une vraie bénédiction.
Vous vendez en grosses quantités : évitez de jeter l'argent par les fenêtres.
Vous stockez des quantités de choses : bonheur et joie.
Vous envoyez ou donnez des quantités de choses : on vous persécutera

QUARANTAINE

On vous met en quarantaine : vous éviterez un danger.
Une maison est mise en quarantaine : vous pardonnerez à vos amis.
Un bateau est mis en quarantaine : vous gagnerez beaucoup d'argent.

QUERELLE

Vous provoquez une querelle : prospérité pour vos affaires.
Vous vous querellez avec votre femme ou votre mari : vous commettrez des actes irresponsables.
Vous vous querellez avec votre petite amie : vous vous réconcilierez bientôt tous les deux.
Vous vous querellez avec un ami : vous perdrez de l'argent.
Vous avez une querelle de famille : il y a de l'opposition chez vous.
Vous vous querellez avec un associé : vous aurez le contrôle de beaucoup de choses.
Vous avez des querelles professionnelles : vous aurez des ennuis.

QUESTION

Vous rêvez que vous répondez correctement aux questions : tout ira bien dans votre vie.
Vous répondez aux questions de travers : vous devriez réfléchir sur votre conduite et la modifier.
Vous refusez de répondre à une question : des changements dans votre entourage.
Vous rejetez une réponse à votre question : attention aux ennuis.
Quelqu'un vous pose des questions : des complications sentimentales vous rendront bien malheureux.
Vous posez des questions à des enfants : de bonnes nouvelles vont arriver.
Vous posez des questions à des proches : une grande joie.
Vous posez des questions à votre femme : votre travail est intéressant et vous recevrez de bonnes nouvelles.
Vous posez des questions à votre mari : évitez les rivaux.
Vous posez des questions à des amis : un chagrin à venir.
Vous rêvez que vous vous posez des questions : la pauvreté et le découragement.
Vous vous demandez ce qui va vous arriver : vous gaspillez inutilement votre énergie.
Vous vous demandez ce que font les autres : vous avez d'excellents amis qui prennent votre défense.
Vous vous posez des questions sur la santé des membres de votre famille : réussite.
Vous vous posez des questions sur la fidélité de votre compagnon (compagne) : vous hériterez d'une personne inconnue.

QUEUE

Vous rêvez de la queue d'un animal : vous commettrez des actes irresponsables.
La queue d'un animal domestique :

vous épouserez une personne très instable.

La queue d'un animal sauvage : vous rencontrerez des gens intelligents.

La queue d'un chien : un succès imminent.

La longue queue d'un cheval : des amis vous aideront.

Une queue de cheval, séparée du cheval : vos amis vous abandonneront.

Une très longue queue : vous jouirez d'amitiés durables.

Une queue courte : des honneurs et des succès.

Une queue rouge : vous ferez de bonnes affaires.

Une queue brûlée : vous souffrirez de l'adversité.

QUEUE (faire la)

Vous rêvez que vous faites la queue . vous vous marierez bientôt.

Vous êtes dans une queue avec votre famille : tenez-vous sur vos gardes, on bavarde à votre sujet.

D'autres se trouvent dans une queue : un événement important et bénéfique.

QUILLE

La quille d'un navire : vous recevrez des nouvelles de votre amoureux qui voyage en mer.

La quille d'un navire est éraflée : attention aux ennuis.

La quille d'un navire est mise en place : le bonheur est assuré.

La quille d'un navire est endommagée : vous ferez de bons bénéfices.

QUILLES

Vous rêvez de ce jeu : un rival vous retirera l'amour de votre petite amie.

Vous jouez aux quilles : vos affaires sont en désordre.

D'autres gens jouent aux quilles : vous passerez bientôt par des hauts et des bas.

Votre petite amie joue aux quilles :

vous aurez des déceptions amoureuses.

QUININE

Vous rêvez de quinine : votre vie sera saine et sans problèmes.

Vous prenez de la quinine : vous serez encore plus heureux.

Vous achetez de la quinine : une grande joie désintéressée.

Vous donnez de la quinine à des enfants : ils seront riches toute leur vie.

Vous donnez de la quinine à des proches : faites très attention où vous mettez les pieds.

QUITTER

Quelqu'un vous quitte : maîtrisez vos passions.

Vous quittez quelqu'un : vous aurez du chagrin.

Vous êtes quitté sans raison : vous apprendrez la mort d'un ami.

Vous avez quitté votre foyer : vos affaires prospéreront.

Vous avez quitté votre famille : déshonneur et humiliations.

Vous avez quitté vos enfants : vous serez poursuivi.

D'autres quittent leurs enfants : d'excellentes affaires.

Vous êtes quitté par une femme : une grande réussite.

Un homme marié est quitté : sa vie conjugale sera heureuse.

Un veuf est quitté par une femme non mariée : des bénéfices financiers.

Une femme quitte un homme : frivolité.

D'autres sont quittés : vous allez accomplir des actions déraisonnables.

Un homme célibataire est quitté : vous aurez beaucoup de chance avec les autres femmes.

Une femme mariée quitte un amant secret : elle aura beaucoup de problèmes dans ses amours.

Une femme célibataire quitte un amant : malheur.

RACLÉE

Vous rêvez d'une raclée : vous aurez de nombreux ennemis.

On vous administre une raclée : une bonne période s'annonce.

Vous donnez une raclée à quelqu'un : un mystère va être résolu.

Des amis vous administrent une raclée : tout va dérailler dans votre vie amoureuse.

RAISIN

Une vigne chargée de grappes de raisin : votre vie sera longue.

Vous mangez du raisin : bien des soucis pèseront sur vous.

Des enfants mangent du raisin : votre influence sera très étendue.

Vous faites du vin avec du raisin : vos moyens seront importants.

Du raisin blanc : victoire sur vos ennemis.

Du raisin noir : soyez prudent dans vos affaires.

Vous avez de grosses grappes de raisin : votre fortune sera considérable.

Vous faites les vendanges : une grande chance est à votre portée.

Vous détruisez du raisin : vous devez changer de conduite.

Vous achetez du raisin : soyez prudent en affaires.

Vous vendez du raisin : vos soucis vont prendre fin.

Vous faites des raisins secs : le succès n'est pas pour tout de suite.

Vous avez des raisins secs : vous perdrez de l'argent.

RAME

Vous rêvez d'une rame : vous êtes bien frivole.

Vous maniez des rames : des déceptions amoureuses.

Vous perdez une rame : vos projets échoueront.

Une rame cassée : vos plaisirs seront interrompus.

Vous ramez tout seul : votre esprit est alerte.

Vous ramez dans un gros bateau : vous gagnerez beaucoup d'argent.

Vous ramez avec d'autres gens : attendez-vous à des difficultés.

Des enfants rament : vous réussirez dans la vie.

D'autres gens rament : un ennemi cherche votre perte.

Des marins rament : vos affaires amoureuses sont en danger.

Vos ennemis rament : attention aux complications.

RASSEMBLER

Vous rassemblez divers objets : vous aurez une excellente nourriture

Vous ramassez du bois : une excellente amitié.

Vous cueillez des fleurs en bouquet : de bonnes relations avec les membres de la famille.

Vous cueillez des roses : joie.

D'autres gens rassemblent des choses : la réussite est pour plus tard.

Vous rassemblez des papiers : attention à vos spéculations.

Vous rassemblez des livres : des bénéfices.

Vous rassemblez des lettres d'amour : un secret vous pèse lourd sur la conscience.

RAUQUE

Votre voix est rauque quand vous parlez : un désastre se prépare.

Vous êtes enroué à cause d'un rhume : attention aux ennuis.

D'autres gens ont la voix rauque : un danger en matière sentimentale.

RAYONS X

Un appareil à rayons X : vos soucis s'effaceront.

On vous passe aux rayons X : vous irez de déception en déception.

Vous recevez les résultats d'un examen aux rayons X : un événement important et heureux va se produire.

On fait des examens aux rayons X à d'autres personnes : des disputes familiales .

Vous faites fonctionner un appareil à rayons X : vous gagnerez bien votre vie.

RECEVOIR

Vous recevez quelqu'un : richesse.

Vous recevez très bien vos hôtes : vous aurez affaire à des gangsters.

Vous recevez votre famille pour un repas : une grande joie.

Vous recevez des gens désagréables à dîner : vous ferez fortune dans les affaires.

Vous recevez des proches et vous offrez des boissons : quelqu'un vous sera infidèle.

On vous reçoit à dîner : vos affaires sont en sécurité.

Des amis vous reçoivent à dîner : vos affaires financières sont prospères.

Des personnes influentes vous reçoivent à dîner : vous obtiendrez un poste élevé.

RECONNAISSANCE

Vous exprimez votre reconnaissance : vous mènerez une vie calme et tranquille.

Vous êtes reconnaissant : on vous persécutera.

D'autres vous sont reconnaissants : vous aurez de bonnes nouvelles.

Des enfants sont reconnaissants : prospérité.

REGARDER

Regarder un bel être humain : des moyens matériels en abondance

Regarder autre chose : des progrès sur le plan social.

Regarder droit dans les yeux d'un homme : le triomphe sur vos ennemis.

Regarder droit dans les yeux d'une femme : le moment est propice pour continuer votre cour.

Vous regardez quelqu'un de côté : des soucis de toutes sortes arrivent.

Regarder en bas depuis un lieu très élevé : vous êtes très ambitieux.

Regarder du haut d'une colline : vous avez un désir d'amour inextinguible.

Vous regardez du haut d'une fenêtre : n'avancez pas trop dans vos projets.

Vous regardez du haut d'une maison : des changements dans l'entourage.

Regarder en haut vers une montagne : un dur travail vous attend.

Vous regardez un monument : vous surmonterez les obstacles.

Vous regardez le ciel : faites avancer vos plans avec confiance.

Vous regardez vers une fenêtre : mettez un frein à vos passions.

Vous regardez vers une maison : la chance arrive vers vous.

RÉGIME

Vous vous mettez au régime : vos espoirs s'envoleront.

Un régime vous affaiblit : vous perdez votre fortune.

Vous faites un régime trop sévère : vous risquez d'être malade.

Des amis sont au régime : vous aurez un procès.

D'autres sont au régime : vous avez le cœur tendre.

REINE

Vous rêvez d'une reine : vous serez déçu dans vos amours.

Vous écrivez à une reine : vous courez un danger.

Vous allez voir une reine : chance.

Vous avez une entrevue avec une reine : la révolte gronde chez vous.

Une reine entourée de sa cour : vos amis vous tromperont.

REINE DU BAL

Vous rêvez de la reine du bal : tracas sentimentaux.

Vous êtes la belle du bal : vous rencontrerez une forte opposition.

Vous dansez avec la reine du bal : évitez les rivaux.

Vous négligez la reine du bal : bonheur.

REINE-CLAUDE

Vous rêvez de reines-claudes : vous êtes heureux en amour.

Vous cueillez des reines-claudes sur le prunier : plaisirs et bonheur.

Vous avez des reines-claudes alors que ce n'est pas la saison : on vous insultera.

Vous mangez de la confiture de reines-claudes : vous connaîtrez une grande amitié.

REINS

Vous rêvez de reins : vous allez être plongé dans le deuil et les soucis.

Vous souffrez des reins : vous êtes un peu présomptueux.

On vous opère des reins : vous perdrez de l'argent.

RÉJOUIR (se)

Vous vous réjouissez : l'harmonie règne entre amis.

D'autres gens se réjouissent : votre bonheur est certain.
Vous vous réjouissez d'un mariage : vous aurez des déceptions et des difficultés.

RELATION

Rêve d'une relation : chance.
Vous rendez visite à une relation : vous aurez du plaisir dans la vie.
Vous vous faites de nouvelles relations : un changement va bientôt intervenir dans votre mode de vie.
Vous vous disputez avec une relation : votre santé sera mauvaise.
D'autres voient vos relations : votre tempérament est énergique.

RELIGIEUSE

Vous rêvez d'une religieuse : une infidélité amoureuse.
Plusieurs religieuses : vous êtes quelqu'un de très serviable.
Des religieuses qui chantent : vous êtes très intelligent.
Une religieuse et un abbé : vous serez très adroit.
Des religieuses vous aident : vous recevrez de l'argent.
Une religieuse soigne des malades : satisfaction.
Une religieuse enseignante : grande tranquillité.
Une religieuse sort de chez vous : vous avez de nombreux ennemis.
Une religieuse vit chez vous : chance et fortune.
Plusieurs religieuses en compagnie de vos amis : vous assisterez à un enterrement.
Plusieurs religieuses en compagnie de vos ennemis : un danger de mort.
Une femme prie en compagnie d'une religieuse : la perte d'un époux.
Une religieuse s'occupe d'enfants : les jaloux vous entourent.

Des religieuses s'occupent d'enfants : des malentendus entre les amants.

REMORQUEUR

Vous rêvez d'un remorqueur : prospérité pour vos affaires.
Vous êtes dans un remorqueur : un mystère sera résolu.
Un remorqueur traîne une péniche : vous serez digne et respecté.
Un remorqueur traîne un bateau : vous recevrez de l'argent que vous n'attendiez pas.
Un remorqueur chargé d'un bateau en détresse : prospérité.
L'équipage d'un remorqueur : satisfaction.
Vous entendez siffler un remorqueur : vous faites quelque chose de mal.

REMPLIR

Vous remplissez quelque chose : vous serez impliqué dans une transaction secrète.
Vous remplissez des bouteilles : bonheur pour la maîtresse de maison.
Vous remplissez vos poches : honneurs.
Vous remplissez un sac : vous recevrez en cadeau un bijou.
Vous remplissez une cavité : vous vous amusez un peu trop.

RENARD

Vous rêvez d'un renard : vous comptez un ennemi parmi vos relations.
Un renard est tué : vous surmonterez ce qui vous menace.
Un renard au très beau pelage : méfiez-vous des amis trompeurs.
Vous surprenez un renard : attention aux voleurs.
Vous attrapez un renard dans un piège : vous vous bagarrerez avec vos amis.

Un renard domestiqué : vous n'aimez pas la personne adéquate.
Vos enfants jouent avec un renardeau : les gens profitent de votre gentillesse.
Plusieurs renards : vous avez de nombreux ennemis.
Vous achetez un renard : vos ennemis vous rouleront.

RENDEZ-VOUS

Vous rêvez d'un rendez-vous : une réconciliation romantique.
Vous attendez à un lieu fixé : malchance dans vos amours.
Vous attendez sur un lieu d'affût de chasse : un changement dans votre entourage.
D'autres gens attendent en un lieu fixé : vous aurez du chagrin.
Vous prenez un rendez-vous : vous allez faire des affaires avec une personne qui n'est pas digne de votre confiance.
Vous manquez un rendez-vous : la sincérité n'est pas votre fort.
Vous changez l'heure d'un rendez-vous : des ennemis sont chez vous.
D'autres personnes manquent un rendez-vous : de faux amis vous entourent.

RENONCER

Vous renoncez à quelque chose de cher : c'est l'échec pour vos ennemis.
Quelqu'un qui vous aime renonce à vous : un rude travail vous attend.
Vous-même renoncez à un être que vous aimez : solitude et soucis.

RENVERSER

Vous vous renversez en voiture : une petite perte financière.
D'autres gens se renversent : une grande joie.
Une femme à cheval se fait renverser : son mariage ne durera pas.

Un homme à cheval se fait renverser : la mort d'un animal.
Vous renversez un ennemi : des honneurs et des distinctions.

RENVOYER

Vous avez été renvoyé de votre travail : vous aurez de l'avancement.
Vous renvoyez un employé : vous êtes voué aux déceptions.
D'autres gens sont renvoyés : un mystère sera résolu.

REPASSER

Vous repassez des vêtements : vous allez connaître les ennuis que causent des rivaux.
Vous repassez les vêtements d'un homme : un foyer confortable et un amour qui grandit.
Vous repassez des robes : des disputes avec votre mari.
Vous repassez des draps : ne vous donnez aucune entrave.
Vous repassez des objets en soie : une aide vous viendra de façon inopinée.
Vous repassez des vêtements empesés : une maladie dans la famille.

REPRISER

Vous rêvez que vous reprisez : vous allez faire la connaissance d'un nouvel ami délicieux.
D'autres personnes reprisent : un mystère va être résolu.
Des membres de la famille font du raccommodage : vous vivrez longtemps.

RETARD

Vous êtes en retard : on recherchera vos avis.
Vous êtes en retard à une réunion : des obstacles insurmontables vous font face.
D'autres personnes sont en retard : une perte d'argent.

Vos amis sont en retard : vous serez trompé.
Des employés sont en retard : attention aux ennuis.

RÉTROVISEUR

Vous rêvez d'un rétroviseur : une trahison.
Une femme se regarde dans un rétroviseur : des amis vous trompent.
Un homme se regarde dans un rétroviseur : attention à vos affaires.
Un responsable important se regarde dans un rétroviseur : le reste du personnel ne le soutient pas.
Une jeune fille se regarde dans un rétroviseur : il vaudrait mieux qu'elle change de petit ami.
Une femme mariée se regarde dans un rétroviseur : elle est infidèle à son mari.
Un amant se regarde dans le rétroviseur : la femme qu'il aime n'est pas vraiment fidèle.
Une veuve se regarde dans un rétroviseur : elle devrait chercher ce qui ne va pas.

RÊVE

Vous rêvez que vous consultez quelqu'un sur vos rêves : des nouvelles vont arriver de l'étranger.
Vous rêvez de choses agréables : vous avez des désirs impossibles.
Vous rêvez que vous êtes riche : vous serez déçu.
Vous rêvez que vous êtes pauvre : un changement de situation.
D'autres rêvent : chagrin.

RÉVEILLER

On vous réveille : soyez sur vos gardes, les ennuis arrivent.
Vous vous réveillez tout seul : vos affaires vont très bien réussir.
Vous réveillez votre famille : vos ennemis ont manqué leur but.

Vous réveillez d'autres personnes : des événements favorables à venir.

REVENU

Vous jouissez d'un confortable revenu : vous devriez corriger votre façon de vivre.
Vous avez des revenus insuffisants : méfiez-vous d'ennuis qui pourraient surgir avec vos proches.
Votre revenu baisse considérablement : des événements favorables et importants vont se produire.
Des membres de la famille jouissent d'un gros revenu : ayez beaucoup de prudence dans vos entreprises professionnelles.
Vos amis jouissent d'un gros revenu : un faux ami est dans votre entourage proche.

RICHESSE

Des gens non mariés rêvent de richesses : ils épouseront des personnes pauvres.
Des gens riches rêvent de richesses : une maladie.
Des gens pauvres rêvent de richesses : ils gagneront beaucoup d'argent.
Vous rêvez que vous êtes riche : malheur en amour.
Vous recevez un héritage important : des disputes de famille.
Vous avez de proches parents qui sont riches : des événements favorables et importants vont se produire.
Votre compagnon (compagne) est riche : chance et prospérité.
Vous avez des amis riches : ils tenteront de vous détruire.

RIDE

Vous avez des rides sur le visage : vous serez malade mais vivrez ensuite fort longtemps.
Vous n'avez aucune ride sur le visa-

ge : vous resterez en bonne condition physique tout le reste de votre vie.

Une personne âgée sans rides : des compliments fréquents.

Vous avez des rides dès votre maturité : vous êtes très crédule et facile à mystifier.

Des hommes mûrs qui ont des rides : pertes en affaires.

Des hommes âgés qui ont des rides : perte d'une amitié solide.

Des amis ont des rides alors qu'ils sont encore jeunes : prospérité.

RIRE

Quelqu'un rit : beaucoup d'attention dans le domaine sentimental.

Plusieurs personnes rient : prenez garde aux bavards.

Une femme rit de vous : elle vous trompera.

Des enfants rient : de l'argent s'annonce.

Des ennemis rient : un rival mine votre travail.

Vous entendez rire quelqu'un : c'est signe d'une perte.

ROBE

Vous recevez une belle robe : un inconnu vous aidera.

Vous achetez une robe neuve bonne santé et bonheur.

Vous changez de robe : vos propres folies vous feront souffrir.

Vous avez une robe du soir assez provocante de plusieurs couleurs vous avez beaucoup d'amis.

Vous portez une robe du soir provocante : maladie.

Une belle robe : les soucis d'argent passeront vite.

Une robe brodée : vous recevrez les faveurs d'une personne inconnue.

Vous avez de jolies robes : vos efforts seront couronnés de succès.

Vos robes sont simples : des succès amoureux.

Des robes de diverses couleurs :

vous recontrerez une personne charmante.

Une robe d'intérieur : vous êtes très négligée.

Des robes sombres : des gains financiers.

Une robe de deuil : mort d'un proche.

Vous portez une robe bon marché : des amis vont vous causer des ennuis.

D'autres femmes portent des robes du soir : honte et chagrin.

Une robe serrée : une maladie.

Une robe trop grande : vous aurez un bon emploi.

Une robe déchirée : vous n'êtes pas consciente de votre chance.

Vous recousez une robe déchirée : vous négligez vos propres enfants.

Vous désirez déchirer un robe : succès en amour.

Vous déchirez une robe : votre fortune est en danger.

D'autres gens déchirent votre robe : un ami vous aidera.

Vous tachez une robe : on parle mal de vous.

Vous lavez une robe : vous serez une bonne épouse.

Une robe à moitié décousue : des amis vous mépriseront.

Une robe sale : vos amis vous blâmeront.

Vous êtes mal vêtue : attention aux ennuis.

Une robe démodée : danger d'incendie.

Des robes pour femmes âgées : vous vous rendrez à un baptême.

Une robe de nonne : on vous traitera avec de grands honneurs.

Vous perdez une robe : vous attendez trop des services des autres.

Une robe trop lâche : des amis vous mentiront.

Une femme enceinte porte une robe vague : chance et prospérité.

Vous volez une robe : succès dans vos entreprises.

Un placard plein de robes : amour constant de la vie sociale.

Un placard sans robes · disputes en famille.

Vous avez une robe bleu ciel : avancement dans votre situation.

Une robe bleu marine : vous éviterez la malchance.

Vous retirez une robe bleue : vous avez un mépris du danger bien déraisonnable.

Vous avez une robe noire : joie.

Vous portez une robe noire : un mariage aura bientôt lieu.

Vous portez une robe noire à un enterrement : héritage.

Vous retirez une robe noire : misère.

Vous portez une robe de soie noire : vous obtiendrez ce que vous désirez.

Une robe brune : vous parviendrez à une position sociale élevée.

Une robe de lamé or : vous serez bientôt riche.

Vous portez une robe brodée d'or : honneur et joie.

Vous portez une robe brodée d'or et des fourrures : une grande abondance d'argent.

Une robe verte : une grande fortune.

Une robe grise : vous recevrez une lettre et de bonnes nouvelles.

Une robe mauve : bonheur.

Une robe rose : succès fabuleux.

Une robe violette : mort d'un ami.

Une robe rouge : les autres vous respecteront.

Vous retirez une robe rouge : vous vous mettrez en colère.

Une robe fauve : gains d'argent.

Une robe blanche : bonheur.

Vous portez une robe blanche : grande fortune.

Vous possédez une robe blanche en soie : joie.

Vous portez une robe jaune : fortune et honneurs.

Vous ôtez une robe jaune : jalousie.

ROBINET

Vous rêvez d'un robinet : des ennuis.

Vous tirez de la bière au robinet : soyez très prudent dans vos affaires.

Vous tirez du vin au robinet : un secret comporte des dangers.

Vous rêvez d'un robinet d'eau : quelqu'un de mauvais vous surveille.

ROGNONS

Vous achetez des rognons : le malheur plane.

Vous mangez des rognons : une visite inopinée va vous être rendue.

D'autres personnes refusent de manger des rognons : de bonnes nouvelles vont vous parvenir.

ROI

Vous rêvez d'un roi : vous rencontrerez mensonge et tromperies dans vos amours.

Vous allez voir un roi : la chance est favorable.

Vous écrivez à un roi : attention, danger.

Un roi vous donne audience : la révolte gronde à la maison.
Un roi entouré de sa cour : des amis vous tromperont.

ROITELET

Vous rêvez de ce petit oiseau : succès rapide de vos projets.
Vous observez des roitelets : vos ambitions se réaliseront.
Vous entendez chanter un roitelet : des événements importants et très favorables vont se produire.
Vous avez un roitelet en cage, et vous l'entendez chanter : des disputes avec celui ou celle que vous aimez.

ROMAN

Vous lisez un roman : vous apprendrez le mariage d'un proche.
Vous écrivez un roman : le malheur approche.
Vous imprimez un roman : faites attention à vos affaires.
Vous achetez un roman : ne spéculez pas trop en bourse.

RONCES

Vous rêvez de ronces : pauvreté et privations.
Vous passez à travers des ronces sans être déchiré par les épines : bonheur.
D'autres passent à travers les ronces : déception amoureuse.
Vous coupez des ronces : honte et chagrin.

ROSÉE

Vous voyez de la rosée à l'aurore : vous avez au moins un ami loyal.
Une rosée rafraîchissante se dépose : argent en abondance.
De la rosée sur des cadavres : une grande joie.

ROSSIGNOL

Vous rêvez d'un rossignol : votre amant vous plantera là.
Vous écoutez les rossignols chanter la nuit : une bonne période commence.
Plusieurs rossignols chantent ensemble : pour un malade, c'est le retour de la santé.

ROUE

Vous rêvez d'une roue : un dur travail vous attend.
Plusieurs roues : des ennuis en perspective.
Une roue cassée : un nouvel environnement et de nouveaux intérêts.
Plusieurs roues en action : vous aurez des chagrins mais ils seront suivis de joie.
Vous avez plusieurs roues : vous récupérez de l'argent.
La roue d'un moulin : un grand danger vous menace.
La roue d'une voiture : malheur dans votre vie conjugale.
Une roue de loterie : vous serez dans la gêne.

ROUE À AUBES

Vous rêvez d'une roue à aubes : vous entrerez en possession d'une forte somme d'argent.
Une roue à aubes en mouvement : un dur travail vous attend.
Vous regardez fonctionner une roue à aubes en compagnie d'autres personnes : vous vous ferez de nouveaux amis.
Vous regardez fonctionner une roue à aubes en compagnie de votre famille : vous aurez plus d'argent.

ROUGE À LÈVRES

Vous portez du rouge à lèvres : de faux amis vous entourent.
D'autres personnes portent du rouge

à lèvres : des amitiés trompeuses et des trahisons.
Vous achetez du rouge à lèvres : vous êtes frivole.
Vous surprenez un homme avec du rouge à lèvres sur les lèvres : des ennuis avec sa femme ou sa petite amie.

ROUGIR

Vous rougissez de honte : vous allez être obligé de donner des explications sur vous-même.
Vous rougissez de plaisir : vous avez un intestin paresseux.
Vous rougissez quand vous êtes pris en train d'accomplir une mauvaise action : vous serez aimé par une femme âgée.
Des enfants qui rougissent : vous allez rompre avec vos meilleurs amis.
Votre ami rougit (ou votre amie) : vous serez mariés avant la date prévue.

ROULEAU

Vous rêvez que vous roulez des objets en liasse : votre santé sera mauvaise.
Des membres de la famille roulent des objets en paquets : de l'argent arrive.
Un rouleau de papier peint : les soucis vous feront perdre du poids.
Des employés font des paquets de coton : vos affaires prospéreront.

RUCHE

Une ruche sans abeilles et sans miel : des entreprises assez dangereuses.
Une ruche pleine de miel et d'abeilles au travail : une bonne période commence.
Vous prenez le miel d'une ruche : un ennemi cherche votre perte.

RUE

Un rêve de rue : vos voisins seront charmants.
Une rue en cul de sac : réfléchissez bien avant d'agir.
Une rue bordée d'arbres : honneurs et dignités.
Une rue très sombre : vos voisins bavardent.

SABLES MOUVANTS

Vous rêvez de sables mouvants : les tentations vous entourent.
Vous touchez des sables mouvants : ne soyez pas indiscret.
Quelque chose s'enfonce dans les sables mouvants : vos amis vous trahiront.

SAC

Rêve de sac de voyage : abondance.
Vous ne portez qu'un seul sac : vous allez faire beaucoup de dettes.
Vous portez plusieurs sacs : un ami vous trahira.
Des sacs dans un wagon : vos affaires vont se développer.
Des sacs dans une voiture : une rentrée d'argent inattendue.
Les sacs d'autres personnes : malchance en amour.

SAC À MAIN

Vous rêvez d'un sac à main : votre richesse ne durera pas.
Un sac à main bleu : bonheur.
Un sac à main noir : malheur.
Un sac à main rouge : vos affaires marcheront bien.
Un sac à main blanc : vous réussirez dans ce que vous entreprendrez.
Vous achetez un sac à main : on vous aimera.
Vous trouvez un sac à main : faillite.
Vous trouvez un sac à main vide : de bons résultats en affaires.
Vous trouvez un sac à main plein : des négligences.
Vous trouvez un sac à main avec une bourse : vos affaires marcheront.
Vous trouvez un sac à main avec des cigarettes : de la chance.
Vous recevez un sac à main en cadeau : vous êtes irrité et perdez votre calme.

Vous offrez un sac à main : vous rencontrerez une forte opposition.

SAIGNEMENT DE NEZ

Vous avez un saignement de nez : vous perdrez vos illusions.

Votre propre nez saigne : les autres auront du mépris pour vous.

Le nez d'autres personnes saigne : vous rencontrez une opposition.

Vos enfants ont un saignement de nez : prenez soin de vous-même.

Vos proches ont un saignement de nez : vous aurez besoin d'une aide financière.

Votre ami a un saignement de nez : vous recevrez un cadeau.

Votre ennemi a un saignement de nez : vous risquez la prison

SAIGNER

Vous saignez un peu d'un point quelconque de votre corps : la réalisation de vos désirs.

Vous saignez beaucoup d'un point quelconque du corps : vous tomberez dans un piège.

Votre sang coule sur le sol : un grand succès.

SAINDOUX

Vous rêvez de saindoux : vous triompherez de vos ennemis.

Vous mangez du saindoux : vous aimez vraiment trop l'argent.

Vous achetez du saindoux : vous triomphez de vos ennemis.

Vous coupez des bardes de saindoux : vous allez perdre quelqu'un qui vous est cher.

SAISIE

Vous faites l'objet d'une saisie pour des impôts non payés : vous allez vous trouver dans les embarras financiers.

Vous faites l'objet d'une saisie pour dettes : tous vos espoirs sont anéantis.

Vous faites saisir d'autres personnes : vous allez entrer dans des disputes ridicules.

Vous faites saisir des comptes en banque : soyez très prudent dans vos affaires.

SALAIRE

Vous recevez un salaire : danger de petits vols.

Vous préparez une feuille de paie : vous avez mauvais caractère et vous aurez des déceptions.

Vous payez des salaires : vous perdrez tout l'argent qui vous provient d'un héritage.

Vous payez des salaires hebdomadaires : un meilleur avenir vous attend.

Vous payez des salaires aux ouvriers : il vous faudra travailler dur toute votre vie.

Vous payez des salaires aux employés de l'administration : une belle femme va se marier.

Vous recevez votre propre salaire : une perte.

On vous refuse le paiement de votre salaire : vous engagerez une poursuite judiciaire.

Vous ne recevez pas de salaire pour le service rendu : vous ferez faillite.

SALETÉ

On vous jette des saletés : vous subirez des attaques.

Vous jetez des saletés sur d'autres gens : un désastre se prépare.

Vos vêtements sont sales : vous échapperez à une maladie contagieuse.

Vous marchez dans la saleté : vous quitterez votre logement.

Vous tombez dans des saletés : vos affaires vont bientôt s'améliorer.

Vous êtes sale : une maladie.

D'autres personnes sont sales : une maladie dans la famille.

De la saleté provoquée : vous découvrez des trésors perdus.

Des saletés dans une église : Dieu vous punira.

SALLE À MANGER

Une salle à manger d'hôtel : joie.
Un mess militaire : vous atteindrez un âge avancé.
Un réfectoire de prison : amendez-vous.
Une salle à manger d'hôpital : des événements favorables et importants se produiront.
Vous êtes avec d'autres gens dans une salle à manger : vos amours seront malheureuses.

SALOPETTE

Vous rêvez de salopette : malchance.
Vous travaillez en salopette : votre gentillesse aura sa récompense.
Votre salopette est sale : surveillez votre régime.
Vous déchirez votre salopette : méfiez-vous de la maladie.
Une femme rêve d'un homme en salopette : elle ne connaît pas vraiment le caractère de celui qu'elle aime.

SANG

Vous avez du sang sur vous : vos affaires sentimentales jouent de malchance.
Vous avez du sang sur les mains : vous aurez beaucoup de malchance.
Du sang s'écoule d'une plaie : maladie et soucis planent.
Du sang sur du coton : soyez très attentif dans le choix de vos amis.
Des vêtements tachés de sang : la réussite de votre carrière est gênée par des ennemis.
Du sang sur d'autres personnes : de graves déceptions.

SANGLIER

Vous chassez un sanglier : des efforts inutiles.

Vous êtes poursuivi par un sanglier : une séparation d'avec votre amoureux.
Vous tuez un sanglier : de l'avancement dans votre position.
Un sanglier est dans un zoo : un secret sera bientôt révélé.

SANGSUE

Vous rêvez de ce ver avide de sang : vous êtes voué aux déceptions.
Vous tuez une sangsue : un faux ami est tout proche.
Vous êtes entouré de nombreuses sangsues : vous perdrez de l'argent.

SANTÉ

Votre santé n'est pas bonne : vous serez sauvé d'un grand péril.
Vous guérissez après une longue maladie : faites confiance à votre sens des affaires.
Vos enfants n'ont pas une bonne santé : des honneurs.
Votre famille est en bonne santé : vous connaîtrez la célébrité.
Vos proches sont en mauvaise santé : des persécutions.
Vos enfants sont en mauvaise santé : chance et fortune.
Des époux ont une mauvaise santé : des événements agréables vont se produire.
Des amis sont en mauvaise santé : un ami va mourir.

SAPIN

Un sapin : longévité.
Plusieurs sapins : un dur travail en perspective.
Vous avez un sapin : un ami vous est loyal.

SAULE

Vous rêvez de saules : un rival

vous enlèvera l'amour de votre petite amie.

Vous faites des corbeilles d'osier (branches de saule) : de l'argent approche.

Vous coupez un saule avec une scie électrique : vous serez trompé.

D'autres personnes travaillent le bois de saule : attention aux ennuis.

SAUTER

Vous faites un saut : vous êtes très inconstant avec les membres du sexe opposé.

Vous faites un grand saut : vous échapperez au danger.

Vous ratez un saut : la vie va vous devenir tout à fait intolérable.

Vous sautez par-dessus un fossé : un ennemi cherche votre perte.

Un kangourou saute : vous aurez d'agréables activités sociales.

Vous tuez un kangourou qui saute : un héritage.

D'autres personnes sautent : votre persévérance viendra à bout de vos ennemis.

Vous sautez par-dessus une barrière : vous allez recevoir de bonnes nouvelles.

Vous sautez dans l'eau : vous serez victime de persécutions.

Vous sautez en l'air : vous perdrez votre situation.

Vous sautez devant les autres : vous allez perdre un procès.

SAUTERELLE

Vous rêvez de sauterelles : durant une courte période vous jouirez de succès imaginaires.

Il y a des sauterelles dans votre jardin : c'est de mauvais augure pour les malades.

Vous tuez des sauterelles : c'est l'arrivée imprévue de quelqu'un.

D'autres gens tuent des sauterelles : un voleur pourrait bien passer par là.

SCÉLÉRAT

Un scélérat : chance.

Une scélérate : un amour.

Plusieurs personnages scélérats : vous recevrez une lettre d'un être cher.

Vous êtes un scélérat : vous avez de bons voisins.

SÉCHER

Vous rêvez de séchage : quelqu'un prendra soin de vous.

Vous vous séchez : joie.

Vous séchez d'autres gens : prospérité.

Vous séchez des enfants : richesses et profit.

Vous essuyez des assiettes : un rude travail rapportera de bonnes sommes d'argent.

Vous essuyez des casseroles et des plats : vous recevrez des nouvelles de bien loin.

Vous faites sécher des vêtements : vous recevrez une visite inopportune.

SÉCHERESSE

Vous rêvez d'une sécheresse : atten-

tion à d'éventuelles pertes dans vos affaires.

Des champs secs, parcheminés : quelqu'un d'autre jouit de ce que vous souhaitiez avoir.

Une longue période de sécheresse : vous passerez bientôt par une série de hauts et de bas.

La pluie tombe après une longue sécheresse : chance et prospérité.

SEIN

Des seins qui grossissent : une maladie en perspective.

Des seins irrités : on vous arrachera une dent.

Des seins douloureux : vous êtes enceinte.

Des seins plus gonflés : vous serez heureuse dans votre vieillesse.

De beaux seins pleins de santé : une grande joie se prépare.

Une femme voit pousser des poils sur ses seins : son mari va bientôt disparaître.

Un sein couvert de poils : succès amoureux.

Les seins d'une femme : vos désirs seront bientôt exaucés.

Les seins d'un homme : vous vous marierez bientôt.

Se reposer sur le sein d'une personne : une amitié loyale et fidèle.

Un bébé tète le sein : vous aurez un bonheur durable.

Des jeunes gens sont blessés au sein : leur avenir sera splendide.

De vieilles personnes sont blessées au sein : malchance en perspective.

Un sein est blessé par une épée au cours d'un duel : de mauvaises nouvelles.

Un sein est blessé, au cours d'une rixe, d'un coup de couteau : une amitié excellente.

Un sein est blessé d'un coup de revolver : vous gagnerez beaucoup d'argent.

SEMAINE

La première semaine du mois : plaisirs.

La seconde semaine du mois : joie.

La troisième semaine du mois : malheur.

La quatrième semaine du mois : bonheur.

S'ENFUIR

Quelqu'un s'enfuit avec votre argent : trahison parmi vos proches.

S'enfuir avec de l'argent : vous allez regagner de l'argent après des pertes.

Des proches s'enfuient : attention à vos ennemis.

Des amis s'enfuient : soyez très circonspect dans tout ce que vous entreprenez.

SERGE

Vous rêvez de ce genre de tissu : vous entrez dans une période très enthousiasmante.

Vous possédez de la serge : vous allez avoir besoin d'argent.

Vous teignez de la serge : beaucoup d'ennuis vous attendent.

Vous vendez de la serge : vous allez gagner beaucoup d'argent.

Vous étalez de la serge : vous aurez très peu d'argent.

SERPILLIÈRE

Une serpillière ordinaire : vous aurez une petite dispute sans importance.

Une serpillière faite d'un tissu grossier : un inconnu vous donnera un bon conseil.

Vous lavez avec une serpillière : des nouvelles importantes et bonnes.

Vous lavez des serpillières : faites attention dans vos entreprises professionnelles.

Vous jetez une serpillière : attention à votre cœur. Surveillez-le.

SERRE

Vous rêvez d'une serre : vous êtes voué aux déceptions.

Vous vous trouvez dans une serre : un événement important et bénéfique.

Une serre chaude pleine de fleurs et de plantes : chance et prospérité.

SERRURE

Vous rêvez d'une serrure : le bonheur est assuré.

Vous êtes incapable d'ouvrir une serrure : attention aux ennuis qui viennent.

Une femme ouvre une serrure : elle sera infidèle à l'homme qui l'aime.

Un homme ouvre une serrure : il flirte avec plusieurs femmes.

Une serrure ouverte : c'est le moment idéal pour continuer à faire votre cour.

Vous ne parvenez pas à trouver la clé d'une serrure : soyez prudent dans les problèmes d'argent.

Vous trouvez la clé d'une serrure : vous vous sortirez de vos ennuis.

Vous avez les clés de plusieurs serrures : vous avez des gens très avares dans votre famille.

SERVEUR - SERVEUSE

Vous rêvez d'un serveur : vous aurez de l'argent.

Un serveur dans un bar : vous êtes trop confiant.

Une serveuse : de fausses nouvelles vont arriver.

Vous rêvez d'une serveuse : vous courez un danger dans le domaine amoureux.

Une serveuse dans un bar : des bavardages.

Vous êtes servi par un serveur : vous deviendrez impotent et aurez besoin d'une gouvernante.

Plusieurs serveurs servant d'autres clients : vous recevrez - de l'aide, mais malhonnête.

Des serveurs dans un banquet : une victoire sur vos ennemis.

Vous êtes serveuse : vos affaires vont lentement s'améliorer.

Vous avez une serveuse à votre service : difficultés dues à votre négligence.

Vous sortez avec une serveuse : méfiez-vous des amis jaloux.

Vous êtes marié à une serveuse : vous allez bientôt avoir des ennuis.

SERVICE

Vous rendez un service à d'autres : vous perdrez un ami.

D'autres vous rendent un service : vous perdrez de l'argent.

Des proches vous rendent un service : attention aux disputes.

Un ami loyal vous rend un service : un changement dans votre entourage.

Un être aimé vous rend un service : un de vos ennemis va mourir.

SERVICE FUNÈBRE

Vous assistez au service funèbre d'un proche : la mort d'un ami.

A celui d'un ami : des tracas dans vos affaires.

A celui d'un frère ou d'une sœur : des jours prospères s'annoncent.

A celui de votre père ou votre mère : une petite maladie en perspective.

A celui de votre compagne ou compagnon : malchance.

SERVIETTE

Vous rêvez de serviettes : des gens célèbres ou importants vous rendront visite.

Vous utilisez une serviette pour vous essuyer la bouche : on vous respectera.

Vous avez des serviettes brodées : un mariage va bientôt prendre place.

On vous offre des serviettes en cadeau : des disputes familiales.
Une serviette d'enfant ou un bavoir : une vie saine.

S'ÉVANOUIR

Vous vous êtes évanoui : une maladie est à prévoir.
Vous vous blessez en vous évanouissant : vos espoirs seront vite couronnés de succès.
Un membre de la famille s'évanouit : un faux ami est tout proche de vous.
Des enfants s'évanouissent : vos amours sont empreintes de malheur
D'autres gens s'évanouissent : le succès est pour plus tard.

SIFFLER

Vous rêvez de sifflement : vous prendrez part à une fête.
Vous entendez siffler d'autres gens : de vilains propos terniront votre réputation.
Vous attirez l'attention en sifflant : une mort soudaine peut se produire.
Un coup de sifflet pendant un match : bonheur.
Des enfants sifflent : joie très forte.

SIFFLET

Vous rêvez d'un sifflet : le scandale vous entoure.
Vous manipulez un sifflet : vous êtes très intelligent.
Vous réparez un sifflet : vous recevrez un bon conseil.
Un sifflet cassé : vous aurez une courte maladie.

SINGE

Des personnes pauvres rêvent de singes : bons gains.
Des personnes riches rêvent de singes : ennuis et maladie

Des singes qui dansent : de bonnes affaires dans l'immobilier.
Des singes dans une cage : vos amours vont rencontrer des obstacles.
Un bébé singe : espérances en amour.

SOIF

Vous avez soif : vous êtes malheureux.
Vous souffrez d'une très grande soif : une grande catastrophe se prépare.
Vous buvez jusqu'à plus soif : richesse et satisfactions.
Vous satisfaites votre soif : vous surmonterez vos ennuis.
Vous ne pouvez pas satisfaire votre soif : vous serez déçu.
Des enfants ont soif : les espoirs de ces enfants se réaliseront.
Vous buvez de l'eau trouble pour satisfaire votre soif : vous serez plongé dans la tristesse.
Vous buvez de l'eau chaude pour satisfaire votre soif : on essaiera de vous acheter

SOIGNER

Vous rêvez que vous soignez quelqu'un : de grands honneurs.
Vous soignez votre mari ou votre femme : un amour fidèle.
Vous soignez vos enfants : bonnes nouvelles.
Vous soignez vos parents : danger de mort.
Vous soignez des membres de la famille : un héritage.
Vous ramenez quelqu'un à la santé : un ami vous surprendra.
D'autres gens vous soignent : une grosse fortune.

SOIRÉE

Vous passez une très belle soirée : honte et chagrins.
Vous faites une soirée pour célébrer un événement : un secret recèle un danger.

Une soirée passée avec d'autres : vous réaliserez vos ambitions les plus hautes.

D'autres gens se trouvent dans une soirée : vos soucis se termineront bien.

SOL

Vous êtes étendu sur le sol : vous n'aurez qu'un humble statut pendant la période à venir.

D'autres gens sont étendus sur le sol : la mort d'un ami.

Le sol de votre jardin : argent et bénéfices.

Le sol de votre maison : une longue maladie.

Le sol d'un restaurant ou d'un hôtel : la perte d'un ami.

Le sol de la maison d'autres gens : des pertes financières.

SOLITAIRE

Vous rêvez de solitude : le bonheur est assuré.

Vous êtes seul : tourments et malchance.

Vous êtes seul et ne recherchez pas la compagnie des autres : de l'argent pour bientôt.

D'autres sont seuls : quelqu'un nourrit envers vous une secrète inimitié.

SOMBRE

Il fait sombre et vous vous blessez en tombant : attendez-vous à des changements de mauvais augure.

Vous êtes dans le noir : des difficultés se préparent.

Vous avancez à tâtons dans le noir vers la lumière : une grande réussite.

D'autres personnes sont dans le noir : solitude et soucis.

Des enfants sont dans le noir : une maladie.

Vous marchez dans un lieu sombre : vous récupérerez de l'argent.

SOMNOLER

Vous rêvez que vous somnolez : des troubles internes.

Une jeune fille rêve qu'elle somnole à l'église : elle épousera un homme riche.

SORCIÈRE

Vous rêvez d'une sorcière : vous êtes surveillé de près par quelqu'un qui ne vous veut pas du bien.

Vous êtes effrayé par une sorcière : un abus de confiance.

Une sorcière vous rend nerveux : votre santé se dégrade.

Vous ne voulez pas faire attention à une sorcière : attention à ceux qui mènent un double jeu.

Vous êtes une sorcière : un changement favorable.

Vous parlez à une sorcière : revoyez de près votre façon de vivre.

SOUDURE

Vous rêvez de soudure : les soucis s'effaceront.

Vous êtes soudeur : soyez prudent dans vos affaires.

Vous faites souder quelque chose : vous êtes voué aux désillusions.

D'autres font de la soudure : évitez vos ennemis.

SOUFFLER

Le vent souffle : vous allez avoir un procès.

Vous éteignez un feu en soufflant : les bavardages vont bon train autour de vous.

Vous soufflez sur le visage de quelqu'un : vous serez bien attrapé par une femme qui cherche à vous duper.

Vous soufflez sur vos mains pour les réchauffer : vous recevrez plusieurs cadeaux.

Vous soufflez·sur de la poussière : vous recevrez une lettre contenant de bonnes nouvelles.

SOUFFLET (à feu)

Vous rêvez d'un soufflet : des amis absents désirent vous voir.

Plusieurs soufflets : on va vous faire un faux rapport.

Vous utilisez un soufflet pour un feu : vous allez affronter des difficultés.

Vous prêtez des soufflets : de bons résultats dans vos affaires sentimentales.

SOULEVER

Vous rêvez qu'on soulève quelque chose : vous vous remettrez de maladie.

Vous soulevez quelque chose de très lourd : attention aux ennuis.

On vous soulève : votre persévérance viendra à bout de vos ennemis.

Vous soulevez un enfant : honneurs et distinctions.

D'autres personnes sont soulevées : quelqu'un nourrit envers vous une inimitié secrète.

Vous soulevez quelque chose avec une machine : de l'argent arrive.

Un homme soulève une femme : beaucoup de joie.

SOURCE

Vous rêvez d'une source : un événement très important et favorable va se produire.

Une source dans un jardin : un changement va bientôt intervenir dans votre vie.

Une source dans un lieu sacré : votre amant vous abandonnera.

Vous rêvez d'eau de source : plus tard vous serez très riche.

Vous buvez un verre d'eau de source : de petites disputes.

Une source jaillissante : richesse et honneurs.

SOURCIL

Vous rêvez de vos propres sourcils : bénéfices financiers.

Vous rêvez de sourcils châtains : grande chance.

Des sourcils noirs : grande joie.

Des sourcils broussailleux : bénéfices financiers.

Des sourcils minces : grand chagrin.

Des sourcils très longs : bonheur dans vos amours.

Des sourcils tombants : votre amant n'est pas fidèle.

Les sourcils d'un membre de la famille : estime générale.

Les sourcils de votre mari : vos amours vont bien.

Les sourcils de votre femme : une fortune considérable.

Les sourcils de vos enfants : bénéfices financiers.

Les sourcils de vos ennemis : on vous trompe.

SOURD

Vous êtes sourd : une grande chance vous arrive.

D'autres gens sont sourds : un changement favorable.

Vous devenez sourd soudainement : de l'avancement dans votre situation.

SOUTERRAIN

Quelqu'un est sous terre : vous désirez ce qu'ont les autres.

Un passage souterrain : vous abusez de la confiance des autres.

Vous empruntez un passage souterrain : des soucis pour l'avenir.

Vous avez un accident sous terre : vous serez libéré de vos ennemis.

SOUTIEN-GORGE

Vous rêvez de votre propre soutien-gorge : une autre personne jouit de ce que vous désirez.

Le soutien-gorge de votre femme : évitez les rivaux.

Le soutien-gorge d'autres personnes : vous allez être abandonnée par votre amoureux.

Vous achetez un soutien-gorge : votre tempérament s'affirme.

Vous perdez un soutien-gorge : vous allez rencontrer une personne qui ne vous sera pas indifférente.

SOUVENIR

Vous rêvez d'un objet-souvenir : chance et prospérité.

Un ami demande un objet en souvenir mais n'en donne pas en échange : de gros soucis.

On vous donne un objet en souvenir : un changement va bientôt intervenir dans votre vie.

Vous recevez d'un proche un objet, en guise de souvenir : la chance vous sourit.

STERNE

Vous rêvez d'un sterne (ou hirondelle de mer) : vous allez recevoir de bonnes nouvelles tout à fait inattendues.

Des sternes volent au-dessus de l'océan : vous recevrez la visite de quelqu'un qui vient de loin.

La plainte du sterne : chance.

Des sternes volent au-dessus des terres : les nouveaux mariés seront fidèles.

Un nid de sternes : fortune et bénédictions sur la maison où ce nid est placé.

Vous tuez un sterne : la malchance vous poursuivra.

Un sterne entre dans une maison ou un bateau : vous recevez des nouvelles de vos amis.

SUIF

Vous rêvez de suif : le malheur est proche de vous.

Vous achetez du suif : vous dilapidez l'argent.

Vous fabriquez du suif : vous achèterez des meubles neufs.

Vous utilisez du suif : votre vie sera facile.

SUREAU

Vous rêvez de sureau : vous avez des activités sociales d'une nature plaisante.

Vous cueillez des baies de sureau : des gains financiers.

Vous mangez des baies de sureau : vous jouirez d'une grande aisance.
Vous achetez de la confiture de sureau : votre esprit sera fort et vigoureux.

SURGIR

Surgir au-dessus de la surface de la mer : chance et prospérité.
S'élever au-dessus de la surface du sol : l'argent vous viendra aisément au cours de votre vie.

SURMENER

Vous êtes surmené : le malheur plane.
Vous surmenez votre assistant(e) : vous aurez affaire au ministère de la Justice.
Vous surmenez des enfants : un changement dans la situation actuelle.
Vous surmenez des animaux : vous aurez de bons amis.
Vous menez une machine trop durement : vous allez avoir des ennuis.

SURNOM

On vous donne un surnom, un sobriquet : votre travail vous rapportera beaucoup.
Vous donnez un surnom à quelqu'un : on vous fera un cadeau.
Vous donnez un surnom à vos enfants : la famille va s'accroître.

SURPLOMBER

Quelque chose vous surplombe : de petites déceptions.
Quelque chose est suspendu au-dessus de vous : vous perdrez de l'argent.
Des tableaux sont suspendus au-dessus de vous : malchance en amour.
Des images pieuses sont au-dessus de vous : votre vie sera heureuse.

SURVEILLANT

Vous rêvez d'un surveillant : vous serez longtemps heureux.
Vous parlez à un surveillant : de très bonnes vacances en perspective.
Vous êtes surveillant : on vous volera.
Un surveillant vous fait une faveur : vous gaspillez l'argent.
Vous changez de position un surveillant : vous vivrez longtemps.
Un surveillant a des ennuis avec des prisonniers : mort d'un proche.

TABAC

Vous rêvez de tabac : organisez-vous et faites des économies pour votre vieillesse.

Un bureau de tabac : on bavarde terriblement derrière votre dos.

Vous fumez une cigarette : vous jetez l'argent par les fenêtres.

Des femmes rêvent qu'elles fument des cigarettes : les soucis s'effaceront vite.

Vous fumez des cigares : vous assisterez à une très grande soirée.

Des feuilles de tabac : vos amours marchent mal mais vos affaires vont bien.

Vous roulez des cigarettes : vous n'aurez jamais à vous en faire pour l'argent.

Vous prisez du tabac : vous êtes une personne très irritable.

Vous achetez du tabac : vous allez souffrir.

Vous vendez du tabac : vous allez rencontrer quelqu'un de très intéressant.

Une blague à tabac : vous gaspillez votre argent.

TABLE

Vous rêvez d'une table : c'est la joie.

Une table d'acajou : vous vous remettrez d'une maladie.

Une table de banquet : vous prenez plaisir à la vie.

Une table avec un dessus de marbre : votre vie sera très confortable.

Une table cassée : misère et pauvreté.

Vous brisez une table : vous perdrez de l'argent.

Une table vide : vous tomberez dans le dénuement.

Vous vous asseyez à table : bonheur.

Vous vous asseyez à table avec votre famille : une vie mariée heureuse.

Des amis sont assis à table : l'harmonie règne entre vos amis.

Des enfants sont assis à table : chance et prospérité.

Des proches sont assis autour d'une table : un changement dans votre entourage.

Une assemblée de gens est réunie autour d'une table : un changement favorable.

Les invités d'une noce sont réunis à une table : le bonheur est certain.

Vous êtes assis à une table avec votre petit ami (votre petite amie) : vous triompherez de vos ennemis.

TABLEAU

Vous rêvez d'un tableau : de l'argent approche.

Un tableau de femme nue : vous serez heureux en amour.

Un tableau pend sur votre mur : Un homme marié rêve d'un tableau : vous aimez trop vous amuser.

Une femme mariée rêve d'un tableau : c'est une femme frivole.

Une veuve rêve d'un tableau : soyez sûre de vos plans avant de vous marier.

Une jeune fille rêve d'un tableau : elle épousera un homme riche.

TABLIER

Rêve d'un tablier : bonheur.

Vous portez un tablier : vos amours seront durables.

Une femme mariée porte un tablier : il y aura des hauts et des bas.

Une femme non mariée porte un tablier : prochaines fiançailles.

Un homme porte un tablier : changements favorables.

Une veuve porte un tablier : elle aura plusieurs excellents amis.

Vous déchirez un tablier : vous ne ferez que de petits profits.

Vous perdez un tablier : vous courez un danger sur le plan sentimental.

Vous avez perdu un tablier : vous allez perdre votre petite amie (votre petit ami).

Vous nouez un tablier : vous allez être l'objet de grands honneurs.

Vous dénouez un tablier : vous allez perdre un être cher.

Un tablier bleu : des femmes bavardent sur votre compte.

TACHE

Vous faites une tache sur du papier blanc : vous dormirez dans un lit étranger.

Vous faites une tache sur du papier de couleur : vous voyagerez bientôt.

Vous tachez un document important : un changement favorable.

Vous tachez un chèque que vous êtes en train d'écrire : le bonheur est certain.

TACHES DE ROUSSEUR

Votre visage est couvert de taches de rousseur : vous faites une découverte désagréable à propos d'un ami.

Vous avez des taches de rousseur sur tout le corps : on vous chérira.

Vous regardez vos taches de rousseur dans une glace : vous perdrez un amant.

Les enfants ont des taches de rousseur : vous vous découvrirez un ennemi.

TACT

Vous avez du tact : il faudrait que vous ayez plus de contrôle sur votre tempérament passionné.

Vous avez beaucoup de tact avec les enfants : vous ferez un héritage.

D'autres personnes font preuve de tact : vous ferez des pertes importantes.

D'autres personnes font preuve de tact envers vous : joie et bonheur.

TAFFETAS

Vous rêvez de taffetas : des gains et des profits.
Du taffetas bleu : vous allez recevoir un arrivage de biens avariés.
Du taffetas blanc : d'abondants moyens matériels.
Du taffetas rouge : vous serez blessé dans un accident.
Une femme mariée achète du taffetas : elle sera bientôt enceinte.

TAILLE

Vous mettez une ceinture autour de votre taille : de l'argent que vous n'espériez pas.
Vous attachez des vêtements autour de votre taille : une histoire d'amour heureuse.
Vous attachez des vêtements autour de la taille de quelqu'un d'autre : vous aiderez bientôt cette personne.
Une taille fine : déshonneur.
Une taille épaisse : malheur.
Une taille nue : des choses bien regrettables vont se produire.
Vous souffrez de douleurs à la taille : vous aurez de l'argent en abondance.

TAILLEUR

Vous rêvez d'un tailleur : votre travail est agréable et vous recevrez de bonnes nouvelles.
Un tailleur : soyez très prudent dans vos affaires.
Une couturière : évitez les rivaux.
Une jeune fille rêve d'un tailleur : elle épousera un homme d'un rang social inférieur.
Vous êtes tailleur : un changement dans l'environnement.
Vous devenez tailleur : une bonne période commence.
Vous commandez des vêtements à un tailleur : une joie tout à fait désintéressée.

TALISMAN

Vous rêvez d'un talisman : un mystère trouvera sa solution.
Une femme rêve d'un talisman : faites attention au danger.
Un homme rêve d'un talisman : des amis vous tromperont.
Une veuve rêve d'un talisman : elle se remariera.
Une femme porte un talisman : attention aux dangers.
Une jeune fille porte un talisman : traversez prudemment les rues.

TALON

Vous rêvez de vos talons : malchance en amour.
Vous vous blessez au talon : vous aurez d'innombrables ennuis.
Vous souffrez de douleurs au talon : un faux ami est proche.
Les talons d'autres gens : un changement favorable.

TAMBOUR

Vous entendez jouer du tambour : grand succès.
Vous jouez du tambour : grande joie.
D'autres gens jouent du tambour : chagrin.
Vous prenez part à un défilé et jouez du tambour : chance et prospérité.
Vous achetez un tambour : perte mais sans importance.
Les enfants jouent du tambour : vous serez à court d'argent.

TAMBOURIN

Vous rêvez d'un tambourin : votre vie sera longue.
Vous jouez du tambourin : vous devriez surveiller votre façon de dépenser l'argent.
Un mari joue du tambourin : il est inconséquent.
Une femme joue du tambourin : elle est très amoureuse de son mari.
Un petit ami (petite amie) joue du

tambourin : un rival (une rivale) est en train de prendre votre place.

Une jeune fille joue du tambourin : un homme âgé la demandera en mariage.

Des musiciens jouent du tambourin : des amis vous tromperont.

TAMPON

Vous rêvez d'un tampon : vos amours partent en lambeaux.

Vous marquez des draps avec un tampon : une maladie grave dans la famille.

D'autres marquent des draps avec un tampon : une guérison immédiate.

TANDEM

Des enfants sur un tandem : vous allez avoir de nouveaux centres d'intérêt.

Deux amants sur un tandem : ils se disputeront par jalousie.

Des chevaux attelés en tandem : attention aux rivaux.

Un homme conduit des chevaux attelés en tandem : vous aurez des difficultés dans vos affaires.

Une femme conduit des chevaux en tandem : votre jalousie créera des problèmes.

Vous conduisez un attelage en tandem, avec votre petite ami : vous êtes bien frivole.

Vous menez des chiens attachés en tandem : vous triompherez de vos ennemis.

TANTE

Rêve d'une tante : réussite dans le domaine financier.

Vous rêvez que vous êtes la tante de quelqu'un : un mariage heureux se dessine.

Vous rêvez de la tante de votre mari : une bonne période commence.

Vous rêvez de la tante de votre femme : prenez garde aux amis jaloux.

Vous parlez avec une tante : vous allez faire un héritage.

Vous rêvez de la tante d'autres personnes : honte et chagrin.

TAPAGE

Vous rêvez d'une scène de tapage : vous devrez prendre une décision rapide.

Vous assistez à une scène de tapage et de confusion : une décision retardée doit être prise.

Vous vous trouvez sur les lieux d'une scène de tapage : tout ira bien.

Des amis font du tapage : joie et consolation.

Vos ennemis font du tapage : vous vivrez longtemps.

TAPIOCA

Vous rêvez de tapioca : une chance excellente.

Vous achetez du tapioca : le bonheur est certain.

Vous faites cuire du tapioca : la chance accompagnera vos spéculations.

Des enfants mangent du tapioca : la famille sera remarquée.

TAPISSERIE

Vous rêvez d'une tapisserie : une grande joie.

Vous admirez une tapisserie : un abus de confiance.

Vous achetez une tapisserie : vous allez avoir des distractions agréables.

Vous peignez un carton de tapisserie : des amis vous tromperont.

Vous faites des photos de tapisseries : une joie désintéressée.

Vous décorez avec une tapisserie : vous aurez de grandes satisfactions.

Vous brûlez une tapisserie : la mort du chef de famille.

Vous êtes décorateur spécialisé en tapisseries : vous recevrez une visite.

TAQUINER

Vous rêvez qu'on vous taquine : votre femme vous quittera.

Vous taquinez d'autres gens : vous verrez une femme nue.

Vous êtes taquiné, tourmenté par un chien : vous aurez des disputes avec vos ennemis.

Vous rêvez de taquiner les autres : vos désirs secrets seront révélés.

Vous taquinez un chien : vous gagnerez bien votre vie.

Des amis vous taquinent : vos ennemis vous offenseront gravement.

Des proches vous taquinent : vous finirez par leur tenir tête.

Votre petite amie vous taquine : vous êtes très amoureux.

Des enfants vous taquinent : de la joie.

TARTARE

Vous faites de la sauce tartare : vous avez tendance à être malicieux.

Vous utilisez du vinaigre dans une sauce tartare : vous allez recevoir de mauvaises nouvelles.

Vous mangez de la sauce tartare : des ennemis secrets sont proches de vous.

TARTE

Vous rêvez d'une tarte : la vie est bien agréable.

Vous achetez une tartelette : la fortune est devant vous.

Vous faites cuire une tarte : de l'argent sous peu.

Vous servez des tartes à vos amis : vos amours sont en danger.

Vous mangez des tartes : vous êtes compétent dans bien des domaines.

Vous servez des tartes à votre famille : une bonne période commence.

TATOUAGE

Vous rêvez que vos bras sont tatoués :

la jalousie vous fera souffrir.

Votre corps est tatoué : un ennemi cherche votre perte.

Vous observez un tatoueur au travail : vos amis vous décevront.

TAUREAU

Vous êtes poursuivi par un taureau : bientôt un gentil cadeau.

Vous faites face à un taureau : une période de chance.

Un taureau furieux : tout ira bien du côté du cœur.

Un troupeau de taureaux : de grands honneurs vous attendent.

Vous trouvez un foie de taureau : attention, une grave perte du côté professionnel.

TAVERNE

Vous êtes dans une taverne : vous allez être incarcéré.

Vous allez dans une taverne : des ennuis et la maladie vous guettent.

Vous buvez dans une taverne : un dur travail vous attend.

Vous rencontrez des amis dans une taverne : vous faites de nouvelles connaissances et découvrez de nouveaux intérêts.

TAXI

Vous rêvez d'un taxi : on va vous envoyer des nouvelles urgentes.

Vous avez un taxi : méfiez-vous des amis jaloux.

Vous prenez un taxi : vos affaires vont marcher très fort.

Vous appelez un taxi : un changement de cadre et de nouveaux intérêts.

Vous êtes en taxi avec une autre personne : soyez sur vos gardes et méfiez-vous des fausses nouvelles.

Vous évitez un taxi qui arrivait sur vous : évitez vos rivaux.

TEINDRE

Vous teignez vos cheveux : attention aux ennuis.

Vous teignez les cheveux de quelqu'un d'autre : joie désintéressée.

Vous mettez du rouge sur vos joues : vous vivrez très longtemps.

Vous teignez des tissus : misère.

Une personne qui teint des tissus : il vous faudra supporter une longue infirmité.

Vous teignez des vêtements : vos affaires sont très embrouillées.

Vous teignez avec des couleurs claires : une maladie s'annonce.

Vous teignez en jaune ou avec des couleurs sombres : un membre de la famille a une forte fièvre.

Vous teignez et faites un vrai gâchis : vous recevrez un cadeau coûteux.

TÉLÉGRAMME

Vous envoyez un télégramme : on va vous annoncer la perte d'un ami.

Vous recevez un télégramme : des nouvelles désagréables.

Un ami vous envoie un télégramme : la perte d'un ami.

Vous envoyez un télégramme d'affaires : vos affaires déclinent.

Vous recevez un télégramme d'affaires : vous récupérerez de l'argent qui vous est dû.

TÉLÉPHONE

Vous rêvez d'un téléphone : votre curiosité sera satisfaite.

Vous faites un appel téléphonique : vous décrochez des avantages professionnels.

Vous recevez un appel téléphonique : un rendez-vous sera remis.

Vous avez une conversation sur longue distance : bonheur.

Vous êtes sans téléphone : vos désirs se réaliseront.

TÉLESCOPE

Vous rêvez d'un télescope : vous exagérez un peu vos ennuis !

Vous regardez dans un télescope : vous vous ferez prédire l'avenir.

D'autres personnes regardent dans un télescope : vous serez dans l'embarras.

Vous manipulez un télescope : l'attention qu'on leur accorde permet d'aplanir les difficultés.

TÉMOIGNAGE

Vous donnez un témoignage : les gens vous honoreront.

Vous recevez un témoignage : vous triompherez de vos ennemis.

Le témoignage des autres établit certains faits : vous serez digne et respectable.

Vous donnez un témoignage pour un ami : de l'argent approche.

TÉMOIGNER

Vous témoignez sous serment : des événements favorables et importants vont se produire.

Vous témoignez en votre nom propre : une bonne période commence.

Vous témoignez en faveur des autres : vous vous sortirez bien d'un danger présent.

Vous témoignez contre d'autres personnes : faites très attention dans vos entreprises.

TÉMOIN

Vous rêvez d'un témoin : soyez sur vos gardes, les faux amis existent !

Vous êtes témoin au tribunal : on fait contre vous de fausses accusations.

Quelqu'un fait légaliser un document : vos actions sont toujours adaptées.

Des témoins certifient votre bonne

conduite : de bons résultats dans vos affaires.

Vous vous portez témoin pour quelqu'un d'autre : une grande catastrophe se prépare.

Vous avez un témoin pour fournir une preuve : de l'argent sous peu.

Vous êtes témoin dans une affaire de divorce : prospérité.

Vous êtes témoin dans une affaire de meurtre : de petits profits.

Vous êtes témoin dans une affaire de droit civil : des gains intéressants.

Quelqu'un est témoin de l'infidélité de votre compagnon ou compagne : il y aura des problèmes de droit dans votre famille.

Vous êtes un faux témoin : vous irez prochainement en prison.

Vous êtes témoin d'un outrage à magistrat : l'insécurité règne sur vos affaires.

TEMPÊTE

Vous rêvez d'une tempête : vous subirez des humiliations.

Une tempête approche : des chagrins.

Vous êtes emporté par une tempête : votre bonne foi est utilisée par des malhonnêtes.

Vous vous trouvez dans une tempête de pluie : tous vos désirs seront réalisés.

Une tempête vous fait tomber quelque chose dessus : il vous faut quitter la ville.

Un objet tombe durant une tempête et vous blesse à la tête : vous perdrez des propriétés.

Quelque chose tombe sur votre maison durant une tempête : vous serez blessé dans un accident.

Une tempête endommage les biens de membres de votre famille : vous vous exilerez à la suite d'une histoire d'amour.

Des enfants sont pris dans la tempête : votre position s'améliore.

TEMPLE

Un temple dans votre propre pays : la mort d'un ami très proche.

Un temple dans un pays étranger : une expérience inhabituelle va vous arriver.

Vous entrez dans un temple : la discrétion paie toujours.

Les idoles d'un temple : vous allez commettre un acte injustifié.

TEMPS

Vous rêvez de beau temps : la sécurité dans tous les domaines.

Un temps affreux : vous recevrez des nouvelles désagréables.

Un grand vent : une grande amitié.

Un temps de tempête : des ennemis cherchent votre perte.

Un temps pluvieux : vous recevrez une lettre qui vous rendra triste.

TENDON

Vous rêvez de tendons : vous aurez bientôt de grandes disputes.

Vous rêvez de vos propres tendons : vous jouirez d'une santé très vigoureuse.

Les tendons de proches : des disputes de famille.

Des tendons d'animaux : une infirmité.

TENIR

Vous tenez quelque chose fermement dans vos mains : votre bravoure vous fera remarquer.

Vous lâchez quelque chose que vous teniez : on bavarde sur votre compte.

Vous tenez des actions en Bourse : une intrigue se prépare.

Vous tenez quelqu'un de cher dans vos bras : vous êtes trop égoïste.

Vous tenez des enfants dans vos bras : bonheur.

TENNIS

Vous rêvez d'un court de tennis : vous garderez votre emploi.

Vous jouez au tennis : vous vous intéresserez beaucoup à vos amis.

Vous jouez au tennis avec un homme : succès.

Vous jouez en double avec un partenaire homme : vous serez plongé dans le deuil.

Vous jouez en simple contre une femme : attention, vous risquez de tomber amoureux.

Vous jouez en double avec une femme pour partenaire : une grande fortune vous attend.

Vous gagnez un match de tennis : une petite maladie sans gravité.

TÉNOR

Vous rêvez d'un ténor : vous ferez une nouvelle rencontre.

Vous entendez chanter des ténors : vos affaires vous procureront des avantages.

Vous êtes ténor : des voyous vous brutaliseront.

Vous entendez un ténor et un soprano chanter en duo : un grand bonheur.

Vous applaudissez un ténor : vous lirez de bons livres.

TENTATION

Vous rêvez que vous êtes tenté : vous rencontrerez des obstacles sur votre route.

Vous êtes tenté de mal faire : tenez votre langue et ayez du bon sens.

Vous êtes tenté de pécher : les difficultés seront surmontées.

Vous êtes tentée de quitter votre mari : vous aurez une excellente santé.

Vous êtes tenté de quitter votre petite amie : vous rencontrerez une personne charmante.

Vous êtes tenté de quitter votre femme : de grands avantages professionnels.

TENTE

Vous rêvez d'une tente : vous prendrez un certain plaisir à conseiller les autres dans leurs problèmes de cœur.

Vous vivez en famille sous une tente : vous allez vivre de grandes transformations dans votre vie.

Vous vivez sous une tente avec votre petite amie : vous vous disputez sur des problèmes amoureux.

Vous vivez sous une tente avec des amis, en voyage : un visiteur va venir vous voir de loin.

Des enfants campent sous une tente : vous avez de bons amis pleins d'entrain.

Un camp militaire : vous ferez un voyage très fatigant.

TERME

Des termes de droit : les problèmes se préparent.

Des termes médicaux : vous allez apprendre la maladie d'un proche qui se trouve loin de vous.

TERRASSE

Vous êtes seul sur une terrasse : vous vous élèverez à une position très haute.

Vous êtes sur une terrasse avec d'autres gens : votre vie sera longue.

Vous êtes sur une terrasse avec des gens de votre famille : vous ferez un héritage.

Vous êtes sur une terrasse avec des personnalités officielles : vous contrôlerez vos affaires.

Vous êtes sur une terrasse avec vos enfants : vous traverserez des hauts et des bas.

Vous êtes sur une terrasse avec des

amis : vous subirez des humiliations douloureuses.

TERRE

Vous rêvez de la terre : perte d'un ami.
Vous baisez le sol : vous serez humilié.
Vous mangez de la terre : une longue maladie.
On vous met sous terre : risque de désastre.
Vous êtes enterré : vous aurez beaucoup d'argent.
La terre est noire : chagrins.
Vous possédez de la bonne terre : vous aurez une bonne épouse.
Une terre clôturée est donnée à un homme : sa femme est bonne.
Une terre avec de beaux pâturages : de beaux enfants.
Une terre couverte de légumes : vous êtes sous la coupe d'amis malhonnêtes.
Une terre couverte de maïs, de blé, d'avoine : grande chance et prospérité.
Vous êtes couché sur la terre : la mort de quelqu'un.
Un paysan travaille la terre : de gros bénéfices.
Vous échappez à une éruption : la chance arrive.
Des terres fertiles : vous allez bientôt vous marier.
Des terres désolées : des problèmes vont surgir.
Une terre couverte d'herbe : bonheur.
Une terre couverte d'arbres : pauvreté.
Vous possédez des terres : vous allez changer d'occupation.
Un propriétaire vous expulse d'une terre : attendez-vous à d'amères déceptions.
Vous quittez une terre : vos occupations vont changer.

TERREUR

Vous êtes terrorisé : une personne nourrit une inimitié secrète envers vous.
Un terroriste use de violence envers vous : la mort d'un ennemi.
Un parti politique cause de la terreur : une joie sans profit.
Des enfants causent de la terreur : une bonne période commence.

TERRITOIRE

Vous rêvez d'un large territoire : vous recevrez une lettre de quelqu'un que vous aimez.
Vous êtes sur un territoire : attention aux ennemis.
Vous vous rendez dans un territoire étranger : une maladie.

TEST

On teste vos capacités : vous découvrirez des objets de valeur perdus.
Un médecin fait un test sur vous : un mystère sera résolu.
Vous testez la fidélité de votre compagnon (compagne) : évitez les rivaux.
D'autres vous font passer des tests : vous connaîtrez la souffrance et le chagrin.

TESTAMENT

Vous faites votre testament : on peut prévoir que votre santé s'altérera.
Vous faites un testament en faveur d'un proche : vous vivrez longtemps.
Vous faites un testament en faveur d'une épouse : votre épouse mourra avant vous.
Vous faites un testament en faveur de vos enfants : une longue joie et un grand bonheur.
Vous faites un testament en faveur d'un ami : vous mourrez bientôt.
Vous lisez un testament : des changements se produiront dans votre entourage.
On prend des dispositions après une mort : des moyens abondants et aisés.

Vous lisez l'« Ancien Testament » : l'harmonie règne entre vos amis.
Vous consultez le Nouveau Testament : des bénéfices financiers.
Vous faites un testament en faveur d'une œuvre : vous serez malade très longtemps.

TESTICULE

Des testicules sont blessés : vous triompherez de vos ennemis.
Vous êtes privé de votre vigueur masculine : la société marchera beaucoup mieux.
On châtre une personne : vous donnerez un grand dîner.
On châtre un animal : vous contrôlerez divers domaines.

TETANOS

Vous avez le tétanos : une catastrophe se prépare.
D'autres personnes ont le tétanos : des pertes d'argent.
Vous mourez du tétanos : on vous trompe.
Vous guérissez du tétanos : vous épouserez une personne querelleuse.

TÊTE

Vous rêvez de votre propre tête : une grande fortune.
Vous avez une jolie tête : ne prenez pas de risques.
Votre tête est penchée de côté : vous recevrez inopinément quelque chose d'agréable.
Vous avez mal à la tête : des difficultés se préparent.
Vous vous lavez la tête : une chance totale.
Une tête sans corps : une déception.
Plusieurs têtes : le déshonneur en amour.
Une tête chauve : on vous aimera.
Une personne à trois têtes : des honneurs et de l'argent.

Une tête pointue : une longue vie.
Une grosse tête : des transactions d'affaires excellentes.
Une grosse tête ronde : distinctions et dignité.
Une petite tête : attention à vos ennemis.
Une tête noire : réussite dans vos affaires.
Une tête blanche : vous gagnerez beaucoup d'argent.
Une très petite tête : on vous aimera beaucoup.
Vous avez une tête ronde : vous perdrez votre femme.
Une tête aux longs cheveux flottants : de grands honneurs.
Une tête bien peignée : vous foncez droit vers le danger.
Une tête mal peignée : vous subirez un viol.
Une tête rasée de près : on vous humiliera.
On vous coupe la tête par moitié : la réussite dans tous les domaines.
On vous coupe la tête : des plaisirs et des honneurs.
Vous coupez la tête de quelqu'un : votre succès surpassera celui de vos amis.
Vous tenez votre propre tête entre vos mains : vous aurez une maladie du cerveau.
Vous tenez la tête de quelqu'un d'autre entre vos mains : vous perdrez un proche.
Une personne non mariée rêve qu'elle tient la tête de quelqu'un entre ses mains : un grand bonheur.
Vous tenez une tête d'âne, de chien ou de cheval : vous serez réduit en esclavage.
La tête d'une personne de couleur : vous ferez un long voyage.
Une personne malade rêve d'une grosse tête : vous irez bientôt mieux.
La tête d'un oiseau : un changement dans votre situation.
La tête d'un animal sauvage : victoire sur vos ennemis.

La tête d'un lion : vous serez quelqu'un de très important.
La tête d'un loup : des honneurs.
La tête d'un cerf : vous triompherez de vos ennemis.
La tête d'un veau : une grande consolation.
La tête d'un chien : une grande humiliation.

TÊTE-À-TÊTE

Vous rêvez d'un tête-à-tête : un faux ami rôde tout près.
Vous avez un tête-à-tête avec une haute personnalité : une chance favorable.
Vous avez un tête-à-tête avec un être aimé : un changement surviendra dans votre entourage.

TÊTE DE MORT

Le crâne d'un mort : vous découvrirez peut-être un secret caché.
Le crâne d'un proche : chance et prospérité.
Vous tenez entre vos mains le crâne d'un mort : la mort d'un ennemi.

THÉ

Vous rêvez de thé : vous serez plein de distinction et respectable.

Vous achetez du thé : vous passerez par des hauts et des bas.
Vous faites du thé : soyez très prudent dans vos affaires, ne commettez pas d'impair.
Vous buvez du thé : l'atmosphère familiale n'est pas bonne, de la tristesse.
Vous buvez du thé avec d'autres personnes : votre vie sera longue.
Vous buvez du thé dans un salon de thé : vous gagnerez beaucoup d'argent.
Vous buvez du thé à une grande réception : on va vous tromper.
Des feuilles de thé utilisées : vous aurez beaucoup d'obligations sociales.
Des sachets de thé : vous allez connaître une grosse déception sentimentale.

THÉÂTRE

Vous rêvez de théâtre : vous aurez de bons résultats personnels.
Vous allez seul au théâtre : vous vous ferez un ami nouveau très agréable.
Vous assistez à une représentation de théâtre en famille : ceux à qui vous faites confiance vous trompent.
Vous emmenez des enfants au théâtre : soyez prudent quand vous discutez de vos projets.
Vous allez au théâtre avec votre petit ami (amie) : tout marchera le mieux du monde.
Vous allez au théâtre avec tout un groupe de gens : vous perdrez de l'argent.

THERMOMÈTRE

Vous rêvez d'un thermomètre : les bavardages font du tort à votre réputation.
Vous mesurez une température avec un thermomètre : votre vie sera très changeante.
Vous achetez un thermomètre : vous ferez de nombreux voyages.

Vous prenez la température des enfants avec un thermomètre : vous subirez des humiliations.

Un thermomètre indique une température élevée : d'excellents changements dans votre situation.

Le thermomètre indique un temps frais : vous perdrez beaucoup d'argent.

THYM

Vous rêvez de thym : de l'argent sous peu.

Vous utilisez du thym pour l'assaisonnement des plats : le bonheur en amour.

Vous achetez du thym : des moyens matériels abondants.

Du thym pousse : le bonheur en famille.

TIARE

Vous rêvez d'une tiare : vos activités sociales sont fort agréables.

Vous portez une tiare : le bonheur est certain.

Une jeune fille porte une tiare : ses ambitions sont au-delà de ses moyens.

Une reine porte une tiare à son couronnement : des moyens matériels abondants

TIGRE

Vous rêvez d'un tigre : des ennemis se trouvent sur votre route.

Vous observez un tigre : la chance pour la famille.

Un tigre court : une maladie grave.

Vous tuez un tigre : attention aux jaloux.

Une tigresse meurt en donnant naissance à ses petits : vous recevrez de l'argent.

Un tigre fait son numéro dans un cirque : vous' aurez des amis serviables.

Vous êtes surpris par un tigre : vous serez dans un grand embarras.

Vous avez un petit tigre domestiqué : on vous fera une demande en mariage.

Un tigre en cage au zoo : la mort d'une personnalité importante.

Vous entendez rugir un tigre : vous aurez un gros chagrin.

Un tigre attaché par une chaîne : un ennemi vous prendra par surprise.

Un tigre qui mange : vous aurez une grosse fortune.

TILLEUL

Vous rêvez d'un tilleul : bonnes nouvelles.

Un tilleul mort et sec : un ennemi cherche votre perte.

Vous coupez un tilleul : votre vie amoureuse est en danger.

TIMBALE

Vous rêvez d'une timbale : l'accord règne entre vos amis.

Vous avez une timbale : des changements favorables.

Vous buvez dans une timbale : votre esprit est très vigoureux.

Vous achetez un ensemble de timbales : la chance vous attend.

TIMBALES (instrument de musique)

Vous avez des timbales : des ennuis en pagaille.

Vous battez des timbales : une crise d'angoisse.

D'autres battent des timbales : des pertes dans vos affaires.

Vous achetez des timbales : un changement dans votre entourage.

TIMIDITÉ

Vous êtes timide : vous allez bien vous amuser à une soirée agréable.

Vous avez des enfants timides : joie.

Vous avez des amis timides : attention aux ennuis.

TINTEMENT (d'une clochette)

Vous entendez tinter des clochettes : un flirt innocent.
Vous entendez tinter le grelot d'un chien : des fiançailles imminentes.
Vous entendez les cloches du bétail : vous vous amuserez.
Vous entendez tinter les clochettes d'un traîneau : vous réaliserez vos ambitions les plus hautes.

TIROIR

Vous rêvez d'un tiroir ouvert : c'est le moment de continuer votre flirt.
Vous ouvrez un tiroir : le bonheur est certain.
Vous ouvrez un tiroir fermé à clé : vous découvrirez un secret.
Vous ne parvenez pas à ouvrir un tiroir fermé : méfiez-vous des ennuis qui vous guettent.
Une femme mariée rêve de tiroirs : elle sera infidèle à l'homme qui l'aime.
Un homme marié rêve de tiroirs : honte et chagrin.
Une jeune fille rêve de tiroirs : elle sera bientôt fiancée.
Un célibataire rêve de tiroirs : il se fiancera bientôt à une jeune fille riche.

TIROIR-CAISSE

Vous rêvez d'un tiroir-caisse : de l'argent sous peu.
Le tiroir-caisse d'une boutique plein d'argent : vous aurez à traiter avec un puissant homme d'affaires.
Un tiroir-caisse vide : vos domestiques sont désobéissants.
Une femme rêve qu'elle prend de l'argent dans un tiroir-caisse : elle épousera un homme riche.
Un homme rêve qu'il prend de l'argent dans un tiroir-caisse : il tombera amoureux d'une très belle femme.

TISSER

Vous rêvez de tissage : vous serez très embarrassé.
Vous tissez une robe de mariée : vous achèterez bientôt une robe de mariée.
Vous commandez quelque chose à un tisserand : de bonnes nouvelles vont arriver avec une lettre.
Vous tissez un costume : des événements importants et très favorables vont se produire.
Vous tissez une robe : l'argent viendra toujours facilement au cours de votre vie.

TITRE

Vous rêvez de titres : ne laissez pas les autres troubler votre réflexion.
Vous recevez un titre : les voisins bavardent.
Vous renoncez à un titre : vous perdrez du prestige.
Vous portez un titre de famille : des événements importants et bénéfiques vont se produire.

TOAST

Vous portez un toast durant un repas : la bonne humeur régnera.
Vous entendez d'autres gens porter un toast : vous serez libéré de tout embarras.
Vous répondez à un toast, dans un banquet : vous êtes tout près de perdre un être cher.
Vous mangez des toasts (pain grillé) : vous gagnerez beaucoup d'argent.
Vous faites griller du pain blanc : travail et bonheur.
Vous faites griller du pain noir : richesse.
Vous servez des toasts à d'autres personnes : pertes matérielles et malheur.

TOBOGGAN

Vous rêvez d'un toboggan : faites

attention à chaque pas que vous faites.

Vous avez un toboggan : un ennemi cherche votre ruine.

Vous descendez un toboggan : vous sortirez indemne d'un danger actuel.

D'autres personnes font du toboggan : un de vos ennemis va disparaître.

TOILE

Vous rêvez de toile blanche : richesse et plaisir de vivre.

Vous êtes vêtu de toile claire : la chance vous sourit.

D'autres personnes sont vêtues de toile : vous hériterez d'argent.

Des enfants sont vêtus de toile : de bonnes nouvelles arriveront sous peu.

Des draps de toile sales : une perte importante dans vos affaires.

Des draps de toile tachés : la malchance en amour.

Vous enfilez des vêtements de toile : vous surmonterez les pires difficultés.

Vous manipulez de la toile : vos amis bavardent.

Vous faites sécher des draps de toile : c'est la fin de vos problèmes.

Les draps de votre propre famille : abondance.

Vous portez une robe de toile blanche : une grande joie se prépare.

De la lingerie fine : une grosse fortune.

Vous avez beaucoup de lingerie fine : la richesse est pour bientôt.

TOILE CIRÉE

Vous rêvez de toile cirée : une trahison vous fera souffrir.

Vous vous servez d'une toile cirée : chance.

Vous couvrez des meubles avec de la toile cirée : vous allez recevoir de mauvaises nouvelles.

Vous couvrez une table avec une nappe en toile cirée : vous recevrez de très tristes nouvelles.

Vous achetez une toile cirée : une maladie.

TOILETTE

Vous rêvez d'un cabinet de toilette : votre timidité vous cause du tort.

Vous allez aux toilettes : vous jouirez d'une retraite heureuse.

Vous vous recoiffez ou vous maquillez dans les toilettes : un grand danger vous menace.

Vous êtes assis dans les toilettes : vous souhaitez faire des avances à quelqu'un.

TOLÉRANT

Vous êtes tolérant : votre vie sera facile.

Vous êtes tolérant avec vos enfants : des événements heureux vont se produire.

Vous êtes tolérant avec vos employés : on vous désapprouve.

D'autres personnes sont tolérantes envers vous : une personne vraiment merveilleuse vous aimera.

TOMATE

Vous rêvez de tomates : votre amour durera toujours.

Vous mangez des tomates : vos efforts feront naître des circonstances favorables.

Vous cueillez des tomates : la paix et le bonheur seront les hôtes de votre foyer.

Des enfants mangent des tomates : la bonne santé reviendra.

Des proches mangent des tomates : joie.

Une femme mariée rêve qu'elle mange des tomates : elle n'est pas sûre d'être enceinte.

Une femme non mariée rêve qu'elle mange des tomates : elle réalisera tous ses désirs.

Vous faites pousser des tomates : une grande fortune.

Des tomates pourries : attention, un danger approche.

Vous coupez une tomate en deux : une femme de mauvaise réputation va vous créer tous les ennuis possibles.

Des tomates à moitié mûres sur leurs plants : des persécutions.

Vous faites une salade de tomates : vous recevrez de bonnes nouvelles qui vous satisferont.

TOMBE

Vous rêvez d'une tombe : votre vie sera longue.

Vous marchez parmi les tombes : un mariage.

Vous commandez votre propre cercueil : vous vous marierez bientôt.

Des tombes à l'abandon : la maladie et les tracas entreront chez vous.

Vous visitez des tombes avec une autre personne : vous allez vous trouver un associé tout à fait acceptable.

Vous visitez les tombes de gens célèbres : vous allez vers les honneurs et une position élevée.

Vous êtes placé dans une tombe : un héritage.

Vous construisez un tombeau : vous perdrez des amis.

Des tombes dans une église ou un couvent : des événements familiaux qui vous feront plaisir.

Une tombe fraîchement creusée : les fautes des autres vous feront souffrir.

Vous marchez sur une tombe : votre vie conjugale ne sera pas heureuse.

Vous rêvez de votre propre tombe : des ennemis cherchent à vous jeter dans le malheur.

Vous creusez une tombe : de grands obstacles se profilent à l'horizon.

Vous marchez sur la tombe d'une autre personne : la mort est proche.

Une tombe ouverte : vous recevrez des nouvelles de bien loin.

La tombe de votre père : un héritage.

Vous détruisez une tombe : un mariage prochain.

Vous élevez un tombeau : perte d'amis chers.

Vous visitez la tombe de membres de la famille : chagrin.

Vous visitez la tombe d'ennemis : un grand dîner de mariage.

Vous visitez les tombes d'un monastère : un événement familial important et heureux.

TOMBER

Vous tombez d'un lieu élevé : la malchance vous poursuivra.

Vous tombez d'une hauteur moyenne : vous perdrez l'honneur.

Vous vous blessez en tombant : vous passerez par des moments durs et perdrez des amis.

Vous tombez et avez très peur : vous subirez des ennuis.

Vous tombez sans vous faire mal : vous triompherez dans les luttes entreprises.

Vous tombez sur le plancher : un danger vous menace.

Vous tombez d'un pont : folie.

Vous tombez et vous relevez : des honneurs.

Vous tombez dans une tombe : une catastrophe se prépare.

Vous tombez dans l'eau : risque de mort pour le rêveur.

Vous tombez dans l'océan : votre santé sera mauvaise.

Vous tombez dans l'océan et vous réveillez en sursaut : des honneurs et la richesse.

Des ennemis vous jettent à la mer : vous serez persécuté.

D'autres tombent : vous aurez une promotion.

Des proches tombent : vous triompherez de vos ennemis.

Des enfants tombent : une joie désintéressée.

Vos ennemis tombent : ne confiez à personne vos secrets.

Des amis tombent : vous perdrez vos illusions.

TONNEAU

Un tonneau vide : vous serez pauvre.

Un tonneau plein : vous serez riche.

Un tonneau debout et plein : prospérité.

Un tonneau vide couché : les temps vont être durs.

Vous possédez un tonneau : un cadeau inattendu.

Vous avez une grande quantité de tonneaux : abondance d'argent.

Un tonncau plein de vin : les temps vont être meilleurs.

Un tonneau plein d'alcool : réussite dans vos affaires.

TONNELET

Vous rêvez d'un petit tonneau : de l'argent va arriver inopinément.

Un tonnelet vide : un changement dans votre environnement.

Un tonnelet plein de liquide : les temps vont devenir plus agréables.

Un tonnelet plein de poissons : prospérité.

TONNELLE

Vous rêvez d'une tonnelle : vous aurez beaucoup d'enfants.

Vous êtes seul sous une tonnelle : on vous demandera en mariage.

Vous êtes sous une tonnelle avec d'autres gens : vous recevrez la visite de votre amoureux.

Vous cueillez des grappes de raisin sur une tonnelle : votre vie conjugale sera heureuse et réussie.

TONNERRE

Vous rêvez d'un orage : des problèmes financiers.

Des gens riches rêvent d'un coup de tonnerre : du chagrin.

Des gens pauvres rêvent d'un coup de tonnerre : tranquillité.

Vous entendez des roulements de tonnerre : un danger imminent.

Des éclairs suivent le tonnerre : un ami va mourir.

Vous êtes frappé par la foudre accompagnée de tonnerre : une femme est excessivement envahie par le désir sexuel.

TORCHE

Vous rêvez d'une torche : la logique est votre point fort.

Une torche allumée : les ennuis s'évanouiront vite.

Vous allumez une torche : vous sortirez de vos problèmes.

Une torche éteinte : vos projets amoureux se réaliseront.

Des femmes portent des torches : vous tomberez amoureux.

Des ennemis portent des torches : vous serez honoré.

Vous tenez une torche pour éclairer quelqu'un : vous retomberez dans une vie de péché.

Vous portez une torche pour éclairer une femme mariée : une maladie.

Vous portez une torche pour éclairer une femme non mariée : vos espérances se réaliseront.

Vous portez une torche pour éclairer une très belle femme : des événements significatifs et agréables se produiront.

Vous portez une torche sur une place publique : joie et honneurs.

Vous portez une torche qui s'est éteinte : du retard dans vos affaires.

Vous portez une torche enflammée : un secret vous sera révélé.

D'autres personnes portent des torches allumées : de vilains procédés vont être découverts.

TORCHON

Vous rêvez d'un torchon : vous aurez une brève maladie.

Vous utilisez un torchon pour vous essuyer les mains : de l'argent va vous parvenir.
Vous utilisez un torchon pour vous essuyer le visage : un amour heureux.
D'autres personnes utilisent un torchon : vous vous remettrez très vite de maladie.
Des enfants utilisent un torchon : vous atteindrez vos buts.

TORNADE

Vous rêvez d'une tornade : attention à un désastre chez vous ou sur votre lieu de travail.
Une tornade déchaînée : vous perdrez des amis.
Une petite tornade : vos affaires vont subir des dommages.
Une tornade cause des dommages : l'honnêteté vous apportera la victoire.
Une tornade dévaste la propriété d'autres personnes : méfiez-vous des actions de vos amis.

TORPILLE

Vous rêvez d'une torpille : richesse et joie.
Vous manipulez une torpille : un coup de foudre.
Vous mettez à feu une torpille : votre vie va changer.
Une torpille explose : des envieux vous entourent.
Une torpille touche sa cible : vos enfants vous procureront bien de la joie.

TORRENT

Vous rêvez d'un torrent : vous rencontrerez l'adversité.
Vous regardez un torrent en compagnie d'autres gens : ne bousculez pas trop les choses.
Vous marchez près d'un torrent : vos désirs se réaliseront après quelque temps.

Vous traversez un torrent : vous atteindrez vos buts.
Vous tombez dans un torrent : obtenir du pouvoir n'est pas la chose la plus importante.
Vous nagez pour vous sortir d'un torrent : des dangers vous menacent.
D'autres vous sauvent d'un torrent : un ami vous trahira.

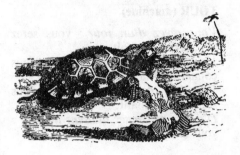

TORTUE

Vous rêvez de tortues : une occasion de promotion va se présenter.
Vous achetez des tortues : une joie désintéressée.
Vous faites cuire des tortues : richesse et influence.
Vous attrapez une tortue de mer : un mystère sera résolu.
Vous mangez une tortue de mer : vous avez des ennuis secrets.
Vous buvez du bouillon de tortue : une vie longue et réussie.
Vous rêvez d'une tortue : une longue vie chargée de succès.
Vous observez une tortue : chance et prospérité.
Vous achetez une tortue : une nouvelle personne va tomber amoureuse de vous.
Vous tuez une tortue : une bonne période commence.

TORTURE

Vous vous torturez vous-même : vous tuez vous-même votre amour par les complications de votre esprit inquiet.

Vous êtes torturé : des conflits domestiques qui sont durs.
Vous torturez d'autres gens : un amour malheureux.
Vous torturez des animaux : de grandes pertes financières.
Des amants se torturent : vous n'êtes pas raisonnable.

TOUR (machine)

Vous rêvez d'un tour : vous serez heureux et satisfait.
Vous utilisez un tour : vos amis connaîtront la malchance.
Vous êtes tourneur : la chance vous sourit maintenant.
D'autres personnes utilisent un tour : vous allez tomber amoureux.

TOUR

Vous rêvez d'une tour : un bonheur qui durera.
Une très haute tour : votre vie sera longue et vous atteindrez un grand âge.
Vous montez à une tour : vous vous libérerez des tracas mais vous perdrez de l'argent.
Vous descendez d'une tour : vos désirs ne se réaliseront pas tous.
D'autres personnes sont dans une tour : un grand chagrin.
La tour d'une forteresse : vous résisterez à vos ennemis.
Une salve est tirée au canon du haut d'une tour : on vous trompera.
Des soldats mettent de la poudre dans un canon en haut d'une tour : vous gagnerez de l'argent.

TOURBILLON (d'eau)

Vous rêvez d'un tourbillon : l'avenir vous apportera un héritage.
Le mouvement d'un tourbillon : une grande catastrophe se prépare.
Des objets pris dans un tourbillon : vous recevrez un bon conseil.

TOURNOI

Vous rêvez d'un tournoi : d'excellentes nouvelles.
Vous êtes dans un tournoi : joie et bonheur.
Vous gagnez un tournoi : vous recevrez de mystérieuses nouvelles.
Vous perdez un tournoi : vous ferez bientôt un très long voyage.
D'autres gens prennent part à un tournoi : votre activité sera récompensée.

TRAIN

Vous rêvez d'un train : vous allez être obligé de vous occuper rapidement de vos affaires.
Un train de courrier : vos affaires marcheront très bien.
Un train de marchandises : vous ferez une rencontre agréable.
Vous voyagez seul dans un train : un procès va se terminer en votre faveur.
Vous voyagez en train avec votre famille : vous saurez tirer de la vie des avantages.
Vous voyagez en train avec des amis : vous gagnerez de l'argent.

TRAÎNE

Votre robe a une longue traîne : vous serez malheureuse.
Quelqu'un marche sur la traîne de votre robe : vous aurez une nouvelle liaison.

TRANCHÉE

Vous rêvez d'une tranchée pleine de soldats : vous serez surpris.
Vous êtes dans une tranchée : vous avez l'espoir d'un nouvel emploi.
Vous vous battez dans une tranchée : quelqu'un de proche exerce une mauvaise influence.
D'autres combattent dans une tranchée : une infidélité.
Des soldats sont tués dans une tran-

chée : attention de ne pas être pris dans un piège.

Vos propres fils se battent dans les tranchées : vous recevrez une vraie fortune dans l'avenir.

TRANQUILLE

Vous êtes tranquille : le malheur rôde.

Vous demandez aux gens de rester tranquilles : vous serez très en colère.

Vous calmez des gens qui se battaient : vous ferez la paix avec vos amis.

Vous calmez des enfants : bonheur.

Vous demandez à vos voisins d'être plus tranquilles : votre avenir sera heureux.

TRANSFORMATION

Des transformations sont en cours : de bons gains en perspective.

Diverses transformations en cours : vous allez prendre rapidement un engagement.

Vous faites des transformations à des vêtements d'enfant : bonheur pour la famille.

D'autres font des transformations pour vous : vous allez être tenté.

TRANSFUSION

Vous rêvez d'une transfusion : vous expédierez rapidement et bien vos affaires.

Vous donnez votre sang pour une transfusion : vous souffrirez d'une maladie dangereuse.

Un homme malade reçoit une transfusion : vous avez honte de vos actes.

Vous faites une transfusion à un animal : des disputes familiales.

On vous fait une transfusion dans une banque du sang : vous accomplirez tous vos souhaits.

Du sang est répandu pendant une transfusion : vous aurez de fréquents maux de tête.

TRANSPORTER

Être transporté dans les airs sans voler : de petites vexations.

D'autres gens sont transportés dans les airs : quelqu'un vous exprimera sa gratitude.

Des membres de la famille sont transportés dans les airs : une longue vie.

Des ennemis sont transportés dans les airs : vous allez perdre des amis.

TRAPPE

Vous rêvez d'une trappe : vous recevrez une lettre surprenante et désagréable.

Une trappe fermée : vous vous réconcilierez avec votre amour.

Vous passez par une trappe : méfiez-vous des ennemis.

D'autres passent par une trappe : excellents résultats pour vos affaires.

TRAVAIL

Vous rêvez de travail : un événement favorable et important va se produire.

Vous êtes au travail : la réussite vous viendra.

Votre bonne travaille : vos ambitions les plus hautes se réaliseront.

Votre famille travaille : gains financiers.

Vos enfants travaillent : bonheur.

D'autres personnes travaillent : vous jouirez d'une agréable situation durant votre vie.

Vos amis travaillent activement : faites très attention dans vos projets d'affaires.

TRAVAILLEUR

Un travailleur : prospérité pour vos affaires.

Plusieurs travailleurs : vous jouirez d'une grande aisance matérielle.

Un travailleur cultivant la terre : des profits.

Un travailleur ne travaillant qu'avec

la main droite : le bonheur pour la famille.

Un travailleur n'utilisant que la main gauche : des ennuis momentanés.

Des travailleurs au repos : vous perdrez votre richesse et votre compagnon (compagne).

Des travailleurs en lutte : vous allez traverser une crise au grand jour.

Vous punissez des travailleurs : des persécutions.

Vous embauchez des travailleurs : des bénéfices.

Vous payez des travailleurs : les gens vous aimeront.

Vous chassez des travailleurs : faites attention aux agissements de vos voisins.

TRAVAUX D'AIGUILLE

Vous rêvez de travaux d'aiguille : une trahison.

Vous faites un travail à l'aiguille : votre confiance n'est pas méritée.

Vous faites faire des travaux d'aiguille par d'autres : un héritage.

De jeunes filles font des travaux d'aiguille : vous perdrez vos amis ou des proches.

On vous offre un objet cousu-main : vous ferez un long voyage.

Vous offrez un objet que vous avez confectionné vous-même : de grandes espérances.

TREMBLEMENT DE TERRE

Vous sentez un tremblement de terre : mort d'un proche.

Vous êtes dans une zone de tremblements de terre : perte d'un ami proche.

La terre tremble : vous ferez des pertes financières.

Une ville détruite par un tremblement de terre : un changement surviendra dans votre vie.

Un tremblement de terre se produit

en Orient : les difficultés seront surmontées.

Un tremblement de terre se produit à l'Ouest : attention aux problèmes.

Il se produit au Nord : un changement dans l'entourage.

Il se produit au Sud : de gros chagrins.

TREMPER

Vous êtes trempé : risque de fièvre pour vous ou quelqu'un de proche.

D'autres gens sont trempés : vous attendez des autres trop de services.

Vous mouillez quelqu'un de force : un mystère sera résolu.

Vous êtes trempé par les autres : un faux ami n'est pas loin.

TRÉSOR

Vous trouvez un trésor : vos affaires sont en désordre.

Vous trouvez un trésor caché : danger.

Vous cherchez un trésor en creusant la terre : honte et déshonneur.

Vous trouvez un coffre contenant un trésor : un héritage.

Vous vous rendez à la trésorerie : vous souffrirez de graves maux de tête.

Vous rêvez d'un trésorier : des proches vous donneront de l'argent.

Vous volez un trésor : méfiez-vous des trahisons de ceux en qui vous avez confiance.

Vous chérissez vos enfants comme des trésors : vous avez de bons amis.

Votre petit ami est un trésor : vous quitterez le foyer de père et mère.

TREUIL

Vous rêvez d'un treuil : votre fortune est assurée.

Un treuil soulève un lourd chargement : des gens d'affaires vous protégeront.

Un treuil charge un bateau : vous gagnerez beaucoup d'argent.
Un treuil de bateau est cassé : la réussite est pour plus tard.
Un paysan utilise un treuil : vous êtes sous la coupe d'une personne trompeuse.
Vous utilisez vous-même un treuil : un changement dans votre entourage.

TRIANGLE

Vous rêvez d'un triangle : vous recevrez une fortune dans un proche avenir.
Vous dessinez un triangle : vous découvrirez un secret.
Un être cher dessine un triangle : vous avez de faux amis.
D'autres gens dessinent un triangle : vous serez obligé de choisir entre deux amours.
Un ouvrier découpe un triangle : le bonheur suivra la souffrance.
Des enfants dessinent des triangles : vous triompherez de vos ennemis. vos ennemis.

TRICOTER

Vous rêvez de tricot : un foyer paisible.
Vous faites du tricot fantaisie : votre mari sera aimant et attentionné.
Une jeune femme tricote : elle va se marier en toute hâte.
Une mère tricote : ses enfants seront très dociles.
Vos ennemis tricotent : vos entreprises seront couronnées de succès.
D'autres personnes tricotent : vos amis vous duperont.

TRIDENT

Une fourche à trois pointes : vos affaires réussiront.
Une statue tenant un trident : plusieurs personnes vous aiment.
Vous prenez un poisson avec un trident : vous serez respecté et honoré.
Vous récoltez du foin avec une fourche à trois dents : vos affaires passeront par des hauts et des bas.
Une jeune fille non mariée rêve d'un trident : un marin l'aime sincèrement.

TRIPES

Vous rêvez de tripes : vous êtes modeste.
Vous rêvez de tripes cuites : vous mènerez une vie simple.
Vous achetez des tripes : votre santé sera bonne.
Vous mangez des tripes : des amis sincères vous complimenteront.
Un chien mange des tripes : un héritage.
Vous servez des tripes dans un dîner : un rival d'affaires veut prendre votre place.
Vous avez les intestins malades : soyez attentif à vos affaires.

TRIPLÉS

Vous avez des triplés : les plaisirs suivront la peine.
Vous avez des triplés du même sexe : des ennemis conspirent contre vous.
Vous avez des triplés de sexes différents : bonheur et respect.
Une femme rêve qu'elle a des triplés : elle sera invitée à une soirée.
Un homme rêve que sa femme a des triplés : méfiez-vous des bavardages non fondés.
Une femme non mariée rêve qu'elle a des triplés : elle sera bientôt fiancée.

TROMBE DE VENT

Vous rêvez d'une trombe de vent : attention aux récits inexacts.
Vous regardez une trombe de vent : vous perdrez de l'argent.
Vous perdez des biens dans une trombe : votre vie sera heureuse.

Une trombe de vent dévaste les lieux : vous vous découvrirez un ennemi.

TROMPETTE

Vous rêvez d'une trompette : passion.

Vous entendez une trompette : vous aurez une surprise.

Vous jouez de la trompette : les gens sont curieux de vos affaires.

D'autres personnes jouent de la trompette : vous serez très heureux dans l'avenir.

Des soldats jouent de la trompette : de mauvaises nouvelles pour bientôt.

Une grande trompette : des activités agréables dans le futur proche.

TRÔNE

Vous rêvez d'un trône : vous perdrez des amis très appréciés.

Vous êtes sur un trône : vos moyens sont aisés et votre vie facile.

Un trône vide : attention aux ennuis.

Un roi ou un pape sur un trône : une grande catastrophe se prépare.

Vous êtes assis sur un trône : votre progrès sera rapide.

Vous descendez d'un trône : vous serez déçu.

TROU

Vous faites un trou : vous partirez pour un long voyage.

D'autres gens font des trous : une période heureuse va commencer.

Vous tombez dans un trou : une maladie.

Vous rampez pour vous cacher dans un trou : vous vous trouverez en contact avec des gens peu recommandables.

TROU DE SERRURE

Vous regardez par le trou de la serrure : de grosses pertes.

D'autres personnes regardent par le trou de la serrure : des disputes.

Vos ennemis espionnent par le trou de la serrure : la mort d'un ennemi.

Des proches espionnent par le trou de la serrure : signe de la légèreté.

TROUPEAU

Vous rêvez de troupeaux : joie.

Vous rassemblez un troupeau : chance et fortune.

Vous avez un troupeau de bêtes grasses : une bonne période commence.

Vous avez un troupeau de bêtes décharnées : vous aurez peu d'argent.

Vous trayez les animaux du troupeau : vous gagnerez de l'argent.

TROUVER

Vous trouvez quelque chose : vous ferez des pertes dans vos affaires.

Vous trouvez un objet de valeur : grande malchance en affaires.

D'autres trouvent des objets de valeur : honte et chagrin.

Vous trouvez quelqu'un qui est nu : vous trouverez un nouvel emploi.

Vous trouvez une personne perdue dans une forêt : votre avenir sera fort agité.

Vous trouvez un enfant : vous allez avoir un procès très compliqué.

Vous trouvez un arbre : une vie dissolue.

Vous trouvez diverses autres choses : une infidélité.

Vous trouvez de l'or et de l'argent : vos soucis seront nombreux.

TRUITE

Vous rêvez de truite : vos problèmes sont terminés.

Vous mangez de la truite : une fortune constante.

Vous faites cuire une truite : vous vous disputerez avec des membres de la famille.

Vous attrapez une truite : vous aurez beaucoup d'argent.
Vous achetez une truite : un changement favorable.
Une truite au marché : de l'avancement dans votre situation.
D'autres personnes attrapent une truite : malchance en amour.

T. S. F.

Vous rêvez d'un poste radio : vous recevrez de bonnes nouvelles en ce qui concerne l'argent.
Vous utilisez un poste radio : vous aurez de nombreux amis.
Vous faites fonctionner une radio : de promptes fiançailles.
Vous envoyez des messages radio : des chagrins dans la famille.
Vous recevez des messages radio : vous êtes une personne très cruelle.
Un poste radio a été cassé : vos ennemis sont nombreux.
Vous êtes dans un bureau où se trouvent des télex : l'argent viendra toujours facilement dans votre vie.
Un appareil radio à bord d'un bateau : attention, danger !

TUER

Vous rêvez de tuer quelqu'un : la mort pour le rêveur.
Quelqu'un veut vous tuer : vous vivrez longtemps.
Vous tuez un serpent : une séparation.
Vous tuez un homme d'affaires : sécurité.
Vous tuez un ami : votre santé sera excellente.
Vous tuez père et mère : une grande catastrophe se prépare.
Vous tuez un ennemi : attention aux ennuis !
Vous tuez une personne sans défense : un échec et des chagrins.
Vous tuez une bête : la victoire et une bonne situation.

Vous tuez des oiseaux ou des abeilles : votre affaire va subir de graves dommages.
Vous tuez un animal et le mangez : de gros bénéfices dans vos affaires.

TUILE

Vous rêvez de tuiles : vous tenterez de gagner davantage.
Vous manipulez des tuiles : faites attention afin d'éviter un accident.
Beaucoup de tuiles : de grands profits en perspective.
Vous brisez des tuiles : des ennuis en perspective.
Des tuiles tombent d'un toit : la mort d'un ennemi.

TULIPE

Vous rêvez de tulipes : une grande joie.
Vous faites pousser des tulipes : bonheur.
Vous tenez des tulipes : la chance vous sourit.
Vous cueillez des tulipes : vous êtes un amant ou une amante précieux.
Vous faites un bouquet de tulipes :

on va vous proposer le mariage.

Vous avez des tulipes chez vous : des nouvelles heureuses.

Vous recevez des tulipes en cadeau : de nombreuses personnes vous donnent leur amitié.

Vous offrez des tulipes en cadeau : une bonne période arrive.

Une jeune fille rêve de tulipes : des fiançailles sont proches.

Une veuve rêve de tulipes : elle se mariera secrètement.

TUMEUR

Vous rêvez d'une tumeur : des tracas vont vous perturber.

Vous avez une tumeur au cou : prenez la chance quand elle vient.

Vous avez une tumeur à la gorge : vous gagnerez dans des transactions d'affaires.

D'autres ont une tumeur : vous ferez la rencontre de la très belle femme d'un ami.

Vos enfants ont une tumeur au cou : la famille est dans le malheur.

TUNNEL

Vous rêvez d'un tunnel : bonheur.

Vous passez par un tunnel : un secret sera révélé.

Vous vous réfugiez dans un tunnel : vos affaires vous donnent satisfaction.

Vous conduisez une voiture dans un tunnel : vos entreprises professionnelles ne sont pas satisfaisantes.

Vous passez en train dans un tunnel : vous avez plusieurs faux amis.

Un tunnel en construction : des transactions d'affaires qui se multiplient.

TURQUIE

Vous visitez la Turquie : vous perdrez tous vos biens.

Vous êtes turc : les belles femmes vous rechercheront.

Le peuple turc : vous serez soumis à la volonté des autres.

TUYAU

Vous rêvez de tuyaux : prospérité.

Une pile de grands tuyaux : votre prospérité sera à la mesure de la pile.

Vous achetez des tuyaux : vous serez trompé dans vos amours.

Vous vendez des tuyaux : saisissez la fortune quand elle passe à votre portée.

Un tuyau plein d'eau : vous rencontrerez quelqu'un avec qui vous aurez une discussion violente.

Vous mettez des tuyaux en place : votre réputation sera très bonne.

TYRAN

Vous êtes un tyran : vous recevrez des nouvelles désagréables.

Un tyran est tué : vos désirs seront accomplis.

Un tyran est renversé du pouvoir : bonheur.

Vous faites acte de tyrannie envers d'autres : vous gagnerez un concours.

ULCÈRE

Vous avez des ulcères : vous devrez travailler beaucoup sans résultats.
Vous avez des ulcères à la jambe : vous souffrirez d'un chagrin.
Vous avez des ulcères aux bras : vous serez ennuyé.
Vous avez des ulcères sur les oreilles ou les lèvres : le malheur plane.
Votre dos est couvert d'ulcères : vous triompherez de vos ennemis.
Vous avez des ulcères dans la bouche : vous perdrez vos biens.
Vous avez des ulcères dans la gorge : tout le monde vous ignorera.

UNI

Vous êtes uni à d'autres : vous perdrez de l'argent au jeu.
Votre famille est unie : bonheur.
Les associés d'affaires sont unis : désagréments et chagrins.
Un pays uni : victoire sur l'ennemi.

UNIFORME

Vous rêvez de quelqu'un en uniforme : chance.
Des officiers en uniforme : vous aurez une promotion.
Des soldats en uniforme : vous rencontrerez difficultés et chagrins.
Un membre de votre famille en uniforme : gloire et distinctions.
Vous portez un uniforme : vaillance récompensée.
Vous vendez des uniformes : vos amis utiliseront leur influence pour vous aider.
Des hommes qui portent des uniformes dans leur travail : de l'argent en abondance.
Des femmes qui portent des uniformes : vous avez trop d'arrogance.
Des femmes qui portent des uniformes militaires : vous n'êtes pas en mesure de remplir vos fonctions.
Des uniformes de domestiques ou

d'employés : échec pour vos enne-mis.

UNIVERSITÉ

Vous rêvez d'une université : vous devez veiller à plus de perfection dans vos études.

Vous allez à l'université : vous êtes doué de nombreux talents.

Vos enfants vont à l'université : vous avez beaucoup d'amis fidèles.

D'autres gens se rendent à l'université : vous triompherez de vos enne-mis.

Vous êtes professeur d'université : maladie.

URINER

Vous rêvez que vous urinez : vous serez humilié.

Vous urinez au lit : de bons résultats dans vos affaires.

Vous urinez contre un mur : vous réaliserez une transaction d'affaires.

D'autres gens urinent contre un mur : la satisfaction dans vos affaires.

Des enfants urinent : votre santé sera bonne.

Un pot de chambre : votre avenir sera souriant et facile.

URNE FUNÉRAIRE

Vous rêvez d'une urne : vous re-cevrez des informations d'une nou-velle relation.

Vous mettez vos mains dans une urne : vous ferez de bonnes affaires.

Vous manipulez une urne : un ami va mourir.

Une urne pleine de cendres : un héri-tage.

D'autres gens manipulent une urne : vous obtiendrez une distinction.

Une urne vide : la mort pour un de vos voisins.

Une urne brisée : malheur.

Les cendres d'un proche sont mises

dans une urne : des bénéfices finan-ciers.

URNE DE VOTE

Vous rêvez d'une urne de vote : l'environnement qui est en ce moment le vôtre n'est pas bon.

Vous mettez votre bulletin de vote dans l'urne : vous allez changer de compagnon.

D'autres personnes mettent leur bulletin dans l'urne : vous allez subir une défaite dans vos affaires.

Vous ouvrez une urne de vote : un changement favorable va se pro-duire.

USINE

Des gens entrent dans une usine : un événement important et favorable va se produire.

Des usines appartenant à d'autres personnes : un faux ami rôde près de vous.

Vous vous trouvez dans une usine : l'avenir vous apportera de grandes richesses.

Vous construisez une usine : un de vos amis va mourir.

Vous achetez une usine : une mala-die se prépare.

Une usine de papier : les affaires marcheront bien.

Une filature de soie : les affaires iront de mal en pis.

Une filature de coton : soyez très prudent dans vos entreprises profes-sionnelles.

Une filature de velours : une visite inopportune.

Une manufacture de vaisselle : votre vie sera longue.

Une manufacture de poteries : un ami excellent vous rendra visite.

Une manufacture de vêtements : un travail intéressant et de bonnes nou-velles.

USURE

Vous faites un travail usant : quelqu'un d'autre jouit de ce que vous désirez.

Une chose embellie par l'usure : un changement dans votre environnement.

USURIER

Vous rêvez d'un usurier : de faux amis vous persécuteront.

Vous êtes usurier : vos affaires vous donneront beaucoup de soucis.

Vous avez un associé qui est usurier : l'ensemble de votre entourage ne vous aimera guère.

D'autres gens sont des usuriers : un ami vous trahira.

Vous vous rendez chez un usurier pour emprunter de l'argent : vous avez honte de vos gains.

USTENSILES

Des ustensiles de cuisine : vous serez dans la misère.

Des ustensiles de pêche : vous ferez fortune dans les affaires.

Des ustensiles pour écrire : vous éviterez le danger d'une trahison.

Des ustensiles de métal : mort.

Des ustensiles de bois : évitez de jeter l'argent par les fenêtres.

Des ustensiles de plomb : vous ferez un héritage.

Des ustensiles de porcelaine : une maladie.

Vous fabriquez des ustensiles : chagrin et malheur.

Vous êtes un commerçant d'ustensiles : vous devrez supporter bien des souffrances.

UTÉRUS

Vous rêvez de votre propre utérus : on vous rendra un grand service.

Vous souffrez de votre utérus : vos amis bavardent.

On vous enlève l'utérus : vous gagnerez beaucoup d'argent.

Des proches se font enlever l'utérus : vous perdrez des amis.

VACANCES

Vous faites des projets de vacances : vous coulerez des jours heureux.

Vous partez en vacances : vous vous amuserez bien.

Vous partez en vacances avec un être cher : on vous persécutera.

Vous revenez de vacances : prospérité.

D'autres personnes partent en vacances : vous jouirez d'une fortune considérable.

VACCINATION

Vous êtes vacciné : vous témoignez votre affection à quelqu'un qui ne la mérite pas.

Vous avez besoin de vous faire vacciner : vous laissez votre tête mener votre cœur.

Votre famille se fait vacciner : la prospérité est proportionnelle au nombre de gens vaccinés.

Des enfants se font vacciner : attention au gaspillage d'argent.

Une infirmière vous vaccine : vous rencontrerez des oppositions dans la vie.

D'autres gens vous vaccinent : vos ennemis vous prendront du temps.

VAGABOND

Vous rêvez d'un vagabond : tentez d'éviter les mauvaises relations.

Vous êtes vagabond : déshonneur.

Un vagabond erre : vous vous amuserez bien à un pique-nique.

Vos amis sont des vagabonds : vous vous lierez à des gens très dignes.

VAGABONDER

Vous vagabondez : vous avancerez vers les buts que vous vous proposez.

Vous vagabondez dans les rues : les affaires s'arrangeront.

D'autres personnes vagabondent : attention que l'on ne vous dupe pas.
Vos ennemis vagabondent : vous ferez un voyage fort peu agréable.
Des enfants vagabondent : avancement professionnel.

VAGUE

Vous rêvez de vagues : votre vie est en danger.
Les vagues font chavirer un bateau : des amis vous rouleront.
Des vagues se brisent sur les rochers : malheur.
Des vagues se brisent sur l'étrave d'un navire : abondance d'argent.
Des vagues viennent mourir sur la plage : naissance d'un enfant.

VAISSELLE

Vous cassez de la vaisselle : des ennuis domestiques.
D'autres cassent de la vaisselle : maîtrisez votre tempérament.
Vous écaillez un plat d'émail : vous recevrez beaucoup d'argent.

VALET

Vous rêvez d'un valet sur les cartes : des ennuis et des disputes.
Plusieurs valets : de grandes disputes avec vos amis.
Un domestique homme : vous connaîtrez honneurs et distinctions.
Vous employez un domestique homme : l'échec de vos ennemis.
Vous rêvez d'un valet : un faux ami est proche.
Vous employez un valet : prenez garde aux bavardages des jaloux.
Vous jouez aux cartes et avec le valet de trèfle : vous aurez un excellent ami.
Vous tenez le valet de cœur : vous aurez un amant ou une maîtresse qui vous sera fidèle et dévoué.
Vous tenez le valet de pique . un ennemi vous guette.

Vous tenez le valet de carreau : un faux ami est proche.

VALET DE CHAMBRE

Vous rêvez de votre propre valet de chambre : évitez les rivaux.
Votre valet de chambre vous sert : vous gagnerez bien votre vie.
Votre valet de chambre sert d'autres personnes : des amis cherchent votre perte.
Votre valet de chambre sert de proches parents : vous ferez des bénéfices financiers.

VALET D'ÉCURIE

Vous rêvez d'un valet d'écurie : un rude travail vous attend.
Vous êtes valet d'écurie : vous serez obligé de connaître les problèmes de droit.
Plusieurs valets d'écurie : vous aurez à vous bagarrer contre des voyous.
Le valet d'écurie d'un ennemi : les choses se dérouleront comme prévu.

VALET DE PIED

Vous rêvez d'un valet de pied : évitez les rivaux.
Vous avez un valet de pied à votre service : des ennuis imprévus.
Vous êtes valet de pied : un faux ami est proche.

VALIDER

Valider un billet : vous aurez beaucoup de biens.
Vous faites valider un document : ne vous fiez pas trop à votre bonne étoile.
Vous faites valider un chèque : vous tomberez sous la coupe des prêteurs d'argent.

VALLÉE

Vous rêvez d'une vallée : prenez soin de votre santé.

Vous vous trouvez dans une vallée : votre santé va devenir très mauvaise.

Vos proches se trouvent dans une vallée : ne vous surmenez pas.

Vous vous trouvez dans une vallée avec des enfants : vous recevrez inopinément une somme d'argent que l'on vous doit.

Des animaux se trouvent dans une vallée : honneurs et richesses.

Une belle vallée : soyez prudent pour toutes vos affaires.

Vous traversez une vallée verte : satisfaction et plaisir.

Une vallée dénudée : frustrations et nécessité.

VALSE

Vous entendez un air de valse : abondance.

Vous dansez une valse : bonne humeur et gaieté.

Vous valsez avec votre mari ou votre femme : une maladie.

Vous valsez avec votre amant ou votre petite amie : un admirateur vous cache ses sentiments.

Vous valsez avec des enfants : vous gagnerez l'amitié d'une personne influente.

Vous valsez avec des amis : succès dans vos entreprises.

VAMPIRE

Vous rêvez d'un vampire : vous vous marierez pour de l'argent.

Une personne mariée rêve d'un vampire : votre mariage a été une mauvaise affaire.

Vous vous battez avec un vampire : vous recevrez de bonnes nouvelles.

VASE

Une personne non mariée rêve d'un vase : mariage immédiat et naissance d'un fils.

Un vase posé près d'une fontaine : un rude travail vous attend.

Un vase plein de fleurs : votre richesse augmentera.

Une boutique qui vend des vases : la prospérité règne dans la famille.

Un vase brisé : un terrible chagrin vous envahira.

Vous brisez plusieurs vases : vous perdrez des amis.

Un vase d'argent : bonheur.

Un vase d'argent plein de fleurs : beaucoup de chance.

Un vase de métal : la vie vous apportera des agréments nombreux.

On vous offre un vase : on vous aimera.

Vous brisez un vase et répandez de l'eau à terre : vous donnez trop d'importance aux apparences.

Un vase de fine céramique : estimez à leur valeur les qualités de l'être aimé.

VAUTOUR

Vous rêvez d'un vautour : vous ne pourrez pas effacer les malentendus avec un ami.

Plusieurs vautours : vous ferez une longue maladie qui risque d'être mortelle.

Un vautour dévore sa proie : vos ennuis vont cesser.

Vous tuez un vautour : vous remporterez la victoire sur de dangereux ennemis.

Un vautour mort : vous irez de l'avant mais n'aurez pas de chance.

VEAU

Vous rêvez d'un veau : joie.

Vous achetez du veau : chance assurée.

Vous faites cuire du veau : bonheur.

Vous mangez du veau : vous aurez toujours suffisamment d'argent.

VEILLE

Vous veillez : vous avez bien des choses sur la conscience.

Vous faites une longue veillée : vos espoirs se réaliseront plus tard.
D'autres gens vous veillent : richesse et fortune.
Vous veillez un malade : tous vos désirs seront satisfaits.

VEILLÉE FUNÈBRE

Vous veillez un mort : vous serez heureux.
Vous veillez un mort : un mariage dans l'immédiat.
Vous tenez compagnie à un condamné à mort avant son exécution : une grande joie.
Vous veillez un membre de la famille mourant : un héritage.

VEINE

Vous rêvez de vos propres veines : beaucoup de soucis.
Vos veines sont enflées : vous connaîtrez une grande joie.
Vous vous coupez les veines : richesse.
Vos enfants se coupent les veines : soyez prudent dans tous vos actes.
Vous prélevez du sang de vos veines : vous connaîtrez un très grand amour.
On fait une prise de sang à un de

vos proches : ne croyez pas tout ce que vous entendez.

VELOURS

Vous rêvez de velours : honneurs et richesses.
Vous êtes commerçant en velours : vos affaires seront très bonnes.
Vous achetez du velours : vous serez très actif et astucieux.
Vous cousez du velours : un ami vous aidera.
Une robe de velours : vous rencontrerez de l'opposition.

VENAISON

Vous rêvez de venaison : vos ennemis sont enragés.
Vous mangez de la venaison : malchance.
Vous achetez de la venaison : une victoire totale.
Vous tuez un cerf : richesses.

VENDANGES

De bonnes vendanges : richesse.
Vous donnez un coup de main pour les vendanges : plaisir et joie.
Des malades rêvent de vendanges : un danger peut être évité.
Vous récoltez du raisin : votre affection vous sera rendue.
Vous portez du raisin : une richesse considérable.
Vous vendez le raisin d'une vendange : des opérations couronnées de succès.

VENDREDI

Vous rêvez de vendredi : des honneurs et des distinctions.
Des choses doivent arriver le prochain vendredi : vous serez accusé à tort.
Vendredi saint : la famille sera prospère.

Vous allez à l'église un Vendredi saint : mettez donc de l'ordre dans vos affaires domestiques.

VENT

Vous rêvez d'un vent fort : le bonheur est assuré.

Vous vous battez contre le vent : vous jouirez d'une énergie inépuisable et le succès vous viendra.

Un vent léger : c'est un moment idéal pour des transactions d'affaires.

Vous marchez dans le vent : des moyens faciles et abondants.

Vous marchez contre le vent : des amis vous tromperont.

Le vent ne souffle pas du tout : des changements favorables.

Le vent emporte votre chapeau : les conditions de vie s'amélioreront dans le futur.

Le vent retourne votre parapluie : joie.

Un navire lutte contre le vent : vous découvrirez un secret.

Le vent emporte la voile d'un bateau : des ennuis approchent.

Le vent fait couler un navire : l'argent viendra aisément.

VENTRE

Vous rêvez de votre propre ventre : une bonne santé et de la joie.

Vous rêvez que vous avez mal au ventre : vous aurez des bouleversements dans vos affaires.

Un ventre enflé : une maladie grave.

Un très gros ventre : votre fortune s'agrandira.

Un gros ventre mais sans être enceinte : méfiez-vous des faux amis.

Un petit ventre : libérez-vous des affaires qui ne marchent pas.

Une femme non mariée rêve d'un gros ventre : elle se mariera bientôt.

Quelque chose bouge dans un ventre : un dur travail vous attend.

VÉNUS

Vous rêvez de Vénus : vous connaîtrez un amour très stable et tranquille.

Vous épousez Vénus : tout le monde vous aimera et vous respectera.

Vous possédez une statue de Vénus : vos richesses seront proportionnelles à la statue.

Un tableau de Vénus nue : vous ferez un héritage important.

VER

Vous rêvez de vers : vous serez la victime d'intrigues.

Vous détruisez des vers : vous aurez de l'argent.

D'autres personnes détruisent des vers : vous irez en prison.

Des vers abîment des plantes : de l'argent va vous arriver d'une origine inattendue.

Des vers grimpent sur votre propre corps : de grands richesses.

Il y a des vers sur le corps de vos enfants : attention aux maladies infectieuses.

VER DE TERRE

Vous rêvez de vers de terre : des ennemis cachés cherchent à causer votre ruine.

Des vers sortent après la pluie : vos amis vous humilieront.

Vous avez des vers de terre sur le corps : vous serez riche.

Une région pleine de vers de terre : vous aurez une maladie contagieuse.

VER LUISANT

Vous rêvez d'un ver luisant : vous aurez un ami loyal.

Vous rêvez de nombreux vers luisants : vous allez avoir l'occasion de faire un acte plein de bonté et de gentillesse.

Une luciole dans l'obscurité : vous serez récompensé plus tard.

VERDICT

Vous rêvez d'un verdict : vous gagnerez un procès.
Vous entendez un verdict prononcé contre vous : vous partirez en voyage en toute hâte.
Le jury qui décide du verdict : vous souffrirez de la faim.
Vous êtes juré et décidez du verdict : vous obtiendrez de l'argent d'un ami.

VERGER

Vous êtes dans un verger : vous avez de bons amis.
Vous êtes dans un verger avec des enfants : bonheur en famille.
Vous marchez dans un verger : chaque souhait sera réalisé.
Vous récoltez des fruits d'un verger : vous ne réaliserez jamais vos désirs.
Un verger dépouillé de ses fruits : vous perdrez vos chances d'avancement.
Un verger plein de fruits : chance.
Quelques rares fruits dans un verger : votre fortune augmentera grâce à votre patience.
Des fruits mûrs dans un verger : vous pouvez vous attendre à un grand succès.
Des fruits verts dans un verger : vous avez de mauvais amis.

VÉRITÉ

Vous dites la vérité : écoutez les conseils de vos amis.
Les gens ne disent pas la vérité : vous n'avez pas la conscience claire.
Les époux ne se disent pas la vérité : un ami ira en prison.
Vous dites la vérité à vos enfants : une chance excellente.
Vous enseignez à vos enfants à dire la vérité : la joie.

VERMINE

Vous rêvez de vermine : vous recevrez or et argent en abondance.

Beaucoup de vermine : chance.
Votre corps est couvert de vermine : ne soyez pas trop sévère avec ceux qui agissent mal.
Vous voyez de la vermine sur les corps d'autres personnes : quelqu'un essaie de vous causer du tort.

VERMOUTH

Vous buvez du vermouth : faites des économies sur votre salaire.
Vous rêvez de vermouth : vous aurez des douleurs dans tout le corps.
Vous achetez du vermouth : vous souffrirez des humiliations.
Vous vendez du vermouth : vous serez embarrassé et humilié.
On vous offre du vermouth : une personne très étourdie vous cause des problèmes.

VERNIR

Vous rêvez que vous passez du vernis : les apparences extérieures ne trompent personne.
Vous vernissez le sol d'une maison : de l'hypocrisie.
Vous vernissez les portes d'une maison : votre étroitesse d'esprit vous causera du tort.
Vous vernissez des meubles : des temps difficiles s'annoncent.

VERRE

Vous rêvez d'un verre : chance et prospérité.
Vous coupez du verre : un mariage est remis.
Vous brisez un miroir : une mort par accident.
Vous brisez une vitre : des ennuis en perspective.
Vous nettoyez une vitre : votre bonheur est menacé.
Vous changez une vitre : vous irez peut-être en prison.

Une fabrique de verre : la fortune vous attend.

Vous vous trouvez en compagnie d'une femme qui vend des verres : bonheur.

Vous buvez dans un verre : un danger.

Vous buvez un verre d'eau : vous vous marierez bientôt.

Vous brisez un verre vide : la mort d'une femme.

Vous brisez un verre plein d'eau et la répandez : vos enfants seront en excellente santé.

Vous répandez l'eau du verre sans le briser : la mort d'un enfant.

Vous répandez un verre de vin : de bonnes nouvelles.

Vous répandez l'eau d'un verre sur vos vêtements : la mort d'une personne de votre connaissance.

Un verre sale : un travail agréable et de bonnes nouvelles.

Un homme d'affaires rêve qu'il brise un verre : bonne fortune pour ses affaires.

Vous recevez des verres en cadeau : des enfants vont naître.

Vous portez un œil de verre : votre situation sera très honorable.

Vous achetez un œil de verre : vos affaires ratent lamentablement.

Des enfants portent un œil de verre : un travail très agréable.

D'autres personnes portent des yeux de verre : vous devez faire confiance à votre jugement.

VERROUS

Vous mettez les verrous sur votre porte : on va vous offenser.

Un verrou poussé a été forcé : vous êtes enclin à l'avidité et à l'égoïsme.

Vous êtes enfermé au verrou dans une chambre par d'autres personnes : des ennuis vont pleuvoir.

Vous tentez d'ouvrir le verrou : vous recommencerez votre vie à zéro, ailleurs.

VERRUE

Vous rêvez d'une verrue : les ennemis vous entourent.

Vous avez des verrues : des bavardages.

Vous avez des verrues sur le corps : votre réputation souffrira de vos actes.

Vous avez plusieurs verrues sur les mains : vous recevrez beaucoup d'argent.

D'autres ont des verrues sur les mains : vous aurez des amis riches.

VERSIFICATION

Vous rêvez de poésie : quelqu'un de stupide vous cause des tracas.

Vous lisez des vers : vos projets réussiront.

Vous écrivez des vers : vous ne réussirez pas si vous vous obstinez à travailler seul.

Vous lisez des versets de la Bible : bonheur avec votre compagnon.

On lit des vers à haute voix : bonheur en famille.

VERT

Vous rêvez de la couleur verte : chance en amour.

De tissu vert : moyens financiers importants.

Vous achetez des vêtements de couleur verte : bénéfices financiers.

VERTIGE

Vous avez le vertige : un rude travail sans résultat.

D'autres personnes ont le vertige : le malheur règne.

Des membres de la famille ont le vertige : évitez les rivalités.

Des enfants ont le vertige : des profits.

L'alcool vous donne le vertige : une perte probable d'argent.

VERTU

Vous rêvez de vertu : vous êtes mal entouré.

Vous êtes vertueux : beaucoup d'ennemis vous entourent.

Vos enfants sont vertueux : n'écoutez pas les mensonges.

Vos amis sont vertueux : vous tomberez dans un piège.

Des époux sont vertueux : vous vous trouverez dans une situation précaire.

VESSIE

Vous rêvez de vessie : la joie s'annonce pour bientôt.

Vous souffrez de la vessie : vous ferez un petit héritage.

On vous opère de la vessie : vous tomberez bientôt en disgrâce.

D'autres personnes subissent une opération de la vessie : vous souffrirez secrètement d'un chagrin.

Votre compagnon ou compagne se voit retirer la vessie : vous ferez une pneumonie.

VESTE

Vous portez une veste sombre : l'infirmité vous guette.

Vous portez une veste de sport : vous gagnerez de l'argent.

Vous portez une jaquette de soirée : vous serez trompé.

Vous portez une veste de serveur : chance et prospérité.

VÊTEMENTS

Vous portez des vêtements : vos activités sociales sont d'une nature intéressante.

Vous portez de nouveaux vêtements : soyez très prudent dans vos affaires sentimentales.

Vous portez une nouvelle robe du soir : évitez les rivaux.

Vous portez tout avec grâce : quelqu'un dont les intentions ne sont pas tendres vous observe.

Vous vous usez de fatigue : le bonheur en famille.

VEUF

Vous rêvez d'un veuf : l'entente règne entre vos amis.

Un veuf épouse une femme de son âge : il réalisera ses ambitions.

Un veuf âgé épouse une jeune fille : il sera victime de ses inconséquences.

Un veuf épouse une belle-sœur : un ennemi cherche votre perte.

Un veuf épouse une femme riche : chagrin.

Un veuf épouse une jeune veuve : il prendra le contrôle de nombreux domaines.

Vous êtes veuf : de nouveaux intérêts et de nouveaux plaisirs.

VEUVE

Vous rêvez d'une veuve : vous recevrez bientôt de bonnes nouvelles.

Une femme rêve qu'elle est veuve : joie et santé.

Une veuve se marie : vous avez épuisé toutes vos ressources.

Une veuve épouse un riche vieillard : le bonheur est garanti.

Une veuve épouse un jeune homme : malchance en amour.

Une riche veuve épouse un homme pauvre : des obstacles insurmontables se présentent.

Une veuve épouse un membre lointain de sa famille : un changement dans son entourage.

VICAIRE

Vous rêvez d'un vicaire : honneurs et distinctions.

Vous parlez au vicaire d'une église : des gens vous causeront des ennuis.

Un vicaire vous donne sa bénédiction : votre vie sera longue.

Vous êtes vicaire : vous passerez par des hauts et des bas.

VICE

Vous êtes vicieux et votre conduite est immorale : des amis vous rouleront.
D'autres ont une conduite immorale : vous souffrirez des humiliations.
Vous avez un vice caché : votre vie sera longue.
Vous rêvez d'un vice-président ou d'un vice-ministre : vous contrôlerez de nombreux secteurs.

VICTOIRE

Vous rêvez de victoire : le malheur rôde.
Vous remportez la victoire sur quelqu'un : richesses et honneurs.
Une victoire militaire : des gens rient de vous.
Une victoire politique : vos impôts augmenteront.
Vous êtes membre d'une équipe victorieuse : ne prenez pas parti dans les disputes des autres.

VICTUAILLES

Vous servez de la nourriture aux autres : plaisirs en société.
On vous apporte de la nourriture : de la chance.
Vous fournissez des victuailles aux hôtels et restaurants : vous serez riche.
Vous mangez de nombreuses victuailles : vous perdrez votre affaire.

VIEILLARD

Vous rêvez d'un vieillard : vous aurez des ennuis.
Vous êtes un vieillard : des honneurs et des distinctions.
Vous êtes un vieillard riche : votre santé sera bonne.
Un vieillard rêve de faire la cour à une femme âgée : vos affaires marcheront bien.

VIEILLE FEMME

Vous rêvez d'une vieille femme : un chagrin.
Une très vieille femme : le malheur dans l'avenir proche.
Vous êtes une vieille femme : vous serez libérée de vos ennuis.
Des vieilles femmes dans une soirée : une bonne réputation dans la famille.
Vous êtes membre d'un club du troisième âge : vos amies seront jalouses.
Une vieille femme rêve qu'un homme âgé lui fait la cour : elle est fidèle en amour.

VIEILLE FILLE

Vous rêvez d'une vieille fille : vous avez tendance à vous emporter.
Plusieurs vieilles filles ensemble : vous connaîtrez d'heureux moments.
Vous êtes vieille fille : un grand chagrin.
Vous restez vieille fille : une proposition qui vous sera faite vous offensera.

VIERGE

Vous embrassez une vierge : un grand bonheur.
On vous présente à une vierge : des plaisirs sans mystère.
Vous tenez une vierge : joie.
Vous enlevez une vierge : vous serez emprisonné.
Un portrait d'une vierge : des ennuis menacent.
Vous réalisez qu'une personne n'est pas vierge : une rancœur personnelle.
Vous connaissez une vierge qui a beaucoup de petits amis : tenez-vous sur vos gardes et ne faites pas confiance aux amis.
Vous parlez à la Sainte Vierge : une grande consolation.
Un malade rêve de la Vierge : il se remettra tout à fait

VIEUX

Vous êtes vieux : vous êtes bien irresponsable.
Vous devenez vieux : vous obtiendrez la célébrité.
Vous êtes très vieux : vous aurez une relation malheureuse avec une jeune femme.
Vous avez affaire à de vieilles personnes : soyez prudent.

VIGNES

Vos vignes sont vigoureuses : une bonne amitié.
Vos vignes se flétrissent : quelqu'un essaie de vous causer du mal.
Vous cueillez du raisin dans une vigne : les malentendus ne se termineront pas en votre faveur.
Un pampre de vigne : vous réussirez bientôt.
Des grappes de raisin : abondance.
Différentes sortes de vignes : prospérité.
Vous vous promenez parmi les vignes : vous aurez beaucoup d'enfants.
Vous coupez la vigne : il faut de la loi pour atteindre la réussite.
Vous vendangez votre vigne : vous gagnerez bien votre vie.

VIGOUREUX

Vous êtes vigoureux : ne vous souciez pas des dangers.
Une femme vigoureuse : des plaisirs physiques qui se termineront peut-être par un mariage.
Un homme vigoureux : des amours changeantes avec de très jeunes filles.

VILLA

Une belle villa : vous serez bientôt très heureux.
Une villa détruite par un tremblement de terre : famine.
Vous reconstruisez une villa : vous triompherez de vos ennemis.

Une villa rustique : vous réaliserez vos désirs et vos espoirs.
Une villa en flammes : vous irez à la guerre.

VILLAGE

Vous rêvez d'un village : un rude travail en perspective.
Plusieurs villages dans le lointain : des changements dans votre vie.
Des villages lointains illuminés par la lune : un changement favorable.
Un village en flammes : vous ferez un pèlerinage.
Le village où vous vivez : vos conditions de vie s'amélioreront.

VILLE

Vous rêvez d'une ville : vous avez très bon cœur.
Vous êtes dans une ville : vous risquez de perdre de l'argent.
Un fermier rêve qu'il est dans une grande ville : n'ayez pas d'ambitions déplacées.

VIN

Vous rêvez de la boutique d'un marchand de vin : vous donnerez de l'argent aux autres pour les aider.
Vous buvez du vin : vous recevrez beaucoup de bonnes choses.
Vous buvez du vin blanc : bonheur.
Vous buvez du vin rouge : vous deviendrez alcoolique.

VINAIGRE

Vous rêvez de vinaigre : vos travaux vous rapporteront un résultat plus tard.
Vous buvez du vinaigre : la discorde règne dans la famille.
Du mauvais vinaigre : une maladie.
Du vinaigre frais : soignez votre santé, vous la conserverez.
Vous répandez du vinaigre : vous perdrez un ami.

Du vinaigre blanc · la ruine est proche.

Du vinaigre rouge : les gens vous insulteront.

Vous faites du vinaigre avec du bon vin : vous luttez contre quelqu'un par les moyens de la loi.

Vous cuisinez avec du vinaigre : un désastre dans votre entreprise.

Vous faites une vinaigrette : vous prendrez part à une orgie.

Vous faites des cornichons au vinaigre : vos affaires resteront au point mort.

Vous mangez des aliments accommodés avec du vinaigre : vous serez pauvre.

Vous achetez du vinaigre : abondance.

VIOLENCE

On fait violence à d'autres gens : vous sortirez avec des amis.

Vous montrez de la violence : de meilleurs jours viendront.

On vous attaque violemment : joie.

Votre compagnon (compagne) montre de la violence : une infidélité.

VIOLETTES

Vous portez des violettes : vous êtes modeste.

Vous cueillez des violettes : vous ferez un mariage heureux.

Vous faites un bouquet de violettes : vous êtes chaste.

Vous avez des violettes doubles : de grands honneurs.

Vous avez des violettes quand ce n'est pas la saison vous perdrez des amis.

Vous avez des violettes en saison : succès et bonheur dans tout ce que vous entreprendrez.

Vous achetez des violettes : vous aurez un procès.

Vous recevez des violettes d'un être aimé : vous aurez beaucoup de chance en amour.

VIOLON

Vous rêvez d'un violon : grande prospérité.

Vous rêvez d'un violon : un grand chagrin vous fera pleurer.

Vous jouez du violon : un changement va bientôt intervenir dans votre vie.

Vous jouez du violon : félicité entre les époux.

Vous jouez du violon à un concert : vous serez consolé.

Vous jouez du violon tout seul : vous assisterez à un enterrement.

Vous entendez la douce musique d'un violon : bonheur domestique.

D'autres gens jouent du violon : joie.

D'autres jouent du violon : vous aurez un gros choc émotif.

Vous cassez une corde de violon : disputes.

Vous jouez du violoncelle : bonheur entre les époux.

Un alto : un vieil ami vous rendra visite.

Un violon brisé : malchance.

Vous possédez un violon : évitez les rivaux.

VIPÈRE

Rêve de vipère : vous allez vous disputer avec votre compagnon ou compagne.

Beaucoup de vipères : prenez garde aux faux amis.

Vous voyez une vipère dans une cage : il y a un mauvais ami dans votre entourage proche.

Vous tuez une vipère : vous allez vaincre ceux qui vous veulent du mal.

VISAGE

Vous voyez votre visage dans un miroir : vos projets n'aboutiront pas.

Un beau visage : dispute d'amoureux.

Un visage rayonnant de bonheur : la chance vous sourira.

Un vilain visage : des amours malheureuses.

Un visage souriant : des bénéfices financiers.

Un visage repoussant : l'échec pour vos ennemis.

Des visages d'enfants : votre réussite ne se fera que plus tard.

Des visages totalement étrangers : vous déménagerez.

Vous vous lavez le visage : vous vous repentez de vos péchés.

Vous ne vous souvenez pas au visage d'une personne : vous allez être présenté à une personne importante.

Un visage aux yeux bleu-vert : de nouvelles amitiés.

Un visage aux yeux noirs : vous aurez un amant.

Un visage aux yeux noisette : un événement important se produira.

Un visage barbu : un voyageur reviendra.

VISION

Vous rêvez d'une vision : horreur et épouvante.

Vous voyez une apparition : la personne qui vous apparaît est en danger.

Une vision charmante et agréable : vous êtes un amant très heureux.

Une vue de l'esprit : le succès viendra très certainement.

VISITE

Vous faites une visite : des obstacles dans vos projets.

Vous rendez visite à des proches : vous serez l'objet de soupçons.

Un ami vous rend visite : vous perdrez de l'argent en affaires.

Un médecin vous rend visite : vous aurez des avantages sur les autres.

Vous rendez visite à vos amis : votre situation n'est pas bonne.

Plusieurs amis vous rendent visite : vous recevrez bientôt de bonnes nouvelles.

Vous rendez une visite : vous aurez un procès.

Vous recevez des visites d'affaires : un grand chagrin vous fera verser des larmes.

VISITEUR

Vous rêvez de visiteurs : un ami vous prêtera main-forte.

Vous recevez des visiteurs : un ami va arriver.

Plusieurs visiteurs : des amis vous aideront.

Vous êtes un visiteur : vous aurez de la chance.

Vous avez affaire à un visiteur : vous serez malade.

VITE

Vous rêvez que vous agissez vite : du malheur.

Des enfants agissent très vite : vous réaliserez vos espoirs.

Des proches agissent vite : disputes dans la famille.

Vous agissez mal à cause d'actes accomplis trop rapidement : des embarras qui feront bien du dégât.

VIVANT

Vous êtes bien vivant : les autres vous critiquent et vous blâment pour vos erreurs.

On vous brûle vif : vous allez avoir des revers financiers.

Vous êtes enterré vivant : malheur.

VŒU

Vous faites un vœu : vous devez prendre grand soin de vos affaires.

Vous brisez un vœu : la famille n'aura pas de chance.

Vous faites un vœu religieux : vous subirez un grand désastre.

La famille fait un vœu : une mort dans la famille.

VOILE

Vous rêvez d'un voile : mystères et modestie.

Vous avez un voile : vous cachez quelque chose.

Vous dépliez un voile ou le repliez : des circonstances favorables.

Vous portez un voile : vous êtes secret dans vos actions.

Vous perdez un voile : vous perdrez votre amant.

Un voile de mariée : un grand bonheur en perspective.

Une femme porte un voile : attention aux mauvais conseils.

Vous arrangez un voile sur votre tête : vous serez trompé.

Un voile placé sur un mort : vous assisterez à un mariage.

VOISIN

Vous rêvez d'un voisin : malchance en affaires.

Vous rêvez de vos propres voisins : malchance en amour.

Vous rencontrez un voisin : vous aurez des visiteurs inopportuns.

Vous rendez visite à vos voisins : vous vous trouverez dans l'embarras.

Vous êtes amical avec vos voisins : une perte d'argent.

VOITURE DE POMPIERS

Une voiture de pompiers : un danger en perspective.

Une voiture de pompiers se dirige vers un incendie : vous aurez la paix.

Des voitures de pompiers revenant d'un incendie : vous serez très déçu.

Vous êtes pompier sur une voiture : vous réaliserez vos ambitions les plus hautes.

Vous êtes capitaine des pompiers : richesse et chance.

VOIX

Vous entendez une voix connue : acceptez les bons conseils de vos amis.

Vous entendez une voix qui vous parle : vous rencontrez des oppositions dans votre travail.

Vous entendez les voix de plusieurs personnes en même temps : des revers dans vos affaires.

Vous entendez des voix heureuses : vous aurez beaucoup de soucis.

VOL

Vous rêvez d'un vol commis : vous souffrirez de gros dommages.

On vous vole tout : un mariage très prochain.

Vous commettez un vol : vous perdrez de l'argent dans des entreprises hasardeuses.

Vous volez des vêtements : des amis vous quitteront.

Vous volez de la nourriture : vous perdrez pas mal d'argent.

Vous volez de l'argent : la période qui vous attend ne sera pas facile.

VOLAILLE

Vous rêvez de volaille domestique : votre vie sera parsemée de hauts et de bas, mais amusante.

Beaucoup de volatiles : des gains considérables.

Vous possédez des volailles : un inconnu vous fera une faveur.

Une belle volaille : chance en amour.

VOLCAN

Vous rêvez d'un volcan : vous recevrez de très bonnes nouvelles.

Un volcan en éruption : des événements vont se produire sur lesquels vous n'aurez aucun contrôle.

Un homme rêve d'un volcan : il a des domestiques malhonnêtes.

Une femme rêve d'un volcan : bouleversements dans la famille et querelles d'amoureux.

Des amants rêvent d'un volcan : l'un des deux sera décevant et intrigant.

VOLÉE

Vous rêvez d'une volée de flèches : des oppositions de plusieurs côtés.

Une volée de plusieurs objets en même temps (cailloux, coups, grêle, etc.) : bonheur.

VOLER

Vous rêvez que vous volez : travail intéressant et bonnes nouvelles.

Vous volez à haute altitude : une grande chance.

Vous volez à basse altitude : ruine en perspective.

Un avion en détresse : des investissements malheureux vous feront perdre de l'argent.

Vous êtes aviateur : des projets ambitieux mais sans doute hors de votre portée.

Vous volez en avion : des spéculations dont vous retirerez des profits.

D'autres personnes volent : soyez sur vos gardes contre les traîtres.

Vous possédez un avion : la réussite de toutes vos entreprises.

VOLEUR

Vous rêvez de voleurs : votre situation financière vous garantit la sécurité.

Un voleur entre dans votre maison : des affaires excellentes vont se présenter.

Vous attrapez un voleur : des dommages professionnels vous seront remboursés.

Des voleurs vous cambriolent : vous perdrez de l'argent.

Des voleurs cambriolent d'autres personnes : vous montrez trop de scepticisme.

Vous tuez un voleur : vous n'aurez pas de chance.

Vous arrêtez un voleur : un de vos amis va mourir.

VOLLEY-BALL

Vous rêvez de volley-ball : vous devez faire effort pour vous contrôler.

Vous jouez au volley-ball : prêtez plus de temps et d'attention à vos besoins domestiques.

VOLONTAIRE (militaire)

Vous rêvez d'un volontaire : vous serez bientôt enrôlé dans l'armée.

Vous êtes volontaire : vous perdrez la vie dans une bataille.

Vos enfants sont volontaires : de l'argent arrive.

Des volontaires étrangers : bonheur en famille.

VOMIR

Vous rêvez de vomissements : de grands événements s'annoncent.

Des gens pauvres rêvent de vomissements de sang : des bénéfices.

Des gens riches rêvent de vomissements de sang : vous souffrirez d'une blessure.

Vous vomissez du vin : vous perdrez dans des transactions immobilières.

Vous vomissez après avoir bu des liqueurs : vous dépenserez facilement de l'argent gagné au jeu.

Vous vomissez de la nourriture : votre réputation va se ternir.

D'autres personnes vomissent : vous demanderez les services d'un tiers.

VOTER

Vous rêvez de vote : il faut que vous soyez en paix avec vous-même pour réaliser vos désirs.

Vous donnez votre bulletin de vote : la chance vous favorisera.

Vous votez pour quelqu'un que vous connaissez : vos espoirs se réaliseront.

VOULOIR

Vous voulez quelque chose : vous ferez la rencontre de nouveaux amis.

Des enfants veulent diverses choses : bonheur dans la famille.

Des proches sont dans le besoin : vous recevrez des nouvelles importantes.

Votre compagne (compagnon) veut quelque chose : disputes.

Votre petite ami (petite amie) veut quelque chose : vous recevrez une lettre importante avec de l'argent.

VOÛTE

Rêve d'une voûte : progrès, réussite et fortune.

Une voûte endommagée : vous devez revoir vos façons de vivre.

Vous passez sous une voûte : beaucoup de gens recherchent vos faveurs.

VOYAGE

Vous êtes en voyage : vous ferez un héritage.

Vous partez en voyage : vous recevrez bientôt un message de très loin.

Vous partez seul en voyage : une bonne période est en vue.

Vous partez en voyage dans des pays étrangers avec votre famille : chance et fortune.

Vous faites un voyage et vous trouvez en pays étranger : réfléchissez bien avant d'agir.

Vous faites un voyage avec votre petite amie : on bavarde.

Vous partez en voyage : vous en tirerez avantage si le voyage est agréable.

Vous faites un voyage peu agréable : une grosse déception.

Vous faites une randonnée à cheval : vous surmonterez les obstacles.

Vous faites un long voyage à pied : un dur travail vous attend.

Vous voyagez en carriole : chance.

Vous voyagez en voiture : de gros moyens financiers.

Vous faites un voyage en bateau : l'entente règne entre vos amis.

Vous faites un voyage en avion : des disputes au sein de la famille.

Un long voyage : vous serez en mesure d'éviter des choses désagréables.

Vous partez armé en voyage : vous vous marierez bientôt.

Vous voyagez sur une route accidentée : tout est bien qui finit bien.

Vos proches partent en voyage : un changement pour le mieux.

Vos ennemis partent en voyage : c'est leur échec.

Vous partez en voyage avec les enfants : le bonheur est certain.

Durant votre voyage, vous avez

mauvais temps : attention à vos opérations financières.

Vous rêvez de voyages : vos affaires ne vont pas fort.

Vous voyagez seul : vous éviterez adroitement des situations désagréables.

Vous voyagez en famille : vous éviterez le malheur.

Vous voyagez avec celui ou celle que vous aimez : vos problèmes personnels tarderont à se régler.

Vous voyagez avec des amis : vous serez trahi.

Vous voyagez avec des associés d'affaires : vous serez déçu dans tous les domaines.

Vous voyagez avec d'autres gens : des disputes entre amis.

Vous voyagez en train : réfléchissez bien avant d'agir.

Vous voyagez en carrosse : vous jouirez d'une grande fortune.

Vous voyagez en voiture : l'amour familial et le bonheur vous entourent.

Vous voyagez à cheval : des gens obstinés vous donneront du fil à retordre.

Vous voyagez de votre ville à une autre : un petit succès.

Vous voyagez d'une autre ville vers la vôtre : le succès dépendra de votre travail acharné.

Vous voyagez avec des armes à feu : vous vous trouverez vite une femme.

Vous voyagez avec une épée au côté : vous vous marierez bientôt.

VOYAGEUR

Vous rêvez d'un voyageur : votre travail vous convient, et vous recevrez de bonnes nouvelles.

Vous rencontrez un voyageur solitaire sur un sentier : vous vous ferez un nouvel ami.

Vous êtes en compagnie d'un voyageur : l'échec pour vos ennemis.

D'autres personnes se trouvent en compagnie d'un voyageur : un mystère sera résolu.

VUE

Vous rêvez d'une très belle vue : tous vos désirs seront exaucés.

Une belle vue dans le lointain : d'excellents résultats dans votre entreprise.

Une vue brumeuse : vous n'aurez aucun succès dans vos affaires et souffrirez de la misère.

Vous perdez quelque chose de vue : un de vos proches va mourir.

Vous voyez des maisons et des arbres : vous perdrez la foi.

VULGAIRE

Vous êtes vulgaire : on va vous ridiculiser.

D'autres gens sont vulgaires : vous ferez des rencontres peu sympathiques.

Vous entendez des gens parler vulgairement : vous deviendrez l'ami d'une personne célèbre.

Vous parlez vulgairement aux autres : vous pourrez vous reposer sur la réussite de vos plans.

Vos amis sont vulgaires : vous serez heureux dans l'avenir.

WHISKY

Vous buvez du whisky : attention aux événements défavorables qui se préparent.

Vous achetez du whisky : vous aurez des dettes et des difficultés.

Vous offrez du whisky à vos proches : soyez sur vos gardes, on cherche à vous duper.

Vous offrez du whisky à votre compagne (compagnon) : vous réaliserez vos plus hautes ambitions.

Vous offrez du whisky à un amant ou une maîtresse : vous serez soumis à la tentation.

Vous offrez du whisky à vos amis : attention aux ennuis.

On vous offre un verre de whisky : un mystère sera résolu.

XÉNOGAMIE

Vous rêvez d'une femme qui épouse un étranger : un travail intéressant et de bonnes nouvelles.

Vous rêvez d'un homme qui épouse une étrangère : chance et prospérité.

Vous rêvez de fécondation croisée, en botanique : des amis vont débarquer à dîner de façon impromptue.

XÉNOPHOBIE

Vous détestez les étrangers : bonheur.

Vous n'aimez guère les étrangers : disputes dans la famille.

Vous insultez un étranger : un mystère sera résolu.

Vous faites exclure un étranger : perte d'un ami fidèle.

XYLOPHONE

Vous rêvez d'un xylophone : vous recevrez des nouvelles excellentes.

Vous jouez du xylophone : évitez vos rivaux.

Des amis jouent du xylophone : des amis vous rouleront...

Vous écoutez un musicien jouer du xylophone : gains financiers.

YACHT

Vous rêvez d'un yacht : la chance est favorable.

Un yacht en pleine voilure : visite agréable dans un endroit charmant.

Un yacht lancé à toute la vitesse de ses moteurs : une grande joie.

Un yacht sur une mer calme : prospérité.

Vous êtes à bord d'un yacht : vous réaliserez vos ambitions.

Un yacht sur une mer démontée : des déceptions vous attendent.

Un yacht qui dérive : vos affaires un peu hasardeuses vont vous mettre en mauvaise posture.

YEUX « bandés »

On bande les yeux à une femme : vous causerez des déceptions autour de vous.

On bande les yeux à un homme : vous deviendrez veuf.

Vous êtes parmi des gens aux yeux bandés : un ami vous persécute.

D'autres gens ont les yeux bandés : votre conscience sera troublée et chargée de remords.

ZÈBRE

Vous rêvez d'un zèbre : vous ferez de grands voyages à l'étranger.

Un zèbre au zoo : vos amitiés sont mal placées.

Une mère zèbre et son petit : des désaccords entre amis.

Un zèbre est attaqué par des bêtes sauvages : votre honneur est en danger.

Un zèbre reçoit sa nourriture au zoo : ingratitude.

ZÉNITH

Vous rêvez de ce point précis à la

verticale de la voûte céleste : c'est signe de bonheur.

Une personne non mariée rêve du zénith : elle choisira bien le partenaire de sa vie.

Une personne mariée rêve du zénith : richesse inhabituelle.

Des gens divorcés rêvent du zénith : ils épouseront un homme riche ou une femme riche.

Un veuf rêve du zénith : il ne se remariera jamais.

Une veuve rêve du zénith : elle se remariera avec un homme plus jeune qu'elle.

ZÉPHYR

Vous sentez passer une brise légère : un homme sans éducation vous insultera.

Vous êtes dans les bois et sentez un doux vent d'ouest : modestie et pudeur.

Vous avez du tissu appelé zéphyr : vous serez rudoyé.

Vous achetez du zéphyr : vous aurez un accident grave.

ZEPPELIN

Vous rêvez de ce dirigeable : vos ambitions dépassent de beaucoup vos moyens.

Vous êtes à bord d'un zeppelin : vous serez maltraité.

Vous êtes en zeppelin et montez dans les airs : un homme mal élevé vous insultera.

Vous êtes en zeppelin et descendez vers le sol : vous recevrez de bonnes nouvelles.

Vous observez un zeppelin qui se déplace lentement : des gens se mêlent de vos affaires, attention !

ZÉRO

Vous rêvez d'un zéro : vous connaîtrez un petit malheur.

De doubles zéros : vous jouirez d'une grosse fortune.

ZÉZAIEMENT

Vous entendez parler quelqu'un qui zézaie : attention aux rivaux.

Beaucoup de gens parlent en zézayant : vos amis ne sont pas sincères.

Les enfants parlent en zézayant : des amis cherchent à vous tromper.

ZIBELINE

Vous avez un manteau de zibeline : vous ferez un voyage.

Vous achetez un manteau de zibeline : vos amis sont bien inconséquents.

Vous vendez un manteau de zibeline : vous perdrez de l'argent.

Vous faites transformer un manteau de zibeline : vous connaîtrez honneurs et distinctions.

D'autres femmes portent des manteaux de zibeline : votre meilleur ami vous trompera.

ZIGZAG

Vous rêvez de zigzags : vous perdrez l'esprit.

Vous marchez en zigzag : vos affaires vont aller fort mal.

Vous faites des zigzags à cheval : des changements importants vont intervenir dans vos affaires.

Vous faites des zigzags en voiture : vos humeurs sont changeantes.

Des enfants vont en zigzag : une bonne période commence.

Des amis marchent en zigzag : évitez de trop hésiter quand vous prenez des décisions.

ZINC

Vous rêvez de zinc : vos efforts inlassables vous apporteront le succès.

Vous manipulez du zinc : vous prenez part à de trop nombreux amusements.

Vous achetez du zinc : votre futur sera établi sur des bases saines.

Vous achetez des objets de zinc : évitez les spéculations sur l'or.

D'autres personnes utilisent des objets de zinc : vous aurez une longue histoire d'amour.

ZIRCON (hyacinthe)

Vous avez une bague avec un zircon : vous choisissez mal vos amis.

Vous achetez des bijoux de zircon : vous serez trompé.

Vous vendez un zircon : vous ne recevrez pas la compensation à laquelle vous avez droit.

D'autres personnes portent des bijoux de zircon : vous connaîtrez l'ingratitude de vos amis.

ZODIAQUE

Vous rêvez d'un signe quelconque du zodiaque : vous aurez une très grande chance, dans l'avenir.

Vous rêvez de votre propre signe du zodiaque : vous gagnerez à la loterie.

Vous rêvez du signe de membres de la famille : vous aurez des discussions avec des parents.

Vous rêvez des signes de ceux de votre foyer : richesse.

Vous rêvez du signe d'un de vos enfants : vos enfants vous aimeront très profondément.

ZONE

Vous rêvez d'une certaine zone : de bonnes raisons d'avoir de l'espoir dans l'avenir.

Votre propre zone ou territoire : vous devrez supporter une petite période un peu malheureuse.

La zone ou le territoire d'autres personnes : vous aurez un accident.

Une zone réservée : joie.

Une zone navale ou militaire : vous recevrez des nouvelles d'importance.

ZOO

Vous rêvez d'un zoo : choisissez vos amis avec soin.

Vous allez seul au zoo : vous serez brusqué ou rudoyé.

Deux époux vont au zoo : leurs espoirs ne se réaliseront pas.

Vous allez au zoo avec votre petit ami (petite amie) : des dangers, de la malchance.

Des amis vont au zoo : ne confiez à personne vos secrets.

Des gens riches visitent un jardin zoologique : pauvreté.

Des gens pauvres visitent un jardin zoologique : ils auront bientôt de l'argent.

Vous visitez un jardin zoologique avec des enfants : joie et amusements.

ZOULOU

Vous rêvez de Zoulous : votre santé sera excellente.

Vous rencontrez des Zoulous : vous serez heureux longtemps.

Vous êtes entouré de Zoulous : vous sortirez bien de problèmes de santé.

Des Zoulous sont dans votre pays : votre santé devient meilleure.

ORIGINE DES ILLUSTRATIONS

Achevé d'imprimer
en juin 1994
par Printer Industria Gráfica S.A.
08620 Sant Vicenç dels Horts
Depósito Legal : B. 27306-1988
pour le compte de
France Loisirs
123, boulevard de Grenelle,
Paris

Numéro d'éditeur : 24024
Dépôt légal : juin 1994
Imprimé en Espagne